“十二五”国家重点
出版物出版规划项目

中国志书精品工程
High Quality Project of China's Local Records

汶川特大地震抗震救灾志

WENCHUAN TEDA DIZHEN KANGZHEN JIUZAI ZHI

《汶川特大地震抗震救灾志》编纂委员会 编

卷三

图 志（上）

方志出版社
Publishing House of Local Records

图书在版编目（CIP）数据

汶川特大地震抗震救灾志. 卷三，图志 /《汶川特大地震抗震救灾志》编纂委员会编. -- 北京：方志出版社，2015.8

ISBN 978-7-5144-1190-4

Ⅰ.①汶… Ⅱ. ①汶… Ⅲ.①抗震—救灾—概况—汶川县—图集 Ⅳ.①D632.5

中国版本图书馆CIP数据核字（2015）第049098号

汶川特大地震抗震救灾志

2008·5·12

汶

WENCHUAN

TEDA DIZHEN

KANGZHEN JIUZAI ZHI

WENCHUAN
TEDA DIZHEN
KANGZHEN JIUZAI ZHI

《汶川特大地震抗震救灾志》编纂委员会

主　任

陈奎元

副主任

吴恒权　项兆伦　张　茅　罗平飞　杨士秋　尹　力　王国庆　朱佳木
赵和平　徐经年　冯健身　赵正永

委　员

宋　涛　杨周复　刘燕华　苗　圩　丹珠昂奔　刘金国　张苏军　张少春
王世元　周　建　仇保兴　翁孟勇　王志国　矫　勇　危朝安　姜增伟
周和平　刘士余　黄淑和　支树平　张海涛　邬书林　王德学　邵琪伟
蒋坚永　周　波　郜风涛　郑立中　王守荣　王兆星　刘新华　陈文辉
史玉波　杨冬权　王石奇　孙来燕　徐德明　王昌顺　苏　和　刘　怡
李庆林　王海京　华　桦　于建伟　董贵山　刘继贤　寿晓松　陈祖武
张海鹏　刘庆柱　厉　声　王振中　景天魁　张星星　李孝聪　邹逸麟
田　嘉

办公室主任

田　嘉

办公室副主任

李富强　刘玉宏　邱新立（常务）

《汶川特大地震抗震救灾志》编纂人员

总　纂

田　嘉　　邱新立

指导专家（按姓氏笔画排序）

王卫明　　王复兴　　齐家璐　　苏炎灶　　李　云　　张东升　　陈泽泓　　武铁良
罗保平　　周　慧　　赵庚奇　　段育达　　姜昆阳　　梅　森　　谭烈飞　　颜小忠
颜越虎

校　核（按姓氏笔画排序）

牛润珍　　毛东武　　仇玉英　　任根珠　　刘仕仲　　刘柏修　　杨大明　　李继隆
李维怡　　张世民　　陈　华　　陈　野　　林顺道　　欧阳发　　卓　林　　郑汝成
郑洪英　　孟庆斌　　陶利辉　　梁建楼　　梁滨久　　曾祥麟　　缴世忠

编　务

段志贤　　刘永强　　程方勇　　和卫国　　王会世　　曾　荣　　谷春侠　　李一龙
汪秀红

《汶川特大地震抗震救灾志》终审人员

朱佳木　　吴恒权　　项兆伦　　穆　虹　　姜　力　　杨士秋　　徐　科　　王国庆
赵和平　　孙原生　　刘永富　　江泽林　　陈祖武　　李孝聪

《汶川特大地震抗震救灾志·图志》编纂委员会

主　任

王　晨

副主任

王国庆

委　员

郭卫民　陈　实　华　清　李莉娟　张海峰　刘树新　费志荣　张　岳
张　艳　张　迅　王　雄　吴文庆　梁万年　尹光辉　孟　彦　吕建成
赵　英　梁和平　刘　伟　李　伟　马守祥　卓培荣　朱国圣　李舒东
王文澜　宗金柱　贾国荣　李培义

《汶川特大地震抗震救灾志·图志》编纂人员

主　编

王　晨

副主编

王国庆

总　纂

郭卫民　陈　实

副总纂

华　清　李莉娟　张海峰　刘树新　费志荣　张　岳　张　艳　张　迅　王　雄
吴文庆　梁万年　尹光辉　孟　彦　吕建成　赵　英　梁和平　刘　伟　李　伟
马守祥　卓培荣　朱国圣　李舒东　王文澜　宗金柱　贾国荣　李培义

编纂办公室主任

郭卫民　陈　实

编纂办公室常务副主任

华　清　李莉娟

编纂办公室副主任（按姓氏笔画排列）

马守祥　尹光辉　王　雄　王文澜　刘　伟　刘树新　吕建成　朱国圣　吴文庆
张　迅　张　岳　张　艳　张海峰　李　伟　李培义　李舒东　卓培荣　孟　彦
宗金柱　费志荣　赵　英　贾国荣　郭文强　梁万年　梁和平

编纂办公室成员

胡　琴　孙安坚　黄丽巍　刘　嵘　王凤娟　施志君　高雪华　陈　希　张英杰

图片总监

刘　嵘　　黄丽巍

文字统稿

王国庆　孟祥辉

各承编单位联络员（按姓氏笔画排列）

王凤娟　王浩宇　王新芬　牛长玲　文　涛　冯海峰　吕书红　朱元亮　许明堂
齐管劳　孙　国　严龙鹏　李正懋　李国栋　李爱平　李雄艳　李　巍　肖万年
吴宝忠　何鹤鸣　汪　渊　宋淮生　张志青　张利生　张振宇　张晓刚　张　敏
张晶婧　张景华　张腾之　张　颖　陈延君　陈　祎　陈　涛　郑伟强　郝健璐

胡　琴　祝　丽　贾素渝　黄　怡　黄宝忠　黄梨煜　曹　东

编　务

张英杰

校　核

王凤娟

《汶川特大地震抗震救灾志·图志》审稿人员

初　审

谭烈飞　邱新立　何永年　王铁鹏　赵庚奇　齐家璐

复　审

郭卫民　邱新立　谭烈飞　陈　实　张志青　张　岳　张国新　孟　彦　朱国圣
赵　英　李海默

凡 例

一、编纂《汶川特大地震抗震救灾志》（以下简称全志），坚持以邓小平理论、“三个代表”重要思想、科学发展观为指导，贯彻落实习近平总书记系列重要讲话精神，坚持辩证唯物主义和历史唯物主义的立场、观点和方法，存真求实，全面、客观、系统地记述汶川特大地震灾害、抗震救灾和灾后恢复重建的全过程，以存史资鉴。

二、全志设11卷，《总述》总括汶川特大地震灾害及抗震救灾、灾后恢复重建活动全貌，概述特点；《大事记》记述抗震救灾和灾后恢复重建中有全局性影响的大事、要事；《图志》直观再现汶川特大地震灾害、抗震救灾和灾后恢复重建的真实场景；《地震灾害志》记述地震灾区地质地貌、地震灾害成因等，反映地震破坏、次生地质灾害等对自然生态环境、经济社会发展的严重破坏和灾难性影响，以及人民生命财产的巨大损失；《抢险救灾志》记述在中共中央、国务院、中央军委的领导下，全党全军全国各族人民全力抢救人民生命财产、抢修基础设施和防治次生灾害等的全过程；《灾区生活志》记述党和政府全力实施生活救助、恢复生产、保障受灾群众生活等工作；《灾区医疗防疫志》记述各方支援，全力开展医疗救治、卫生防疫、卫生监督及恢复灾区医疗卫生服务等工作；《社会赈灾志》记述全国各地、社会各界、港澳台同胞、海外侨胞以及国际社会的捐助活动；《灾后重建志》记述灾区人民自力更生恢复生产、重建家园，以及各地对口支援和社会援建等工作；《英雄模范志》重点记述抗震救灾英雄集体和模范人物事迹；《附录》收录与抗震救灾和灾后恢复重建有关的法律法规、重要文献、部分媒体评论及文艺作品。

三、全志综合运用述、记、志、传、图、表、录等体裁，以志体为主。对影响面大、事关全局的典型、特色内容，采用专记记述；与各卷记述内容密切相关的重要文献、档案资料等，采用文献辑存方式收录于各卷正文之后。

《英雄模范志》以传记形式记述在抗震救灾中牺牲的烈士、因公殉职并受到省部级表彰的人物；以简介形式记述2008年10月8日中共中央、国务院、中央军委联合表彰的全国抗震救灾英雄集体和模范，国务院、中央军委记功的集体和个人，以及中央军委表彰或记功的集体和个人。

四、各卷记述时限，《总述》《大事记》《图志》《灾后重建志》和《附录》为2008年5月12日至2011年10月；《地震灾害志》《抢险救灾志》《灾区生活志》《灾区医疗防疫志》《社会赈灾志》和《英雄模范志》为2008年5月12日至10月14日。为保持记述内容的相对完整，在必要的背景内容、捐赠款物统计、与抗震救灾工作密切相关的原始文件、重大事件后续发展等方面，记述时限适当上溯、下延。

《灾后重建志》中恢复重建工作“三年”和“两年”的时间概念，从国务院制定的《汶川地震灾后恢复重建总体规划》印发之日算起。其中，“三年”指从2008年10月1日起，至2011年9月30日止；“两年”指从2008年10月1日起，至2010年9月30日止。

五、全志记述范围，涉及地震灾害的，以2008年7月22日民政部、发展改革委、财政部、国土资源部、地震局联合发布的《汶川地震灾害范围评估结果》所界定的灾区范围为准，重点记述极重灾区10个县（市）、重灾区41个县（市、区）的地震灾害及抗震救灾；涉及救灾、赈灾的，以有关主管部门公告为准；涉及灾后恢复重建的，重点为《汶川地震灾后恢复重建总体规划》所确定的规划范围，即上述位于极重灾区和重灾区的51个县（市、区），一般用“重灾地区”代指。支援抗震救灾与灾后恢复重建对口支援，以事件（事项）涉及地区为准，包括非灾区及相关国家和地区。

六、全志横分门类，纵述史实。除《总述》《大事记》《图志》《英雄模范志》《附录》外，其余各卷按篇、章、节编次，节下设目。卷首设概述，篇下设无题述，章、节下视需要设无题述。

七、全志记述顺序，灾区一般按《汶川地震灾害范围评估结果》界定的极重灾区、重灾区和一般灾区的顺序排列，非灾区按民政部《中华人民共和国行政区划手册·2009》（中国社会出版社，2009年3月版）所列行政区划顺序排列；记述国家、地区，按其英文名称首字母顺序排列。

《大事记》依时叙事，有具体时、分的事条居前，无具体时、分的排后；时间相同的，按中央国家机关、解放军和武警部队、社会团体、灾区和非灾区省（区、市），以及国家、地区和国际组织顺序排列；为体现事物的完整性，个别时间跨度较大的，或将其结果记于开始之日，或将其起始情况记于结束之时。

《英雄模范志》记述英烈人物，按教育、公安、其他行业、解放军、武警部队顺序排序，各系统内按烈士被批准的时间先后为序，时间相同者以相关文件中的排名顺序为序；其他因公殉职人物排列于烈士之后，以表彰时间为序。记述英雄集体和模范，以中共中央、国务院、中央军委表彰文件所列名单为序。由国务院、中央军委记功的集体和个人，分别排列于公安系统抗震救灾英雄集体和模范之后；由中央军委表彰或记功的集体和个人，分别排列于解放军抗震救灾英雄集体和模范之后。

《附录》按类收录文献，同类文献按公布、刊发时间顺序排列。碑文据其所在地区，按极重灾区、重灾区、一般灾区顺序排列。

八、全志记述内容涉及国家法律法规的，以其时现行者为准。

九、全志行文规范，按照全志编委会制定的《〈汶川特大地震抗震救灾志〉行文规范》执行，个别条款有所调整。

县级以上行政区划名称及其隶属关系，以民政部《中华人民共和国行政区划手册·2009》

（中国社会出版社，2009年3月版）为准。乡镇名称及其隶属关系，以民政部《中华人民共和国乡镇行政区划简册·2010》（中国统计出版社，2010年9月版）为准。国家、地区名称的规范简称，以《世界地图》（中国地图出版社，2009年版）为准。

出现频率较高的党政机关、企事业单位、行政区划等名称，大体按照全志编委会办公室制定的《〈汶川特大地震抗震救灾志〉专有名称全称、简称使用规范》（见《索引》）使用简称；出现频率不高的部门、单位名称等，或用全称，或用约定俗成的简称。《英雄模范志》中英雄集体的名称使用表彰文件中的名称。

在上下文不产生歧义的前提下，记述汶川特大地震发生当年的事情，除《总述》“恢复重建”部分及《灾后重建志》外，其余各卷均直书月、日，不标注“2008年”；其他年份，标明年、月、日。同一段落中连续记述同月发生的多条事项，首次出现时标注月份，后直书日期。记述灾后恢复重建工作，同一目下记述同一年度内容的，首次出现年份时注明年份，后承前省略；记述跨年度内容的，逐年注明年份。

出现频率、知名度较高的人物，首次出现时交代职务（职称），其后一般直书其名。《英雄模范志》中人物职务以表彰文件中所列职务为准。

《英雄模范志》人物传、简介所记人物，凡未注明性别、民族及学历者，分别为“男”“汉族”及“高中（含）以下”。

《附录》收入的原始文献，只校正其中的错字、漏字、衍字以及明显有误的标点符号，标题、目题版式根据全志统一要求予以调整。

记述货币，除特别注明的币种外，均为人民币。其他币种与人民币的汇率，均以当时市场汇率为准，一般不作换算。物资价值按照当年市场价格折算。

计量单位一般保持原貌，不特作统一处理，以避免换算后出现误差和约数；对“亿”“万”数据的表述，也不强求一致。

十、全志资料，主要由中央国家机关、各民主党派和人民团体、各省（区、市）、解放军、武警部队提供，个别摘引自媒体报道、官方网站、公开出版物等，一般不注明资料出处，情况特殊者随文交代。《附录》收录公布或刊发的文献，一般注明出处。

全志记述的主要灾情数据，以2008年7月22日民政部、发展改革委、财政部、国土资源部、地震局联合发布的《汶川地震灾害范围评估结果》为准；其他数据，以中央国家机关、各民主党派和人民团体、各省（区、市）、解放军、武警部队等提供者为准。其中，《地震灾害志》所用数据，反映灾区总体情况和川甘陕三省灾区的数据，采用《汶川地震灾害范围评估结果》中的评估数，以及民政部、发展改革委、财政部、地震局发布的《汶川地震灾害损失校核结果的报告》中的校核数；所记经济损失主要为直接经济损失，记述间接经济损失的随文说明。其他各卷数据，反映同一事物的数据，凡有校核数的用校核数，无校核数的用评估数；地方数据用各级地方政府提供的数据，专业数据用行业主管部门、专业部门提供的数据，另有少量调查数据。因统计时间、统计口径不同等因素，统计范围与统计分组可能与评估报告不完全一致，致使个别统计结果会有出入；数据亦可能因四舍五入计数保留法而出现分项之和与总数不完全一致的情况。

《灾后重建志》中涉及总体规划和专项规划实施情况的数据，由国务院汶川地震灾后恢复重建工作协调小组办公室提供，灾损数据以规划公布数据为准；其他行业（专项）情况和数据，由中央和国家机关有关部委提供；项目重建、软件支援情况和数据，由各灾区、对口支援省市和有关社会组织提供。由于灾后恢复重建项目资金来源多样，对口援建和社会支持部分项目资金只是对口支援单位的投资部分；部分项目投资规模大于援建资金规模的，包含了中央重建基金、灾区地方自筹资金，或两者兼有；两者个别数据不一致而又不便取舍时，分别交代其资料来源。

《社会赈灾志》中的统计数据，以政府职能部门统计者为准；凡未说明截止日期的，截止日期为2008年10月14日。

目　录

概　述

2008年5月12日14时28分，中国四川发生震惊中外的8.0级特大地震，震中位于汶川县映秀镇。

中共中央、国务院迅速组织开展中华人民共和国成立以来救援速度最快、动员范围最广、投入力量最大的抗震救灾斗争。全国各族人民万众一心、众志成城，夺取了抗震救灾及灾后重建的胜利，彰显了百折不挠、共克时艰的社会主义大协作精神，诠释了可歌可泣、气壮山河的伟大抗震救灾精神，留存下撼天动地、光耀千秋的历史真实写照。

一

川甘陕毗邻地区震前山川秀美，风景独特；山高谷深，相间分布；巍峨的山脉呈条状分布，奔腾的江河穿流而过，景色美不胜收，让人流连忘返。这些地区是特有、珍稀、濒危物种的良好发育、保育场所和主要保护地，也是生物多样性分布的中心之一，并蕴藏着多种矿产资源，其中四川省是中国西部矿产资源的大省。这些区域是全国重要的藏族、羌族、彝族、回族等少数民族聚居区之一，也是中国历史文化遗产丰富、风景名胜分布集中的重要旅游区。

汶川特大地震毁灭了昔日的美景，打破了百姓宁静的生活。地震发生瞬间，山崩地裂，江河断流，大地满目疮痍，亲人生离死别。地震造成人员伤亡惨重，房屋大量倒塌损坏，基础设施大面积损毁，工农业生产遭受重大损失，生态环境遭到严重破坏，地震引发的崩塌、滑坡、泥石流、堰塞湖等次生灾害举世罕见。截至10月8日，地震共夺去69227人的生命，造成17923人失踪。地震影响范围涉及四川、甘肃、陕西、重庆、云南等10个省（区、市）的417个县（市、区），灾区范围包括四川、甘肃、陕西、重庆、云南、宁夏6个省（区、市）的237个县（市、区）、4667个乡镇、48810个村庄，受灾总面积50万平方公里，是中华人民共和国成立以来，破坏性最强、涉及范围最广、救灾难度最大的一次地震灾害。

灾情十万火急，人民性命生死攸关。中共中央、国务院果断指挥，各级政府、有关部门迅速行动，全力开展抢险救援、医疗防疫、群众安置等工作。中共中央总书记、国家主席、中央军委主席胡锦涛在地震发生后作出指示，要尽快抢救伤员，确保灾区人民生命安全。中共中央先后召开4次政治局常委会议和1次政治局会议，全面、科学地指挥抗震救灾工作。为加强对抗震救灾工作的直接、高效指挥，5月12日16时44分，中共中央政治局常委、国务院总理温家宝率有关部委负责同志，乘专机赶往四川地震灾区。当晚，中共中央政治局常委召开会议，决定立即成立国务院抗震救灾总指挥部，把抗震救灾作为全党、全国最重要、最紧迫的任务。在抗震救灾期间，国务院抗震救灾总指挥部先后召开26次会议，专题研究解决抗震救灾工作中的重大、决策性问题，针对抢救人民生命财产、保障受灾群众生活、开展医疗救治和卫生防疫及制定灾后重建规划等不同阶段的重点工作，进行全方位的科学决策和部署，为夺取抗震救灾的胜利奠定重要基础。

地震发生后，灾区人民的安危、冷暖时刻牵动着中南海，牵动着全国各族人民的心。党和国家领导人多次冒着余震的危险，踏着未抢通的道路，不辞辛劳，紧急赶赴四川、甘肃、陕西等地震灾区，深入抗震救灾第一线、灾区群众安置点、帐篷和活动板房医院及学校，看望群众、伤员，鼓起了灾区群众重建家园的决心；慰问抢险救灾的解放军指战员、武警部队官兵和民兵预备役人员、公安民警，增强了救援人员战胜困难的信心。

二

汶川特大地震发生后，灾区各级党委政府、驻地部队、基层党组织、干部党员在急、难、险、重的情况下，毫不畏惧、奋力救援，迅速展开一场自救互救的殊死战斗。广大干部党员抛开自身伤痛和失去亲人的痛苦，义无反顾地带领群众展开互帮互助，竭尽全力组织群众进行自救、互救。通过自救、互救，抢救群众占抗震救灾抢救总人数的80%。自救互救成为灾区最直接、最有效的救援手段之一，为抢救群众的生命和财产赢得了极其宝贵的时间。

中共中央、国务院、中央军委坚持人民利益高于一切的理念，坚持“科学决策、民主决策、依法决策”，采取“自救互救、重点抢救、入户搜救、现场急救”等有力措施，在全国迅速建立起军地协作、部门联动、分工负责的应急指挥体系，立即调集解放军、武警部队、民兵预备役人员、公安民警等力量，出动飞机、汽车，携带各种机械、器材设备等救援物资，通过空中、陆路、铁路紧急突进四川、甘肃、陕西、重庆地震灾区实施救援，展现出无数可歌可泣、催人泪下的动人场面。随着抗震救灾工作的不断深入，救援部队昼夜兼程，在通信、道路阻断的严峻情况下，冒着余震、泥石流、滚石等危险，将工作重点逐步转向偏僻的农村，开展进村入户搜救。在最宝贵的72小时“黄金救援时间”后，救援人员不放弃、不抛弃，奋力探寻生命迹象，将一个个生命从死神手中夺回。截至9月2日，从废墟中成功抢救出被压埋人员84017人，创造了救援史上的辉煌奇迹。地震造成山体滑坡、泥石流、堰塞湖等大量次生灾害，许多地区危机四伏，形势严峻。解放军、武警水电部队、水利部门等时刻戒备，全面查险排险，及时成功地处置唐家山堰塞湖险情，消除了汶川地震次生灾害的最大威胁。在抗震救灾期间，共出动解放军、武警部队14.6万人，民兵预备役7.5万人，消防官兵、公安民警2.5万人，国内外地震专业救援队5257人，胜利完成了抗震救灾中最紧急、最艰苦的救援任务。

地震造成灾区房屋大面积倒塌损坏，加之余震不断，次生灾害频发，受灾群众亟须立即疏散转移。四川省、甘肃省、陕西省及时成立抗震救灾群众应急转移组织机构，各级政府组织干部党员、解放军、武警官兵及公安民警迅速赶赴灾区，协助开展群众疏散转移工作。灾区“三孤”人员（孤老、孤残、孤儿）及零散“五保”户等由于居住分散，疏散转移工作的难度相当大；学校是地震发生时人员最集中的地区之一，解放军、武警官兵、公安民警迅即赶赴各救援地，奋力帮助“三孤”人员与学校师生迅速转移。地震发生时，大量旅客、游客滞留灾区，各交通部门组织调集运力，立即转移滞留机场、车站、列车、旅游景区被困的旅客、游客。汶川地震受灾群众转移是中华人民共和国成立以来，因自然灾害引发的人数最多、规模最大的一次“大转移”。

地震发生后，伤员抢救任务十分艰巨。中共中央、国务院果断指挥解放军、武警部队、地方医疗机构卫生救援队采用空降、徒步等方式，先后进入道路中断的乡镇、村寨查找和抢救伤员。卫生部与有关部门统筹调配军地医疗人员和应急物资，使医疗救治工作全面有序展开。灾区医务人员面对突如其来的地震灾难，不顾自身伤痛或失去亲人的悲伤，从危房中抢救出病人和医药器械，迅速设立医疗救治站点，自发展开自救互救，因陋就简紧急救治地震受伤群众。来自全国各地的医疗救援队以最快速度到达灾区，构建医疗救治体系，使灾区各县、乡村和群众临时安置点实现医疗救治全覆盖。卫生部统一调配远程护送工作，采取灾区伤员批量转运分流等方法，使灾区伤员得到及时有效的分流救治。地震灾区各市州迅速建立现场救治点，对伤员做好处置和分类，建立转送伤员的救治网络，开展伤员分级转诊。为减轻受灾地区压力，卫生部与四川省卫生厅协调铁路、民航、公路等部门，安全有序地从四川灾区向全国部分城市医疗机构转送伤员。国内外医务人员、心理专家、志愿者大力开展灾区残疾伤员医疗康复、心理援助工作，使灾区接受医疗康复和救治的绝大多数群众及救援者得到救治。卫生部迅速调集救护、防疫设备，支援地震灾区医疗防疫工作，并迅速启动疫情监测机制，检查、监测灾区饮用水源和食品，防范控制各种传染病等疫病爆发流行，实现“大灾之后无大疫”的工作目标。

保障受灾群众基本生活是抗震救灾的重要任务。国务院迅速制定群众生活救助政策，突破原有灾害救助标准，创新应急救助政策，解决受灾群众的基本生活困难，深受广大灾区群众的欢迎。民政部迅速落实受灾地区生活救助及遇难者家属抚慰政策；各受灾省市组织力量深入重灾乡镇、村组，迅速发放救助资金、救济粮。中央军委迅速动用军队战略储备，向灾区紧急空运军用帐篷、单兵作战食品、御寒衣被等1450吨急需物资。全国各地迅速调集、采购灾区群众急需的生活物资，千方百计保障灾区群众有饭吃、有衣穿、有干净水喝、有临时住处。为保证救灾物资快速运往地震灾区，交通、铁路、民航等部门紧急调集运力，迅速向灾区挺进。

地震初期群众安置时间虽不长，但正是灾区群众生活最艰苦的阶段，灾区各级政府不辱使命、不畏艰难，立即组织受灾群众选择街边、广场等公共场所，企业、学校等公共空房，进行应急避险安置。绵阳市九洲体育馆是地震灾区安置群众最多、安置时间最长的体育场馆，成为灾区群众安置的典范。救灾帐篷是地震灾区群众临时性安置的主要形式之一，发展改革委、民政部、财政部迅速组织采购生产救灾帐篷及搭建简易房所需的彩条布和篷布，并协调有关部门、地方政府统筹资金支持、原料供应、生产运输、接收发放等环节，极大地缓解了群众临时安置困难。住房城乡建设部等部门全力组织援建省市生产、建设100万套（后调整为69.32万套）活动板房。同时，灾区各级政府鼓励灾区群众采取投亲靠友、借房租房等传统安置方式，解决过渡安置问题，使灾区群众100%得到妥善安置。

地震造成灾区商贸服务网点严重受损，给灾区群众生产生活带来极大困难，商务部门迅速调动流通企业和个体摊贩的积极性，搞活灾区商品流通。商务部门以恢复原有商业网点、建立帐篷和活动板房便民店、配发流动售货车等方式，支持灾区建立过渡性商业网点，满足灾区群众基本生活必需品供应。发展改革委、商务部、国家粮食局加强对灾区粮油市场监测，按照“就地就近”供应的原则，向地震灾区紧急调运储备粮油，保证少数民族受灾群众特殊食品的供应需求，保障灾区市场秩序稳定。

中共中央、国务院要求全力恢复灾区群众的生产生活，抢修恢复基础设施，保证灾区学校正常教育教学。农业部紧急部署灾区及周边省市农业部门组织帮扶队，开展跨区机械收割，保证颗粒归仓；及时调剂调运农业生产资料，保证应收尽收、应种尽种，恢复灾区农业生产能力。国资委与中央企业抓紧恢复能源、原材料生产，加大煤炭、成品油、天然气、磷矿石调运，优先恢复供电、供气、供水、煤矿等企业生产；保证生产救灾物资、重建物资的企业恢复生产，重点支持大型骨干企业恢复生产。国务院适时调配力量抢修地震损毁的水利、电力、公路、铁路、通信等基础设施，使灾区群众生活和抢险救援工作正常运转。教育部门统筹协调、精心组织、周密安排，逐步完成学校就近复课、学生异地就读、灾区两次高考等工作，在9月1日前，灾区学校全部恢复教育教学。

三

为表达对汶川特大地震遇难同胞的深切哀悼，5月18日，国务院发布公告，确定5月19—21日为全国哀悼日。19日14时28分，党和国家领导人在中南海等地，同全国人民一起默哀3分钟。全国和各驻外机构下半旗志哀，停止公共娱乐活动；汽车、火车、舰船鸣笛，防空警报拉响，举国上下沉浸在无限悲痛之中。这是中华人民共和国成立以来，首次为严重自然灾害遇难同胞举行的全国性哀悼活动。19—21日，160余个国家、国际组织的领导人、政要和驻华使节到中国外交部和中国驻外外交代表机构，吊唁汶川地震遇难者，一些国家驻华使馆降半旗志哀。

地震吓不倒英雄的中国人民，而是凝聚起中华民族“万众一心、众志成城”的坚强意志，焕发出中华民族“一方有难、八方支援”的可贵精神。中共中央、国务院向全党、全军、全国人民发出组织人力、物力全力支援灾区，以实际行动为抗震救灾贡献力量的号召，神州大地迅速掀起支持灾区人民抗震救灾的捐助热潮。中央各部门、各省（区、市）、各行各业、社会各界踊跃捐款捐物，形成政府主导下全社会共同参与的抗震救灾大格局。全国4550万余名共产党员共交纳“特殊党费”97.3亿元。港澳台同胞、全球华侨华人、国际社会纷纷向地震灾区伸出援助之手。截至2009年5月12日，中国共接收国内外社会各界抗震救灾捐款562.66亿元。

为加强抗震救灾捐助资金和物资监管工作，中共中央、国务院迅速建立抗震救灾资金物资监督检查体系，严厉惩处抗震救灾资金和物资管理使用中违法违纪行为。在抗震救灾过程中，政府相关部门通过各种形式向社会发布信息，保证社会的知情权，便于社会监督；引入审计机构或人民监督员，加强审核监督，确保捐助资金、物资用到实处，保证全部救灾资金、物资真正用于灾区和受灾群众，保证廉洁救灾，向人民群众交一份“明白账”、“放心账”。

来自全国及世界各地的志愿者不计报酬、不怕困难，以“奉献、友爱、互助、进步”的志愿义举，播撒着无疆大爱，弘扬着人道主义精神。各志愿服务队深入地震灾区一线，开展现场搜救、就地救援、医疗救护、卫生防疫、心理抚慰、物资配送等志愿服务，成为政府救灾的有力补充，为夺取抗震救灾的胜利作出了贡献。

地震发生后，中宣部、中央外宣办（国新办）紧急启动应急机制，做到信息公开透明，通过组织新闻报道、信息发布，为抗震救灾及灾后重建工作营造良好的舆论氛围。广大宣传思想战线工作者深入抗震救灾一线，大力宣传中共中央、国务院的决策部署，及时报道灾情权威信息、抗震救灾及灾后重建等有关情况，宣传先进典型事迹等，营造团结一致、众志成城、不畏艰难、奋力拼搏的良好氛围，为抗震救灾提供强大的思想保证、精神动力和舆论支持。国际社会普遍称道，信息发布和媒体报道的公开、透明和开放，树立了中国良好的国际形象。

四

汶川特大地震造成灾区损毁惨重，灾后恢复重建任务严峻而紧迫。中共中央、国务院坚持“以人为本、尊重自然、统筹兼顾、科学重建”的指导思想，及时颁布相关政策法规和重建总体规划，充分发挥社会主义制度的政治优势，有效开展对口支援，迅速展开中华人民共和国成立以来动员范围最广、投入力量最大的灾后重建和重整山河的伟大再造工程。

中共中央、国务院组织全国19个省（市）对口支援四川省18个县（市）和甘肃省、陕西省受灾严重地区，每年对口支援实物工作量不低于本省（市）上年地方财政收入的1%，对口支援期限按3年安排。中共中央、国务院没有安排对口支援的省（区、市）、国家有关部委和解放军、武警部队及社会各界也采用提供资金、项目和智力援助方法，积极参加灾区恢复重建。香港、澳门特别行政区政府投资78.6亿元，支持灾区民生工程恢复重建。

地震灾区恢复重建坚持以人为本，优先解决灾区群众吃饭、饮水、住房、上学、就医等问题，把群众住房建设作为重中之重，集中技术力量完成重灾县（市、区）及乡镇、村庄重建规划，组织专业技术人员进村入户，为农房重建提供技术保障，农村居民住房恢复重建，遵循“就地、就近、分散”安置原则，充分尊重农民意愿，实行“农户自建、政府补助、社会帮扶”相结合；城镇居民住房恢复重建，按照“政府主导、市场运作、政策支持、群众自助”的原则，依据城镇总体规划和近期建设规划，实行对一般损坏住房维修加固，对倒塌和严重破坏住房原址重建、异址新建相结合的恢复重建原则。

灾区公共服务设施建设在灾后恢复重建中全面上档升级，建设标准更高，功能配套更全，服务能力更强，充分体现了城乡统筹和区域统筹的理念，城镇公共服务向农村延伸和覆盖，实现公共服务均衡化。灾区学校恢复重建引起各部门的高度重视，崭新的学校拔地而起，现代化的教学楼矗立，教室设施齐全，恢复重建校园处处充满生机，灾区教育水平迈上新台阶。医疗卫生机构在灾后恢复重建中得到优先保障，重灾县市诊疗人（次）、门急诊人（次）、出院康复人数，医疗服务能力和水平得到提高。灾后文化设施重建，着力于公益性文化基础设施建设，着眼于公共文化服务体系完善，打造文化设施新地标，使灾区文化发展跃上新台阶。灾区水利、电力设施恢复重建进展顺利，灾区水库、堰塞湖（坝）、供水设施、农村水电、大中小型灌区水利设施的恢复重建稳步推进；快速恢复灾区电力供应，为灾区抢险救援、群众生产生活用电提供了可靠保障。灾区交通恢复重建秉承“打开通道、构建枢纽、完善网络、提升功能、支撑发展”的思路，抓住机遇、及时规划，加大对交通基础设施投入，从公路、铁路、航空入手，“三位一体”构建灾区立体交通网，一批关系长远发展的交通设施项目开工兴建。灾后产业重建是发展灾区经济、扩大灾区就业、维护灾区稳定的根本出路，灾区企业克服众多极端困难，在短时间内恢复生产，实现产业升级和节能环保，并完成全年生产计划。

灾后恢复重建实现“家家有房住，户户有就业，人人有保障，设施有提高，经济有发展，生态有改善”的目标，灾区呈现出长者安居、幼者安学，全国相助、同胞相亲，绝路已通、家园新筑，产业振兴、城镇繁荣，生态修复、精神昂扬的灾后恢复重建新景象。在灾后重建的艰辛历程中，中共中央、国务院统一部署、科学引领，灾区干部群众自强不息、奋力拼搏，非受灾省（区、市）无私奉献、倾情援建，灾后恢复重建见证了抗震救灾伟大精神的弘扬与永存。

震前风貌

地形地貌与自然资源

基础设施与人文风貌

汶川特大地震灾区位于青藏高原东缘和四川盆地之间，为川滇、川甘和川陕交界部位；极重灾区、重灾区位于四川盆地西缘、甘肃陇南和陕南汉中盆地西南山地毗邻部位，在地理单元分区上属南方分区与青藏分区的结合地带，是成都平原与川西高原天然分界的龙门山区，行政上分别属于四川省的成都市、德阳市、绵阳市、广元市、雅安市、阿坝藏族羌族自治州等市（州）及甘肃省的陇南市、甘南藏族自治州和陕西省的汉中市、宝鸡市。

川甘陕毗邻地区地形复杂，地貌类型多样，高山峡谷相间并呈垂直变化；自然地理带为亚热带，气候为亚热带暖湿气候。这些地区位于岷江、嘉陵江、汉江上游，河流众多，水及水能资源丰富；生态系统类型多样，动植物资源丰富，是长江上游重要的生态屏障；植被呈带状垂直变化；是物种的良好发育、保育场所和主要保护地。

四川、甘肃、陕西、重庆、云南等省（市）的农业生产在全国占有重要地位。其中四川省是农业大省，农作物种类繁多，主要农产品和农副产品在全国占有重要地位，其中成都平原素有“天府之国”的美称。四川省也是全国的畜牧业大省，2007年猪牛羊肉类总产量占全国的8.72%，居全国第一。四川省生物资源丰富，是全国林业资源大省，属全国第二大林区，植被类型繁复，景观多样性丰富，是全国甚至全球的植物区系和自然植被类型最为繁盛的地区之一。川甘陕地区矿产资源储量较大，有较好的产业基础。拥有东方电气集团、长虹集团、龙蟒集团、宏达集团等知名企业，工业基础较雄厚。

四川省、甘肃省、陕西省历史文化遗产丰富，自然景观独特，风景名胜分布集中，旅游资源得天独厚。四川省山川秀丽，旅游资源尤为丰富，九寨沟等著名景区以其特有的景色，吸引着大批海内外游客。这些地区既是汉民族、汉文化的发源地之一，也是藏族、羌族、彝族、回族等少数民族聚居区之一，保留了大量少数民族特有的文化特征。

地形地貌与自然资源

川甘陕毗邻地区地貌特征为高山深谷相间分布，面积较为广阔，地形地貌多样，海拔高差巨大，其中最高峰四姑娘山海拔6250米，岷江龙门山流出地海拔仅为780米，相对高差达5000米。各地区不同地段的气候各异，格局比较复杂，气温、降水、光照等分布很不均衡。这些地区水系分属流经龙门山地区的岷江水系，流经陇南山区和汉中盆地西缘略阳等地的嘉陵江水系与流经汉中盆地的汉江水系等。这些地区蕴藏着多种矿产资源，磷矿、煤矿、天然气和大理石资源尤为丰富。

川甘陕毗邻地区是水源涵养和生物多样性保护的国家重要生态功能区，邛崃山、岷山和秦岭等山系属于中国森林资源主要分布区域之一。同时，这些地区也是珙桐、水杉、银杏等植物活化石的主要生长地，是生物多样性分布中心之一，是中国重要的动植物保护区。

地形地貌

川甘陕毗邻地区的地貌由高原、山地、丘陵、平原组成，地表起伏巨大，自西向东依次为川西高原边缘区、龙门山区、龙门山前平原区、盆地低山丘陵区。以龙门山脉为界，东部为四川盆地、平原、丘陵区，海拔500～1000米；西部为青藏高原，属中山、亚高山、高山和高原区，海拔在3000～6000余米之间。这些地区属亚热带湿润气候区域，立体气候特征比较显著，在同一区位会出现亚热带、暖温带到寒温带、寒带和冰冻带的完整气候带分布。这些区域山川秀美，具有重要的生态服务功能，水系分属流经龙门山地区的岷江水系，流经陇南地区和汉中盆地西缘略阳等地的嘉陵江水系，与流经汉中盆地的汉江水系，三大水系江河都汇入长江。这些地区水资源及水能资源比较丰富，其中岷江、沱江、嘉陵江为长江的一级支流，大渡河、涪江则分别为岷江和嘉陵江的一级支流。

白雪覆盖的四姑娘山。2006年7月25日拍摄

（万全　摄）

九寨沟县九寨沟风景区秋日
（李子青　摄）

北川羌族自治县县城。2004年6月20日拍摄
（杨文华　摄）

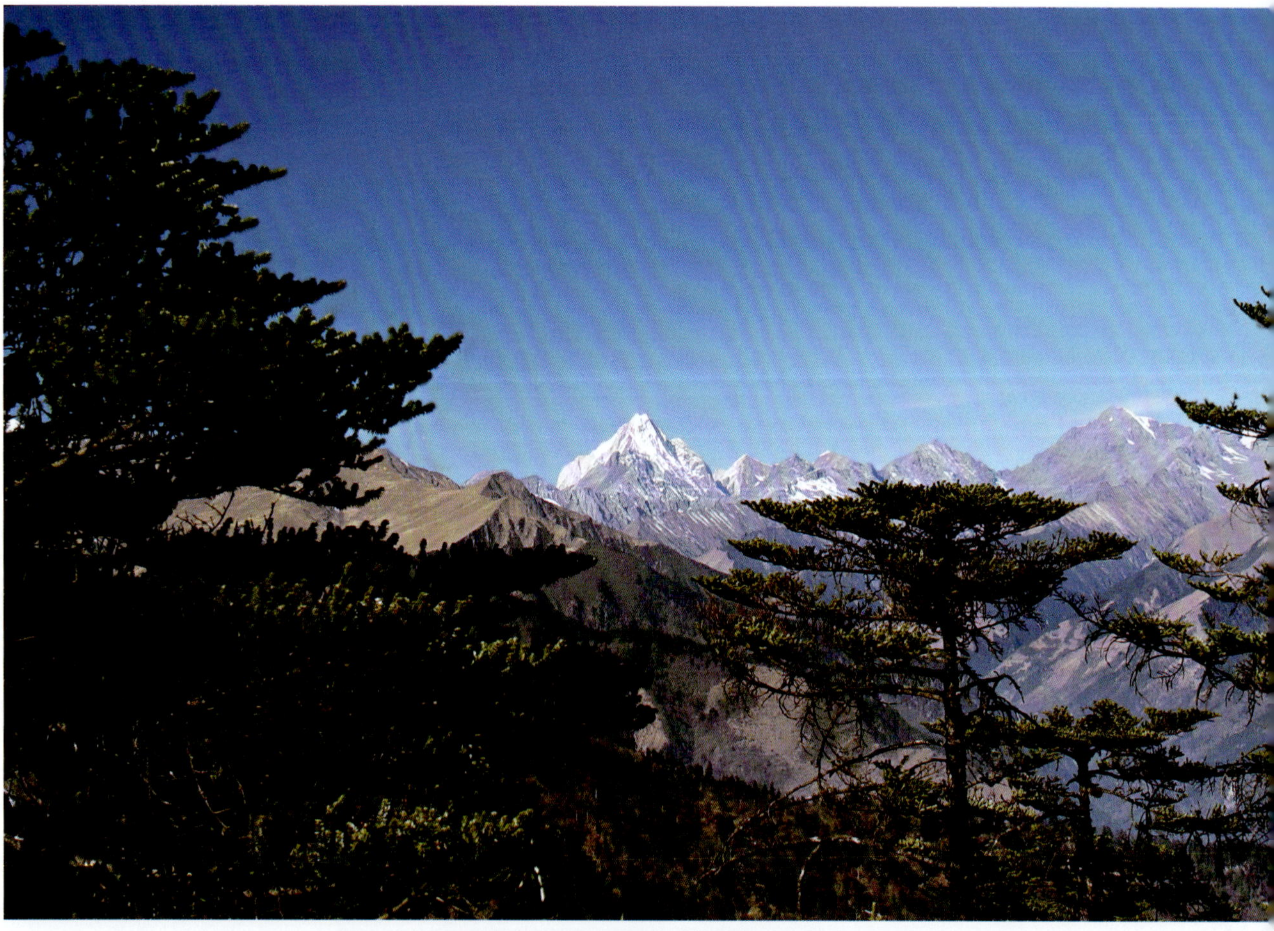

汶川县卧龙镇英雄沟大熊猫栖息地。2006年1月3日拍摄
（陈建　摄）

理县米亚罗牧场。2005年9月27日拍摄　　（理县畜牧局　提供）

汶川县雁门乡萝卜寨村。萝卜寨是迄今为止发现的中国最大、最古老的黄泥羌寨，以“中国第一羌寨”“云朵上的街市”“古羌王的遗都”而闻名。2006年11月15日拍摄　　（司京陵　摄）

都江堰市。2007年拍摄
（田捷砚　摄）

大渡河是岷江最大支流，古称沫水，发源于青海省境内的果洛山东南麓，向南入四川省，分别流经阿坝藏族羌族自治州、甘孜藏族自治州、雅安市、凉山彝族自治州和乐山市，至乐山市入岷江
（邓永庆　摄）

自然资源

川甘陕交界地区的自然环境以地貌多样，森林茂密，生物资源和矿产资源蕴藏丰厚、品类多样为主要特征，有森林、灌丛、草原、稀树草原、草甸、湿地、高山冻原及各种农田生态系统，也是水源涵养和生物多样性保护的国家重要生态功能区。这一地区的动植物资源丰富，植被呈带状垂直变化，依次为亚热带常绿阔叶林—常绿阔叶与落叶阔叶混交林—落叶阔叶林—针叶林—亚高山灌木草丛—高山草甸，其中邛崃山、岷山和秦岭山系是中国森林资源的主要分布区之一。这一地区的土壤呈带状分布，依次为黄壤、黄棕壤、棕壤和亚高山草甸土，适合不同植物生长。这一区域还具有物种、生态系统和景观多样性特征，四川省有国家重点保护野生动物116种、重点保护植物50种，有珍稀动物大熊猫、金丝猴等，植物类的珙桐、水杉、银杏等在龙门山地区及陇南、西秦岭南麓（汉中盆地西缘）均有分布。这一区域蕴藏着多种矿产资源，矿种比较齐全，其中磷矿、煤矿、天然气和大理石资源比较丰富。川甘陕交界地区有著名的九寨沟、黄龙、大熊猫栖息地等世界自然遗产地，有众多自然保护区及国家森林公园、国家地质公园和文化古迹等风景名胜区。

石棉县栗子坪省级自然保护区内的小熊猫，系国家二级重点保护野生动物　　（栗子坪保护区　提供）

绵阳市王朗国家级自然保护区内的蓝马鸡（奚志农　摄）

青川县唐家河国家级自然保护区内的川金丝猴，系国家一级保护动物

（邓建新　摄）

位于汶川县的卧龙国家级自然保护区，区内的大熊猫为国家一级保护动物

（陈仕川　摄）

贡嘎山国家级自然保护区内的极危物种小叶槭。2007年8月23日拍摄
（杨彪 摄）

位于泸定县的甘孜藏族自治州林科所植物园内的红豆杉，属国家一类重点保护野生植物
（刘志斌 摄）

江油市观雾山省级自然保护区内的距瓣尾囊草，该物种曾一度被认为已经绝迹
（王勇 摄）

康定县鸡丑林场内的康定云杉，极其稀有，已濒临灭绝
（隆廷伦 摄）

基础设施与人文风貌

川甘陕毗邻地区的基础设施较为完备。至2007年12月，属于汶川特大地震重灾地区的四川省39个县（市、区），拥有各类蓄水工程132563座，总供水能力达到33.92亿立方米，并建有多座大中型水电站。川甘陕交界地区拥有比较发达的公路设施，国道、省道及县、乡村公路发展较快，形成主要的交通运输网络，是联结城镇、乡村的重要交通通道。宝成铁路是沟通中国西北、西南地区的第一条山岳铁路，是通往四川省的铁路主干线，承担着西南、西北地区的物资交流重任，对沿线工农业经济发展起到较大的促进作用。

川甘陕毗邻地区社会经济发展不平衡，东西部区域差异较大。东部为四川省经济发达地带，是成（都）—德（阳）—绵（阳）经济圈的重要组成部分，经济发展水平不仅在四川省，而且在中国西部地区都较高；西部山区地带属青藏高原组成部分，经济发展相对滞后，与东部形成强烈反差。四川省、甘肃省、陕西省的农业生产占有重要地位，尤其是川西盆地是中国西部最重要的粮食和副食品生产基地，农业集约化水平较高，不仅是全国粮食主产区，也是西南、西北地区唯一的粮食主产区，稻谷的种植面积和产量在全国名列前茅。至2007年年底，四川省、甘肃省、陕西省的社会经济发展状况较好，群众安居乐业，生活安定。

四川省、甘肃省、陕西省历史悠久，其中成都平原为蜀文化的发祥地，是长江流域的文明发源地之一，也是西南地区重要的文化中心，保留了大量的历史文物古迹和非物质文化遗产。这些地区是中国大西南与大西北的结合部，是重要的少数民族居住区之一，具有多民族、多元文化、多种社会形态的特点，保留了大量少数民族特有的建筑、音乐、服饰、语言等物质文化遗产和非物质文化遗产。

基础设施

川甘陕毗邻地区水资源不够平衡。四川省水能资源比较丰富，并建有多座大中型水电站，其中紫坪铺、映秀湾、宝珠寺等水电站和武都引水工程、继光水库等水利设施，是重要的水利水电枢纽工程，为四川省的工农业生产及群众生活提供了重要的保障。四川省、甘肃省、陕西省的公路发展比较快。至2007年，四川省成都、德阳、绵阳、广元、雅安、阿坝六市（州）拥有公路58089公里，并建有成都—绵阳、成都—都江堰等多条高速公路。宝成铁路北起陕西宝鸡，南达四川成都，与成渝、成昆两线衔接，全长669公里，是进出四川省物资运输的重要铁路线。

国道213线茂县石大关乡境内路段。2006年10月拍摄　　　　（孟非　摄）

客运列车在入川主通道宝成线上运行。2004年4月17日拍摄　　　（曹宁　摄）

二期扩建竣工运行后的九寨黄龙机场。九寨黄龙机场修建在海拔3440米的连绵群山之间，是国内三大高原机场之一。2007年4月28日拍摄　　　（张云　摄）

都江堰渠首。都江堰水利枢纽工程位于成都平原西部都江堰市西侧的岷江上。建于公元前256年，是战国时期秦国蜀郡太守李冰率众修建的一座以无坝引水为特征的宏大水利工程。都江堰渠首枢纽主要由鱼嘴、飞沙堰、宝瓶口三大主体工程构成。2007年10月20日拍摄 （王达军　摄）

四川省紫坪铺水电站1号泄洪洞进水塔闸房

（四川省紫坪铺开发有限责任公司　提供）

人文风貌

川甘陕毗邻地区以农业生产为主。川西盆地盛产水稻、小麦、玉米、红薯、甘蔗、油菜籽、蚕丝，生猪产量在全国领先；长江支流沱江、嘉陵江沿岸盛产柑橘。甘肃省8个重灾县（区）是中药材、油橄榄、冬播马铃薯等特色农产品的主产区。陕西省4个重灾县（区）是农业生产基地。龙门山东部为工业区、农耕区，工业基础比较雄厚，拥有东方电气集团、剑南春集团、磷化工生产企业龙蟒集团、宏达集团等国内知名企业。这一地区以龙门山脉为界线，东部为汉族聚居区，西部为羌族、藏族、汉族、回族等多民族聚居区。汶川、茂县、理县、黑水、北川等县位于全国唯一的羌族聚居区和羌族文化生态保护实验区内，是全国主要的藏族、羌族文化走廊；藏族主要聚居在阿坝藏族羌族自治州及平武县等地，是藏族、羌族文化发展和传承的重要地区。宝鸡、汉中是汉代、三国文化相当密集区，是重要的旅游区。

泰安古镇牌坊，位于都江堰市青城后山。2006年10月29日拍摄　（郭广宇　摄）

广汉市城西鸭子河畔的三星堆古遗址，距今已有5000～3000年历史，面积12平方公里，是迄今在西南地区发现的范围最大、延续时间最长、文化内涵最丰富的古城、古国、古蜀文化遗址，被誉为“长江文明之源”　　（三星堆博物馆　提供）

茂县黑虎乡小河坝村鹰嘴河组碉楼。2006年8月6日拍摄　　（余德军　摄）

汶川地震前的都江堰市二王庙　（中国水利水电科学研究院　提供）

绵竹市年画村。2007年3月6日拍摄　　（德阳市委宣传部　提供）

2003年2月3日，正月初三，成都武侯祠正在上演坝坝戏。“坝坝戏”是川剧的一种演出形式。成都人习惯边品茶、边听戏

（陈锦　摄）

九寨沟县九寨沟风景区内的藏族村寨

（徐讯　摄）

汶川县雁门乡萝卜寨。每到秋季，收获的玉米被整整齐齐地堆砌在羌房屋顶，与远处雪山构成“山村艳秋、山岭雪”的美景。2006年11月15日拍摄　　（司京陵　摄）

梨花盛开。2008年3月23日，苍溪县市民在“中国·苍溪县梨文化博览园”赏花　　（刘徽　摄）

麦积山，又名麦积崖，地处甘肃省天水市东南方约50公里处，是西秦岭山脉小陇山中的一座孤峰
（麦积山风景名胜区管理委员会　提供）

宝鸡市常羊山炎帝陵。2006年6月拍摄　（杨晓东　摄）

地震破坏

灾情与评估

灾区景况

人员伤亡与灾区受损

5月12日14时28分，中国四川省发生8.0级特大地震，震中位于汶川县。汶川地震是青藏高原长期的挤压使得巴颜喀喇块体向东运动，遭受到四川盆地强硬地壳的阻挡而产生大量的应力积累，并通过龙门山构造带的断裂活动来释放积累的能量。地震产生3条地表破裂带，即北川—映秀地表破裂带、汉旺—白鹿破裂带、小鱼洞破裂带。地震造成山体滑坡、崩塌、河道堵塞等次生灾害，对自然环境造成巨大破坏，大量建筑物和工程结构物倒塌损毁。地震震级高、灾害烈、影响巨、波及范围广、救灾难度大，是中华人民共和国成立以来所罕见的。

地震发生瞬间，原本山清水秀、风光旖旎的四川灾区处处废墟、步步哀声，大量人员伤亡，大批群众无家可归，场景惨不忍睹；大量建筑物损毁，水利、电力、道路、通信、商贸金融、教卫文体、机关单位办公场所等生产生活基础设施严重受损。工业企业生产设施遭到重创，使灾区部分中央和地方企业损失惨重。地震给灾区的农业生产造成重大损失，耕地表土被冲毁或被泥石、沙砾覆盖，地面开裂、沉降，田地埂、田间基础设施严重垮塌，耕层土壤结构破坏、肥力衰减，耕地质量及生产能力严重下降。地震也使灾区文物、生态环境遭到严重破坏。地震造成直接经济损失8523.09亿元，其中四川省、甘肃省、陕西省8451.36亿元。地震不仅给人民群众的生命财产造成重大损失，还为灾区社会、经济、文化、生态等各方面带来长期的负面影响。

地震发生后，中共中央、国务院迅速组织开展灾害评估，根据地震及地质灾害造成的死亡和失踪人员、倒塌房屋、转移安置人员的数量、比例及地震烈度和地质灾害危险度等因素，确定地震造成的灾害类别及灾害范围的划定原则，划分出极重灾区、重灾区和一般灾区，为开展抗震救灾提供了可靠依据。

灾情与评估

汶川特大地震发生在四川龙门山逆冲推覆构造带上，地震震源深度约14公里。由于地震不属深板块边界效应，发生在地壳脆—韧性转换带，加之震源较浅、震区土质松软，地震波向东传播距离较远，因此造成的破坏性巨大，有震感范围广。

地震使灾区地表变化巨大，在不到50公里的水平距离范围内，地形高差达5000米左右，形成青藏高原周缘最大的地形梯度带。地震使映秀、北川地区产生的地表破裂位移较大，断裂带上垂直最大位移为9米，水平最大位移为4.9米。地表破裂带所经之处的山脊水系和建筑物均被错断损坏，并形成大量的滑坡、山崩和泥石流等次生地质灾害，造成山体岩层破裂，地表破碎，植被严重破坏，形成大量的堰塞湖。

地震发生后，国务院立即组织发展改革委、民政部、财政部、国土资源部、地震局等部门迅速展开灾情评估，并成立国家汶川地震专家委员会，运用航空遥感技术、“北京一号减灾卫星”等先进科技手段，获取数据及灾区震后影像，加强灾区现场应急技术支持。组织专家深入研究分析，及时解译灾情，对地震受灾范围、灾害损失进行评估，提出灾害类别及灾害范围划定原则。

地震构造

汶川特大地震发生在地质构造比较复杂的地区，又处于中国重要的地震带——南北地震带，震中及其余震位于川西龙门山逆冲推覆构造带中段。龙门山构造带既是四川盆地与青藏高原块体间的过渡带，又是中国重要的地震带。地震的发生及龙门山向东南方向的推覆动力，来源于印度板块与欧亚大陆碰撞及向北的推挤，板块间的相对运动导致亚洲大陆内部大规模的结构变形，造成青藏高原地壳缩短、地貌隆升和向东挤出。由于青藏高原向东北方向运动过程中，在四川盆地一带遭到华南活动地块的强烈阻挡，使得构造应力在龙门山推覆构造带上高度积累，以至沿汶川县映秀—北川断裂突发错动，引发8.0级强烈地震。

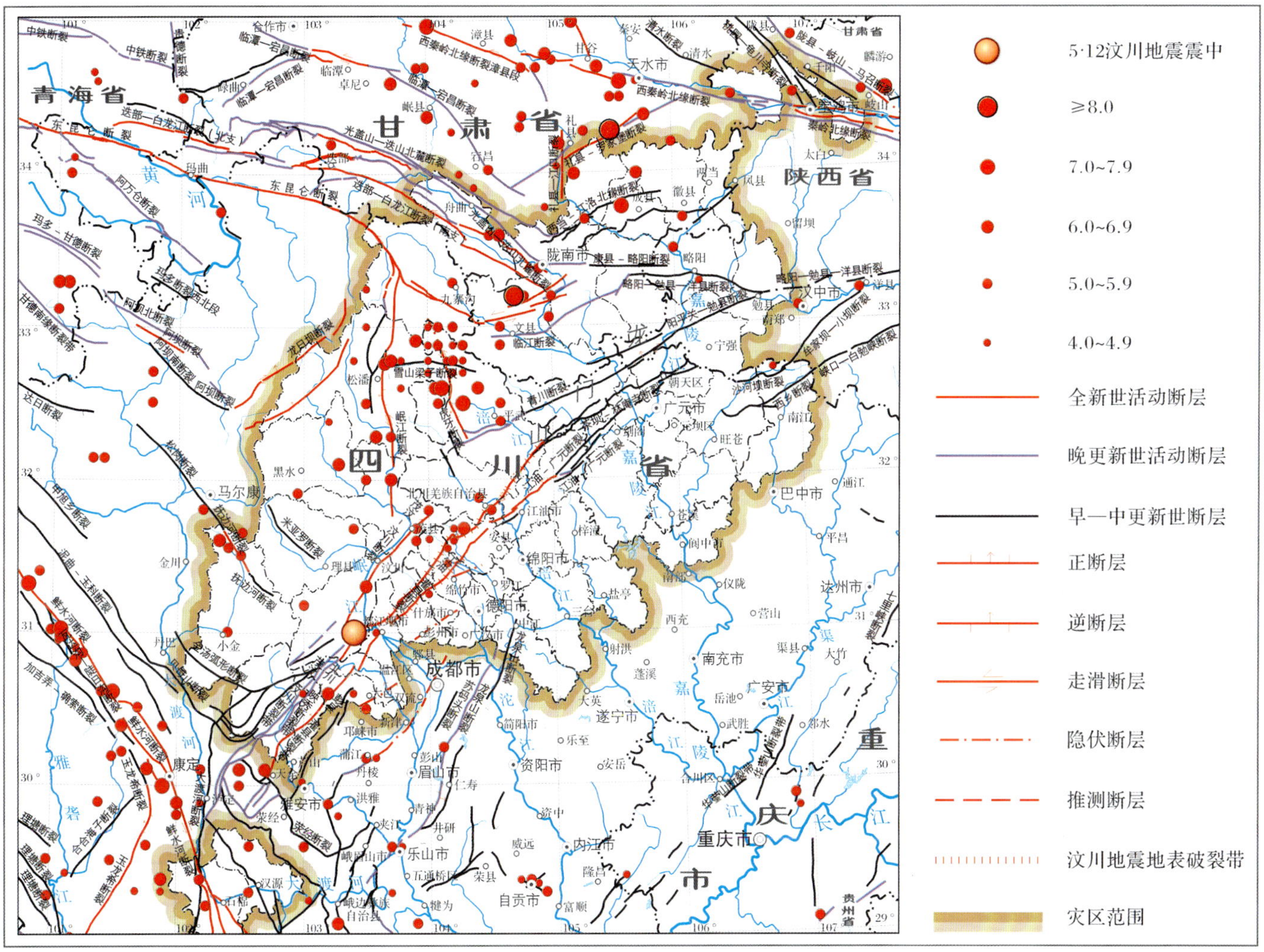

中国四川汶川特大地震灾区地震构造图

影像资料来源：《汶川地震建筑物震害遥感解译图集》，2010年6月出版

历史地震资料来源：中国地震台网中心；中国历史强震目录（公元前780年至公元2008年）

汶川8.0级地震余震资料来源：中国地震台网中心；汶川地震余震目录，截至2009年1月19日

构造资料来源：邓起东，中国活动构造图

（原图由中国地震局地震预测研究所提供）

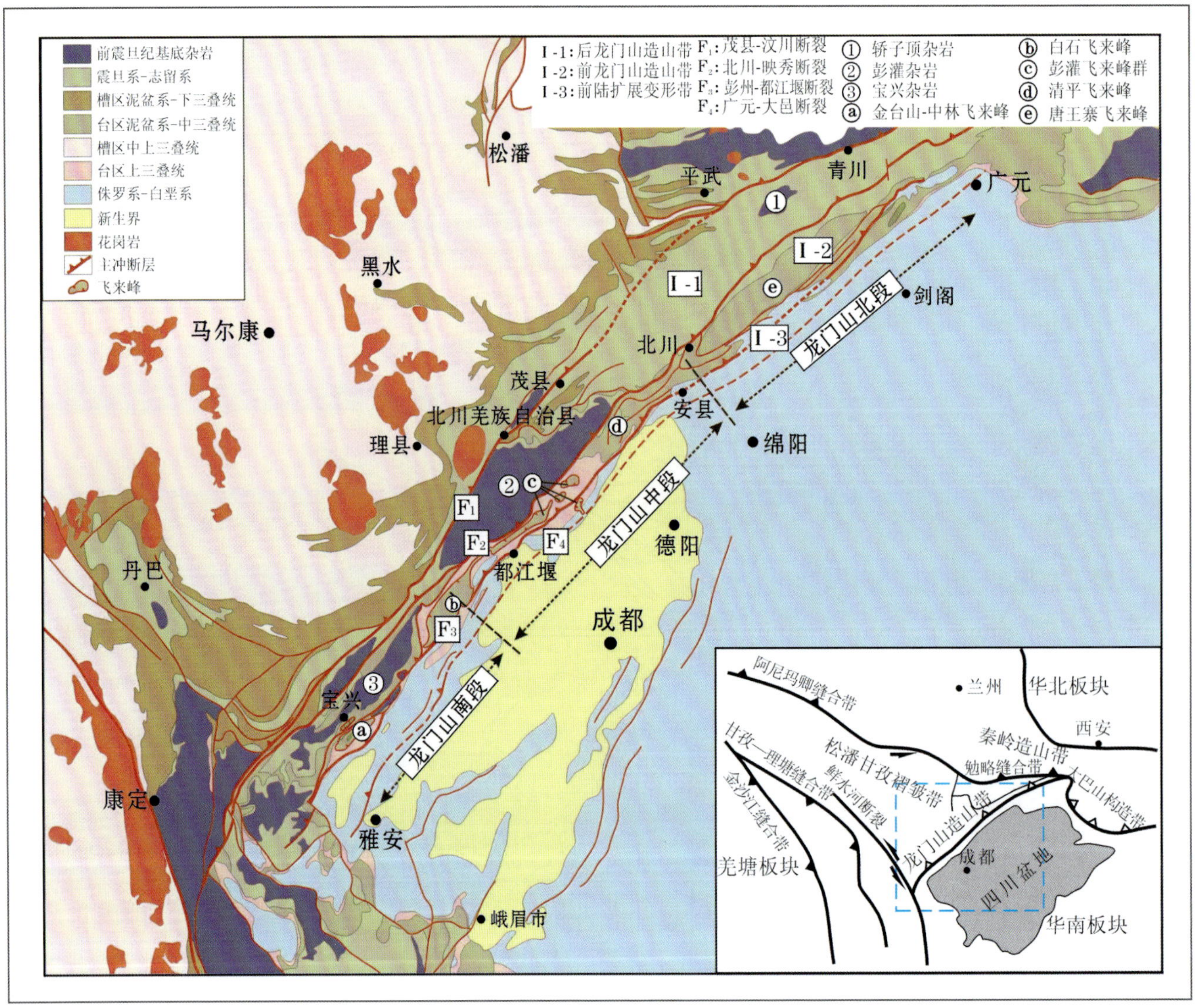

四川省龙门山及邻区地质构造简图

原图为2006年8月16日由四川省地震局工程研究院绘制　　（周荣军　绘制）

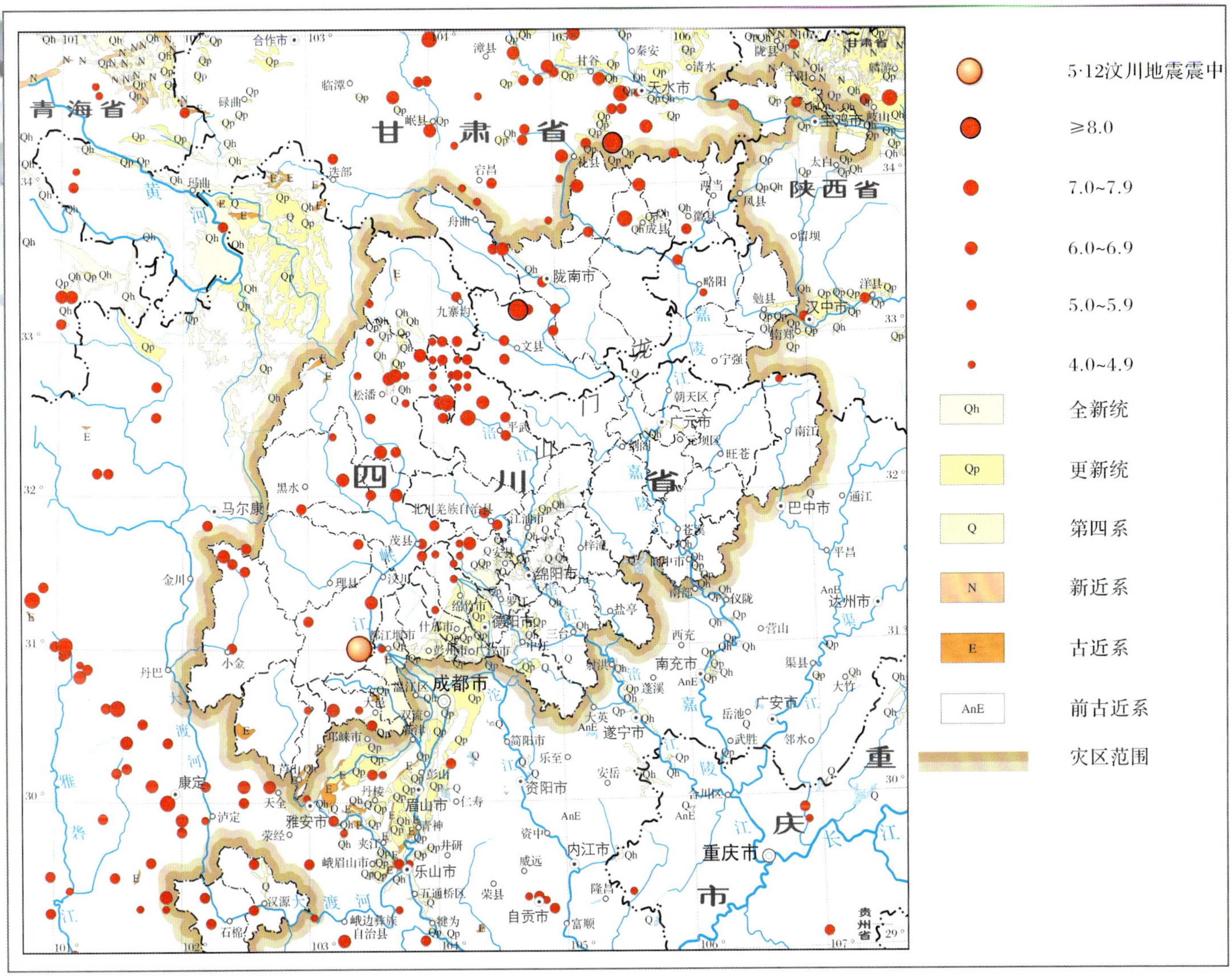

四川省龙门山构造带空间展布位置图

原图为2006年8月16日由四川省地震局工程研究院绘制　　　　　（周荣军　绘制）

地表破坏

汶川特大地震灾区地震烈度Ⅵ度（6度）区域以上面积为440442平方公里，其中Ⅺ度（11度）区域面积约2419平方公里。地震产生的地表破裂主要分布在汶川映秀—北川的断裂带（中央断裂带）上，以映秀镇和北川县城为两个中心，呈长条状分布；在灌县—江油断裂带（前山断裂带）上仅发现少量地表破裂带；在汶川—茂县断裂带（后山断裂带）上未发现地表破裂带。地表破裂带所经之处，山脊、水系及建筑物均被错断损坏，并形成大量滑坡、山体崩塌和泥石流等次生灾害。地震使映秀镇北岷江西岸一级阶地、都江堰至汶川公路及岷江河谷被垂直错断；北川多处出现路面脆性破裂、错断等；都江堰、彭州、平武等地多处道路错断，出现陡坎、坍塌等。

汶川县映秀镇北岷江西岸一级阶地、都江堰至汶川公路及岷江河谷被地震垂直错断抬高。2008年6月1日拍摄
（田勤俭　摄）

地表破裂带穿过北川县城老城区，宽数十米，垂直位移3～4米。2008年7月24日拍摄

（张世民　摄）

北川羌族自治县曲山镇北部山麓，地震造成正断型陡坎，形成坡中槽

（中国地震局地质研究所　提供）

青川县石坝乡窝前村一棵松树被地表裂缝劈成两半

（中国地震局地质研究所　提供）

什邡市南泉镇家具厂车间，地震造成砂土液化。2008年5月23日拍摄　（李峰　摄）

位于都江堰市虹口乡八角庙村北川—映秀断裂带逆冲断坎上保存的断面擦痕。2008年6月1日拍摄

（李峰　摄）

平武县平通镇木耳养殖地南侧的平通河，二级阶地上开挖的地震探槽揭示历史上发生的3次地震

（中国地震局地质研究所　提供）

平武县南坝镇，地表破裂带断错道路，致使路面垂直位错1.5米，右旋位移2.5米。2008年5月30日拍摄　（田勤俭　摄）

平武县平通镇的木耳养殖地，在地震中形成右旋走滑型断层陡坎，右旋走滑位移3.7米，陡坎高3.7米。2008年5月30日拍摄　（李峰　摄）

都江堰市虹口乡深溪沟，地震形成的陡坎造成水泥路面倾斜产生“醉汉林”地貌

（中国地震局地质研究所　提供）

彭州市磁峰镇至都江堰市向峨乡一带，因地震形成的后缘陡坎及裂缝
（中国地震局地质研究所　提供）

彭州市白鹿镇王家坝村，地震形成了2.2米的陡坎，致使房屋损毁、路面破裂
（中国地震局地质研究所　提供）

江油市马角镇岳村河谷一级阶地，地震造成的液化陷坑直径3.2米、深4米。2008年6月24日拍摄　　（李峰　摄）

灾情评估

汶川特大地震发生后，国家地震、测绘、科技等部门迅速调集航空摄影飞机，赶赴地震灾区实施航空摄影，协调国内外高分辨率遥感卫星获取震后影像，为震情评估提供重要资料。发展改革委、民政部、财政部、国土资源部、地震局、国家汶川地震专家委员会与四川省、甘肃省、陕西省政府共同完成地震灾害范围评估。7月22日，评估结果正式公布。汶川地震灾害范围分为极重灾区、重灾区、一般灾区3个等级；地震灾区确定为四川、甘肃、陕西、重庆、云南等6个省（区、市）、217个县（市、区）、4667个乡镇、48810个村庄；灾区总面积50万余平方公里，其中极重灾区、重灾区51个县（市、区）面积约12万平方公里。灾情评估为抗震救灾和灾后重建提供了重要依据。

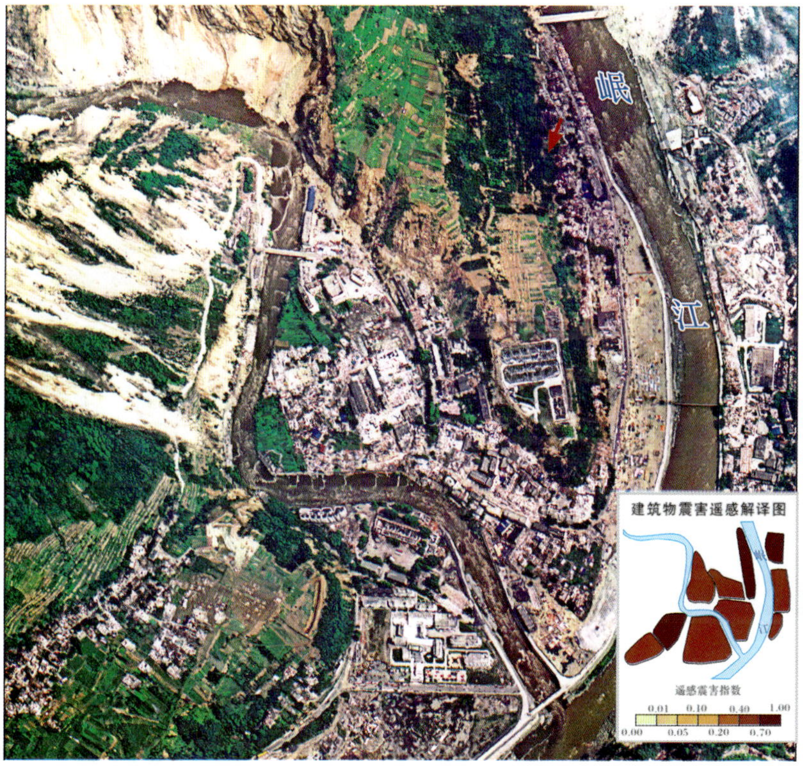

汶川县映秀镇震害航空遥感影像图

沿北川—映秀全新世活动断裂（龙门山断裂带中央断裂中段）分布的地表破裂带呈北东向从映秀镇西北部穿过，并造成岷江河上游河床抬升，形成跌水（图像东北角）。受断裂错动和特殊的地理环境影响，映秀镇成为此次汶川大地震受灾最严重的地区之一。遥感影像显示，地震造成大量滑坡与滚石，阻断或破坏道路、掩埋房屋；房屋大量倒塌，几乎全毁；特别是位于地表破裂带附近的房屋均遭到破坏；电力设施完全破坏。影像西南部的渔子溪村房屋全部毁坏。震后照片（照片1）显示映秀镇房屋几乎全部倒塌；箭头处在建的6层砖混结构房屋（照片2）第二层错断，上部楼层整体向右（向南）错位。该楼房左侧（北侧）房屋（照片3）位于北川—映秀地表破裂带上，完全倒塌。地面调查确定的地震烈度为Ⅺ度（11度）。2008年5月16日拍摄

影像资料来源：《汶川地震建筑物震害遥感解译图集》，2010年6月出版

（原图由中国地震局地震预测研究所、中国科学院对地观测与数字地球科学中心提供）

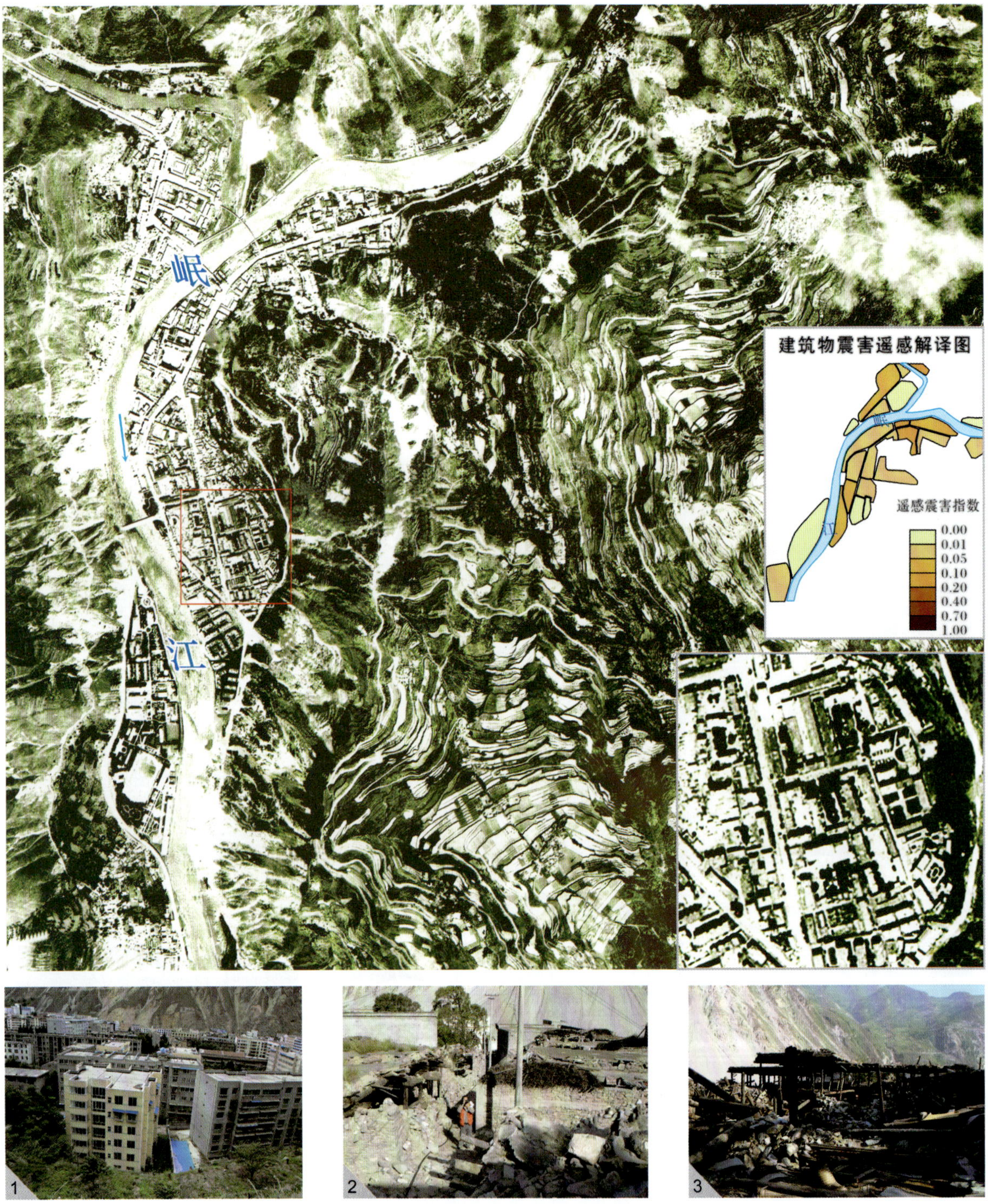

汶川县城震害航空遥感影像图

汶川县城位于汶川地震震中东北约55公里处。汶川—茂汶全新世活动断裂（龙门山后山断裂中段）从县城附近通过，但在该断裂没有发现此次地震的同震地表破裂现象。城区房屋以多层砖混结构、底框架结构为主，少量框架结构，多为20世纪90年代后建成的；震后航空影像显示城区内房屋基本无倒塌，地面调查显示房屋多有不同程度的破坏（照片1）。城市周边农村房屋以土木、砖木为主，少量砖混结构；震后航空影像（如影像图西南角的新桥村）和地面调查（照片2、3）显示房屋倒塌严重。地面调查确定的地震烈度为Ⅷ度（8度）。2008年5月15日拍摄

（原图由中国地震局地震预测研究所、中国科学院对地观测与数字地球科学中心提供）

北川县城震害航空遥感影像图

北川县城距离地震震中约135公里，汶川地震地表破裂带沿北川—映秀全新世活动断裂呈北东向穿过城区；地震造成县城周围多处山体滑坡，并引发泥石流，掩埋大量房屋；地震活动和地震断层造成大量地基沉陷和房屋倒塌；路桥、河堤破坏随处可见。图像下部湔江以南属于老城区，房屋几乎全部倒塌；湔江以东属于新城区，大部分房屋倒塌。现场调查表明，由于地基破坏等多种致灾因素联合作用，导致许多未倒塌的房屋因整体沉陷1～2层、底层或中间层错断以及整体倾斜等而毁坏。右下角局部放大航空影像图为北川县城老城区，其西南部大面积房屋被滑坡体掩埋。箭头所指房屋为一栋6层红屋顶楼房，震后影像和照片显示该房屋独立于周围的废墟之中。地面调查确定的地震烈度为Ⅺ度（11度）。2008年5月16日拍摄

（原图由中国地震局地震预测研究所、中国科学院对地观测与数字地球科学中心提供）

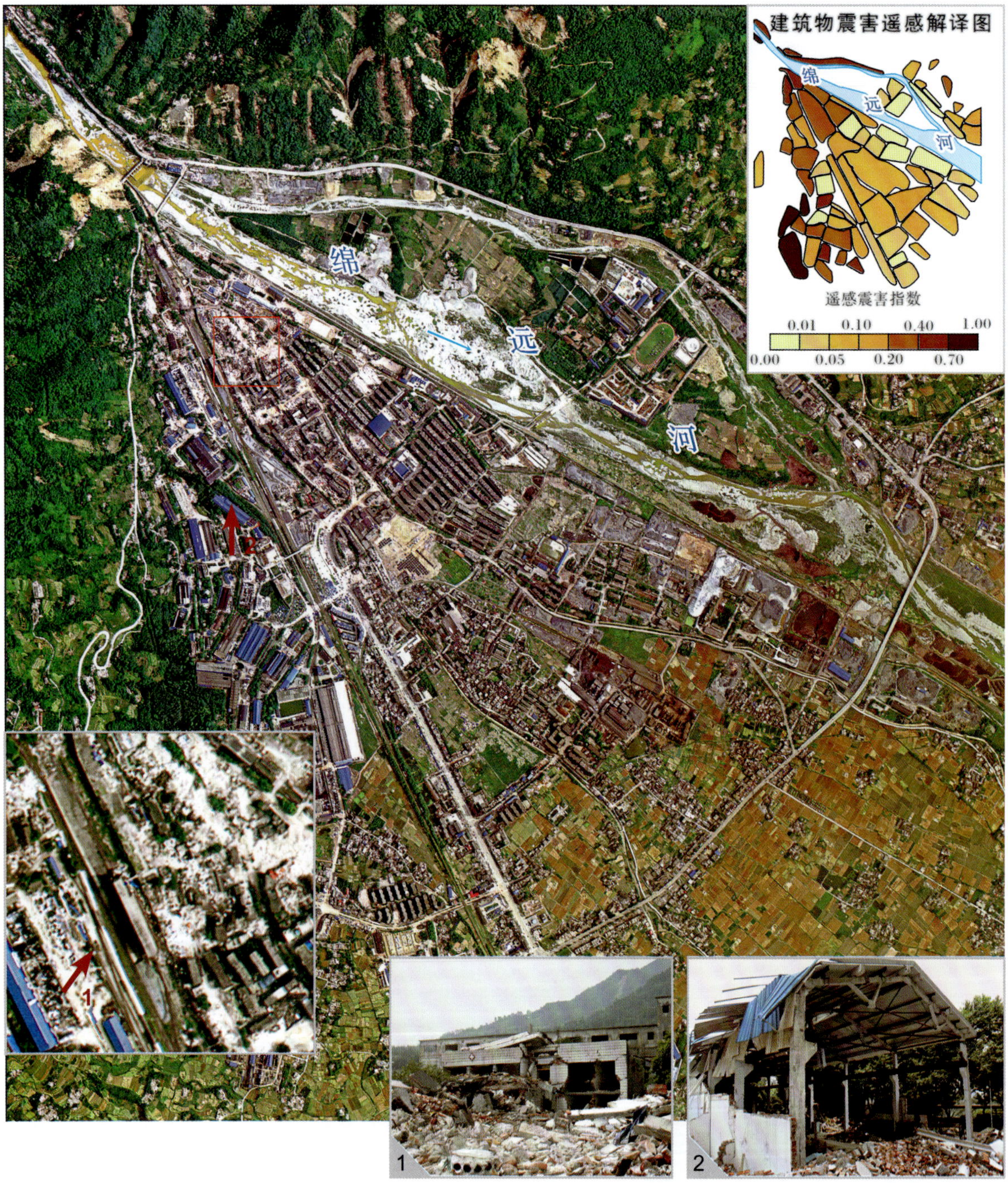

绵竹市汉旺镇震害航空遥感影像图

汉旺镇位于绵竹市西北绵远河出山口的洪积扇地上，距离地震震中约85公里，北东向的龙门山前山断裂江油—灌县全新世活动断裂从镇西北部通过。汉旺镇沿地震形成的北东向江油—灌县断裂地表破裂带在本区为汉旺—白鹿地表破裂带。震后航空影像显示，地震断层错动和强烈地震动的综合作用，导致整个镇的房屋严重受损，大部分被毁坏。西北部靠近地表破裂带房屋倒塌最为严重，如局部放大影像中箭头1所指房屋和照片1所示。位于镇西部的东方汽轮机厂，其北部在地震中损失惨重，大部分厂房被毁坏，如箭头2所指厂房和照片2所示。南部受损较小。周边农村房屋也受到严重毁坏。震害遥感解译结果显示，建筑物震害程度在空间上与地表破裂带呈平行分布。越靠近地表破裂带破坏越严重。地面调查确定的地震烈度为X度（10度）。2008年5月18日拍摄

（原图由中国地震局地震预测研究所、中国科学院对地观测与数字地球科学中心提供）

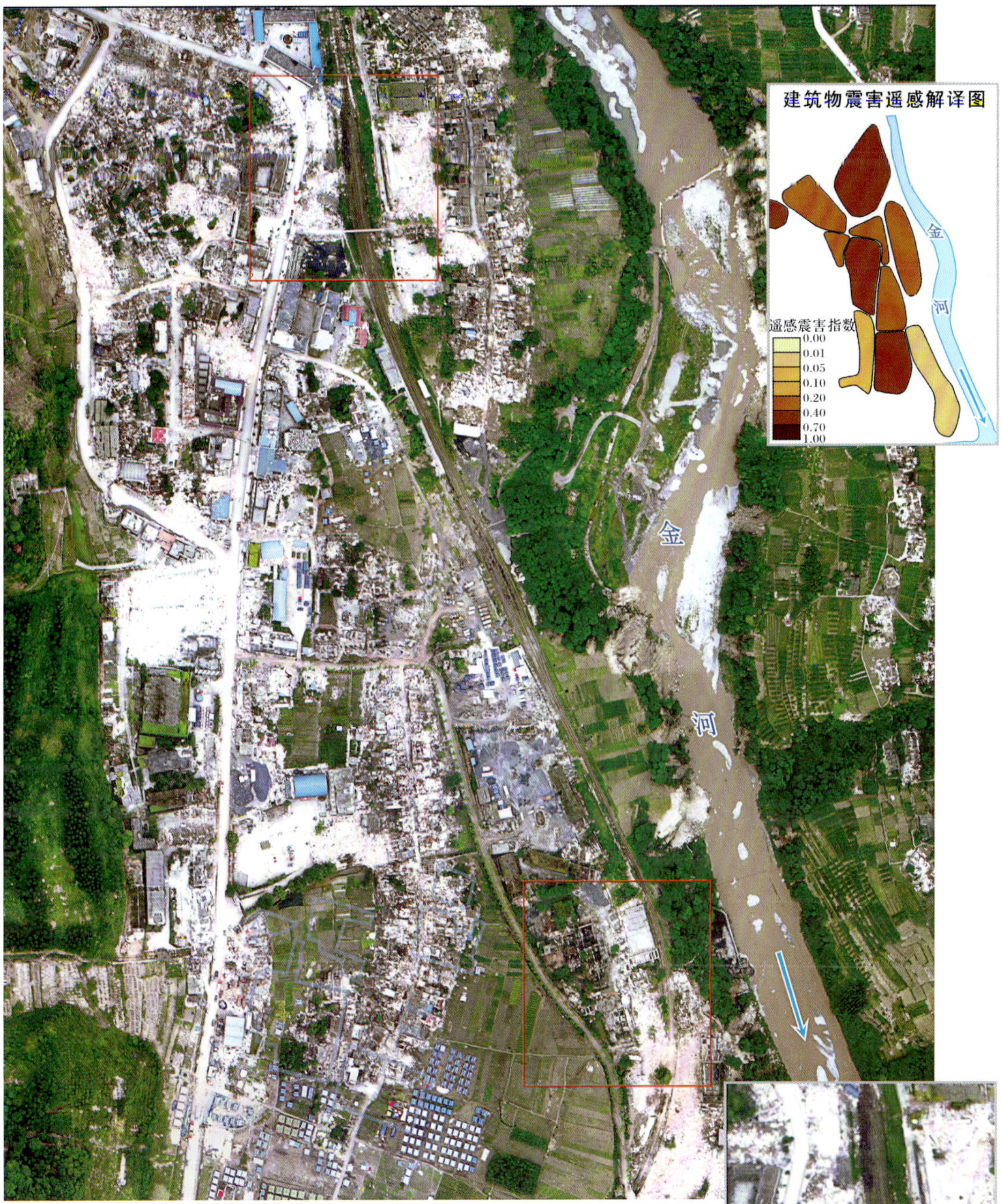

什邡市红白镇震害航空遥感影像图

红白镇坐落在金河西岸，距离地震震中约70公里。位于汶川地震形成的映秀—北川地表破裂带和灌县—江油断裂带之间，是受损较为严重的乡镇之一。区域内房屋以多层砌体和砖木结构为主，少量框架、底框架结构；1～3层居多。20世纪80年代及以前建成的房屋占有一定比例。震害航空影像显示存在房屋大面积倒塌，或以房屋倒塌与严重破坏为主的区域。地面调查确定的地震烈度为X度（10度）。2008年5月23日拍摄

（原图由中国地震局地震预测研究所、中国科学院对地观测与数字地球科学中心提供）

青川县城震害航空遥感影像图

青川县城地处四川盆地北部边缘，距离地震震中东北约240公里，震后航空影像显示城区内建筑物大多数中等破坏，少数局部倒塌，个别倒塌。地面调查确定的地震烈度为Ⅸ度（9度）。2008年5月18日拍摄　　（原图由中国地震局地震预测研究所、中国科学院对地观测与数字地球科学中心提供）

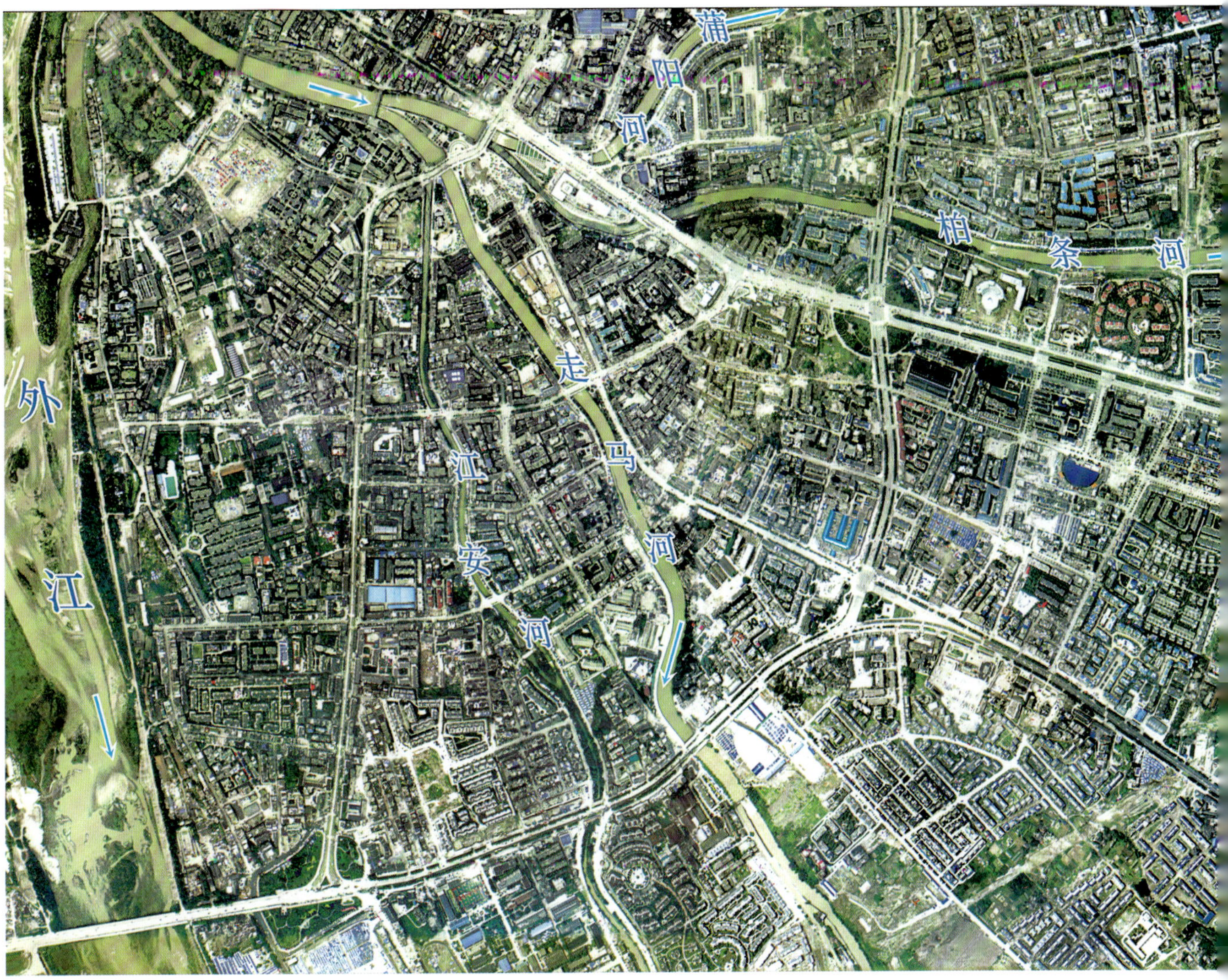

都江堰市主城区震害航空遥感影像图

都江堰市区距离地震震中约20公里。地震发生后，该市城区作为汶川地震工程震害遥感对比野外科学考察的重点城市，采用抽样调查方式进行了详细的野外科学考察，共调查建筑物3400多栋。所调查的建筑物中主要结构类型所占比例为：砖混结构42%，底层框架35%，框架结构13%，砖木结构4%，其他类型（包括土木结构、厂房、老旧房屋等）6%。不同类型建筑物在建筑年代、楼层高度（层数）、空间分布上存在一定差异，并与地震震害程度呈一定的关系。地面调查确定的地震烈度为Ⅸ度（9度）。2008年5月15日拍摄　　（原图由中国地震局地震预测研究所、中国科学院对地观测与数字地球科学中心提供）

茂县南新镇震害航空遥感影像图

南新镇位于茂县县城东南部，距离地震震中约70公里，地处河谷台地。地面调查确定的地震烈度为Ⅸ度（9度）。震后遥感影像显示，该镇大多数建筑物轻微破坏，个别建筑物局部倒塌，其北侧山体滑坡使国道213线的部分路段中断。局部放大图显示该镇东侧发生山体滑坡，建筑物个别倒塌。2008年5月16日拍摄　　（原图由中国地震局地震预测研究所、中国科学院对地观测与数字地球科学中心提供）

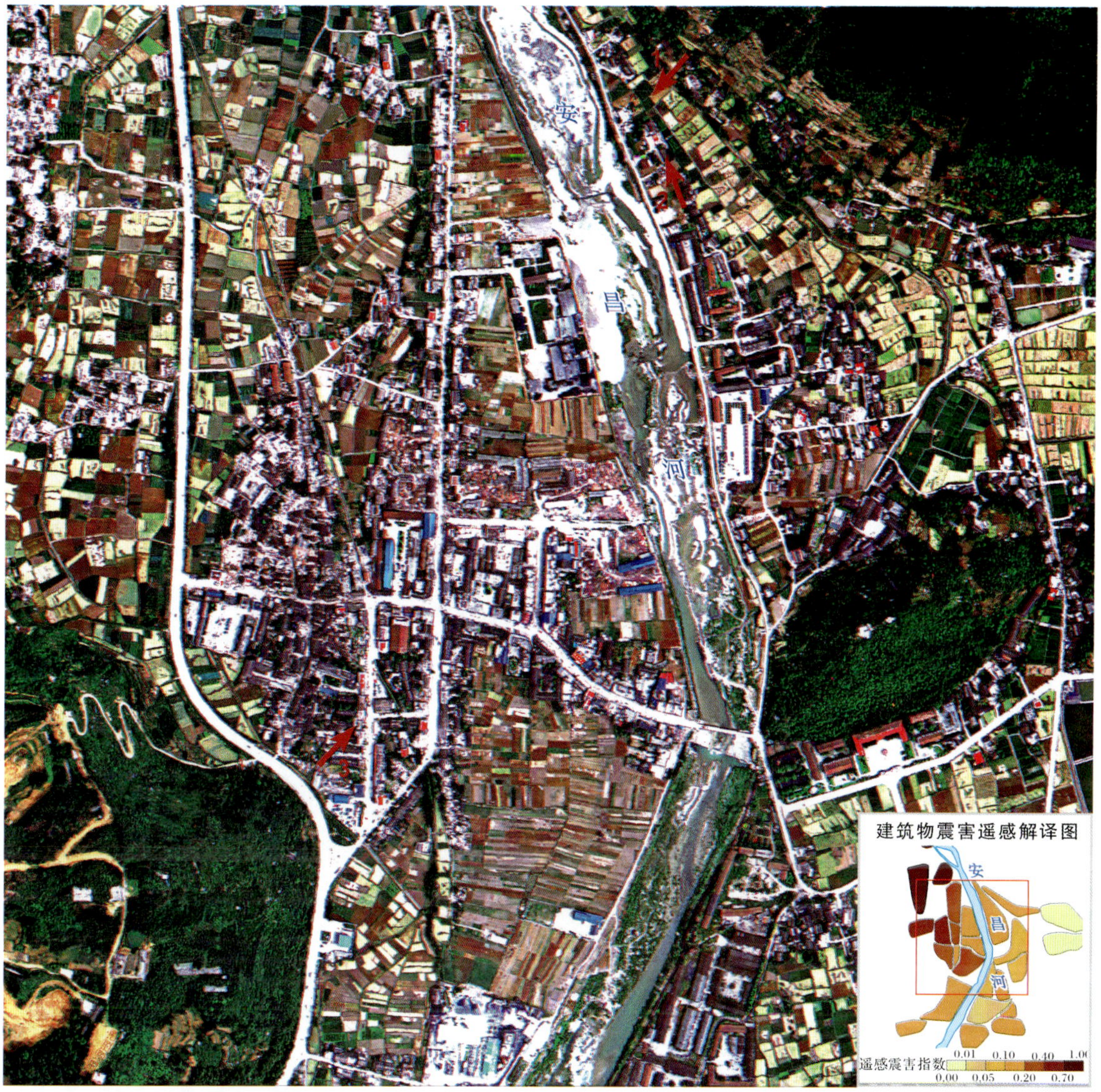

安县永安镇震害航空遥感影像图

永安镇位于山谷中，四周环山，老场口河自北向南从镇中穿过，距离地震震中约125公里。龙门山前山断裂在该段不连续，未发现汶川地震地表破裂带。建筑物以多层砖混结构、土木结构、底框架结构为主。航空影像显示永安镇房屋破坏严重，周围农村房屋破坏尤其严重。箭头1、2（摄于2008年8月3日）所指房屋均为两层砖混结构民房，航空遥感图像显示屋顶有部分破坏，照片1、2显示房屋落顶。箭头3所指房屋为3层底层框架结构，航空遥感影像显示房屋屋顶有破坏，照片3显示该房屋第三层倒塌。地面调查确定的地震烈度为Ⅸ度（9度）。2008年5月18日拍摄

（原图由中国地震局地震预测研究所、中国科学院对地观测与数字地球科学中心提供）

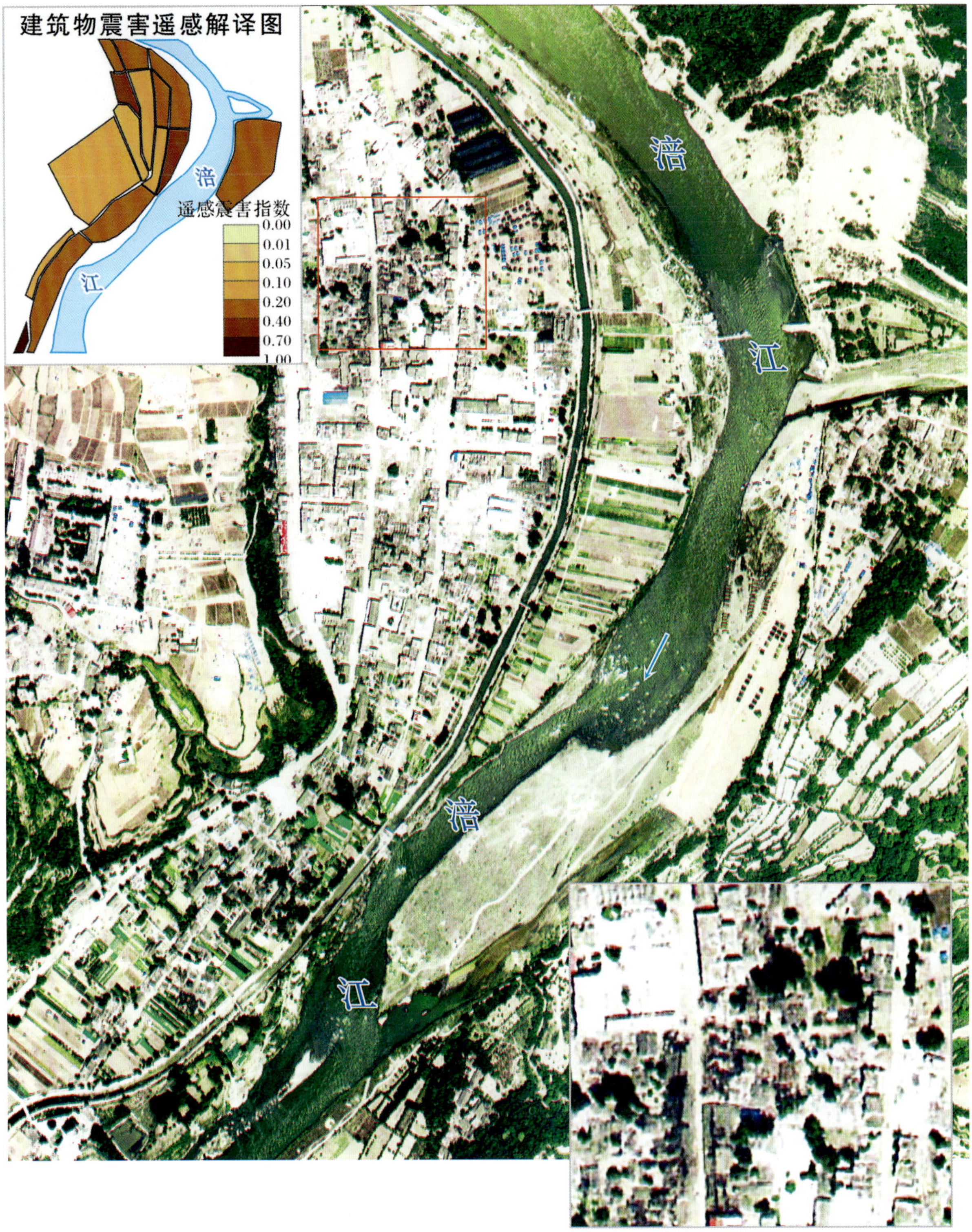

平武县南坝镇震害航空遥感影像图

南坝镇位于平武县境东南部，距离地震震中约185公里，遥感影像显示该镇建筑物普遍被毁坏，其中多数倒塌或局部倒塌。地面调查确定地震烈度为Ⅺ度（11度）。2008年5月18日拍摄

（原图由中国地震局地震预测研究所、中国科学院对地观测与数字地球科学中心提供）

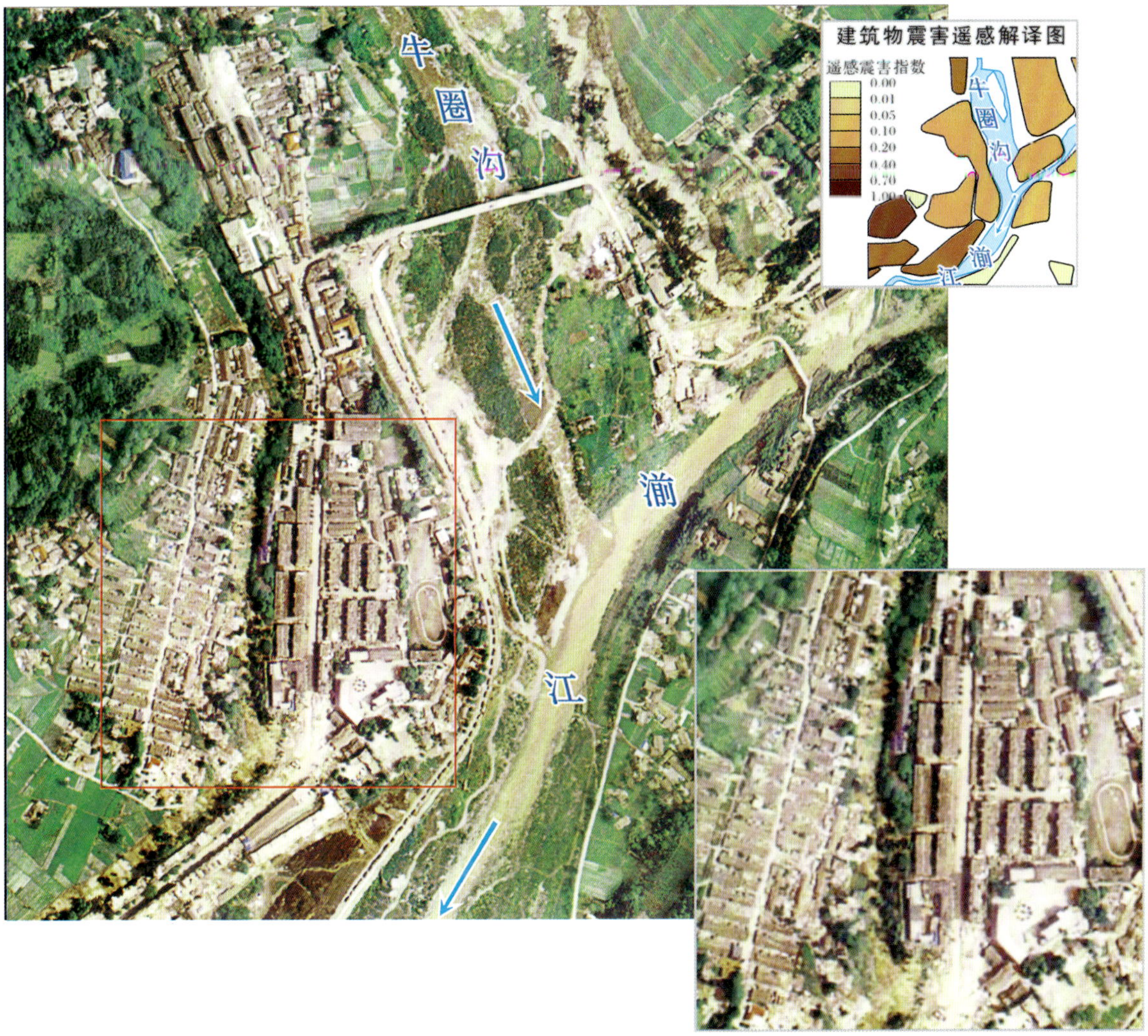

彭州市龙门山镇震害航空遥感影像图

龙门山镇位于彭州市北部山区，距离地震震中约45公里，镇东南滨临自东北流向西南的湔江，其东南侧和西北侧高山分布，汶川地震形成的地表破裂带沿北川—映秀全新世活动断裂（龙门山断裂带中央断裂中段）呈北东向通过镇西北侧（未在影像图幅范围内），并造成大量山体滑坡。龙门山镇中心地区离镇西北侧地表破裂带约1.5公里。建筑物主要以地震动造成的破坏为主。震后航空影像显示建筑年代较早、建筑质量较差的房屋受损严重（照片1、2），新建的经过抗震设计的建筑物（如宝山村小区，照片3）基本完好。龙门山镇西北部（出图幅范围）靠近地表破裂带地区的地震烈度为Ⅺ度（11度）。图幅范围内龙门山镇中心地震烈度为Ⅹ度（10度）。2008年5月16日拍摄

（原图由中国地震局地震预测研究所、中国科学院对地观测与数字地球科学中心提供）

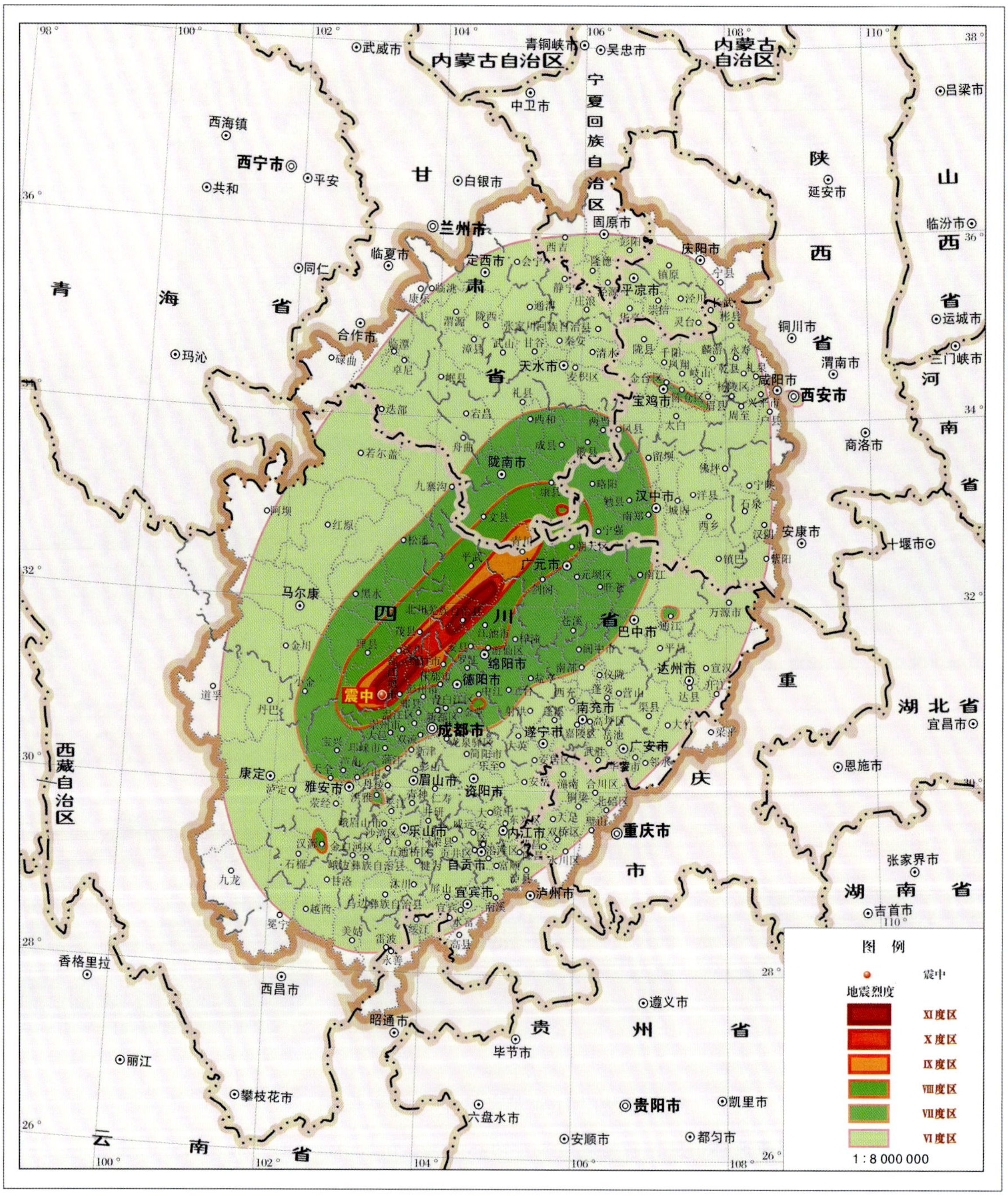

汶川地震灾区烈度分布图

（原图由中国地震局地震应急现场工作队提供）

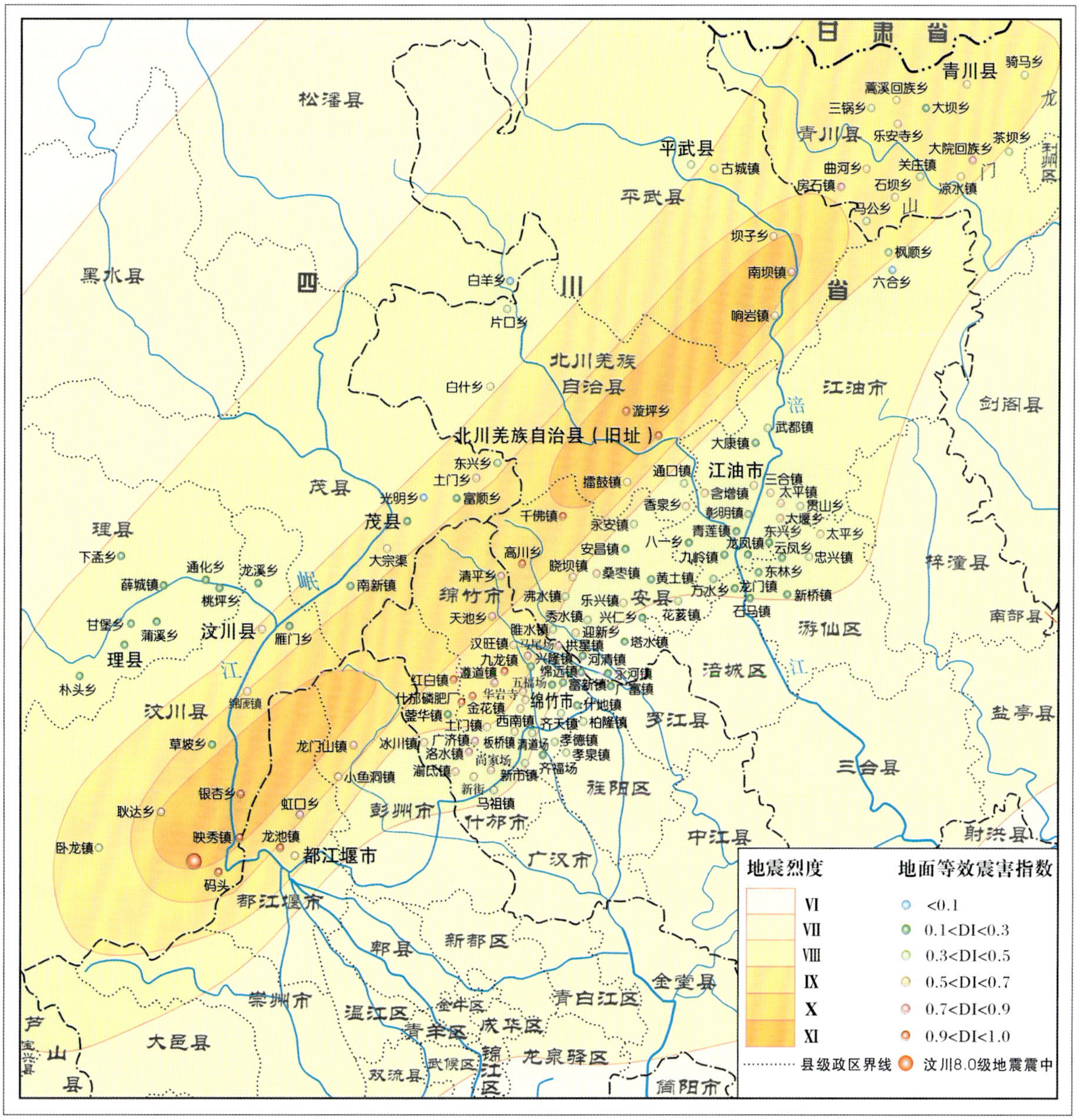

汶川地震灾区遥感评估震害分布图

（原图由中国地震局地震预测研究所提供）

5月16日，中国测绘科学研究院在广元机场进行航测准备　（中国华电集团公司　提供）

5月27日，国家汶川地震专家委员会在成都与四川省政府就地震灾害评估工作进行协商　（中国21世纪议程管理中心　提供）

5月27日，国家汶川地震专家委员会灾害评估专家组在陇南地震灾区调研　（中国21世纪议程管理中心　提供）

灾区景况

汶川特大地震发生瞬间，震中汶川这个让很多中国人都陌生的地名，赫然成为全中国和全世界关注的焦点。汶川县映秀镇、北川县城等极重灾地区的部分城镇、村庄在强烈的地震中被夷为平地，大量群众被废墟或泥土压埋，人员伤亡极为惨重。重灾地区到处残垣断壁、瓦砾成堆，城乡居民住房倒塌损坏十分严重；灾区群众1510.6万余人急需转移安置；工农业生产损失惨重，植被、生态环境遭到毁灭性破坏；灾区大地满目疮痍，美丽家园刹那间变得面目全非。

地震造成四川、甘肃、陕西、重庆、云南等省（市）因灾无房可住、无生产资料和无收入来源的“三无”人员及“三孤”人员众多，群众生活困难。四川省灾情最为严重，损失非常惨重；甘肃省、陕西省受灾比较严重，重灾区房屋倒塌、损毁严重，群众的生产生活受到严重影响。

地震瞬间

汶川特大地震发生瞬间，山崩地坼，江河断流，房倒屋塌，尘沙漫天。极重灾区、重灾区城镇几乎被夷为平地，飞扬的沙石与撕心裂肺的呼救声、哭喊声交织在一起，灾区一片狼藉，惨不忍睹。在学校学习的学生、在各个岗位工作的人员、在文化馆参加活动的人们、在婚纱照拍摄现场的新人等地震灾区群众亲眼目睹了罕见的大地震发生瞬间。人们从短暂的不安和恐惧中迅速惊醒过来，立即奔跑着、呼喊着抢救伤员及被压埋人员，大批群众立即撤离到街头、广场等开阔地带进行应急避险，躲避突如其来的地震灾害。

5月12日14时30分，汶川地震引发文县山体滑坡　（陈云雁　摄）

5月12日14时30分，汶川地震造成平武县山体垮塌　（摄影　李鹏）

5月12日14时41分，雅安市街头避险的市民　（张国军　摄）

5月12日14时44分，汶川地震造成文县县城飞尘漫天
（李虎德　摄）

5月12日14时46分，在彭州市白鹿镇领报修院，一对新人在拍摄婚纱照时遭遇地震
（老盖　摄）

5月12日15时41分，平武县响岩镇清水村村民奔跑着躲避余震
（成和平　摄）

5月12日15时7分，青川县文化馆院内躲避余震的人们
（彭涛　摄）

5月12日15时42分，地震致使汶川县映秀镇尘沙漫天　（陈贵安　摄）

四川灾区震况

汶川特大地震给四川省造成的损失最为惨重。据民政部等五部委的评估，四川省极重灾区有10个县（市），分别是汶川、北川、绵竹、什邡、青川、茂县、安县、都江堰、平武、彭州；重灾区有29个县（市、区）；一般灾区有100个县（市、区）。其中，极重灾区地质灾害分布最为密集，危害最为严重，部分城镇和大部分村庄，在惨烈的地震灾难中几乎被夷为平地，农村居民住房倒塌或被严重破坏，因地震引发的各种次生灾害严重，工农业生产损失惨重，基础设施遭到损毁，生态环境受到严重破坏，对四川省工农业生产、群众生活造成巨大影响。

位于汶川县映秀镇牛圈沟的汶川特大地震震中破坏景况。2009年6月4日拍摄

（孙安坚　摄）

汶川县映秀镇街头被地震摧毁的建筑。2008年5月13日拍摄　　（汶川县新闻中心　提供）

汶川县映秀镇被地震摧毁的映秀小学。2008年5月15日拍摄　　（盛佳鹏　摄）

汶川县映秀镇政府办公楼废墟。2008年5月16日拍摄　　（汶川县新闻中心　提供）

从直升机上所见汶川县映秀镇周围倒塌的民房和求救标志。2008年5月16日拍摄

（贾国荣　摄）

汶川县映秀镇一辆在地震中被损毁的汽车。2008年6月1日拍摄
（王勤　摄）

汶川县映秀镇被地震损毁的街边商住两用楼。2008年6月1日拍摄　（方迎忠　摄）

被地震摧毁的汶川县雁门乡萝卜羌寨。2008年5月22日拍摄

（贾国荣　摄）

地震致使汶川县道路被毁、河流阻断。2008年6月9日拍摄

（唐金江　摄）

被余震引发的山体滑坡产生的烟尘所笼罩的汶川县城。2008年6月2日拍摄

（曾宪平　摄）

被地震摧毁的北川县城老城区建筑。2008年5月14日拍摄　　（孙海波　摄）

震后北川县城街头景况。2008年5月14日拍摄
（中国地震局地震应急现场工作队　提供）

地震中倾覆的北川县城楼房。
2008年5月15日拍摄　（姚远　摄）

北川羌族自治县被滚石压毁的汽车。2008年5月17日拍摄

（东方IC　提供）

被山体滑坡冲毁的北川县城老城区。2008年5月19日拍摄

（贾国荣　摄）

北川县城震后废墟。2008年6月11日拍摄
（唐金江　摄）

北川县城老城区震后废墟。2008年5月26日拍摄　　（陆鸣　摄）

在绵竹市汉旺镇汉旺广场，一座钟楼时钟永远定格在地震发生的那一刻：14时28分。2008年6月10日拍摄
（钟魁润　摄）

被山体滑坡掩埋的北川羌族自治县陈家坝乡大洪村和金鼓村遗址。2008年5月26日拍摄
（陆鸣　摄）

被地震损毁的绵竹市遵道镇棚花村。2008年5月16日拍摄　　（陈燮　摄）

被山体滑坡和泥石流掩埋的绵竹市天池乡。2008年6月26日拍摄
（德阳市委宣传部　提供）

什邡市蓥华镇仁和村震后废墟。2008年5月17日拍摄

（德阳市委宣传部　提供）

青川县城在地震中局部坍塌的楼房。2008年5月14日拍摄

（四川省地震局　提供）

青川县沙州镇被震毁的楼房。2008年5月14日拍摄

（刘仁　摄）

青川县关庄镇震后废墟。2008年5月23日拍摄　（邓建新　摄）

茂县凤仪镇凤仪大道南段震损的商铺。2008年5月12日拍摄　（唐斌　摄）

茂县县城震损的街旁商铺。2008年5月12日拍摄

（唐斌　摄）

安县桑枣镇地震中倒塌的民房。2008年5月14日拍摄

（中国地震局地震应急现场工作队　提供）

安县千佛镇茶坪村震后废墟。2008年5月20日拍摄　（魏品生　摄）

都江堰市新发南路局部坍塌的居民楼。2008年5月13日拍摄

（卢祥龙　摄）

都江堰市的民房废墟。2008年5月13日拍摄

（CFP　提供）

都江堰市景环路损毁的楼房。2008年5月14日拍摄

（中国地震局地震应急现场工作队　提供）

都江堰市局部坍塌的商住两用楼。2008年5月19日拍摄　　（东方IC　提供）

都江堰市局部坍塌的居民楼。2008年5月26日拍摄

（姚云辉　摄）

平武县南坝镇震后废墟。2008年5月24日拍摄
（郑云峰　摄）

彭州市小鱼洞镇震后的楼房废墟。2008年5月14日拍摄
（中国地震局地震应急现场工作队　提供）

平武县平通镇被地震损毁的房屋。2008年5月24日拍摄
（陈宇坤　摄）

在地震中损毁的彭州市小鱼洞镇民房。2008年5月14日拍摄
（中国地震局地震应急现场工作队　提供）

彭州市龙门山镇九峰村花卉房震后倒地的盆花。2008年5月17日拍摄

（施文标　摄）

小金县日隆镇长木村震后损毁的民房。2008年5月18日拍摄

（中国地震局地震应急现场工作队　提供）

黑水县瓦钵梁子乡桃支村俄子沟组震后的民房废墟。2008年5月18日拍摄

（任青云　摄）

汉源县城部分民房坍塌现场。2008年5月12日拍摄

（汉源县委宣传部　提供）

九寨沟县黑河乡达舍村农房在余震中再次受损。2008年5月27日拍摄

（方瑞玺　摄）

甘肃灾区震况

汶川特大地震造成的灾害在甘肃省历史上是罕见的。甘肃灾区地质灾害分布于23个县（市、区），主要为滑坡、崩塌和泥石流。其中陇南、甘南等市（州）的部分地区为受灾较重地区，农房倒塌损毁严重，次生灾害频发，基础设施受损，工农业受到影响，生态环境遭到破坏。地震造成宝成铁路甘肃境内徽县至虞关区间的109隧道21043次货车与山体塌方落石相撞，油罐车起火，危及当地群众生命财产安全。

文县碧口镇水蒿坪村被地震损毁的部分民房。2008年5月15日拍摄

（甘肃省地震局　提供）

文县碧口镇水蒿坪村坍塌的农民住房。2008年5月15日拍摄

（吕亚龙　摄）

陇南市武都区安化镇郭坪村倒塌的农民住房。2008年5月13日拍摄

（杨建辉　摄）

文县中庙乡麒麟寺村损毁的民房。2008年5月29日拍摄　　（刘二银　摄）

陇南市武都区马街镇感恩村（原蒿坪村）震后景况。2008年6月9日拍摄
（李小鹏　摄）

被地震损毁的陇南市武都区武警某支队宿舍。2008年5月16日拍摄
（梁永强　摄）

康县豆坪乡豆坪村坍塌的民房。2008年5月12日拍摄
（崔定强　摄）

康县寺台乡田坪村被地震损毁的民房。2008年5月14日拍摄
（崔定强　摄）

陕西灾区震况

汶川特大地震波及陕西省10个市、92个县（市、区）、1122个乡（镇），其中汉中市、宝鸡市是陕西省受灾较重地区。农村房屋倒塌、形成危房、一般受损房屋较多，城市倒塌房屋倒损也比较严重。陕西省部分工业、农业产业基地受到破坏，部分基础设施受损，生态环境受到影响。

宁强县广坪镇被地震损毁的房屋。2008年5月13日拍摄

（陕西省地震局　提供）

宁强县东皇沟乡铅锌矿区被滑坡压毁的汽车。2008年5月21日拍摄
（王金泉　摄）

宁强县毛坝河镇水井垭村6组被滚石摧毁的农房。2008年5月18日拍摄
（彭健　摄）

宁强县汉源镇亢家洞村五里坡受损的农民住房。2008年6月3日拍摄
（陕西省水利厅宣传中心　提供）

略阳县徐家坪镇徐家坪村上坪组震损的房屋。2008年5月16日拍摄
（略阳县政府信息中心　提供）

勉县周家山镇镇政府被垮塌围墙压毁的汽车。2008年5月13日拍摄
（刘晓平　摄）

勉县周家山镇娘娘庙村2组震损的农房。2008年5月13日拍摄
（陕西省外宣办　提供）

宝鸡市陈仓区桥镇镇马塚村损毁的民房。2008年5月12日拍摄
（宝鸡市新闻办　提供）

留坝县留侯镇被滚石砸毁的房屋。2008年5月14日拍摄
（中国地震局地震应急现场工作队　提供）

其他灾区震况

重庆市部分地区受到汶川特大地震影响，梁平县受灾比较严重，学校、民房损毁严重，部分基础设施受损，一些群众生活受到影响。云南省7个市（州）受到地震波及，昭通市受灾严重，民房倒损或被滚石砸毁，各种基础设施被损毁，生态环境遭到不同程度的破坏，部分群众生产生活受到影响。

在地震中局部垮塌的梁平县文化镇中心小学教学楼。2008年5月13日拍摄

（李刚　摄）

水富县太平乡被滚石砸毁的民房。2008年5月14日拍摄 （谢英情 摄）

水富县两碗乡被地震损毁的民房。2008年5月14日拍摄
（谢英情 摄）

人员伤亡与灾区受损

汶川特大地震造成人员伤亡特别惨重。截至10月8日，地震共造成69227人遇难、17923人失踪。汶川映秀、北川等地在地震发生瞬间，大量人员被废墟、泥土压埋，伤亡人数众多。

地震发生后，灾区基础设施瞬间变得满目疮痍，水利、电力、道路、通信、广电设施损毁严重，给群众的生产生活及抗震救灾带来巨大影响。灾区大量水库出现坝体裂缝、坝坡滑塌、坝后管涌、泄水建筑物和启闭设施损坏等险情，城乡供水设施也在地震灾害中大量损毁，供水系统大面积瘫痪，灾区群众饮水困难。地震对电力系统运行产生巨大冲击，大批输电线路和变电站损毁并停运，一批水电、火电机组跳闸、停运或与系统解列，部分电厂和机组遭到严重损坏，发电负荷大幅下降，造成灾区大面积停电，人民的生产生活受到影响。通往地震极重灾区的多条国道、省道干线公路完全中断，多座公路桥梁受损，公路沿线大型岩崩、滑坡、泥石流、堰塞湖等次生灾害比比皆是，四川省道路损毁尤为严重，震后铁路7条主干线和3条支线运输受阻。地震造成通信、广播设施大量损毁，广播电台、监测台、有线网络、无线发射转播台站、微波站、卫星接收设备等通信广电设施不同程度受损。灾区的教育、卫生、文化、体育设施受损严重，特别是学校、医院损毁惨重。地震重灾地区大多是文化资源富集、文化生态基础脆弱地区，四川重灾地区大量县级文化馆、图书馆和大部分乡镇综合文化站垮塌或严重受损，文化服务体系遭到破坏，严重影响文化产品的生产、服务、消费和投资。

灾区的工农业损失惨重，特别是支柱产业和重点企业损失较大，一批骨干重点装备制造企业受损严重，规模以上机械装备企业经济损失巨大，对当地经济发展造成较大影响。灾区物质文化遗产和非物质文化遗产受到不同程度损坏，羌族文化核心区的非物质文化遗产实物和资料大部分被埋，造成难以挽回的损失。地震使灾区生态系统受到严重破坏，森林、草地和河流湿地受损，植被大量破坏，地貌分割，严重破坏了生态环境的多样性；旅游景区景点遭到不同程度破坏，生态景观受损严重。

人员伤亡

汶川特大地震使灾区大量群众被废墟或泥石掩埋，造成人员重大伤亡。截至10月8日，地震造成四川省68708人遇难，甘肃省370人遇难，陕西省125人遇难，重庆市19人遇难，河南省2人遇难，湖北省、云南省、湖南省各1人遇难。人员伤亡主要分布在北川—映秀、汉旺—白鹿及小鱼洞破裂带附近。灾区各级党委、政府及民政、公安、卫生等部门会同解放军、武警部队迅速展开遇难者遗体处置工作，并在人员伤亡惨重地区建立遇难者遗体辨认处。失去亲人的群众悲痛欲绝，痛苦的哭喊声撼天动地，场景惨不忍睹。地震使灾区伤员人数大量增加，伤员们在临时帐篷病房、空旷地带等待紧急救治。

汶川县水磨镇村民程林祥背着儿子的遗体从映秀镇漩口中学回家。2008年5月15日拍摄（贺延光　摄）

北川中学废墟旁，母亲哭着辨认孩子的遗体。2008年5月14日拍摄

（邹宪　摄）

都江堰市新建小学垮塌建筑物下遇难的小学生。2008年5月13日拍摄

（德阳市委宣传部　提供）

绵竹市汉旺镇东汽中学地震废墟中，遇难学生手里紧紧攥着一支笔。2008年5月16日拍摄
（刘忠俊　摄）

绵竹市汉旺镇东方汽轮机厂院内设立的地震遇难者遗体辨认处。2008年5月14日拍摄
（董晓光　摄）

绵竹市汉旺镇武警战士搀扶失去亲人的妇女离开废墟。2008年5月15日拍摄　（李进　摄）

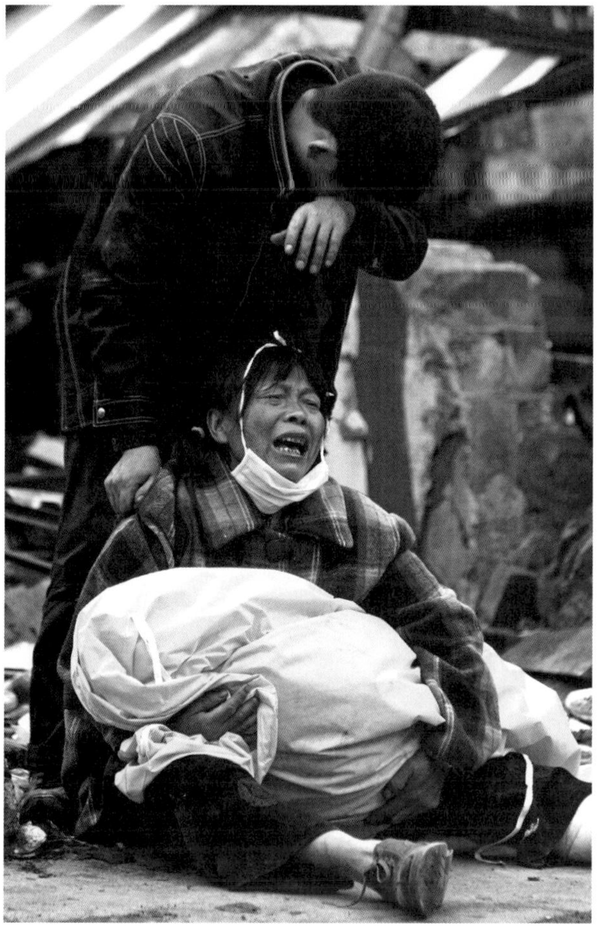

青川县木鱼镇一位老婆婆和她的儿媳妇因失去孙子、儿子万分悲痛。2008年5月15日拍摄

（陶明　摄）

什邡市红白镇中心学校废墟旁，母亲抱着孩子遗体痛哭失声。2008年5月15日拍摄

（张晓理　摄）

青川县木鱼镇中学遇难学生遗体认领处的工作人员将无人认领的遗体抬到山上掩埋。2008年5月16日拍摄

（韩萌　摄）

都江堰市聚源中学救援现场外冒雨等待孩子消息的学生家长。2008年5月13日拍摄
（王建华　摄）

都江堰市聚源中学坍塌教学楼旁，家长找到孩子遗体后失声痛哭。2008年5月13日拍摄　　（东方IC　提供）

都江堰市新建小学地震废墟旁，父亲哭着抱走儿子的遗体。2008年5月14日拍摄　　（贺延光　摄）

陇南市武都区因失去亲人而不能自已的农村妇女。2008年5月14日拍摄

（吕亚龙　摄）

汶川县映秀镇等待救援的受伤群众。2008年5月14日拍摄　　（姚大伟　摄）

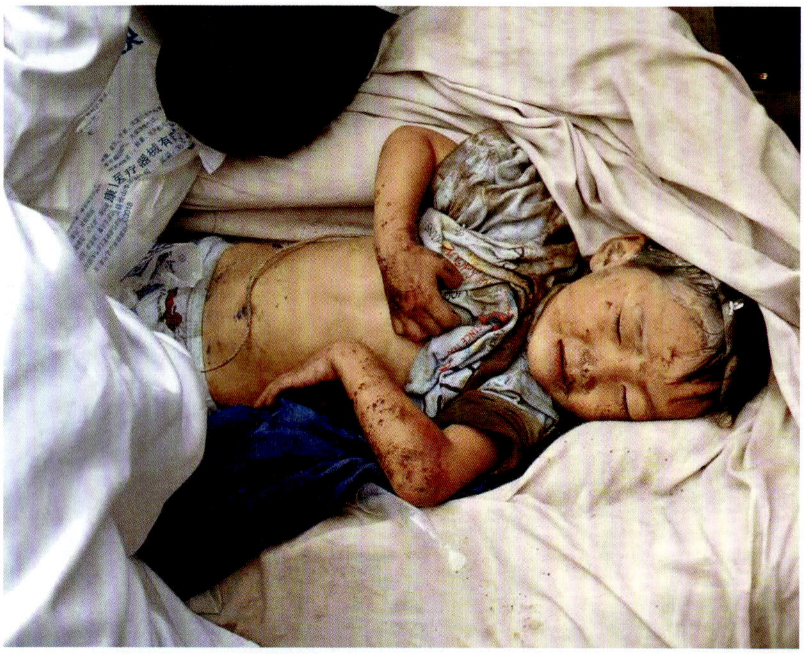

北川羌族自治县获救儿童躺在简易担架上被送往急救站。2008年5月14日拍摄

（邹宪　摄）

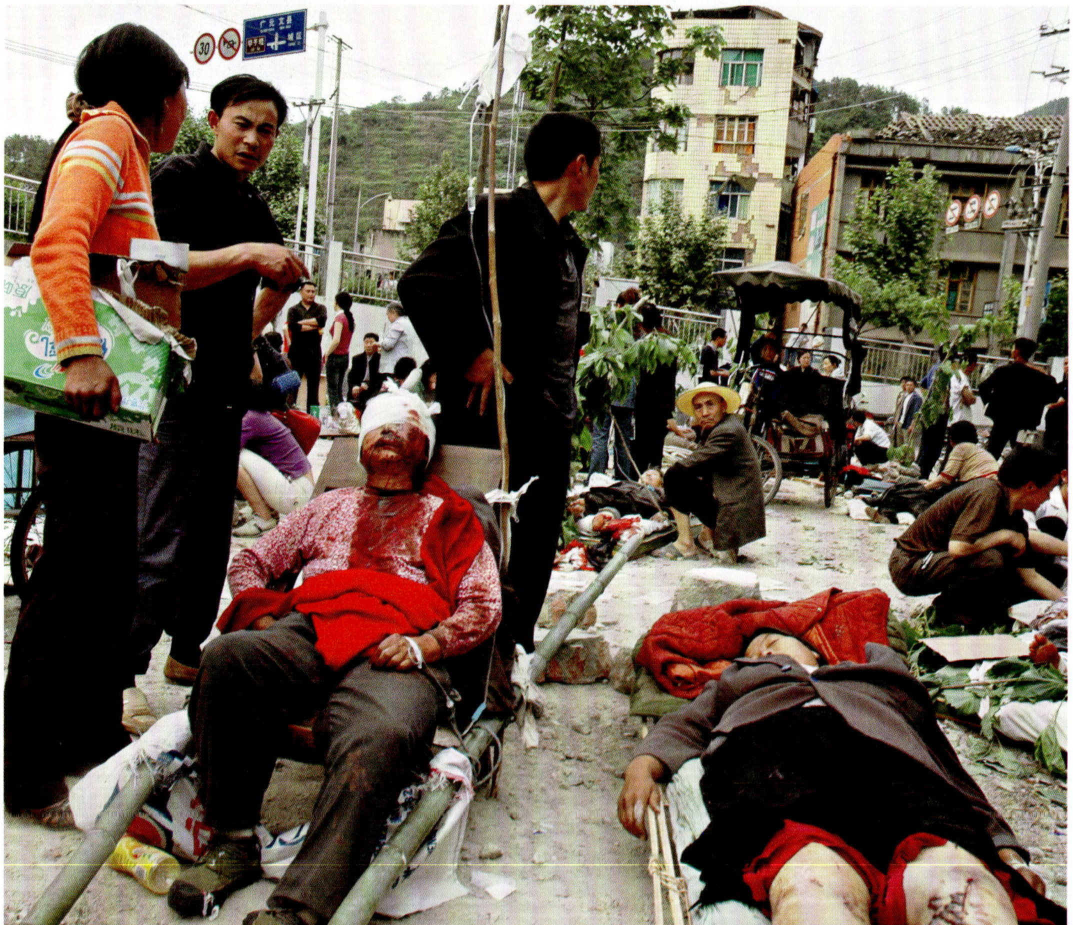

青川县城广场上等待救治的受伤居民。2008年5月12日17时52分拍摄

（邓建新　摄）

广元市朝天区步行前往医院的受伤学生。2008年5月13日拍摄
（赵海传　摄）

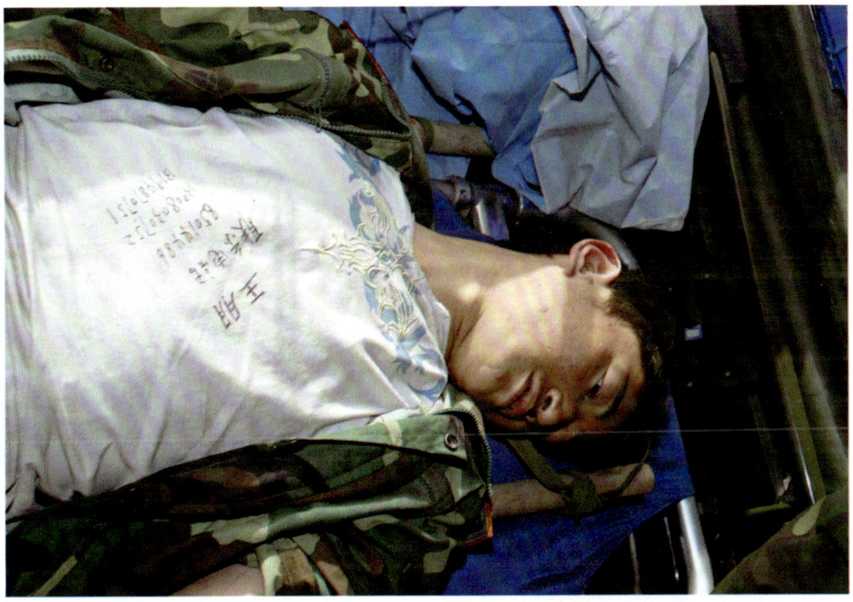

成都电缆厂受伤工人王朋在衣服上写下自己的姓名和联系方式。2008年5月17日拍摄
（理县县委宣传部　提供）

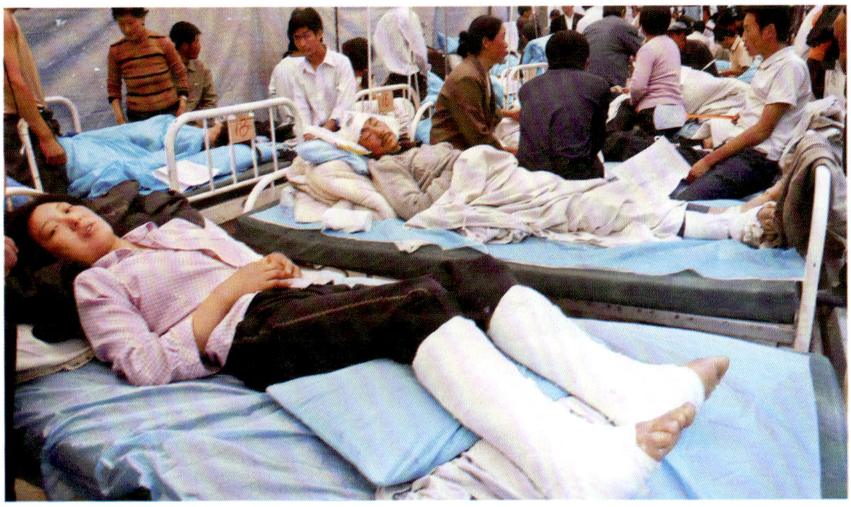

陇南市第一人民医院临时病房里的地震伤员。2008年5月13日拍摄
（汶川8.0级地震甘肃联合现场应急工作队　提供）

水利设施受损

汶川特大地震对灾区岷江、沱江、嘉陵江、青衣江等水系200余条大小河流造成影响，使灾区数千座水库、十几万处水利设施因地震受损，大量水库发生险情，严重影响水利基础设施的使用，有的甚至给群众生活造成威胁。岷江、嘉陵江、沱江上游水库、水电站被震损或被严重破坏。同时，地震也造成灾区江河堤防不同程度破坏，蓄水设施严重损毁，分水堤被震损裂缝，拦河大坝被堰塞湖冲毁，水库大坝遭到损坏。甘肃省、陕西省、云南省的部分河道堤防、水库坝体多处出现裂缝或塌陷，对群众的生产生活造成严重影响。

绵竹市汉旺镇被堰塞湖冲毁的金鱼嘴拦河大坝。2008年8月3日拍摄

（绵竹市电力公司　提供）

都江堰市紫坪铺水利枢纽工程局部盖板松动的混凝土大坝。2008年5月15日拍摄
（中国地震局地震应急现场工作队　提供）

都江堰水利工程鱼嘴分水堤震损裂缝。2008年5月30日拍摄
（四川省水利厅　提供）

都江堰灌区震损水闸。2008年5月30日拍摄

（张智吾　摄）

因地震出现纵向裂缝的绵阳市涪城区丰谷镇新建水库坝体。2008年5月14日拍摄

（中国地震局地震应急现场工作队　提供）

被地震局部损坏的西和县马元河沙水村河道堤防。2008年7月25日拍摄

（张立新　摄）

城固县蚂蟥沟水库大坝坝顶在地震中出现的裂缝。2008年5月29日拍摄

（陕西省水利厅宣传中心　提供）

凤翔县东风抽水站引水灌渠水堤震损裂缝

（陕西省水利厅宣传中心　提供）

电力设施受损

汶川特大地震发生后，灾区变电站、发电站、输电线路等电力设施不同程度受损，使部分极重灾区、重灾区大面积停电，四川省、甘肃省、陕西省、重庆市电力公司电网损失严重，对群众生活及抗震救灾造成直接影响。四川省电网顷刻间损失负荷400万千瓦，占正常电力负荷的75%以上，各级电压等级电网输变电设施受到严重损坏。阿坝藏族羌族自治州处于震中地区的电网损失殆尽，绵竹市清平乡小木岭水电站被山体滑坡、堰塞湖围困，汶川县映秀镇变电站生产区被严重损毁，都江堰、绵阳等地的输电线路、配电设施不同程度受到破坏。同时，大批输变电设施损毁停运，造成灾区大面积停电，群众生产生活受到影响。

汶川地震中火电厂受损及水电站分布示意图

（原图由吴锦青绘制）

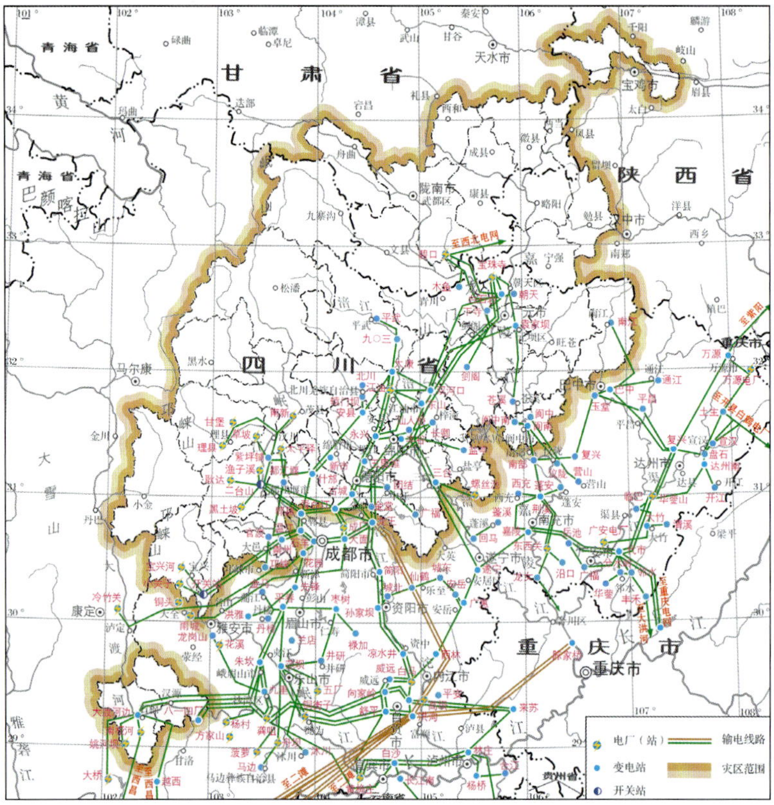

汶川地震中甘肃省受损水利发电站分布示意图

（原图由水利部提供）

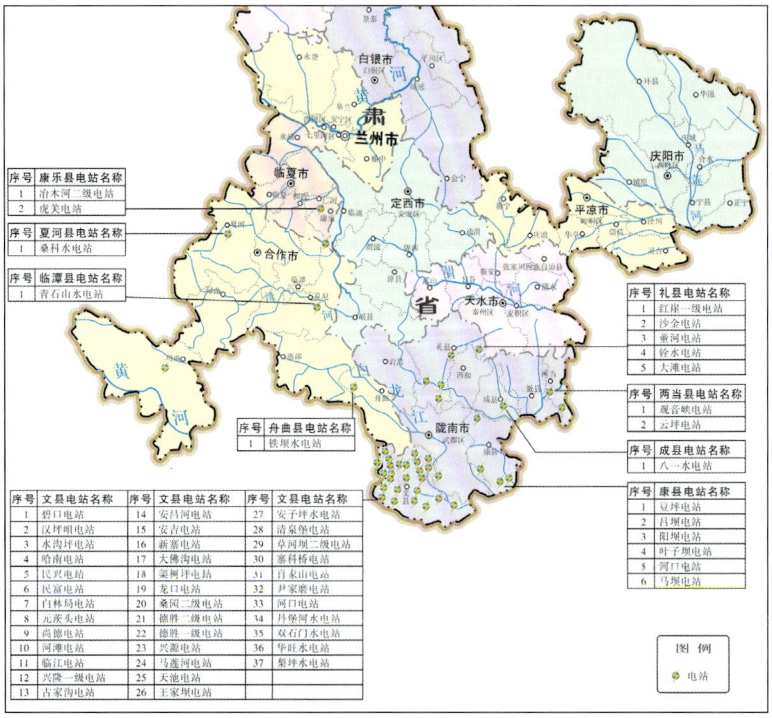

序号	康乐县电站名称
1	洎木河二级电站
2	虎关电站

序号	夏河县电站名称
1	桑科水电站

序号	临潭县电站名称
1	青石山水电站

序号	礼县电站名称
1	红崖一级电站
2	沙金电站
3	董河电站
4	铨水电站
5	大滩电站

序号	两当县电站名称
1	观音峡电站
2	云坪电站

序号	舟曲县电站名称
1	铁坝水电站

序号	成县电站名称
1	八一水电站

序号	康县电站名称
1	豆坪电站
2	吕坝电站
3	阳坝电站
4	叶子坝电站
5	河口电站
6	马坝电站

序号	文县电站名称	序号	文县电站名称	序号	文县电站名称
1	碧口电站	14	安昌河电站	27	安子坪水电站
2	汉坪咀电站	15	安吉电站	28	清泉堡电站
3	水沟坪电站	16	新寨电站	29	草河坝二级电站
4	哈南电站	17	大佛沟电站	30	寨科桥电站
5	民兴电站	18	梨树坪电站	31	肖家山电站
6	民富电站	19	龙口电站	32	尹家磨电站
7	白林局电站	20	桑园二级电站	33	河口电站
8	元茨头电站	21	德胜二级电站	34	丹堡河水电站
9	尚德电站	22	德胜一级电站	35	双石门水电站
10	河滩电站	23	兴源电站	36	华旺水电站
11	临江电站	24	马莲河电站	37	梨坪水电站
12	兴隆一级电站	25	天池电站		
13	古家沟电站	26	王家坝电站		

汶川地震中国家电网四川电力公司受损电网分布示意图

（原图由国家电网公司提供）

被地震和山体滑坡损坏的汶川县草坡电厂。2008年6月14日拍摄

（汶川县电力公司　提供）

被堰塞湖浸泡的汶川县沙牌电厂发电车间。2008年6月17日拍摄

（汶川县电力公司　提供）

被山体滑坡和堰塞湖围困的绵竹市清平乡小木岭电站。2008年6月12日拍摄

（德阳市委宣传部　提供）

被地震损毁的绵竹市金鱼嘴水力发电站厂区。2008年8月10日拍摄

（中国地震局地震应急现场工作队　提供）

被山体滑坡掩埋的四川省投资集团有限责任公司什邡市红白镇金河二级电站。2008年6月4日拍摄

（德阳市委宣传部　提供）

四川省投资集团有限责任公司江油发电厂33号机组汽机厂房垮塌现场。2008年5月12日拍摄

（四川省投资集团有限责任公司　提供）

被山体滑坡损坏的甘肃省明珠水电开发有限公司汉坪嘴水力发电站水库岸边设施。2008年5月16日拍摄

（明珠集团　提供）

被地震破坏的国家电网四川电力公司汶川县映秀湾水力发电总厂二台山220千伏开关站。2008年5月22日拍摄　（王志奇　摄）

被山体滑坡摧毁的国家电网四川电力公司汶川县银杏乡220千伏变电站。2008年5月26日拍摄
（四川电力公司阿坝公司　提供）

茂县大唐桂冠天龙湖电力公司倒塌的输出线路架线铁塔。2008年5月15日拍摄
（韦伟武　摄）

都江堰市城区损毁的配电线路。2008年5月15日拍摄
（四川电力公司成都电业局　提供）

交通设施受损

汶川特大地震使灾区公路、铁路系统损失严重，多条高速公路、国省干线公路、乡村公路路基、桥梁、隧道等结构物受损，多条铁路线、铁路隧道、电力线、电力设施、机车受损。四川省通往极重灾区的国道108线、213线、317线等干线公路完全中断，大量旅游客车和部分客运班线停运，一些城镇与外界道路中断。北川、汶川、绵竹、彭州、广元等地的部分国道、省道及乡村公路路面开裂、塌陷、拱起，桥梁垮塌，使交通运输陷入极为严峻的困境。地震造成宝成线、成昆线、陇海线天宝段、成渝线、襄渝线、阳安线、达成线和成汶、德天、广岳支线受损；宝成线109隧道洞口被落石掩埋，在隧道内行驶的21043次货物列车与落石相撞，12节油罐车在洞内起火，致使运输中断。塌方落石近17万立方米，不仅掩埋了铁路，还中断了公路，堵塞了嘉陵江，对抢通109隧道造成极大的困难。同时，成都铁路局绵阳车务段和彭州、什邡等地铁路桥及路段出现列车颠覆、铁轨变形及候车大厅受损等情况，造成列车旅客、车站旅客滞留。

汶川县被山体滑坡阻断的道路。2008年5月15日拍摄　　　　（王建华　摄）

被地震损毁的汶川县至茂县公路。2008年5月18日拍摄

（周卫　摄）

北川县城外公路因地震多处塌陷、拱起。2008年5月13日拍摄

（杨磊　摄）

山体滑坡阻断都江堰市至汶川县映秀镇的公路。2008年5月15日拍摄　（张雷　摄）

被崩塌山石阻断的通往北川县城道路。2008年5月14日拍摄　　（中国地震局　提供）

北川县城通往唐家山的道路被地震严重损毁。2008年5月25日拍摄

（缪宜江　摄）

被地震破坏的北川县城附近的盘山公路。2008年5月28日拍摄

（李刚　摄）

在地震中损毁的青川县凉唐公路（凉水至唐家河公路）东河口段。2008年6月11日拍摄

（广元市交通局　提供）

在地震中损毁的绵竹市汉旺镇公路。2008年6月11日拍摄

（德阳市交通局　提供）

在地震中损毁的茂县龙池村村路。2008年6月11日拍摄

（阿坝交通局　提供）

被地震塌方破坏的国道213线都江堰至映秀路段。2008年5月14日拍摄

（曹铁　摄）

被泥石流破坏的国道213线都江堰至汶川路段。2008年5月14日拍摄

（陈凯　摄）

被地震塌方损毁的国道317线理县朴头乡新店子村简阳坪路段。2008年5月13日拍摄

（理县县委宣传部　提供）

被巨石砸毁的理县蒲溪沟公路汽车招呼站。2008年5月13日拍摄

（刘俊　摄）

在地震中损毁的广元市元坝区环线公路明觉段。2008年7月18日拍摄

（广元市交通局　提供）

在余震中受损的九寨沟县保华乡柏油路。2008年6月11日拍摄

（方瑞玺　摄）

在地震中损毁的陇南市武都区曹家坝磨坝路口公路。2008年5月13日拍摄

（陈永平　摄）

在地震中损毁的文县玉垒乡道路。2008年5月15日拍摄

（梁永强　摄）

被强余震造成的山体垮塌阻断的国道212线文县碧口镇公路段。2008年8月10日拍摄

（王都堂　摄）

因强余震引发落石而被阻断的陇南市国道212线699公里处。2008年8月10日拍摄

（王都堂　摄）

在地震中垮塌的国道213线都江堰至汶川段桥梁。2008年5月14日拍摄

（陈凯　摄）

在地震中垮塌的北川县城石蓑衣大桥。2008年5月15日拍摄

（中国地震局地震应急现场工作队　提供）

在地震中垮塌的北川羌族自治县陈家坝乡石拱桥。2008年5月15日拍摄

（中国地震局地震应急现场工作队　提供）

因桥梁损毁而中断的北川县城通往外界的公路。2008年5月28日拍摄　　（李刚　摄）

北川县城人行吊桥在地震中严重变形。2008年7月2日拍摄
（中国地震局地震应急现场工作队　提供）

在地震中垮塌的青川县省道105线全长207米的井田坝大桥。2008年5月24日拍摄
（四川省交通运输厅交通史志总编室　提供）

在地震中损毁的四川省道105线广青公路（广汉市至什邡市红白镇木瓜坪村青牛沱）红东大桥。2008年5月21日拍摄　（德阳市交通局　提供）

在地震中损毁的四川省都汶高速公路（都江堰市至汶川县）庙子坪大桥。2008年5月19日拍摄　（四川省交通运输厅公路规划勘察设计研究院　提供）

被地震损毁的都江堰市虹口乡高塬村桥梁

（中国地震局地质研究所　提供）

因强余震而垮塌的国道212线甘肃、四川交界处罗旋沟大桥。2008年8月10日拍摄

（陈勇　摄）

被地震损毁的彭州市小鱼洞大桥。2008年7月5日拍摄

（陆鸣　摄）

被塌方压埋的国道213线映（秀）汶（川）公路段毛家湾隧道。2008年6月11日拍摄

（刘世文　摄）

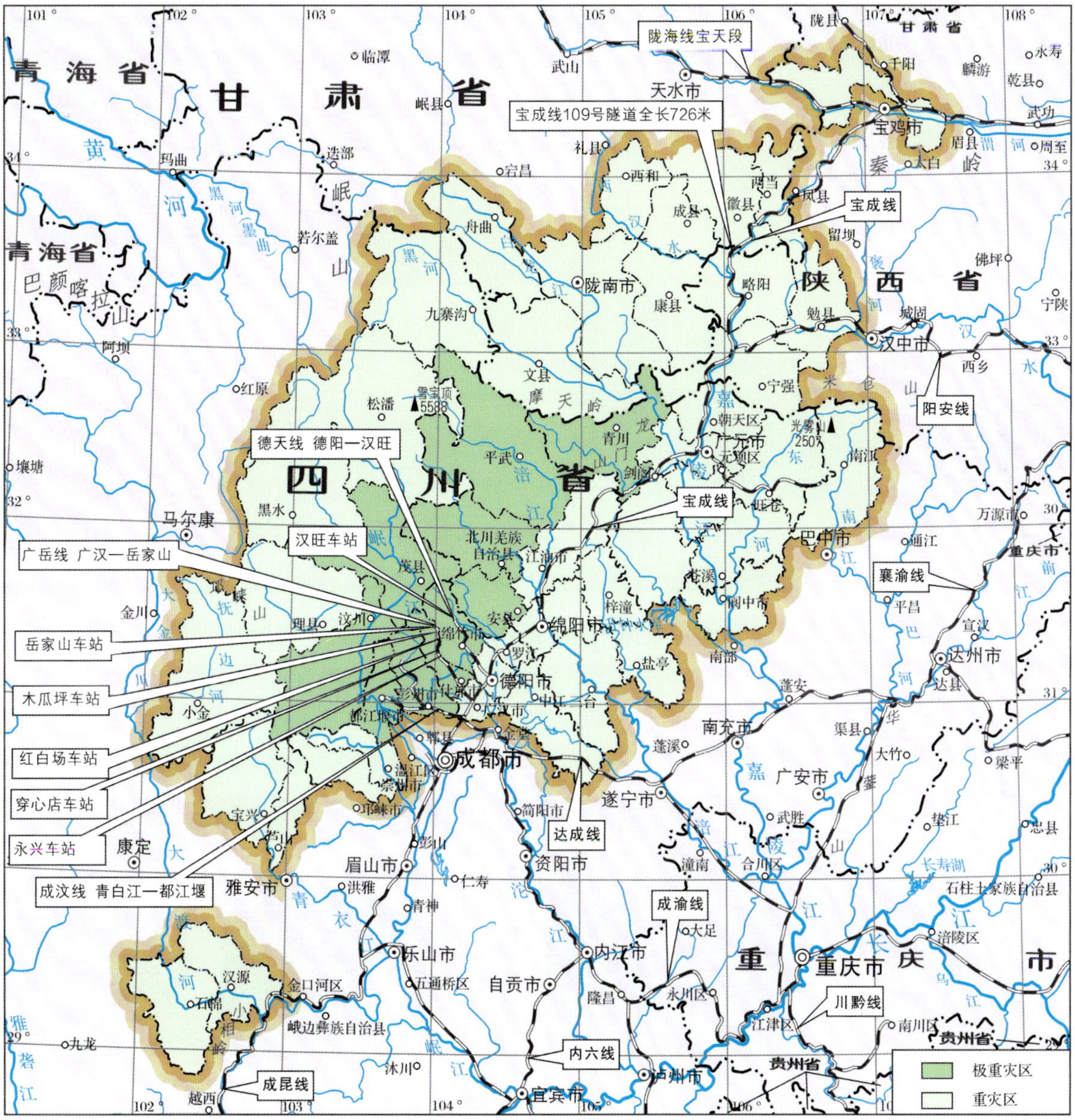

汶川地震灾区铁路示意图

（原图由人民铁道报社提供）

地震导致山体滑坡堵塞宝成铁路109隧道南口，列车在隧道内脱轨，引发油罐车着火。2008年5月12日拍摄

（杜宝同　摄）

宝成铁路109隧道所在山体塌方阻塞嘉陵江形成堰塞湖。2008年5月12日拍摄

（杜宝同　摄）

被地震损毁的成都铁路局广（汉）岳（家山）铁路什邡市红白镇境内路段。2008年5月15日拍摄

（德阳市委宣传部　提供）

地震造成成都铁路局绵阳车务段什邡市穿心店车站9辆货车颠覆，轨道全部变形。2008年5月12日拍摄

（绵阳车务段　提供）

在地震中损毁的什邡市宏达化工厂铁路桥。2008年5月20日拍摄

（中国地震局地震应急现场工作队　提供）

被地震摧毁的广岳铁路马漕滩桥

（中国地震局地质研究所　提供）

在地震中损毁的成都铁路局绵阳车务段什邡市穿心店火车站。2008年5月12日拍摄
（绵阳车务段　提供）

在地震中损毁的成都铁路局绵阳车务段绵竹市汉旺镇火车站。2008年5月12日拍摄
（绵阳车务段　提供）

在地震中受损的成都铁路局绵阳火车站候车大厅。2008年5月24日拍摄
（绵阳车务段　提供）

公用基础设施受损

汶川特大地震使四川省、甘肃省、陕西省、云南省各种公用基础设施受损严重。地震灾区城乡供水设施、农村供水工程、供水管道受损，造成灾区群众饮水困难。地震造成兰成渝输油管道部分专用隧道、天然气集输管道受损，灾区天然气井、加油站、油库设施受到损坏，都江堰市燃气站及管道受损严重。地震灾区通信设施基础设施、公众通信网络基础设施受损，重灾地区与外部通信完全中断，造成通信联络困难。

被地震损毁的安县秀水镇一企业水塔。2008年5月21日拍摄　　　　（宋琛　摄）

在地震中损毁的都江堰市集能燃气有限公司燃气站。2010年5月29日拍摄

（中国地震局地震应急现场工作队　提供）

在地震中损毁的德阳市旌阳区孝泉镇村民饮用水水塔。2008年5月22日拍摄

（尹文福　摄）

在地震中倒塌的平凉市崆峒区白庙贯洼水厂罗湾水塔。2008年5月14日拍摄

（温鹏　摄）

被地震损坏的水富县城供水管网。2008年5月14日7时58分拍摄

（谢英情　摄）

被地震滚石砸毁的汶川县绵虒镇通信塔。2008年5月28日拍摄
（中国地震局地震应急现场工作队　提供）

在地震中损毁的绵竹市汉旺镇紫岩山公园大门。2008年5月16日拍摄

（赵伟　摄）

在地震中受损的中国移动四川公司绵竹分公司中心基站铁塔。2008年5月21日拍摄

（李昭成　摄）

在地震中损毁的绵竹市汉旺镇“神武汉王”雕塑。2008年6月3日拍摄

（杜洋　摄）

工业企业受损

汶川特大地震造成中央企业及四川省、甘肃省、陕西省工业企业厂房及附属设施受损严重。东方电器集团、宏达股份磷化工厂、蓥峰实业有限公司等重点骨干企业受损严重。攀钢江油长城特殊钢有限公司是全国重点特殊钢科研、生产基地，是四川省的大型骨干企业，地震中70%以上厂房严重破裂、坍塌，生产陷入完全停顿状态。什邡、绵竹、北川、汶川、平武等重灾地区工业基础设施损毁严重。四川灾区工业园区、小企业创业基地和陕西部分县域工业园区基础设施遭到不同程度损坏。甘肃省、陕西省重灾地区工业受损严重，陕西有色集团、略阳钢铁有限公司受损较重，对当地经济发展造成较大影响。

绵竹市汉旺镇东汽损毁的厂房。2008年5月21日拍摄

（中国地震局地震应急现场工作队　提供）

在地震中损毁的东汽单层厂房。2008年5月25日拍摄（陆鸣　摄）

在地震中损毁的什邡市宏达集团磷化工公司单层厂房。2008年5月31日拍摄

（中国地震局地震应急现场工作队　提供）

在地震中损毁的什邡市宏达集团磷化工公司穿心店基地。2008年8月17日拍摄

（中国地震局地震应急现场工作队　提供）

什邡市宏达集团磷化工公司穿心店基地被损毁的磷氨干燥塔。2008年8月17日拍摄

（中国地震局地震应急现场工作队　提供）

位于什邡市蓥华镇的四川蓥峰实业有限公司穿心店厂区震损现场。2008年5月16日拍摄

（陈建　摄）

在地震中损毁的四川蓥峰实业有限公司厂房。2008年5月16日拍摄　　（杨青　摄）

四川蓥峰实业有限公司穿心店基地倒塌的钢结构矿砂制酸设备。2008年8月17日拍摄
（中国地震局地震应急现场工作队　提供）

在地震中被损毁的四川剑南春集团公司包装二车间厂房。2008年5月12日18时27分拍摄
（中国地震局地震应急现场工作队　提供）

四川剑南春集团公司酒窖中被震破的酒坛。2008年5月12日18时18分拍摄

（中国地震局地震应急现场工作队　提供）

中国石油四川销售公司彭州市油库基础设施受损。2008年5月12日拍摄

（赵茜　摄）

位于理县的河南省西保冶材集团有限公司铁合金厂部分厂房被堰塞湖淹没。2008年5月25日拍摄

（理县经济商务局　提供）

四川蓝星机械有限公司老球罐车间山墙塌落

（中国地震局地震应急现场工作队　提供）

在陇南市武都区施工的陇南市建筑公司的塔吊吊臂在地震中折断。2008年5月12日拍摄

（田银平　摄）

在地震中倒塌的宝鸡市陈仓区关中化工厂（原陕西省宝鸡县关中化工厂）厂房。2008年5月17日拍摄

（陕西省委外宣办　提供）

商贸金融设施受损

汶川特大地震使灾区商业网点、金融服务设施严重受损，商贸交流中断并陷入瘫痪，部分金融网点坍塌、停业。至5月28日，四川、甘肃、陕西、重庆地震灾区商贸流通和服务企业因灾受损非常严重，特别是绵竹、都江堰、平武、理县、茂县、黑水等县（市）95%的商业网点损毁，大量商品、物资、商贸设施遭到严重破坏，极重灾区北川、汶川等地城乡商业网点全部损毁。地震使灾区金融服务设施不同程度受损，都江堰、北川、汶川等地的支行、信用社等金融服务营业厅坍塌，无法正常营业。

在地震中损毁的汶川县映秀镇信用社营业厅。2008年5月12日拍摄

（汶川县新闻中心　提供）

被山体滑坡摧毁的中国石油四川销售公司卧龙加油站。2008年5月21日拍摄

（陈其胜　摄）

北川羌族自治县农村信用合作联社陈家坝分社营业厅垮塌现场。2008年5月15日拍摄

（中国地震局地震应急现场工作队　提供）

被地震摧毁的北川老县城农贸综合市场。2008年6月23日拍摄

（苏国潮　摄）

被地震摧毁的绵竹市遵道镇农贸市场。2008年5月13日拍摄

（王义超　摄）

绵竹市元丰连锁有限责任公司九龙镇同心村“万村千乡市场工程”农资放心店坍塌现场。2008年5月21日拍摄

（李正聪　摄）

绵竹市汉旺镇融融超市震损现场。2008年5月18日拍摄

（胡开敏　摄）

都江堰市中国银行蒲阳路支行营业厅坍塌现场。2008年5月13日拍摄

（田贵勇　摄）

被地震摧毁的安县秀水镇沿街商铺。2008年5月24日拍摄

（苏国潮　摄）

教卫文体设施受损

汶川特大地震使灾区的教育、卫生、文化、体育设施遭到严重损毁。灾区的教育系统损失极为严重，主要集中在教学办公用房的倒塌及教学仪器、设备损毁等方面，导致1万余所学校和其他教育机构全部或部分遭到破坏。北川中学、汶川县七盘沟幼儿园受到严重破坏，都江堰、广元等地学校教学楼受损严重；甘肃省、陕西省部分学校也在地震中不同程度受损。地震灾区医疗卫生服务体系遭到重创，医疗卫生机构房屋、设施设备受损，正常医疗救治工作难以开展。四川省、甘肃省、陕西省的部分医院、妇幼保健院、镇卫生院等受损严重，不能正常门诊。北川县城医疗卫生机构被彻底摧毁，县直属卫生单位遭到毁灭性打击。地震使灾区县级文化馆、图书馆和乡镇综合文化站或全部垮塌或严重受损，文化服务体系遭到破坏，严重影响了文化产品的生产、服务。四川地震灾区文化设施基础原本脆弱，都江堰、北川、汶川等13个县（市）受灾特别严重，县级文化馆、图书馆和乡镇综合文化站全部垮塌或严重受损。地震造成灾区公共体育设施损毁严重，农民体育健身工程、业余训练场馆设施、乡镇体育设施也严重受损。北川羌族自治县龙王滩体育场、什邡市体育馆等体育设施遭到不同程度损毁。

被山体滑坡全部掩埋的北川中学新区校园。2008年5月24日拍摄　　（张桐胜　摄）

北川中学一座塌落成3层的5层建筑。2008年5月15日拍摄
（中国地震局地震应急现场工作队　提供）

汶川县映秀镇漩口中学教学楼坍塌现场。2008年5月15日拍摄
（中国地震局地震应急现场工作队　提供）

被地震损毁的汶川县映秀镇漩口中学。2008年5月22日拍摄
（汤华绪　摄）

在地震中坍塌的绵竹市土门镇中学教学楼。2008年5月19日拍摄

（中国地震局地震应急现场工作队　提供）

绵竹市汉旺镇中心幼儿园震损的园区楼房。2008年6月17日拍摄

（张生刚　摄）

在地震中局部垮塌的都江堰市新建小学教学楼。2008年5月24日拍摄
（中国地震局地震应急现场工作队　提供）

被地震摧毁的都江堰市聚源中学教学楼。2008年5月30日拍摄

（张桐胜　摄）

被地震摧毁的平武县平通中学教学楼。2008年6月9日拍摄

（中国地震局地震应急现场工作队　提供）

在地震中坍塌的德阳市旌阳区孝泉镇孝泉中学教学楼。2008年5月21日拍摄

（四川省地震局　提供）

在地震中局部坍塌的崇州市怀远中学教学楼。2008年5月20日拍摄

（中国地震局地震应急现场工作队　提供）

被地震损毁的广元市实验小学教学楼和外墙。2008年5月16日拍摄

（四川省教育厅　提供）

被地震摧毁的文县碧口第二中学楼房。2008年5月13日拍摄

（刘二银　摄）

局部被震损的文县碧口小学教学楼。2008年5月16日拍摄

（梁永强　摄）

在地震中垮塌的康县豆坪乡豆坪小学校舍。2008年5月13日拍摄

（崔定强　摄）

被震损的宁强县毛坝河小学教室。2008年5月13日拍摄　　　　　　（王金泉　摄）

局部坍塌的四川农业大学都江堰分校办公楼。2008年6月12日拍摄
（四川省教育厅　提供）

西南科技大学逸夫图书信息中心阅览室震损现场。2008年6月12日拍摄
（四川省教育厅　提供）

北川羌族自治县妇幼保健院、县疾控中心震损现场，其门诊楼一层在地震中局部塌陷。2008年7月2日拍摄 （李洪宁　摄）

在地震中坍塌的绵竹市新型农村合作医疗定点站。2008年6月23日拍摄

（四川省卫生厅　提供）

在地震中坍塌的什邡市红白镇卫生院业务楼。2008年5月29日拍摄

（张桐胜　摄）

在地震中垮塌的都江堰市中医院。2008年5月22日拍摄

（四川省卫生厅　提供）

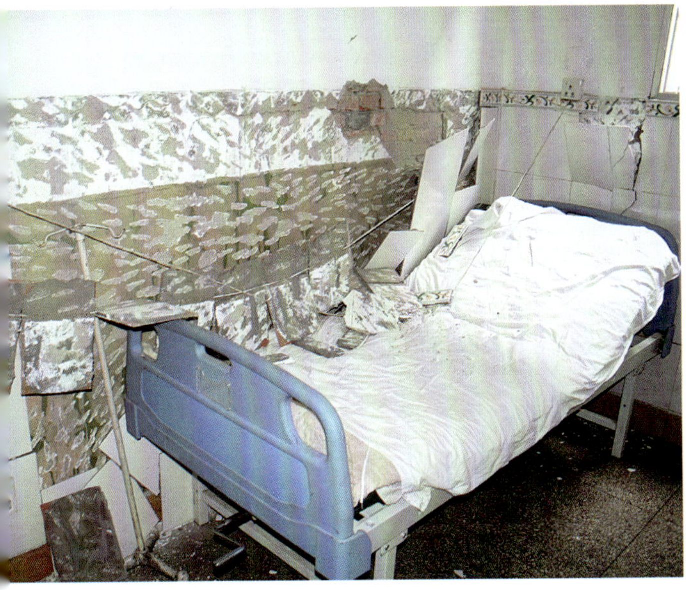

被震损的文县碧口镇中心卫生院病房。2008年5月15日拍摄

（陇南市卫生局　提供）

被震损的陇南市武都区汉王镇卫生院治疗室。2008年5月13日拍摄

（田银平　摄）

被山体滑坡破坏的北川羌族自治县龙王滩体育场田径场。2008年7月16日拍摄　（陈香　摄）

南北挑台屋面整体拉裂、顶棚墙体大面积脱落的什邡市体育馆。2008年5月16日拍摄　（邹声福　摄）

因地震而地面开裂的剑阁县剑阁中学水泥篮球场，裂口长60余米、宽10余厘米。2008年5月26日拍摄　（蔡玉顺　摄）

机关单位办公场所受损

汶川特大地震使灾区机关单位的办公设施严重损毁，很多部门无法正常办公，给群众生活带来诸多不便。地震灾区的政府办公地点、行业管理机关办公地点遭到严重破坏，北川、汶川、理县、绵竹等政府部门办公场所受损极为严重；四川省1000多个公安派出所遭到不同程度损毁；灾区部分电力公司、气象部门等单位的办公设施受损严重，不能正常工作。

被地震摧毁的汶川县映秀镇政府办公楼。2008年5月16日拍摄

（汶川县新闻中心　提供）

在地震中损毁的北川县委办公楼。2008年5月14日拍摄

（中国地震局地震应急现场工作队　提供）

被地震摧毁的北川县政府办公楼。2008年5月16日拍摄

（段崴　摄）

在地震中损毁的北川羌族自治县交通运政大楼。2008年6月29日拍摄

（李峰　摄）

绵竹市土门镇派出所办公楼震损现场。2008年5月13日拍摄

（张红梅　摄）

绵竹市汉旺镇公安局办公楼震损现场。2008年5月20日拍摄

（中国地震局地震应急现场工作队　提供）

被地震震毁的理县气象局。2008年5月18日拍摄　　　　（中国气象局　提供）

绵竹市汉旺镇镇政府办公楼废墟。2009年4月20日拍摄

（李立华　摄）

宁强县广坪镇水观音村村民委员会办公场所震损现场。2008年5月13日拍摄

（彭健　摄）

文物受损

汶川特大地震造成灾区各种文物严重损毁，损失难以挽回。灾区全国重点文物保护单位的不可移动文物、可移动文物遭到损毁，珍贵的非物质文化遗产实物、文字和图片音像资料被毁。特别是都江堰二王庙、青城山及彭州、江油等地部分文物保护单位和北川、汶川、茂县、理县等羌族文化核心区的非物质文化遗产实物和资料大部分被掩埋。陕西省汉中市灵岩寺、武侯墓，宝鸡市太平寺塔、岐山周公庙等全国重点文物在地震中遭到严重破坏，无法修复。

都江堰二王庙。清代嘉庆年间（1796—1820）知县王梦庚手书“深淘滩、低作堰”治水六字诀照壁震损现场。2008年5月15日拍摄

（周恂　摄）

全国重点文物保护单位彭州领报修院教堂（白鹿书院）损毁全景。2008年5月16日拍摄

（肖礼颖　摄）

彭州市领报修院教堂残存的步梯。2008年5月16日拍摄

（肖礼颖　摄）

被震损的都江堰离堆公园伏龙观后殿回廊。2008年5月15日拍摄

（周恂　摄）

都江堰二王庙李冰大殿震损现场。2008年5月30日拍摄

（张桐胜　摄）

在地震中垮塌的全国重点文物保护单位江油云岩寺窦圌山西峰东岳殿。2008年5月13日拍摄

（张敏　摄）

多处倒塌的江油云岩寺窦圌山古建筑群。2008年5月24日拍摄

（郑云峰　摄）

全国重点文物保护单位马尔康县直波碉楼官寨碉在地震中受损。2008年5月12日拍摄

（李洪　摄）

全国重点文物保护单位平武报恩寺北侧长廊在地震中损毁。2008年5月14日拍摄

（唐欣　摄）

四川省省级文物保护单位茂县茂州城震损城墙。2008年5月30日拍摄

（蔡清　摄）

四川省省级文物保护单位茂县叠溪点将台摩崖造像硐房在地震中垮塌。2008年5月30日拍摄

（蔡清　摄）

被震损的四川省省级文物保护单位江油市李白故居粉竹楼。2008年5月14日拍摄

（张敏　摄）

被震损的四川省省级文物保护单位自贡市吉成盐井古作坊。2008年5月13日拍摄

（缪自平　摄）

都江堰市县级文物保护单位青城山普照寺照壁在地震中倒塌。2008年5月17日拍摄

（樊拓宇　摄）

地震致使全国重点文物保护单位勉县武侯墓照壁飞檐脱落。2008年5月12日拍摄

（侯亮　摄）

被震损的陕西省省级文物保护单位西乡县午子观。2008年6月11日拍摄

（陕西省古建所　提供）

被震损的广汉市三星堆博物馆馆藏陶高领壶。2008年5月22日拍摄

（刘毓　摄）

茂县羌族博物馆文物库房震损现场。2008年5月30日拍摄

（蔡清　摄）

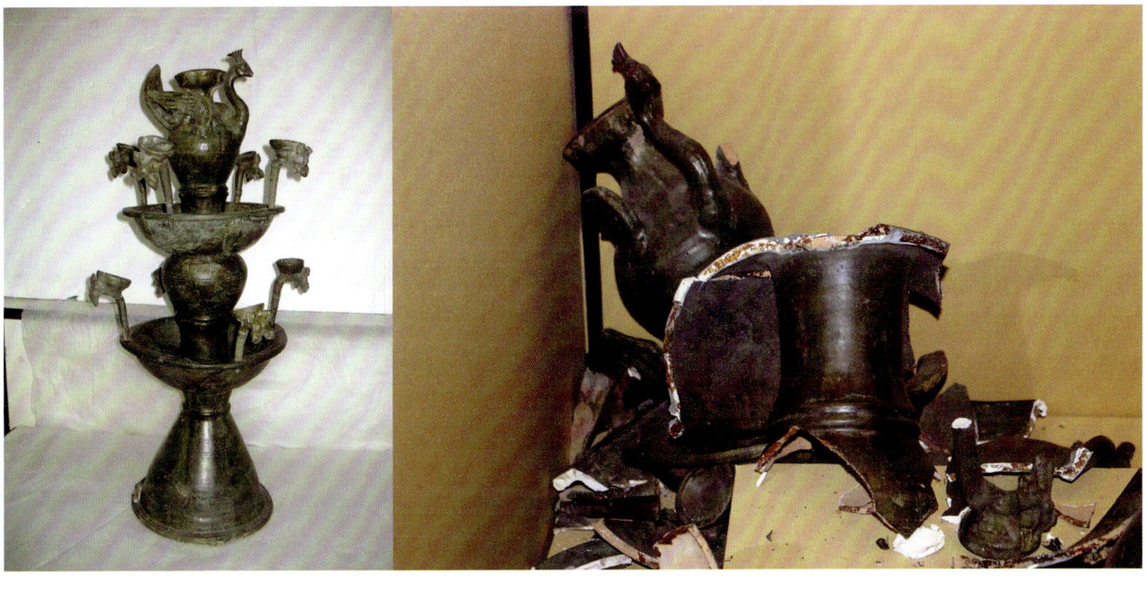

陕西省历史博物馆馆藏的汉代绿釉孔雀陶灯被震损前后对比图，左为震前、右为震后

（陕西历史博物馆　提供）

生态环境受损

汶川特大地震导致灾区大面积滑坡、崩塌、泥石流，形成多处堰塞湖，对灾区生态环境造成严重破坏，加剧了水土流失，对地表覆盖、自然生态系统、自然保护区基础设施、大熊猫及其他珍稀动物栖息地造成严重破坏，保护区管护能力降低。森林、草地、河流和湿地受损，植被大量破坏，地貌分割。灾害导致自然保护区生态系统景观的连通性显著降低，景观的破碎程度增加，严重破坏了生态环境的多样性。同时，地震使人居环境、生存条件受到严重威胁，滑坡使山体裸露、水库库区植被遭到毁坏；山区因泥石流造成生态环境恶化，造成的生态系统长期损失难以估量。

山体滑坡造成汶川县山区岩石裸露、河道阻塞。2008年5月27日拍摄
（中国地震局地震应急现场工作队　提供）

被大面积滑坡破坏的汶川县山区植被（中国地震局地震应急现场工作队　提供）

余震引发青川县曲河乡梅花山山体滑坡。2008年5月18日拍摄　（邓建新　摄）

汶川县映秀镇因地震引发的山体滑坡。2008年5月30日拍摄

（方迎忠　摄）

都江堰市紫坪铺水库库区被山体滑坡毁坏的公路和植被。2008年5月14日拍摄
（中国地震局地震应急现场工作队　提供）

陇南市武都区柏林乡指甲山村被山体滑坡破坏的植被。2008年5月17日拍摄
（李小鹏　摄）

汶川县漩口镇蔡家村长达1公里的泥石流
（中国地震局地质研究所　提供）

北川羌族自治县张家湾山体滑坡形成的堰塞湖。2008年5月26日拍摄
（陆鸣　摄）

什邡市红白镇山区因泥石流造成生态环境恶化。2008年5月29日拍摄

（莫定有　摄）

被堰塞湖淹没的北川羌族自治县漩坪乡椿芽村。2008年6月8日拍摄

（魏品生　摄）

卧龙国家级自然保护区因地震受到惊吓的熊猫幼仔。2008年5月21日拍摄

（卧龙人　摄）

青川县东河口自然生态破坏情况。2008年5月14日拍摄　（广元日报社　提供）

青川县红光乡山体滑坡形成的堰塞湖。2008年5月22日拍摄

（李俊良　摄）

距离北川县城3.2公里的唐家山堰塞湖。2008年5月26日拍摄

（朱炜　摄）

部署指挥

中共中央、国务院紧急决策部署

党和国家主要领导人在一线指挥

面对突如其来的汶川特大地震，中共中央、国务院决策部署、统筹指挥，针对抢险救灾的不同阶段，大力倡导弘扬“万众一心、众志成城，不畏艰险、百折不挠，以人为本、尊重科学”的伟大抗震救灾精神，动员全社会的力量紧急投入抗震救灾斗争，尽最大努力减少地震灾害造成的损失。

5月12日，中共中央总书记、国家主席、中央军委主席胡锦涛在地震发生后立即作出重要指示，要求尽快抢救伤员，确保灾区人民生命安全。当晚，胡锦涛主持召开中共中央政治局常委会议，要求灾区各级党委、政府和中央各部门紧急行动起来，把抗震救灾作为首要任务，全力抢救伤员，切实保障灾区人民群众生命安全。16时44分，中共中央政治局常委、国务院总理温家宝乘飞机紧急赶往四川地震灾区，现场指挥抗震救灾。当晚，中共中央政治局常委召开会议，决定立即成立国务院抗震救灾总指挥部。随着抗震救灾的不断深入，中共中央、国务院多次及时制定关于抢险救援、群众生活、卫生防疫、灾后重建等政策和措施，带领全国各族人民开展抗震救灾斗争。

在抗震救灾最关键的时刻、最紧要的关头，中共中央、国务院、中央军委主要领导同志多次深入抗震救灾一线，靠前指挥、果断决策、深入灾区、体察民情，亲切看望受灾群众，安抚伤员，慰问抗震救灾解放军指战员、武警部队官兵、公安民警及医护人员，果断处置堰塞湖、泥石流等次生灾害，领导全国人民战胜地震灾害，夺取抗震救灾斗争的胜利。

中共中央、国务院紧急决策部署

汶川特大地震发生后，中共中央紧急部署抗震救灾工作。5月12日下午，胡锦涛作出重要指示，要求尽快抢救伤员，确保灾区人民生命安全。当晚，中共中央召开政治局常委会议，全面部署抗震救灾工作。14日，胡锦涛再次主持召开中共中央政治局常委会议，进一步研究部署抗震救灾工作。中央号召，全党全军全国各族人民万众一心、众志成城，迎难而上、百折不挠，共同夺取抗震救灾斗争的胜利。在震后不到一个月时间里，中共中央先后召开4次政治局常委会议和1次政治局会议，深入研究抗震救灾各项工作。中共中央的果断决策，为夺取抗震救灾的胜利奠定了坚实的基础。

国务院根据中共中央关于抗震救灾的各项指示，全面组织开展抗震救灾工作。5月12日16时44分，温家宝飞往四川地震灾区，并在飞机上召开紧急会议，迅速部署抗震救灾。同时，成立国务院抗震救灾总指挥部，温家宝任总指挥；中共中央政治局常委、国务院副总理李克强，中共中央政治局委员、国务院副总理回良玉任副总指挥；下设8个工作组（后增加水利组）。在抗震救灾的5个月内，国务院抗震救灾总指挥部先后召开26次会议，研究部署抗震救灾工作，形成周密组织、科学调度的指挥决策体系，建立上下贯通、军地协调、全民动员、区域协作的抢险救援机制，为夺取抗震救灾斗争的胜利提供了有力保障。

2008年5月17日，中共中央总书记、国家主席、中央军委主席胡锦涛在成都连夜召开会议，听取抗震救灾工作汇报并发表重要讲话，强调克服一切艰难险阻，坚决打赢抗震救灾这场硬仗

（新华社　提供）

党和国家主要领导人在一线指挥

汶川特大地震发生后，党和国家主要领导人立即向全党、全军、全国各族人民发出号召，迅速部署抗震救灾工作。中共中央、国务院要求灾区各级政府和中央各部门紧急行动起来，把抗震救灾作为首要任务，全力抢救伤员，保障灾区人民群众的生命安全，尽最大努力把地震灾害损失减少到最低程度。党和国家主要领导人心系灾区群众，冒着余震、泥石流等危险，多次奔赴抗震救灾一线进行现场指挥，检查指导抗震救灾工作，慰问灾区群众、伤员和救援人员，深入救援现场解决抗震救灾中的实际问题，使灾区群众和救援人员树立起战胜灾害、重建家园的信心和决心。

胡锦涛在抗震救灾一线

在抗震救灾的关键时刻，5月16日10时30分，中共中央总书记、国家主席、中央军委主席胡锦涛飞赴四川地震灾区，在北川羌族自治县擂鼓镇、什邡市群众安置点及蓥华镇、汶川县漩口镇等地亲切看望受灾群众，慰问救援部队；5月31日、6月1日，胡锦涛分别赴宁强县广坪镇、陇南市及康县等地，了解灾区群众伤亡和安置情况，慰问抢险救援部队官兵，看望灾区群众、地震伤员。

5月16日，胡锦涛在北川羌族自治县看望慰问受灾群众。这是胡锦涛在擂鼓镇胜利村救灾专用帐篷内，关切地询问村民的受灾情况 （鞠鹏 摄）

5月18日，胡锦涛在什邡市看望慰问受灾群众和救援人员。这是胡锦涛在受灾群众安置点同受灾群众促膝交谈，表示党和政府一定会帮助灾区人民渡过难关

（鞠鹏　摄）

5月22日，胡锦涛赴浙江省湖州市考察救灾帐篷生产情况。这是胡锦涛同生产帐篷的职工亲切交谈，希望他们加紧生产，确保质量，为夺取抗震救灾斗争胜利贡献力量

（樊如钧　摄）

5月23日，胡锦涛在俄罗斯总统梅德韦杰夫陪同下，在北京人民大会堂亲切会见四川汶川地震俄罗斯救援队队员代表　（新华社　提供）

5月31日，胡锦涛在陕西考察抗震救灾和恢复重建工作。这是胡锦涛在宁强县广坪镇金山寺村一个简易防震棚内，向地震灾区少年儿童祝贺节日并赠送学习用品

（鞠鹏　摄）

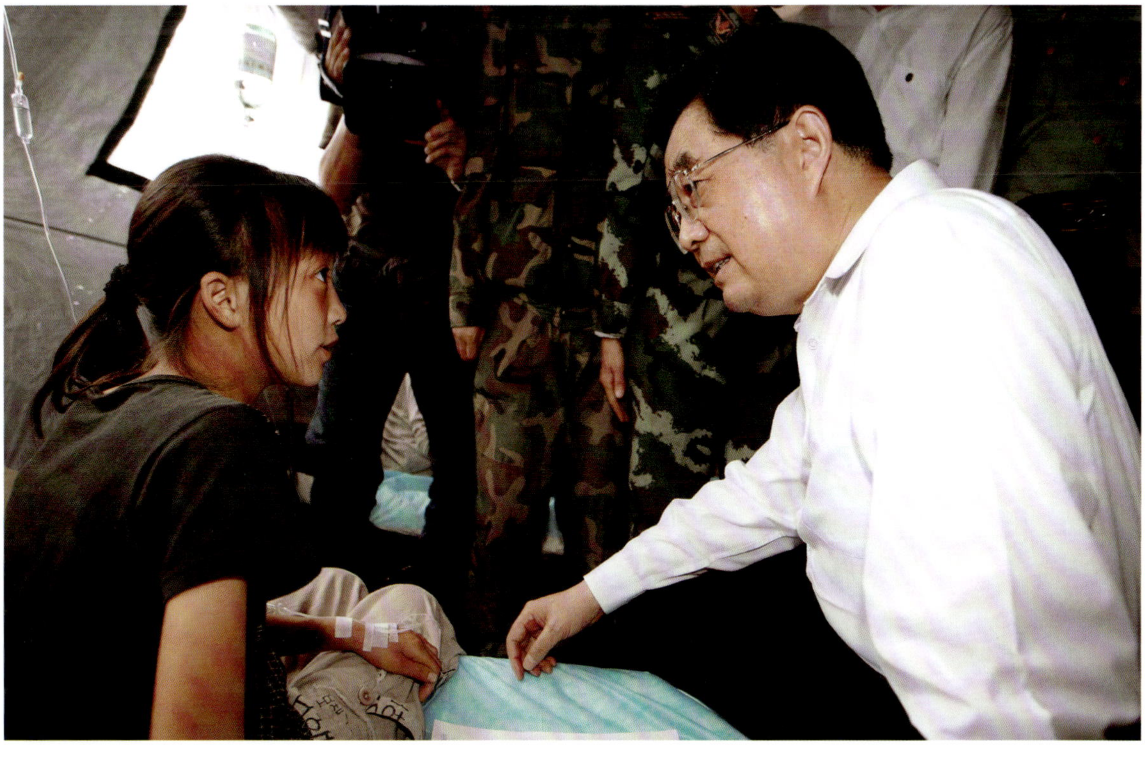

5月31日，胡锦涛在陕西考察抗震救灾和恢复重建工作。这是胡锦涛在宁强县广坪镇金山寺村帐篷医疗点，关切地向正在输液的小女孩询问病情，安慰她好好养病，争取早日回到同学们中间

（鞠鹏　摄）

6月1日，胡锦涛在甘肃省考察抗震救灾和恢复重建工作。这是胡锦涛在康县王坝乡李家庄村看望救灾部队官兵时，同一位家乡在汶川县映秀镇的战士亲切握手，对他在失去亲人的情况下仍奋战在抗震救灾第一线的突出表现给予充分肯定　　（鞠鹏　摄）

6月1日，胡锦涛在甘肃考察抗震救灾和恢复重建工作。这是胡锦涛在康县王坝乡李家庄村集中安置点的救灾帐篷内慰问受灾群众　　（新华社　提供）

6月1日，胡锦涛在甘肃考察抗震救灾和恢复重建工作。这是胡锦涛在陇南市第一人民医院帐篷诊室看望参加救援的巴基斯坦国际医疗队队员　　（鞠鹏　摄）

7月16日，胡锦涛在中南海看望即将赴俄罗斯疗养的地震灾区中小学学生代表。这是胡锦涛在中南海瀛台迎薰亭前同孩子们亲切交谈　　（鞠鹏　摄）

吴邦国在抗震救灾一线

5月26日15时20分，中共中央政治局常委、全国人大常委会委员长吴邦国赴四川地震灾区亲切看望灾区干部群众，慰问抢险救援人员。吴邦国深入汶川县映秀镇、汉旺镇东方汽轮机有限公司、德阳市第一人民医院等地，与受灾群众亲切交谈，了解灾区群众的生活情况，慰问抢险救援人员并询问救援情况。

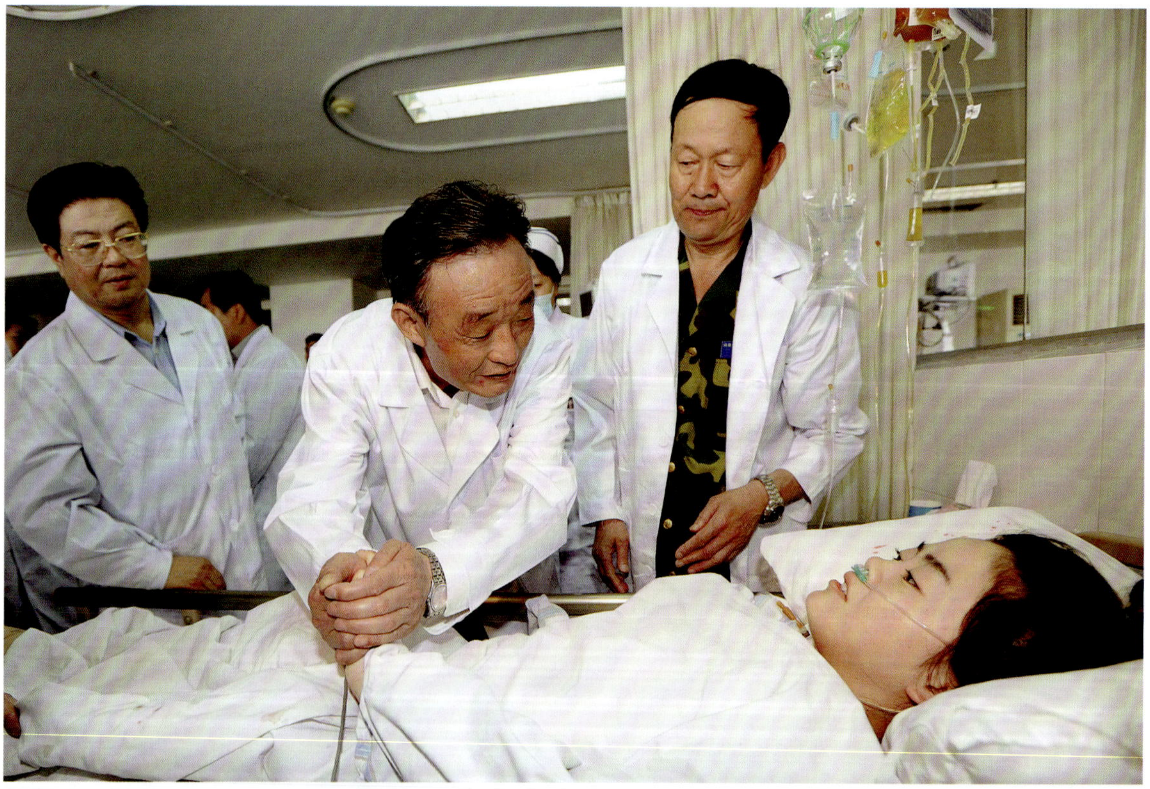

5月26日，中共中央政治局常委、全国人大常委会委员长吴邦国在成都军区总医院看望被困104小时后获救的20岁女孩袁艺

（黄敬文　摄）

5月27日，吴邦国在汶川县映秀镇看望受灾群众和抗震救灾人员　　　　（饶爱民　摄）

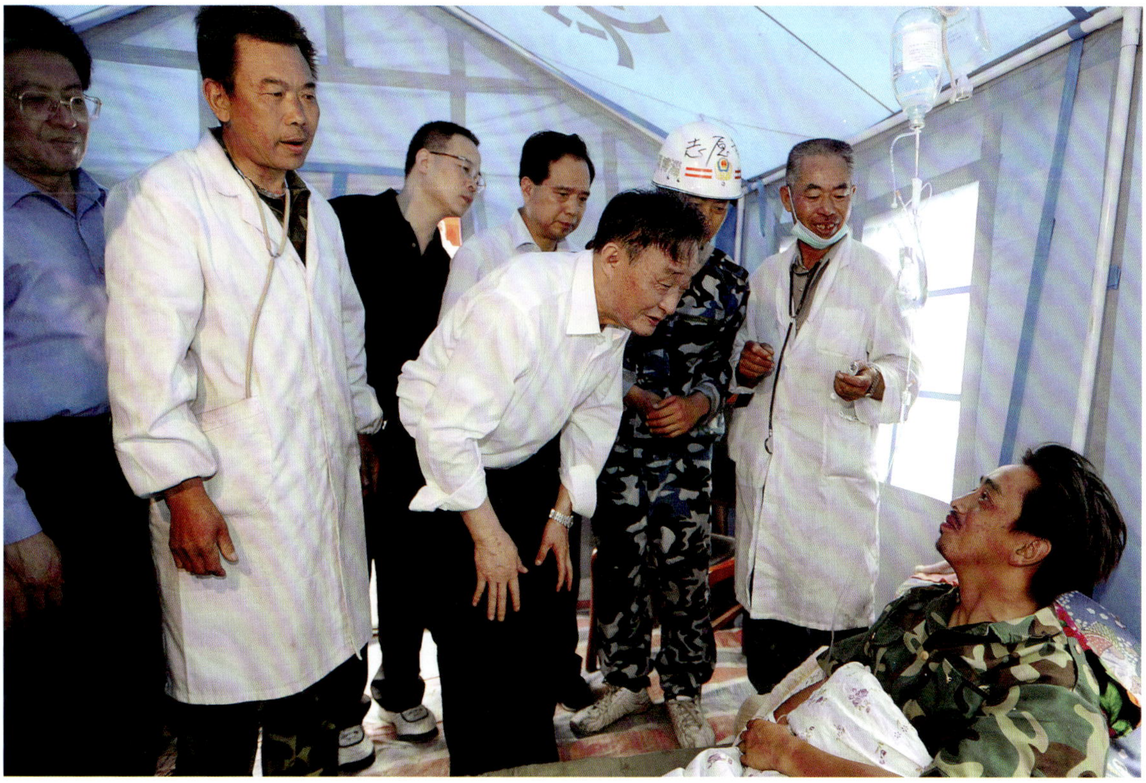

5月27日，吴邦国在汶川县帐篷医疗点看望在抗震救灾中病倒的县信访局干部
（黄敬文　摄）

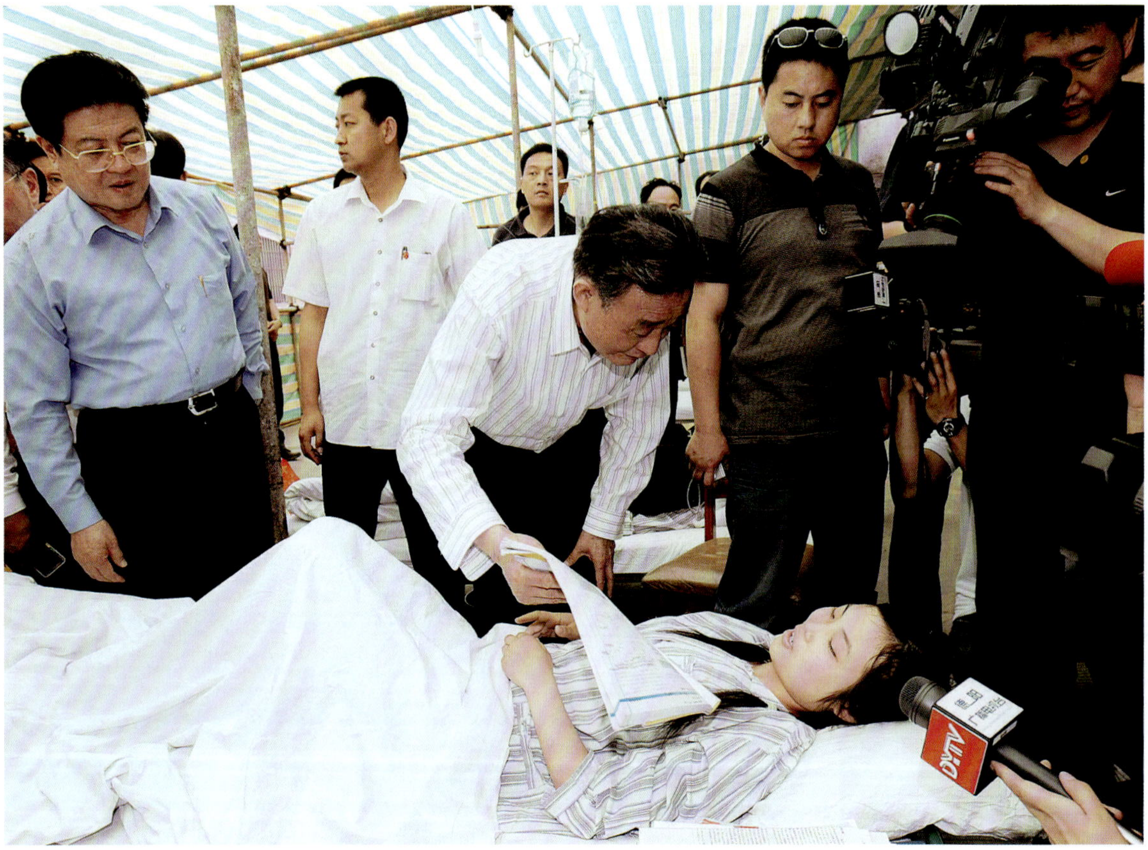

5月28日，吴邦国在德阳市第一人民医院帐篷病房叮嘱汉旺镇高三毕业生范琴好好养伤，祝愿她高考取得好成绩

（黄敬文　摄）

温家宝在抗震救灾一线

在抗震救灾的紧要关头，5月12日16时44分，中共中央政治局常委、国务院总理、国务院抗震救灾总指挥部总指挥温家宝飞往四川地震灾区；19时许，温家宝抵达成都后，立即驱车赶往都江堰市一所医院废墟前，安抚鼓励被压埋群众。温家宝先后到达绵竹、什邡、青川和汶川映秀等地震灾区，在前往北川途中，还留下给伤员让路的佳话。22日，温家宝再次赴四川地震灾区，专题研究唐家山堰塞湖抢险工作。6月5日，温家宝第三次赴四川地震灾区，并在5日、6日两登唐家山，研究唐家山堰塞湖解决方案。20—22日，温家宝赴陕西、甘肃灾区检查指导抗震救灾工作，看望干部群众。

5月12日，中共中央政治局常委、国务院总理、国务院抗震救灾总指挥部总指挥温家宝在赶往地震灾区的飞机上研究布置抗震救灾工作

（姚大伟　摄）

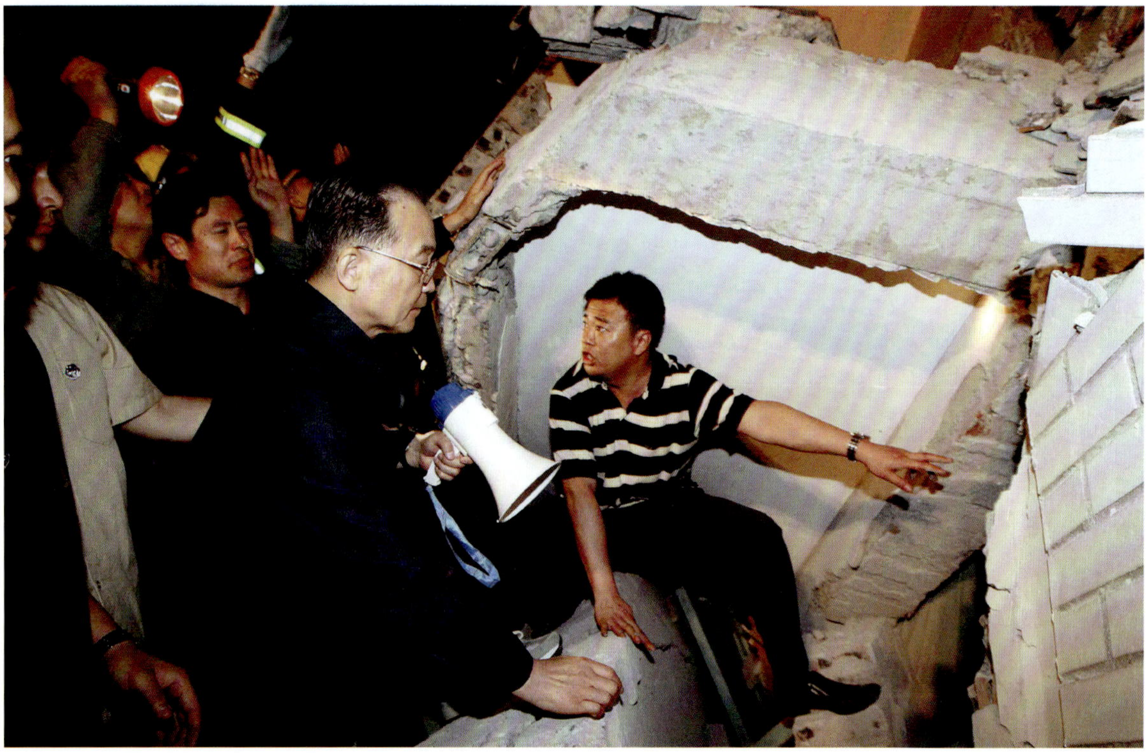

5月12日，温家宝在都江堰市一所医院的废墟中透过缝隙向被困在里面的人喊话
（姚大伟 摄）

5月14日，温家宝抵达汶川县映秀镇查看灾情 （姚大伟 摄）

5月14日，温家宝在北川中学教学楼废墟上看望、慰问救援人员　　（姚大伟　摄）

贾庆林在抗震救灾一线

5月29日16时，中共中央政治局常委、全国政协主席贾庆林抵达成都太平寺机场，立即赶赴地震灾区，慰问受灾群众、救援人员，了解抗震救灾工作进展情况。贾庆林先后在四川省人民医院、都江堰市“幸福家园”灾区群众安置点、汶川、青川等地慰问灾区地震伤员和救援部队官兵，并会见宗教界人士。7月6—10日，贾庆林赴汉中灾区看望慰问受灾群众，指导抗震救灾和恢复重建工作。

5月29日，中共中央政治局常委、全国政协主席贾庆林在四川省人民医院看望参加救援工作的古巴医疗队队员 （樊如钧 摄）

5月30日，贾庆林在汶川县映秀镇慰问抗震救灾人员

（樊如钧　摄）

5月31日，贾庆林在青川县沙州镇看望灾区群众　　（樊如钧　摄）

5月31日，贾庆林在青川县沙州镇查看灾情　（樊如钧　摄）

李长春在抗震救灾一线

6月1日，中共中央政治局常委李长春赴四川地震灾区慰问灾区群众。李长春先后赴绵阳市人民广播电台及“八一帐篷学校”、平武县南坝镇、汶川县映秀镇等地，看望灾区少年儿童及地震中抢救学生的教师，向灾区儿童赠送10万台收音机和一批少儿读物、学习用品，慰问人民日报社、新华社、中央人民广播电台、中央电视台等参加抗震救灾报道的一线编辑记者代表。

6月1日，中共中央政治局常委李长春在绵阳市“八一帐篷学校”接受北川羌族自治县曲山小学学生赠送的千纸鹤　　（李学仁　摄）

6月1日，李长春在绵阳市人民广播电台临时播音室向地震灾区儿童祝贺“六一”节
（李学仁　摄）

6月2日，李长春在平武县南坝镇慰问灾区群众　（李学仁　摄）

6月3日，李长春在汶川县映秀镇看望执行任务的北京军区抗震救灾医疗队队员
（李学仁　摄）

习近平在抗震救灾一线

5月19日，中共中央政治局常委、中央书记处书记、国家副主席习近平赴陕西地震灾区，在汉中市中心医院看望伤员，赴略阳县徐家坪等地慰问干部群众。6月27日，习近平赴四川地震灾区，先后在都江堰、北川、平武、汶川等地看望受灾群众、慰问基层干部党员，深入了解群众的生活情况及对口支援北川的建设情况。

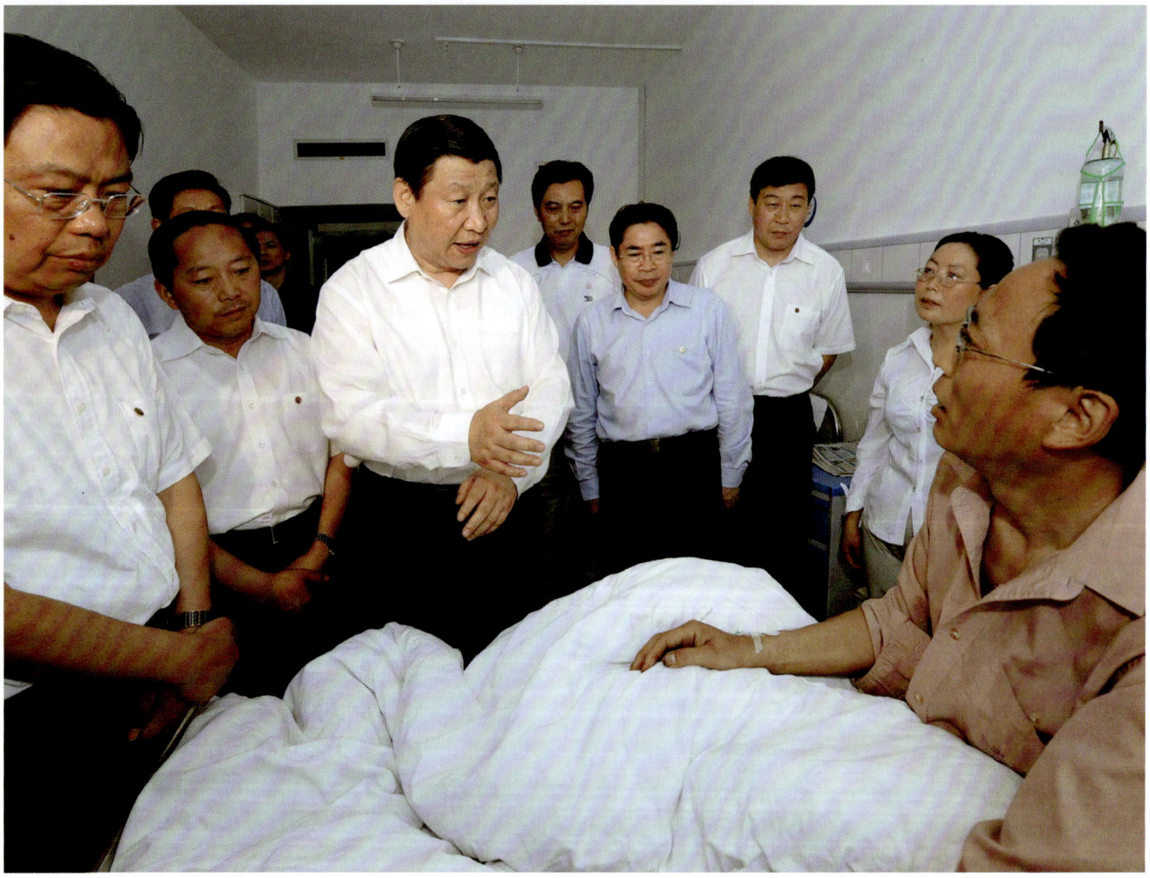

5月19日，中共中央政治局常委、中央书记处书记、国家副主席习近平在汉中市中心医院看望受伤人员　（马占成　摄）

5月21日，习近平在宝鸡市太白县鹦鸽镇瓦窑坡村的帐篷里与受灾群众促膝而坐，仔细询问受灾和灾后安置情况　　（马占成　摄）

6月28日，习近平在汶川县映秀镇查看地震灾情　　（饶爱民　摄）

6月28日，习近平在平武县平通镇看望受灾群众（饶爱民 摄）

李克强在抗震救灾一线

5月18日，中共中央政治局常委、国务院副总理、国务院抗震救灾总指挥部副总指挥李克强赴四川地震灾区，在平武县平通镇、什邡市宏达石化公司、汶川县漩口镇、绵竹市郊区等地询问灾区群众生活安置情况，慰问受灾群众、救援部队官兵，了解企业受损情况。6月3日，李克强再次赴四川地震灾区。5日，李克强赴甘肃、陕西地震灾区了解群众安置情况，看望群众和救援人员，查看中国大唐碧口水力发电厂水电站大坝受损等情况。

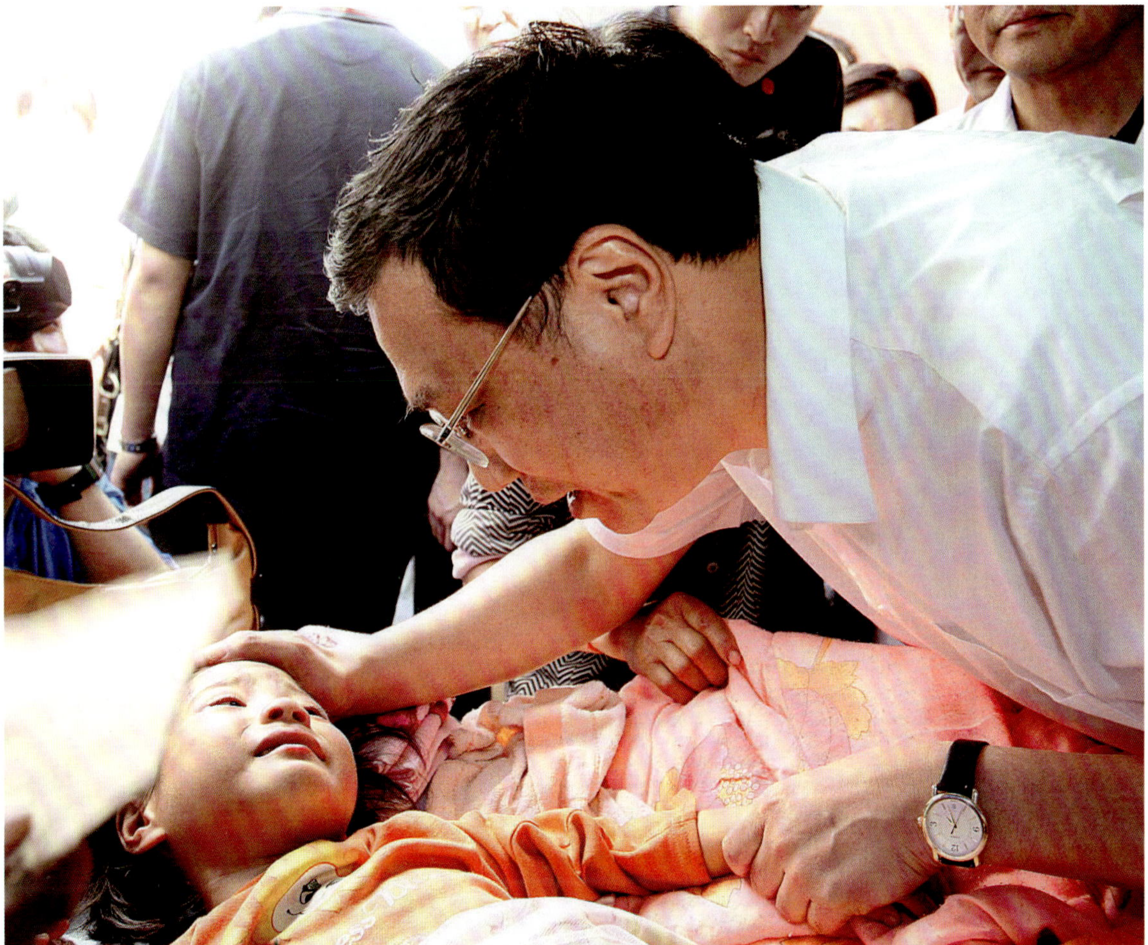

5月18日，中共中央政治局常委、国务院副总理、国务院抗震救灾总指挥部副总指挥李克强在平武县平通镇慰问受灾群众　　（兰红光　摄）

5月19日，李克强在都江堰市指挥抗震救灾　（新华社　提供）

5月20日，李克强在汶川县漩口镇友谊隧道公路旁慰问带伤坚守工作的交通民警　（兰红光　摄）

5月21日，李克强在绵竹市郊区受灾群众临时搭建的简易帐篷里了解群众生活情况
（兰红光　摄）

贺国强在抗震救灾一线

5月19日，中共中央政治局常委、中央纪委书记贺国强赴重庆市检查抗震救灾工作。贺国强在重庆北站看望由绵阳转运至重庆的地震伤员，为赴四川地震灾区的武警官兵、公安民警送行，并赴梁平县文化镇中心小学救援现场，了解救援情况。5月24日、6月13日，贺国强两次赴四川地震灾区，在都江堰市青城山镇泰安村等地，了解灾区安置点群众生活情况，检查北川羌族自治县擂鼓镇救灾物资调配中心、成都双流机场抗震救灾物资接收、管理、分发及监管情况。

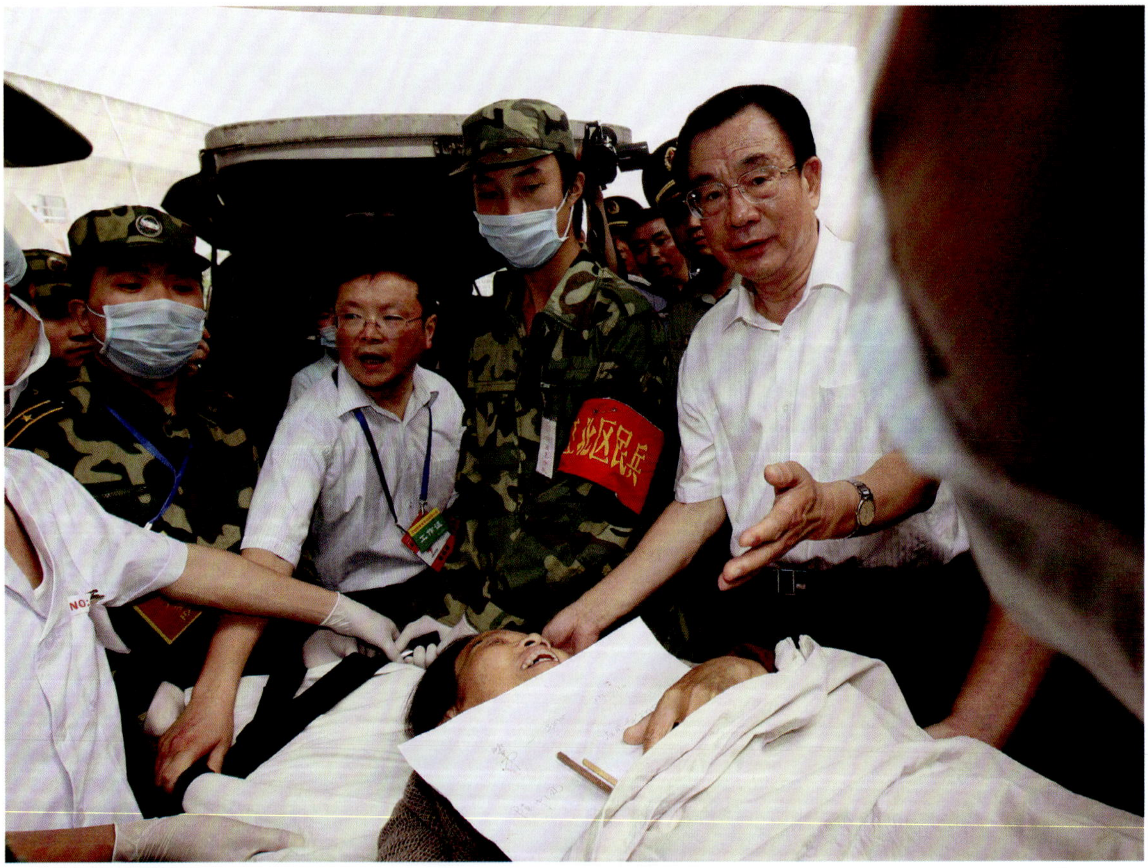

5月20日，中共中央政治局常委、中央纪委书记贺国强在重庆火车站慰问从绵阳转运到重庆的54岁伤员陈中凤，并嘱咐医护人员抓紧运送治疗刚刚抵达的300名伤员

（刘卫兵　摄）

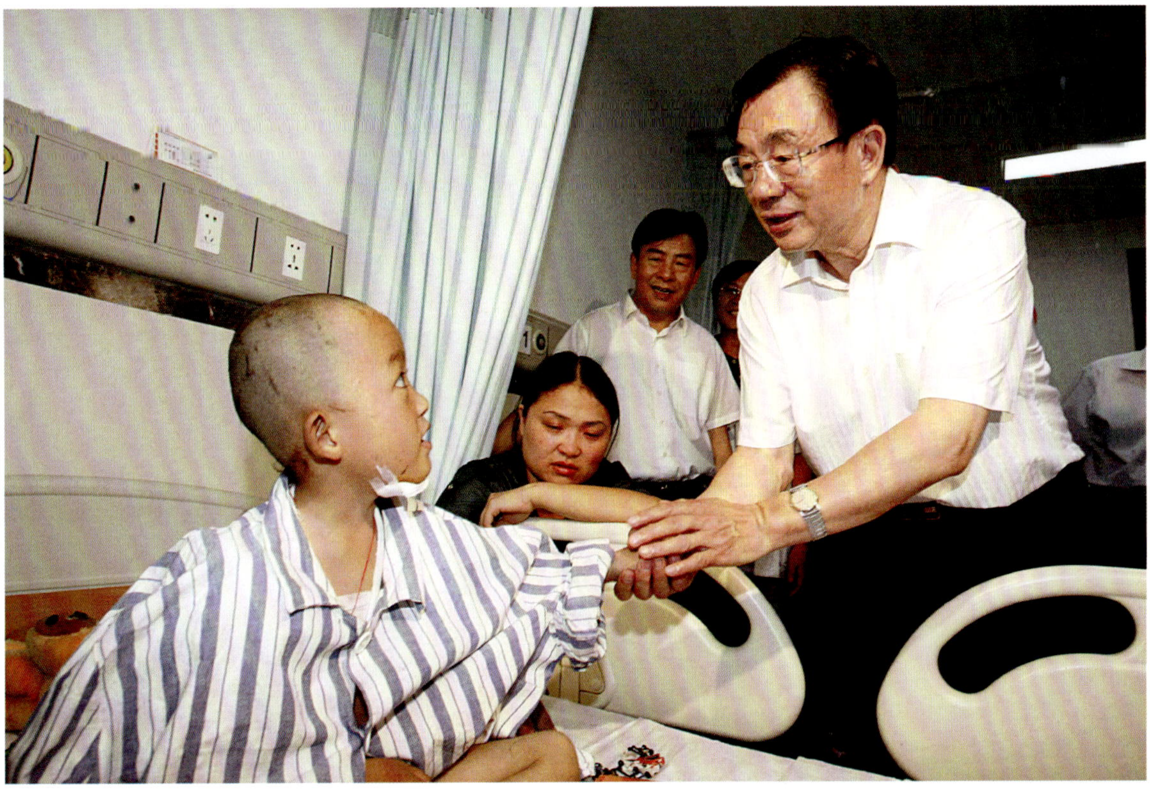

5月20日，贺国强在重庆市医院看望从四川灾区转运来的、正在接受治疗的4岁受伤男孩李芮　（刘卫兵　摄）

6月14日，贺国强在都江堰市青城山镇泰安村受灾群众安置点看望村民　（李涛　摄）

6月14日，贺国强在都江堰市科技产业开发区某物资调配中心检查抗震救灾款物接收、管理、分发情况　　（李涛　摄）

抢险救援

汶川特大地震发生后，中共中央、国务院、中央军委坚持以人为本、人民利益高于一切的理念，领导组织全社会力量进行抗震救灾，生动展现出危难时刻党和政府的坚强领导及指挥能力，极大地鼓舞和坚定了全国各族人民夺取抗震救灾斗争胜利的勇气和决心。

灾区驻地部队、各级政府、基层党组织、干部党员奋不顾身地投入到抗震救灾一线，迅速带领群众展开自救、互救。这成为灾区最直接、最有效的救援手段之一，为抢救群众生命财产赢得宝贵的时间。地震发生后，中共中央、国务院、中央军委立即调集部署力量，快速奔赴灾区进行抢险救援。解放军、武警部队、民兵预备役人员、公安民警采取“重点抢救、入户搜救、现场急救”等有力措施，出动飞机、车辆及机械设备，从空中、陆地、水路迅速突进地震灾区，进行抢险救援，创造出生命搜救的奇迹。地震灾区群众身临险境，紧急转移刻不容缓，解放军、武警官兵及灾区各级政府采取果断措施，立即组织群众紧急转移，开展对伤员、受困游客的转移。在抢险救援中，国家及省级救援队、港澳台地区救援队和国际救援队也迅速奔赴地震灾区，实施专业救援，不惜一切代价抢救被困群众。

地震使灾区伤员人数剧增，灾区医务人员无暇顾及自身的伤痛和失去亲人的悲伤，从危房中抢救出医药器械，在余震不断的险境中搭建帐篷，迅速开展伤员现场救治。灾区各级医疗卫生机构在没有外界救援的情况下，迅速设立医疗救治站点，因陋就简紧急救治受伤群众。为及时将部分能够安全转移的伤员送往外省市条件较好的医疗机构救治，卫生部适时调配力量，迅速实施伤员转运。地震给灾区群众特别是少年儿童造成极大的心理伤害，国内外医务人员、心理专家、志愿者开展灾区残疾伤员康复医疗、心理援助。卫生部及灾区各级政府开展传染病疫情监测与防疫、食品饮用水监督监测、环境卫生管理、动物卫生防疫、爱国卫生运动与健康教育等。国内、国际志愿者积极参与救护、心理服务。

地震发生后，灾区群众亟需生活救助，保障群众有饭吃、有衣穿、有干净水喝、有临时住处的任务空前艰巨。中共中央、国务院及时制定群众生活救助政策，发放救助金及救济粮；发展改革委、民政部、商务部、中国红十字会迅速组织群众生活物资筹集、采购、供应，组织铁路、公路、航空等部门运输，灾区各级政府迅速将救灾物资分发到群众手中，妥善解决群众基本生活困难；民政部会同住房城乡建设部等部门调集帐篷、活动板房等，千方百计解决学校复课、群众安置及“三无”“三孤”人员安置等问题，使地震灾区群众安置率达100%。

地震使灾区群众生活基础设施损毁严重。解放军、武警官兵及各部门、灾区各级政府立即组织水利、电力、公路、铁路、机场、通信、广播等设备设施抢修，保障灾区群众的正常生活及抢险救援正常运转；各级领导坚持现场指挥，及时调整救援力量，有计划、有重点地解决急、难、险、重问题，采取分区负责防治次生灾害等有力措施，最大限度地抢救被困群众，降低灾害损失。

灾区自救

在汶川特大地震发生瞬间，灾区从农村到城市，从部队到厂矿，从机关到基层，从街道到学校，各级党委、政府，驻地部队、武警官兵和广大群众始终坚持人民利益高于一切的理念，把抢救人的生命放在第一位，展开了一场轰轰烈烈的生死竞速大救援。

灾区各级党委、政府迅速成立抗震救灾指挥机构，启动应急预案，组织带领群众展开自救、互救。灾区基层党组织、党员干部不畏艰难、顽强奋战，迅速作出反应，立即组织搜救被埋、被困群众，及时疏散群众到安全地带，搭建临时生活设施，排查倒塌受损房屋，千方百计向外界传递灾情信息。在地震发生的关键时刻，灾区各级政府、基层党组织、干部党员成为灾区群众的主心骨，是组织群众自救、互救的坚强领导力量。

灾区驻地部队、武警官兵按照应急预案迅速撤离，成为人员伤亡最少的群体。官兵们视灾情如命令，迅速冲往人口密集的学校、商场、单位等地抢救群众，从废墟中挖出被埋群众，从危房中救出被困人员，硬是把一个个鲜活的生命从死神手中夺回。在地震发生的危急时刻，灾区驻地部队、武警官兵是灾区群众自救、互救的主要力量。

在灾区各级党委、政府，驻地部队、武警官兵和广大群众开展的地震早期自救、互救中，被救人员占抗震救灾被抢救总人数的80%。抗震救灾的实践证明，灾区政府、驻军和群众自救、互救是最直接、最有效的紧急救援手段。

灾区政府组织自救

在汶川特大地震发生、各种外界救援力量未到达前，灾区各级党委、政府沉着应对、立即行动，迅速组织群众开展自救，勇敢地承担起营救被困人员的使命，为抢救群众生命财产作出重要贡献。5月12—15日，灾区各级政府先后成立抗震救灾组织机构，采取“分片分区、责任到人”的方法，领导群众展开抗震救灾自救。四川省委、省政府在都江堰市公安局门前的人行横道上搭建的帐篷中成立抗震救灾指挥部临时指挥中心，迅速部署抗震救灾，组织展开灾区自救，派出直升机前往地震灾区组织抢险救援。汶川县委、县政府立即成立抗震救灾指挥部，组织群众分三路紧急避险转移。甘肃省、陕西省、重庆市、云南省分别成立抗震救灾指挥部，组织开展抗震救灾。

5月12日，四川省“5·12”抗震救灾指挥部临时指挥中心在都江堰成立
（四川省委宣传部　提供）

5月13日晚，都江堰市抗震救灾指挥部在体育馆帐篷内召开第一次全体会议　（都江堰市委宣传部　提供）

震后，北川羌族自治县抗震救灾指挥部在帐篷内开展办公
（北川县委宣传部　提供）

5月12日15时，汶川县抗震救灾指挥部在县迎宾馆成立
（班翔　摄）

5月13日，陕西省委、省政府召开紧急会议，成立陕西省抗震救灾指挥部，启动应急预案
（陕西省电视台　提供）

5月12日夜，略阳县抗震救灾指挥部紧急部署抗震救灾工作
（略阳县政府信息中心　提供）

基层党组织及党员开展自救

汶川特大地震发生后，灾区三分之一的城镇、乡村与外界失去联系，基层党组织、党员成为组织群众展开自救、互救的中坚力量。各级基层党组织带领灾区群众合理分配和使用有限的救援力量，集中保管生存保障物资，派出精干人员外出传递灾情信息，组成各种救援队对被压埋群众进行搜救。德阳、崇州、文县、宁强、略阳等地基层党组织迅速组成党员救护队、服务队、突击队，设立帐篷临时办公点，组织抢救被压埋群众、转运伤员；组织救灾物资分发、抢修电力设施，清理废墟等，在抢险救援一线发挥了重要作用。汶川县委、县政府立即组织县公安、消防、森警、民兵快速到达重灾地区，抢救伤员、维护秩序。年轻人自动组织起来，在危险地段形成一道护栏，把老人、妇女和儿童护送至安全地带。在灾区的自救、互救中，党员充分发挥舍生忘死、公而忘私、身先士卒的精神，不畏艰难，冲锋在前，始终坚守在抗震救灾一线，勇敢地带领群众开展自救、互救，为抢救群众生命财产不懈努力，在灾区自救、互救中作出突出贡献。

基层党组织开展自救

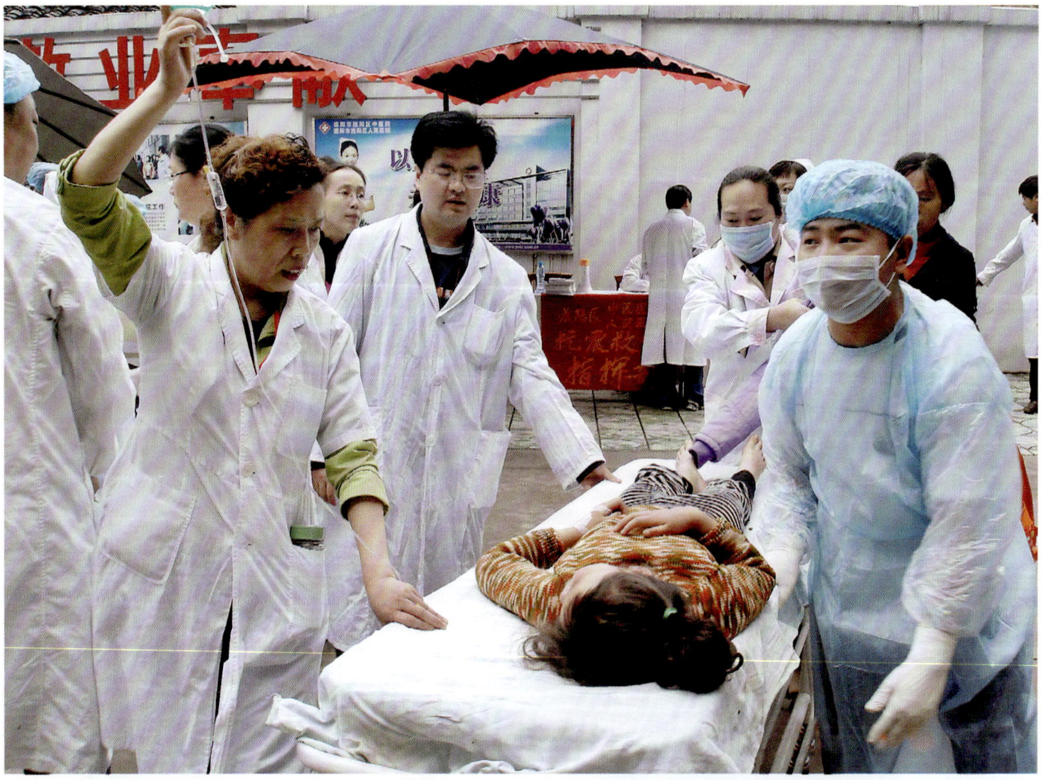

5月14日，德阳市旌阳区中医院党员救护队在抢救现场　（德阳市委宣传部　提供）

5月18日，德阳市国税局党员服务队在市体育馆灾区群众安置点搬运救灾物资

（郑燕平　摄）

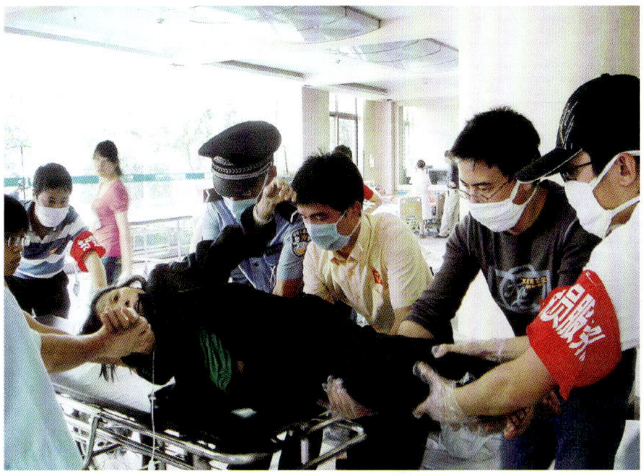

5月18日，德阳市党员服务队在医院转移伤员

（德阳市委宣传部　提供）

5月26日，宝鸡市陈仓区钓渭镇钓渭颉头村党员突击队帮助灾区群众拆除危房

（陕西省外宣办　提供）

5月28日，略阳县电力局党员抢险小分队在抢修电力设施
（略阳县政府信息中心　提供）

5月29日，文县中庙乡中坪村党员突击队在清理废墟
（司小平　摄）

6月7日，什邡市禾丰镇党员服务队在灾区群众安置点防疫消毒
（德阳市委宣传部　提供）

5月19日，抗震救灾中的文县中庙乡中坪村党支部

（刘二银　摄）

5月30日，国家电网四川电力公司支援绵竹市汉旺镇东方汽轮机厂抢险队临时党支部成立

（张定华　摄）

6月2日，汉源县富林镇饮泉路灾区群众安置点，临时支部党员在分发救灾物资

（廖仕林　摄）

6月5日，抗震救灾中，中共黑水县瓦钵梁子乡桃支村支部临时办公点

（王继刚　摄）

6月3日，抗震救灾中，崇州市文井江镇马家社区党支部在帐篷内设临时办公点　　（四川日报　提供）

6月11日，略阳县军地联合抗震救灾临时党支部成立

（略阳县政府信息中心　提供）

党员带头开展自救

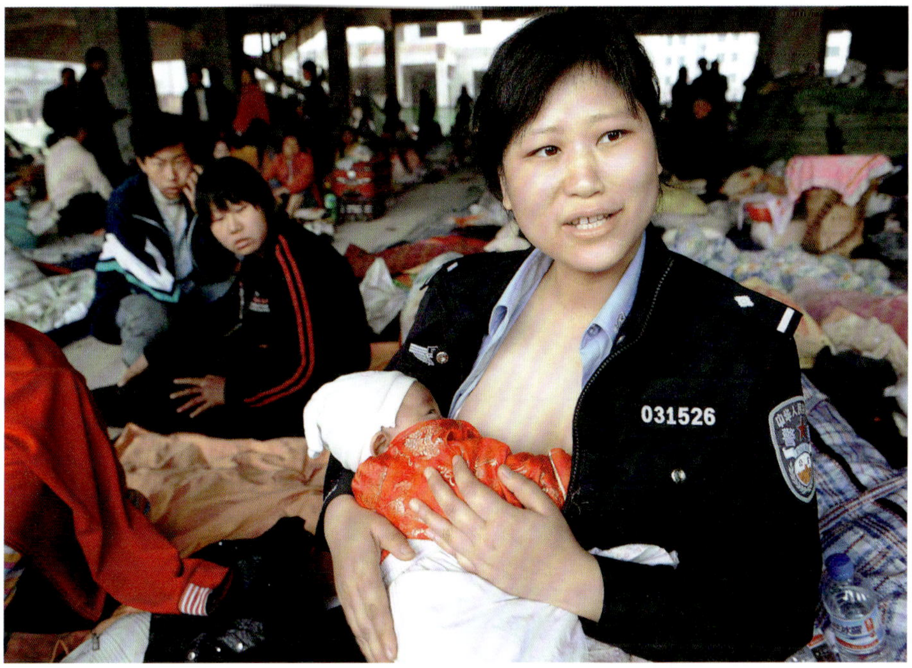

5月16日，党员、江油市民警蒋小娟在受灾群众安置点为一名地震灾区孤儿喂奶
（李晓果　摄）

5月16日，党员、国家电网四川电力公司铜钟水电站值长田丰俊为疏通电路泅渡抢险
（国家电网　提供）

5月19日，党员、青川县人武部部长袁世聪为逝去的母亲和侄女流泪。地震发生后，袁世聪带领一支救援队在县城抢险，3次路过亲人被埋废墟却因任务紧急无法施救

（陶明 摄）

5月23日，北川羌族自治县陈家坝乡党委书记赵海清（前排中）和救援部队、医疗队一起开会，商议为上游唐家山堰塞湖泄洪而疏散群众的工作。赵海清在地震中失去父母、儿子等6位亲人，妻子也身受重伤，但他始终坚守岗位，带领群众自救、互救

（李莉娟 摄）

5月24日，党员、北川羌族自治县民政局局长王洪发（右三）为灾区群众分发食品。地震夺去王洪发包括16岁儿子在内的20位亲人的性命，而他却用自己的双手刨出10条生命 （CFP 提供）

5月26日，党员、彭州市公安局民警蒋敏回到北川祭奠亲人。地震夺去蒋敏多位亲人性命，但她始终坚守在抗震救灾第一线，因劳累加上悲伤，几度晕倒 （肖春飞 摄）

5月29日，安县桑枣镇飞龙村党支部书记夏平（左一）在支部会上部署抗震救灾工作。地震发生后，夏平抛开失去亲人的痛苦，始终冲在最前线

（杨金志 摄）

群众自救互救

在抢救生命的“黄金72小时”、外界救援力量基本上还未到达前，灾区群众临危不惧、不怕牺牲，奋勇展开自救、互救。灾区广大受灾群众在没有专业工具的情况下，用手刨、用肩扛、用镐撬、用锹挖，迅速抢险、主动互救，积极抢救被压埋人员。在危难关头，许多教师英勇无畏，用血肉之躯保护学生，铸就了永远的丰碑；有的学生舍己救人，表现出非凡的勇气，展示了新时代青少年的精神风貌。汶川、北川等地震灾区群众相互帮助，抢救被压埋人员，组织起来向开阔地带转移。青川、理县群众组成自救队从废墟中奋力抢救出幸存者，紧急抢救伤员，及时搭建简易棚。地震灾区中央企业迅速组织救援队奔赴救援现场，奋力抢救职工、家属及群众，灾区迅速成为群众性自救、互救的主战场，一场舍生忘死的生命大营救就此展开。

5月12日16时56分，青川县自救队在乔庄镇山珍市场的垮塌居民楼废墟里救出一名幸存者　　（CFP　提供）

5月12日地震发生后，理县薛城镇灾区群众互助搭建临时避险简易棚
（理县县委宣传部　提供）

5月12日地震发生后，什邡市民主中心小学教师奋力抢救压埋在废墟里的学生
（林朝寿　摄）

5月12日地震发生后，陕西大唐略阳发电公司职工紧急转移住宅区老弱病残人员
（严磊　摄）

5月12日地震发生后，汶川县群众相互帮助向宽阔地带转移
（汶川县新闻中心　提供）

5月13日2时，绵阳电业局职工及群众奋力抢救废墟下的幸存者　　（绵阳电业局　提供）

5月13日，理县群众紧急将地震伤员送往医院

（理县县委宣传部　提供）

5月13日，东方电汽有限公司救援队在绵竹市汉旺镇东汽厂区抢救幸存者

（德阳市委宣传部　提供）

5月13日，德阳电业局明源房产公司职工从废墟中抢救幸存者　　　　（李兵　摄）

5月14日，理县群众互相帮助跨越泥石流，将地震伤员送往医院
（理县县委宣传部　提供）

5月15日，汶川县映秀镇灾区群众相互搀扶，翻越山体滑坡路段转移避险　　（于文国　摄）

5月14日，汶川县映秀镇和卧龙镇灾区群众沿岷江峡谷步行到紫坪铺水库紧急避险
（周青先　摄）

5月14日，汶川县映秀镇灾区群众相互帮助，跨越塌方地段转移避险
（马加　摄）

5月16日，随着北川羌族自治县通往外界公路被打通，县城被困居民开始陆续撤离　（李舸　摄）

5月16日，都江堰市郊区一位蔡姓农民为市区避险棚区灾区群众送来午饭

（邹宪　摄）

5月17日，按照青川县抗震救灾指挥部命令，前进乡大坪村灾区群众开始堰塞湖紧急避险转移

（陶明　摄）

5月20日，汶川县受灾村民结伴领取救济物资开展自救

（汶川县新闻中心　提供）

解放军、武警部队、民兵预备役及公安民警救援

汶川特大地震发生后，解放军、武警部队、民兵预备役及公安民警按照中共中央、国务院、中央军委的决策部署，把抢救人的生命放在第一位，迅即启动各种应急机制，采取多种措施，高效展开全面救援，完成汶川地震抢险救援最紧急、最艰苦的任务。

灾区驻军和武警部队就地迅速展开救援，成为群众自救、互救的重要力量。后续救援部队携带必备的器材和工具，通过空中运送、铁路输送、摩托化开进、徒步强行军、水路突进等方式，跋山涉水、昼夜突进、通力合作、紧急支援，快速投入到拯救生命的大营救中。解放军各大军区、各军兵种和武警部队等先后投入兵力14.6万人，出动车辆9670辆，有效使用生命探测仪、透墙雷达、破拆工具等专业救援器材进行救援，使抗震救灾涉及范围、各种力量、投入速度，创解放军、武警部队救灾的历史纪录。5月16日下午，胡锦涛下达“进村入户、全面搜救”的指示后，解放军救援部队牢记使命，将工作重点逐步转向灾区农村，排查各处废墟，竭尽全力搜救被困群众，于19日14时28分前，到达四川地震灾区各受灾村寨，并最终完成汶川地震抢险救援全面搜救任务。

在抢险救援中，全国16个省（区、市）7.5万名民兵和预备役人员不畏艰难、英勇奋战，迅速赶赴地震灾区第一线，全力参加抢险救援。公安部迅速调集各省（区、市）消防官兵、公安民警2.5万人肩负重任、冲锋在前、舍生忘死，携带破拆工具、生命探测仪及搜救犬等专业救援工具，奔赴重灾地区参与抢险救灾和维护治安，是消防官兵、公安民警在中华人民共和国成立后执行任务最艰巨、危险程度最大的一次救援行动。

组织指挥

5月12日，胡锦涛在中共中央政治局常委会议上提出，立即组织解放军、武警部队、民兵预备役赶赴灾区，全力抢救受伤人员。13日，中央军委有关领导赶赴都江堰、什邡、彭州、北川等灾区一线指挥抗震救灾。中央军委在北京组织召开专题会议，研究部署军队抗震救灾工作。中央军委其他委员也先后奔赴地震灾区一线，率领和指挥部队开展抢险救援。13日上午，中央军委成立军队抗震救灾指挥组。在抢险救援中，解放军、武警部队建立由军队抗震救灾指挥组—成都军区抗震救灾联合指挥部—各责任区指挥所和作战救灾部队组成的三级指挥体系，对部队实行统一领导，由成都军区联指统一指挥调度四川灾区救灾部队，实施分片负责救援任务的方法，并将任务区划分为5个责任区，展开声势浩大的抢险救援。

7月15日，军队抗震救灾指挥组召开第六次会议，研究部署抗震救灾工作

（总政治部　提供）

5月23日，成都军区联指召开党委会议，学习贯彻中央军委主席胡锦涛和中央军委重要指示，进一步统一思想、统一指挥　　（总政治部　提供）

5月28日，中央军委委员、总参谋长陈炳德（中）在唐家山堰塞湖抢险现场指挥部队排险 （王安民　摄）

5月30日，中央军委委员、国务委员兼国防部长梁光烈（中）在汶川县看望慰问抢通“生命线”的武警水电部队官兵 （周向军 摄）

6月6日，中央军委委员、总政治部主任李继耐（右二）在安县晓坝镇和官兵一起清理废墟

（高效文 摄）

7月18日，中央军委委员、总后勤部部长廖锡龙（右二）在江油市红庙村检查指导部队抗震救灾工作

（李进 摄）

6月6日，中央军委委员、总装备部部长常万全（中）在成都军区抗震救灾装备保障指挥部检查工作

（秦宪安　摄）

6月1日，中央军委委员、第二炮兵司令员靖志远（右一）在北川羌族自治县擂鼓镇看望抗震救灾官兵

（张建刚　摄）

6月21日，中央军委委员、海军司令员吴胜利（右二）与海军陆战队员一起在绵竹市汉旺镇金鱼嘴抢修道路

（李唐　摄）

5月19日，中央军委委员、空军司令员许其亮（右）乘直升机飞往汶川指挥救援

（魏刚　摄）

突进灾区

汶川特大地震发生后，灾区解放军驻军、武警部队快速赶到灾区现场，成为抢险救灾的重要力量。成都军区空军和武警部队组织灾区当地驻军全力投入抗震救灾。5月12日晚，中央军委下达《关于参加抗震救灾的命令》，要求救援部队迅速出动，解放军、武警部队从陆路、空中、水路突进地震灾区，全力开展抗震救援。陆路突进是救援部队及各种救援力量进入地震灾区的主要途径。13—15日，解放军、武警部队、公安民警救援力量多路突进汶川县城，立即展开生命救援。空中突进，建立起从县城和重点乡镇向村寨辐射的“空中救援通道”，为救援部队快速突进灾区提供了重要保证。地震发生后，中央军委迅速下达调派直升机部队执行抗震救援任务的命令，解放军空军派出大型运输机运送救援官兵，空降兵成功伞降茂县，航空兵向四川地震灾区空投救灾物资，为突进争取了宝贵的时间。水路突进成功开辟了通向地震震中汶川县映秀镇的救援通道，为抢险救援赢得时间。救援官兵驾驶冲锋舟从水路进入映秀镇，打开了水路进入灾区的唯一通道；搭桥涉水进入彭州市龙门山镇银厂沟深处开展救援，及时抢救受伤群众，运送救灾物资。

陆路突进

5月13日，参加救援的解放军官兵从昆明火车站登上开赴地震灾区的列车　　（汪建云　摄）

5月14日20时，第一支经铁路赶赴四川的济南军区71622部队先头部队抵达成都火车站 （毛铁朕 摄）

5月18日，北京军区第255医院医疗队官兵乘坐“抢”字90393次列车开赴地震灾区 （陈涛 摄）

5月14日，济南军区71521部队从陆路突进地震灾区　　（唐金江　摄）

5月15日，济南军区71426部队官兵沿公路奔赴地震灾区

（王朴　摄）

5月16日，济南军区71117部队翻越夹金山、梦笔山，绕行780公里，向震中汶川开进
（文战洋　摄）

5月14日，武警某部官兵急行军穿越塌方地段，徒步赶往震中汶川县
（黄荣　摄）

5月15日，济南军区71332部队急行军穿越塌方地段向汶川县映秀镇开进
（戴丹华　摄）

5月15日，河南省郑州公安特警从都江堰市负重急行军赶往汶川县漩口镇 （公安部 提供）

5月16日，济南军区某部负重沿岷江翻山越岭急行军赶赴震中汶川县

（曾宪平 摄）

5月18日，济南军区某部组成搜救小分队进入彭州市龙门山镇回龙沟地震灾区

（段洪斌 摄）

空中突进

5月13日7时，空军空降兵某部首批官兵4500人乘运输机紧急赶赴地震灾区
（张雷　摄）

5月13日，解放军空军大型运输机满载210名救灾官兵飞往灾区
（沈玲　摄）

5月14日，空军空降兵特种大队15名空降兵实施伞降，成功进入茂县地震灾区

（刘应华　摄）

5月15日，济南军区71687部队首批陆航直升机满载救援官兵飞抵四川灾区上空　（周冬梅　摄）

5月16日，成都军区77126部队官兵从汶川县映秀镇紧急登机飞赴银杏乡、卧龙镇、耿达乡和草坡乡救援　（李志成　摄）

5月22日，成都军区某部陆航团在汶川县雁门乡萝卜寨建立救灾基地　（贾国荣　摄）

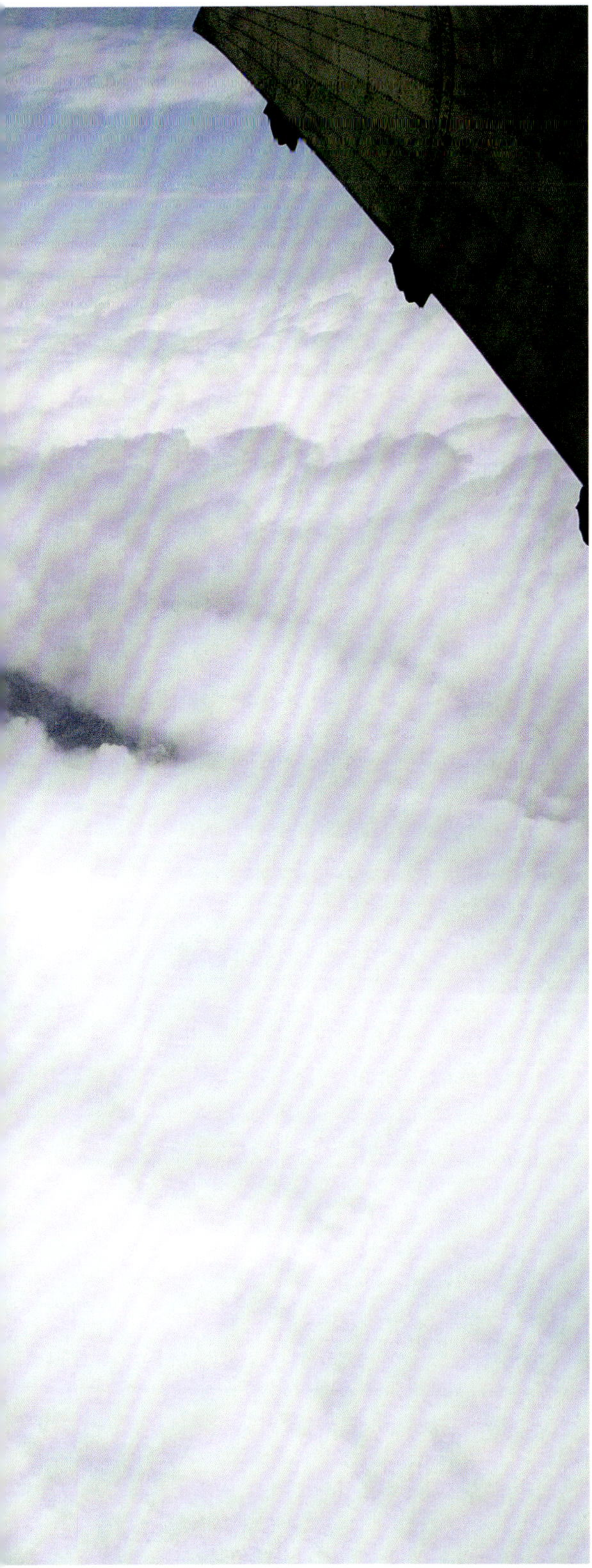

5月27日，济南军区某陆航团紧急起飞前往灾区抢救伤员　（张雷　摄）

邱光华机组　5月31日，成都军区某陆航团特级飞行员邱光华和734机组前往理县执行救灾任务。返航途中，遭遇天气突变，不幸失事，机上人员全部遇难。

2004年，邱光华（左）在成都某机场向年轻飞行员传授飞行技巧
（黄鹏　摄）

5月15日，邱光华机组为北川羌族自治县运送食品
（岱天荣　摄）

6月2日，成都军区77105部队官兵在搜救失事直升机的途中

（黄文　摄）

6月4日，成都军区空军某机动雷达小分队引导黑鹰直升机搜寻失事直升机

（朱晓磊　摄）

6月16日上午，抗震救灾失事直升机遇难烈士追悼大会在成都举行　（高效文　摄）

水路突进

5月13日，成都军区77156部队工兵营战士驾驶冲锋舟运送某部部队长、阿坝藏族羌族自治州州委书记和小分队从水路进入汶川县映秀镇

（刘柱　摄）

5月15日，成都军区77105部队官兵奉命在都江堰市紫坪铺水库开设漕渡门桥渡场

（吴玉城　摄）

5月15日，成都军区77105部队官兵利用漕渡将救灾物资送往汶川县映秀镇

（陶国庆　摄）

5月18日，空军某通信团官兵搭桥涉水进入彭州市银厂沟灾区深处

（张朝齐　摄）

5月18日，解放军空降兵某部官兵在平武县南坝镇传送石袋建造桥墩
（杨磊　摄）

5月20日，解放军某部官兵驾驶冲锋舟从水路赶赴汶川县映秀镇　（兰红光　摄）

搜救生命

汶川特大地震发生后，搜救环境十分恶劣，搜救难度相当大。中共中央、国务院、中央军委主要领导把抢救人的生命放在第一位，迅速组织力量大力开展紧张有序的生命搜救行动。灾区各级党委、政府和各方面的救援力量将救人摆在抢险救援的首位，采取机械、铁锹、肩扛、手刨等方式，开展抢险救援。解放军指战员、武警部队官兵利用大型机械、生命探测仪等搜救工具，奋力抢救被困群众，展开艰难的生命搜救行动。消防官兵、公安民警利用专业工具搜救幸存者，为挽救灾区群众生命作出重要贡献。灾区各级党委、政府和各方面救援力量迅速投入各种机械，并组织人员用肩扛、手刨的方式，实施生命搜救。在“黄金救援时间72小时”过后，救援部队、救援人员不抛弃、不放弃，连续作战，克服余震、垮塌的危险，继续艰难地进行生命救援。被埋100小时、124小时、146小时、179小时、196小时，甚至更长时间的群众被成功救出，救援人员将一个个鲜活的生命从死神手中夺回，生命救援时限的纪录被一次次打破，为挽救群众生命作出了突出贡献。

5月12日，成都军区78098部队官兵在都江堰市中医院利用大型机械营救被困群众

（张旭海　摄）

5月13日，北川羌族自治县获救的3岁儿童郎铮（中）向救援官兵敬礼致谢　（杨卫华　摄）

5月13日，武警四川省总队、武警四川省消防总队官兵在北川中学教学楼废墟中利用破拆工具搜救幸存者

（李靖　摄）

5月13日，解放军某部官兵在北川羌族自治县冒雨转移刚刚救出的儿童

（景长观　摄）

5月14日，成都军区77289部队官兵在北川羌族自治县陈家坝乡救出4个月大的女婴

（成都军区77200部队　提供）

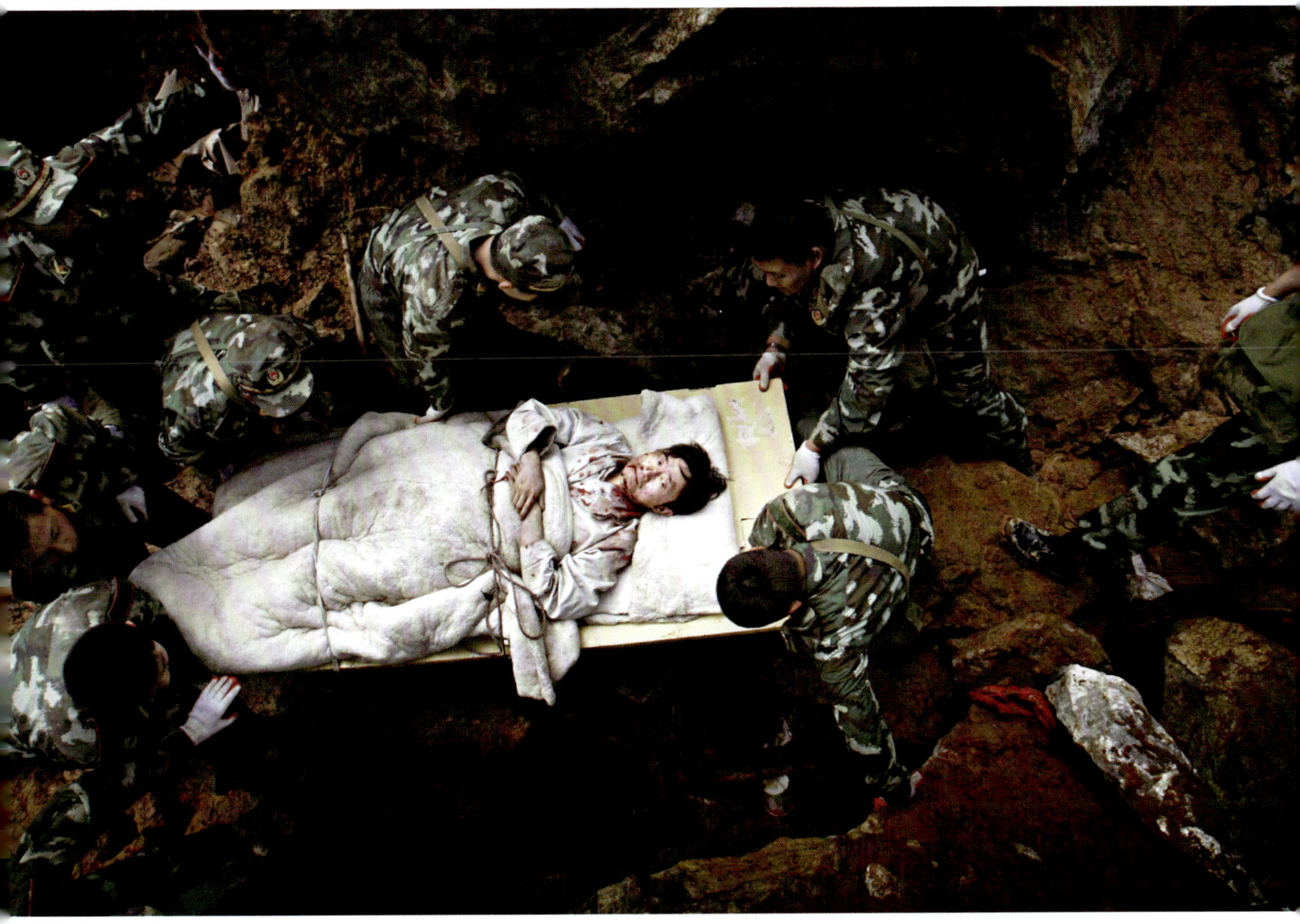

5月14日，武警某部官兵从北川羌族自治县地震废墟中抬出获救的幸存者　（陈庆港　摄）

5月14日，成都军区77100部队在赶赴茂县途中搜救幸存者　　　　（高效文　摄）

5月14日，什邡市红白镇，深圳特警将获救的幸存者紧急送往医院

（詹雨声　摄）

5月15日，成都军区77283部队官兵在北川羌族自治县解救一名3岁女童

（成都军区77200部队　提供）

5月15日14时，成都军区77116部队用直升机将获救的汶川县映秀镇中心小学学生送达成都凤凰山机场 （李靖 摄）

5月16日，解放军某部官兵将北川羌族自治县获救者紧急送往急救站 （杨世尧 摄）

5月16日，海军陆战队员在绵竹市汉旺镇东汽职工子弟中学废墟中搜寻生命迹象

（钟魁润　摄）

5月16日，济南军区71352部队直属队官兵在青川县大院回族乡搜救幸存者　（王国彬　摄）

5月18日，成都军区某部官兵“进村入户”搜寻幸存者　（成都军区77200部队　提供）

5月20日，解放军某部官兵在什邡市利用水陆两栖车进入洛水镇中学倒塌废墟中搜救

（张建成　摄）

5月21日，海军陆战队两栖侦察队与成都军区某陆航团联合行动，营救北川羌族自治县漩坪乡被洪水围困的12名群众

（李唐　摄）

5月21日，武警四川省总队广安市支队官兵在平武县平通镇大送村解救一位双目失明的百岁老人

（邱海鹰　摄）

5月15日11时31分，第二炮兵某部官兵在北川县城坍塌的国税局大楼里成功营救出被困的国税局纪检组组长王新华

（吴乐天　摄）

5月16日，什邡市蓥华镇，部队官兵将被困近100个小时的幸存者刘德云救出

（陈立人　摄）

5月17日零时4分，广州军区医护人员在什邡市红白中学救援现场对红白中学职工李克成进行紧急治疗　（蔡显勇　摄）

5月17日18时许，河南省地震灾害紧急救援队在什邡市蓥华镇蓥峰实业有限公司俱乐部废墟下成功救出被困124小时的女工卞刚芬　　（张晓理　摄）

5月17日22时10分，成都军区某部官兵在北川县城老城区解救出被困废墟中的男子吴建平　　（成都军区77200部队　提供）

5月18日，在汶川县映秀镇，解放军某部战士抬着被埋146小时的幸存者沈佩云，紧急送往汶川县医院急救　　（赵建伟　摄）

5月19日11时58分，济南军区某部官兵在青川县红光乡向外转移王春邦老人。王春邦在一处废弃的锰矿口被掩埋165小时后成功获救　　（黄建峰　摄）

5月20日4时许，成都军区77296部队官兵在安县转移抢救被困172小时的矿工彭国华
（成都军区77200部队　提供）

5月20日，绵竹市被困196小时的矿工赖元平被救出，在北京军区第255医疗方舱医院进行抢救后由直升机送至成都治疗　　（卢旭升　摄）

抢救国家及群众财产

在搜救生命的同时，广大救援人员不辱使命、顽强奋战，从废墟中挖掘抢运出大批国家金融资产、重要档案、珍贵文物等，进行有效保护，及时转移到安全地带，并全部移交当地政府；广大救援人员协助各企业抢运生产物资及产品，努力减少企业的损失，为企业生产自救打下坚实的基础；救援人员及时抢救和保护灾区群众的财产安全，能归还群众的迅速归还，为群众生活提供了便利；救援人员积极保护国家珍稀动物，实施安全救助措施，使珍稀动物得以生存。在抗震救灾中，救援人员奋力抢救国家财产及灾区群众财产，努力把各种损失降到最低程度，为抗震救灾的胜利作出重要贡献。

5月14日，兰州军区68210部队官兵在蒙牛乳业宝鸡分公司仓库抢运食品

（兰州军区　提供）

5月16日，空降兵某部官兵在什邡市蓥华镇帮助村民解救废墟中的生猪并维修猪舍

（陈立人　摄）

5月20日，济南军区71622部队官兵在彭州市新科油化助剂有限公司紧急转移200吨化学原料

（施文标　摄）

5月21日，成都军区驻滇某装甲旅官兵帮助剑南春酒业集团转移库存产品

（成都军区77200部队　提供）

5月21日，成都军区78098部队官兵在绵竹市汉旺镇东汽主机分厂清理震损机械　（李靖　摄）

5月15日，兰州军区某部铁锤子团官兵在康县为灾区群众抢救粮食

（张永进　摄）

5月23日，济南军区71622部队工化营官兵帮助彭州市龙门山镇液化气站搜寻液化气瓶和氧气瓶　　　　（施文标　摄）

5月20日，济南军区71282部队官兵在都江堰市倒塌居民楼内抢救灾区群众财物

（曾宪平　摄）

5月30日，成都军区77118部队官兵在汶川县绵丰村为灾区群众清理有用建材

（易宏志　摄）

6月2日，济南军区71117部队官兵在汶川县威州镇牛脑寨村为一位羌族老人挖出寿材

（施文标　摄）

5月21日，济南军区71566部队在都江堰二王庙古建筑群转移重点文物　（岱天荣　摄）

5月24日，济南军区某装甲团官兵在都江堰市青城山后山泰安寺抢救文物
（陈占举　摄）

5月19日，第二炮兵96501部队在北川羌族自治县档案馆抢救羌族历史资料

（李明日　摄）

6月3日，成都军区77108部队官兵在都江堰市大观镇普照寺抢救文物

（谢斌　摄）

7月3日，成都军区77283部队直属队官兵在北川羌族自治县档案馆抢救历史档案

（成都军区77200部队　提供）

5月15日，济南军区某部官兵在汶川县将废墟中挖出的财物集中归还失主
（戴丹华　摄）

5月20日，济南军区某部官兵在彭州市龙门山镇九峰村将废墟中挖出的财物归还失主
（施文标　摄）

5月22日，济南军区71811部队直属队战士在平武县县城废墟帮助灾区群众搜寻财物
（虞平　摄）

5月23日，武警8690部队向北川羌族自治县政府移交废墟中发现的灾区群众贵重物品
（武警部队政治部　提供）

紧急转移

汶川特大地震波及范围广、灾区房屋损毁严重，造成居住在山区及偏远地区的群众无法在当地继续生活，加之灾区各种次生灾害威胁，大量群众身处险境，紧急转移地震灾区群众是生命救援行动的重要任务之一。四川省、甘肃省、陕西省的抗震救灾指挥部及时成立应急转移组织机构，组织干部党员、救援部队及武警官兵、公安民警进入各地震灾区，克服余震、次生灾害危险，组织、协助被困群众、伤病员、游客转移。四川地震灾区山高坡陡、河流湍急，次生灾害不断、余震频发，给群众转移带来极大危险和困难。解放军官兵强行进入地震极重灾区、重灾区，千方百计帮助群众转移，带领群众渡过河流，转移老人、妇女、儿童和学校师生到安全地带，利用直升机转移受灾群众；并分别进入偏远乡村，解救转移被困群众。地震造成灾区伤员人数大量增加，解放军、武警部队及灾区群众迅速紧急转移伤员，在彭州市龙门山镇搭成人梯将伤员送往医院，或是背负伤员通过滑坡地段送往医院，部队采用徒步、空降、乘冲锋舟等方式，将道路不通受灾乡村伤员及时转移到附近救治站，为救治伤员赢得宝贵时间。四川灾区滞留的旅游团、受困游客最多，零散游客多且分散，转移难度较大。解放军、武警部队官兵、旅游部门及当地群众通过空中、陆路转移方式，紧急组织游客转移，解救旅游团队649个，使受困游客及时脱离险境。

居民转移

5月14日，解放军某部官兵转移北川羌族自治县5个月大的婴儿

（雷声　摄）

5月15日，成都军区77296部队官兵带领安县高川乡甘沟村转移群众渡河

（成都军区77200部队　提供）

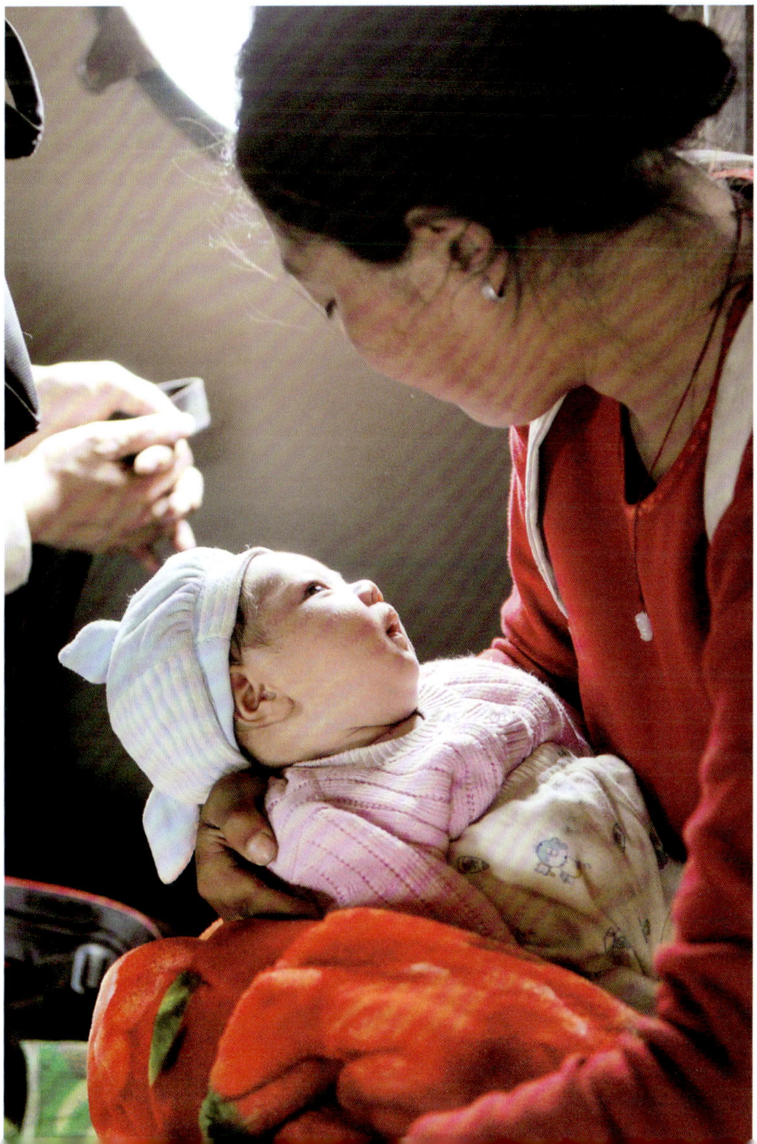

5月15日，解放军某部救援直升机将在汶川县映秀镇出生20天的婴儿及其母亲送往成都市区　　　（李靖　摄）

5月15日，济南军区71897部队沙家浜连官兵转移彭州市白鹿镇三河店村被困老人（王宇　摄）

5月15日，解放军某部官兵在转移平武县南坝镇灾区群众途中紧急躲避山体滑坡（郑云峰　摄）

5月15日，成都军区77105部队官兵在汶川县阿坝铝厂渡口利用漕渡转移灾区群众（吴海浪　摄）

5月15日，济南军区71897部队官兵转移彭州市白鹿镇被困老人

（潘松刚　摄）

5月16日，成都军区77298部队官兵帮助绵竹市清平磷矿被困职工渡河

（成都军区77200部队　提供）

5月16日，两名解放军战士步行6个小时转移绵竹市清平乡一对获救的龙凤胎婴儿
（陈伟录　摄）

5月18日，济南军区71901部队用直升机转移安县17名老人　　（魏品生　摄）

5月19日，武警四川省总队某部官兵在汶川县绵虒镇帮助转移群众跨越岷江

（陈文　摄）

5月20日，成都军区77299部队官兵转移绵竹市金花镇吉祥村和凤凰村被困群众1200人

（成都军区77200部队　提供）

5月20日，成都军区某部官兵帮助北川羌族自治县漩坪乡老人登机转移

（成都军区77200部队 提供）

5月20日，成都军区77293部队官兵转移平武县南坝镇石坎村被困群众

（成都军区77200部队 提供）

5月20日晚，成都军区77156部队官兵调动车辆安全转移汶川县银杏乡银杏村小学206名师生

（刘柱 摄）

5月20日，济南军区71811部队官兵通过涪江摆渡转移平武县南坝镇被困群众

（毕华明　摄）

5月24日，济南军区71643部队官兵劝说青川县青溪镇青溪村僧人离开倒塌寺庙

（唐金江　摄）

6月2日，成都军区78098部队两名战士背负绵竹市汉旺镇被困老人转移

（景铭　摄）

6月5日，济南军区71622部队官兵在彭州市银厂沟九峰山地区赵家山接力转移被困老人 （张振兴 摄）

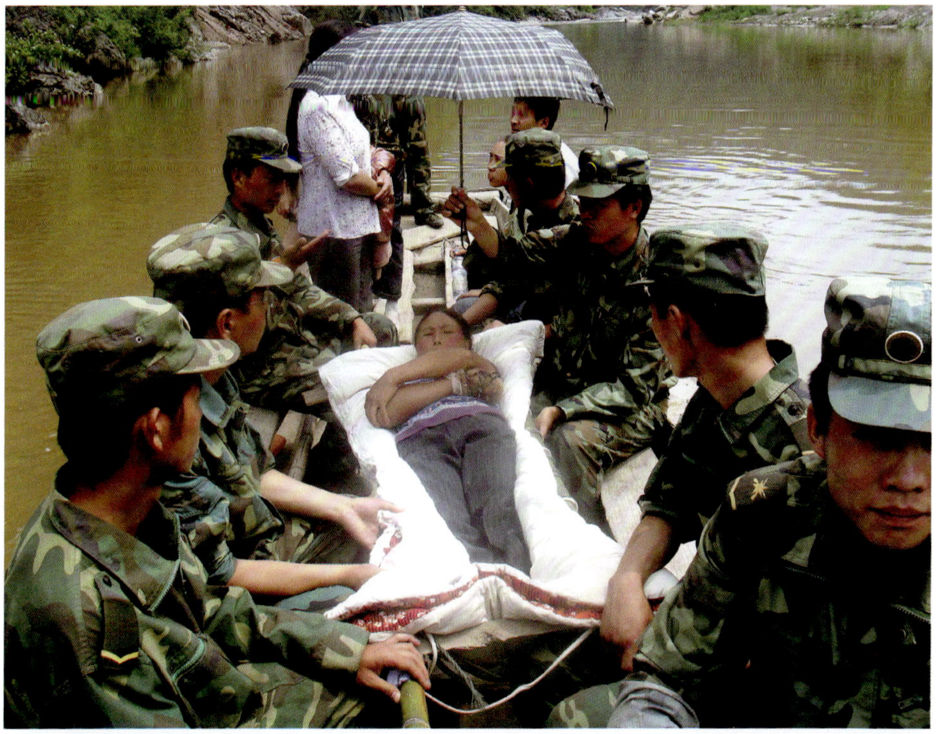

6月11日，济南军区71620部队利用木船通过青川县前进乡石板沟堰塞湖转移被困群众
（苟向久　摄）

6月15日，济南军区71677部队官兵在转移青川县红光乡群众途中跨越泥石流地段
（刘力　摄）

伤员转移

5月13日，彭州市龙门山镇，成都军区空军某部官兵搭成人梯转移伤员

（刘应华 摄）

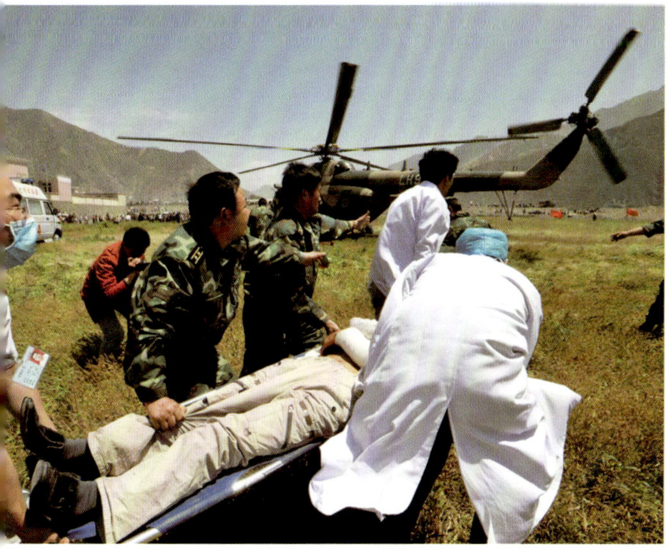

5月14日，兰州军区某部出动直升机在陇南地震灾区转运伤员

（甘肃日报社　提供）

5月16日，汶川县银杏乡，济南军区71702部队官兵背负伤员通过滑坡地段

（孙玉亮　摄）

5月16日，空军空降兵某部官兵转移绵竹市清平乡被困伤员

（兆增　摄）

5月17日，成都军区77299部队官兵用担架将青川县曲河乡6名受伤村民送往县卫生救护中心

（成都军区77200部队　提供）

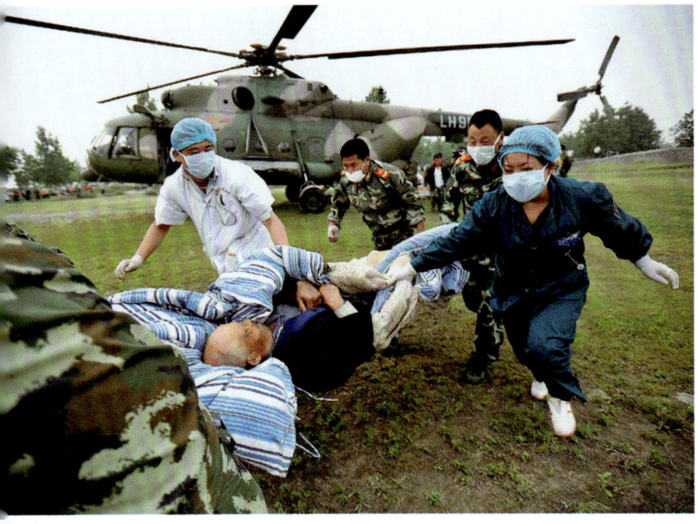

5月17日，绵竹市军地联合急救站接受解放军陆军航空兵某部从清平乡送来的急救伤员　　（CFP　提供）

5月17日，青川县石坝乡，济南军区71407部队官兵向县城转移受伤群众
（黄建峰　摄）

5月17日，解放军某部官兵使用直升机转运汶川县映秀镇受伤村民
（郭国权　摄）

5月18日，海军陆战队战士接力将绵竹市汉旺镇金鱼嘴村伤员送往医院
（钟魁润　摄）

5月18日，济南军区71332部队官兵在汶川县转移受伤群众　　（戴丹华　摄）

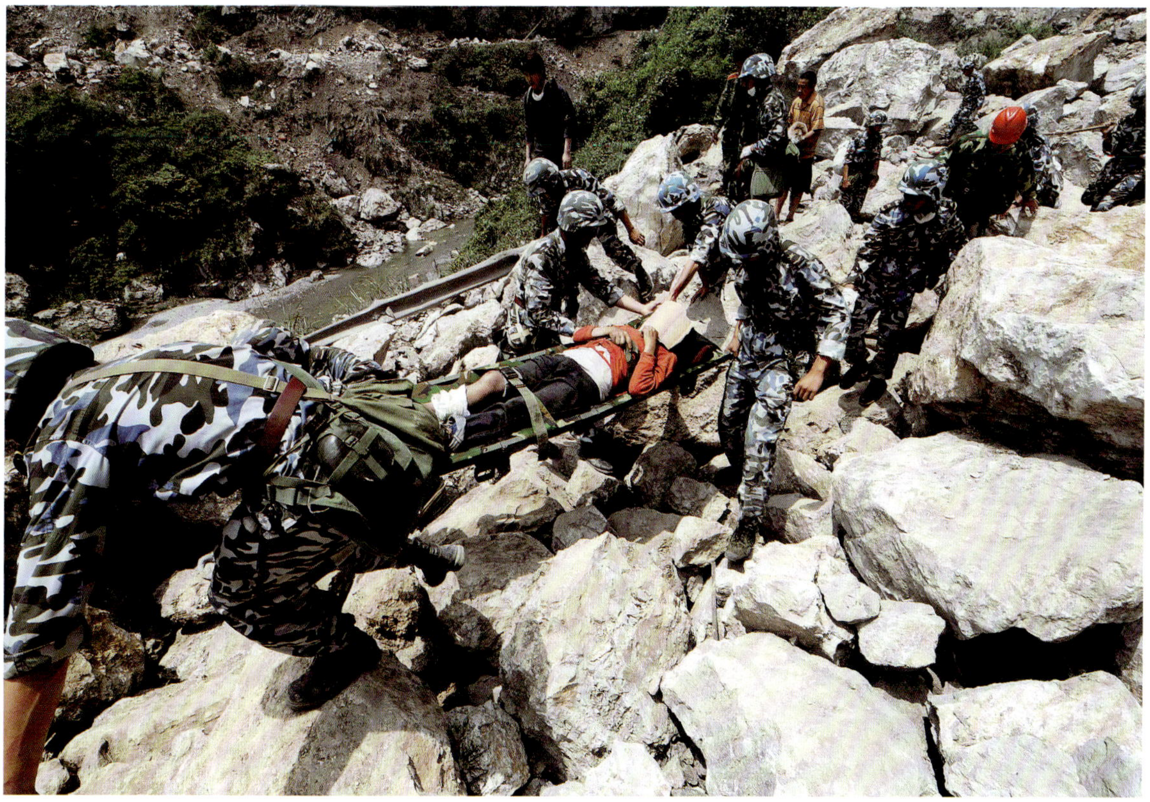

5月18日，海军陆战队某部官兵在绵竹市清平乡转送伤员　　（于文国　摄）

游客转移

5月15日，成都军区某部陆军航空兵直升机将英、法、美等国30余名在汶川县卧龙自然保护区内的游客送抵成都

（盛佳鹏　摄）

5月16日，成都军区77100部队官兵在茂县地震灾区发现23名被困的马来西亚华人游客，随后得知还有两名巴西华人和一名加拿大青年已被困4天。部队官兵立即展开营救，联系3架直升机将境外游客直接送往成都

（高效文　摄）

5月16日，解放军某部陆军航空兵直升机转移被困汶川县卧龙镇的5名英国游客

（贺延光　摄）

5月18日，成都军区某部陆军航空兵转移自茂县登机的7名美国、澳大利亚和丹麦游客

（贾国荣　摄）

5月18日11时，成都军区某陆航团直升机将被困九寨沟风景区的14位台湾游客送抵成都

（任慎友　摄）

5月22日，海军南海第一救助飞行队营救被困北川羌族自治县龙门峡小寨子沟的游客

（张志军　摄）

专业救援队救援

汶川特大地震发生后，中国地震局立即组织专业地震灾害救援力量，携带救援装备紧急赶赴灾区。在抢险救援期间，国家地震灾害紧急救援队和省级救援队先后派出23支专业救援队、4000余人参加救援行动，充分发挥出专业救援力量的作用。港澳台地区救援队伍积极参加地震灾区抢险救援。

地震发生后，中国政府快速公开发布消息。国际社会除向中国政府和中国人民表示慰问、捐款捐物外，先后有日本、俄罗斯、韩国、新加坡等国家派出专业救援力量，奔赴汶川地震灾区参加救援，为搜救幸存者作出贡献。国际救援队的敬业精神和对生命的敬畏，受到灾区群众和全中国人民的尊重。

来自香港、澳门特区和台湾地区及俄罗斯、日本、意大利、德国、古巴、英国、法国、美国、巴基斯坦、印度尼西亚等国的医疗队，也先后到达四川、甘肃地震灾区医疗点，迅即进入紧急状态，全力投入医疗救援，为抢救伤员作出贡献。

国家及省级专业救援队救援

汶川特大地震发生后，中国地震局组织国家地震灾害紧急救援队携带救援装备车、救援指挥车、搜救犬、救援装备及救援物资等，立即集结赶赴四川地震灾区，先后赴都江堰市、绵竹市汉旺镇、汶川县映秀镇、北川县城等重灾地区开展抢险救援。各省也迅速抽调专业救援力量，携带专业救援工具，运用科学救援技术，开展有效的救援行动，充分发挥了专业救援队伍的作用。

国家地震灾害紧急救援队救援

5月12日19时30分，国家地震灾害紧急救援队队员在北京南苑机场登机　（李靖　摄）

5月13日2时，国家地震救援队在都江堰市聚源中学内加固危墙，以防因余震或超重力负荷造成废墟二次坍塌伤害幸存者　　（秦德禄　摄）

5月13日5时许，国家地震救援队队员钻入聚源中学楼板的夹缝中，一边为幸存者高频补充生理盐水，进行心理安抚，一边用液压千斤顶、扩张钳、气垫等救援装备扩大幸存者的生存空间　　（国家地震灾害紧急救援队队员　摄）

5月13日8时，国家地震灾害紧急救援队在聚源中学用气垫实施楼板顶升作业
（国家地震灾害紧急救援队队员　摄）

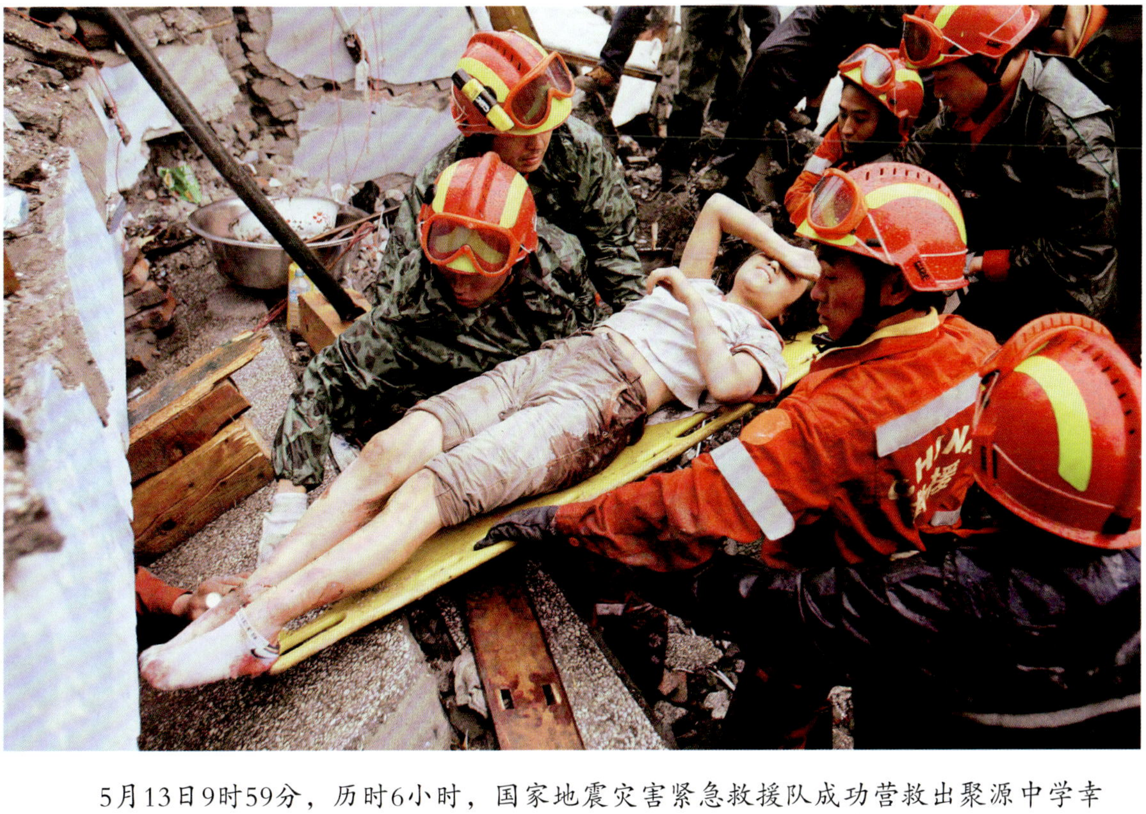

5月13日9时59分，历时6小时，国家地震灾害紧急救援队成功营救出聚源中学幸存女学生高颖　（国家地震灾害紧急救援队队员　摄）

5月14日，国家地震灾害紧急救援队队员爬到绵竹市汉旺镇东汽叶片分厂办公楼第四层营救幸存者　　（国家地震灾害紧急救援队队员　摄）

5月14日，国家地震灾害紧急救援队队员营救出东汽叶片分厂办公楼内的幸存者石江平　　（国家地震灾害紧急救援队队员　摄）

5月15日，国家地震灾害紧急救援队队员引导搜救犬在东汽叶片分厂办公楼区域搜索生命迹象　　　　　　　　（国家地震灾害紧急救援队队员　摄）

5月16日，为使其他救援队伍抵达时了解这一区域的救援结果，国家地震灾害紧急救援队在东汽叶片分厂救援现场绘制救援标识，记录救援信息

（国家地震灾害紧急救援队队员　摄）

5月14日，国家地震灾害紧急救援队队员在绵竹市汉旺镇东汽中学利用吊车移除废墟中的大型构件

（黄宝忠　摄）

5月14日，国家地震灾害紧急救援队队员用无齿锯破拆东汽中学废墟中的钢筋，打开进入废墟的通道

（国家地震灾害紧急救援队队员　摄）

5月14日，国家地震灾害紧急救援队用钢丝绳固定东汽中学内倾斜的墙体
（黄宝忠　摄）

5月14日，国家地震灾害紧急救援队医疗队员为东汽中学幸存者补充生理盐水
（国家地震灾害紧急救援队队员　摄）

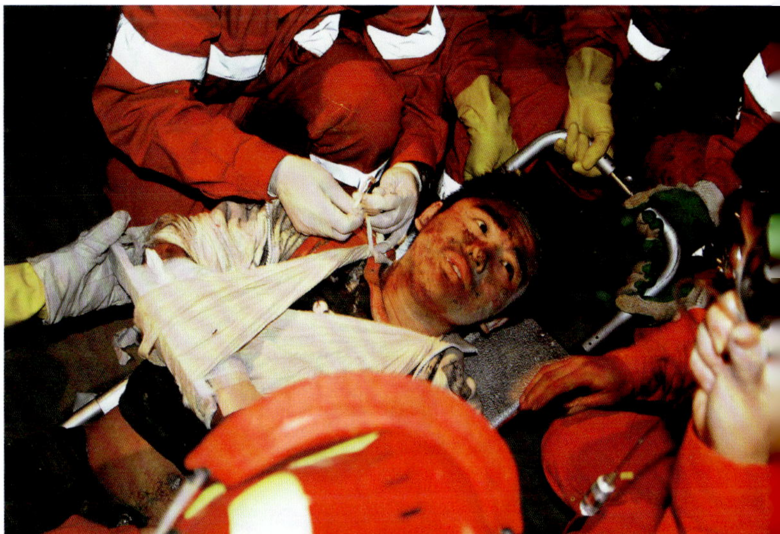

5月15日，国家地震灾害紧急救援队成功营救出东汽中学幸存学生薛枭
（国家地震灾害紧急救援队队员　摄）

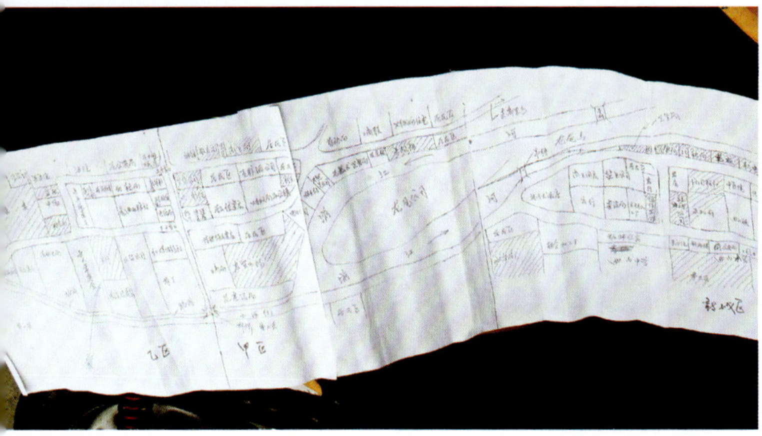

5月18日，国家地震灾害紧急救援队手绘的用于分析灾区现场的北川县城地图
（国家地震灾害紧急救援队队员　摄）

5月19日10时42分，在北川县城老城区菜市场附近，国家地震灾害紧急救援队营救出幸存者李明翠，随后将其转移至医院　（黄宝忠　摄）

5月15日，国家地震灾害紧急救援队小分队搭乘军用直升机抵达汶川县映秀镇地震灾区　（王建华　摄）

5月15日，国家地震灾害紧急救援队在汶川县映秀镇映秀小学家属楼废墟中用光学生命探测仪精确定位被压埋幸存者的位置

（国家地震灾害紧急救援队队员　摄）

5月19日，应武警四川省总队驻映秀部队的请求，国家地震灾害紧急救援队徒步两小时赶至该部队驻地，帮助抢救埋压在武器仓库废墟中的枪支弹药

（国家地震灾害紧急救援队队员　摄）

省级专业紧急救援队救援

5月14日，贵州消防抢险队在绵竹市汉旺镇废墟中搜寻幸存者　　（李明放　摄）

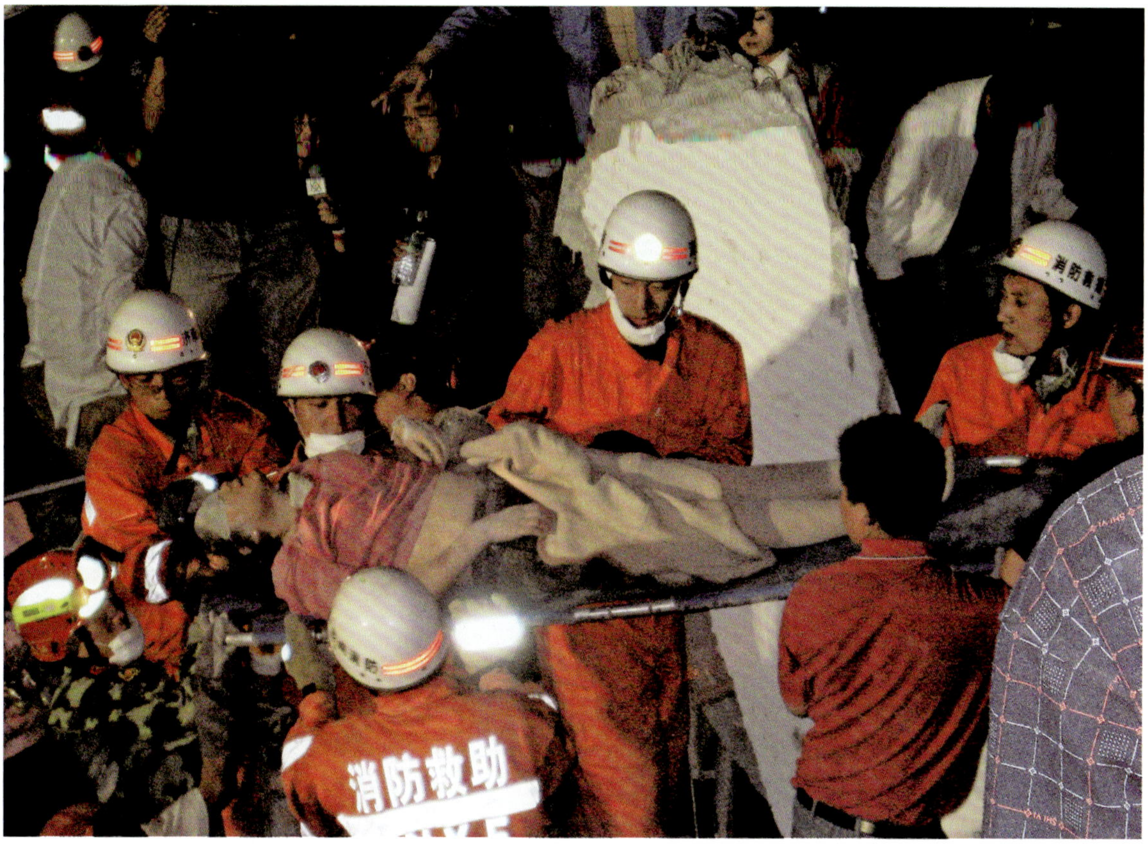

5月14日22时34分，山东省消防救援队在都江堰市幸福小区废墟成功营救幸存者
（四川省地震局　提供）

5月14日，陕西省地震灾害紧急救援队在北川羌族自治县曲山镇幼儿园废墟成功营救幸存儿童　（韩少华　摄）

5月14日，沈阳消防抢险队携带搜救犬进入北川县城展开搜救
（孙海波　摄）

5月16日，黑龙江省地震灾害紧急救援队紧急转移被困群众
（韩建华　摄）

5月16日，湖北省地震灾害紧急救援总队在绵竹市汉旺镇废墟搜救　（赵伟　摄）

5月16日，内蒙古消防总队在平武县南坝镇抢险救援　　（任军川　摄）

5月16日，山西省地震灾害紧急救援队在安县千佛镇紧急转移被困山中的群众

（山西省地震局　提供）

5月19日，甘肃省地震灾害紧急救援队在青川县清理废墟下的易燃易爆危险品

（甘肃省地震局　提供）

5月17日，上海消防抢险队在汶川县映秀镇都汶公路收费站宿舍废墟中成功营救出幸存者蒋雨航

（江宏景　摄）

5月18日，广东省救援队紧急转移平武县南坝镇石坎村受困群众

（肖振宇　摄）

5月18日，天津市地震灾害紧急救援队在北川县城老城区品位礼品屋废墟中发现生命迹象　（周实　摄）

港澳台救援队和医疗队救援

面对汶川特大地震灾难，香港、澳门特区和台湾地区迅速组织救援队伍，参加地震灾区抢险救援。5月15日凌晨，香港特区首批21名专业搜救队员，携带4吨救灾物资，赶赴绵竹市汉旺镇东汽办公区展开搜救。16日，台湾红十字组织救援队22名队员，携一条搜救犬，快速抵达成都，随即赶赴汉旺镇开展救援。地震发生后，香港、澳门特区和台湾地区医疗界反应迅速，先后派出11批医疗队、240余名医务人员赶赴地震灾区，开展医疗救治、转移伤员等工作。

5月15日，香港特区搜救队在绵竹市汉旺镇废墟中搜救

（苑坚　摄）

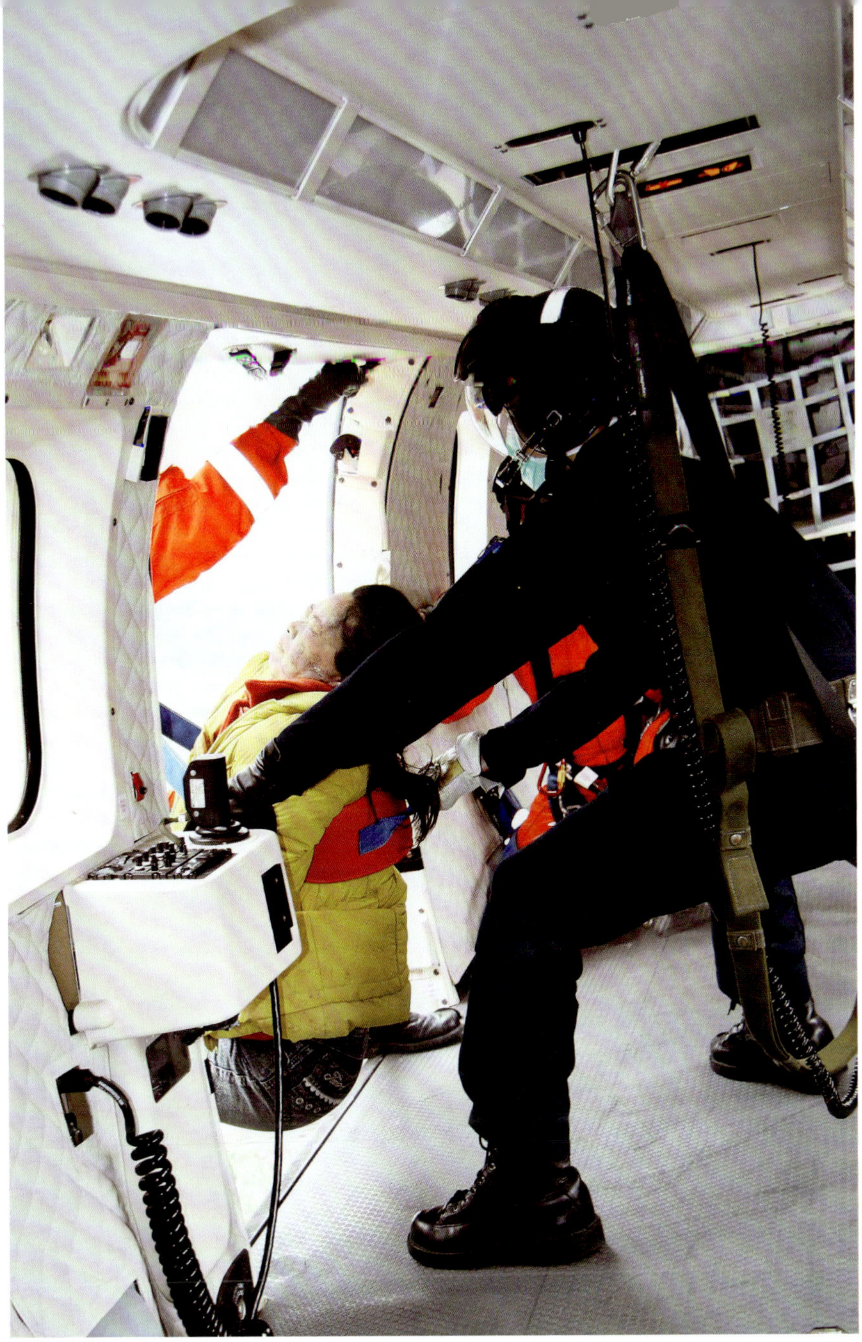

5月20日，香港飞行服务队在绵竹市清平乡转移被困群众
（新华社　提供）

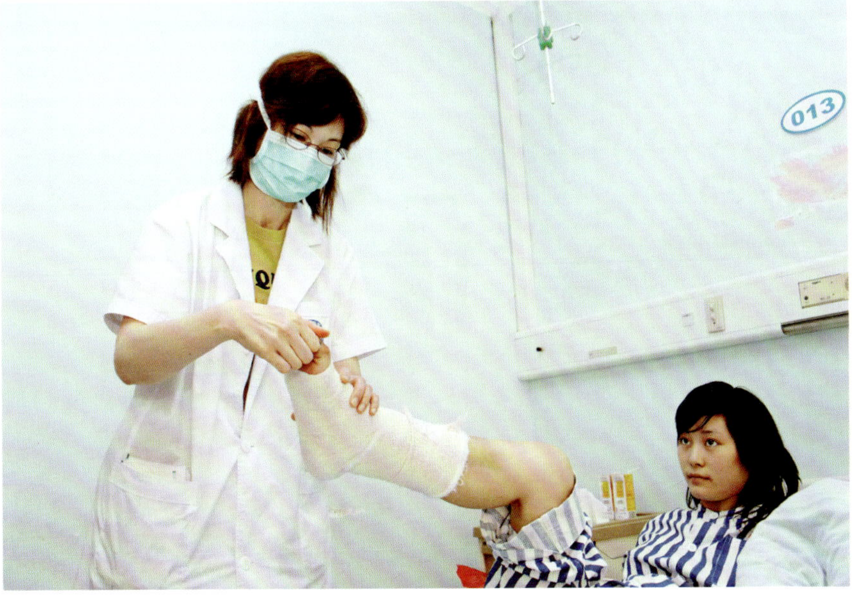

5月23日，香港医疗队队员在四川大学华西医院救治地震伤员
（田春　摄）

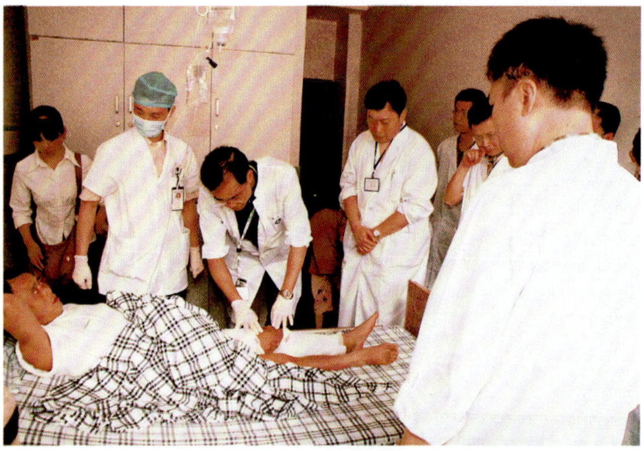

澳门医疗队在成都市第三人民医院参与救助地震伤员
（卫生部　提供）

6月1日，澳门医疗队在彭州市小鱼洞镇鱼洞村卫生站与当地医生合影
（彭州市卫生局　提供）

6月10日，澳门特区政府第二支医疗救援队乘包机前往四川地震灾区
（刘卫国　摄）

5月16日，22名台北救援队队员在台湾整装待发，准备奔赴四川地震灾区参与搜救任务

（东方IC　提供）

5月17日，台湾红十字组织救援队在绵竹市汉旺镇废墟中搜寻幸存者　　　（陈燮　摄）

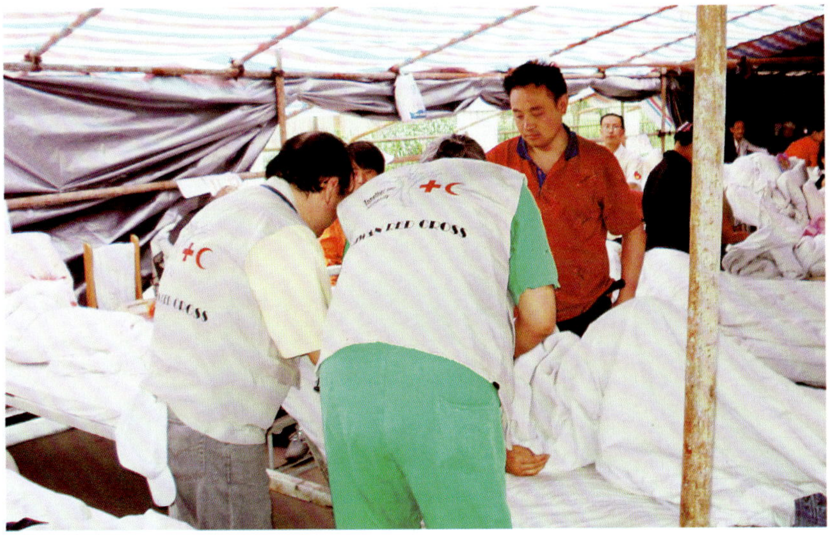

台湾红十字医疗队在绵竹市汉旺镇参与救治地震伤员

（卫生部　提供）

国际救援队和医疗队救援

汶川特大地震抗震救援工作得到国际社会的大力支持。5月15日，日本政府派遣首批31名搜救队员飞抵北京首都国际机场，是地震发生后中国政府接受的第一支外国救援队伍。至5月18日，日本、俄罗斯、韩国、新加坡等国救援队赴中国参加地震救援。5月20日至6月18日，俄罗斯、日本、意大利、古巴、法国、巴基斯坦、印度尼西亚等国政府和德国、英国、美国的民间组织，共派出10支医疗队227人，赴中国四川、甘肃地震灾区参与医疗救援。

5月17日，日本救援队在青川县乔庄镇向遇难者遗体默哀　　（李涛　摄）

5月17日7时25分，日本救援人员历经16个小时的搜救，在青川县乔庄镇一处倒塌的6层楼房废墟中挖出两具遇难者遗体。图为日本搜救人员将遇难者遗体抬出废墟

（李涛　摄）

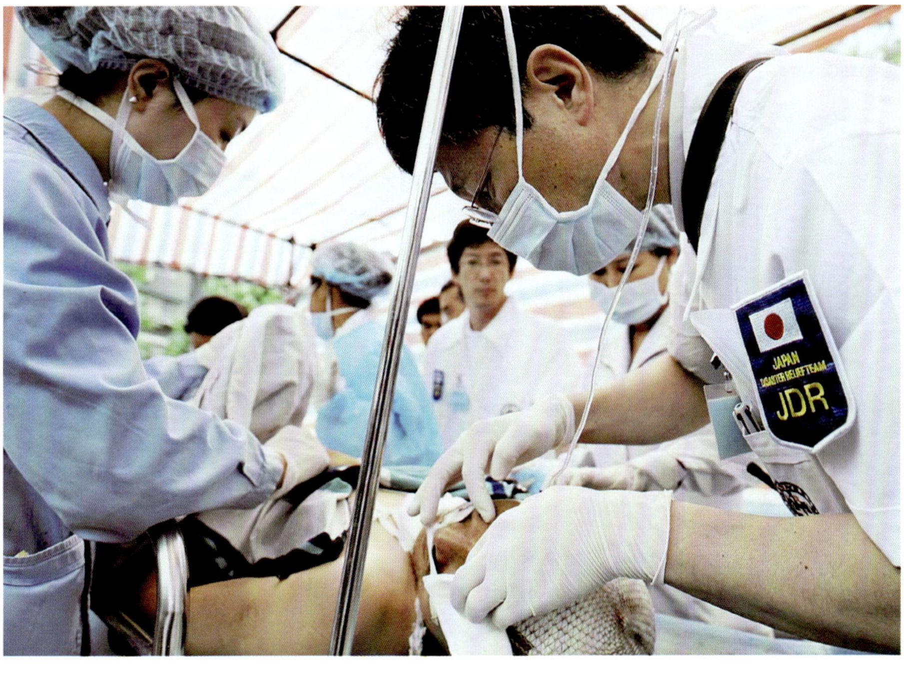

5月22日，日本医疗救援队在四川大学华西医院救治伤员

（东方IC　提供）

5月16日17时30分，首批俄罗斯救援队队员抵达成都双流机场

（刘瑾　摄）

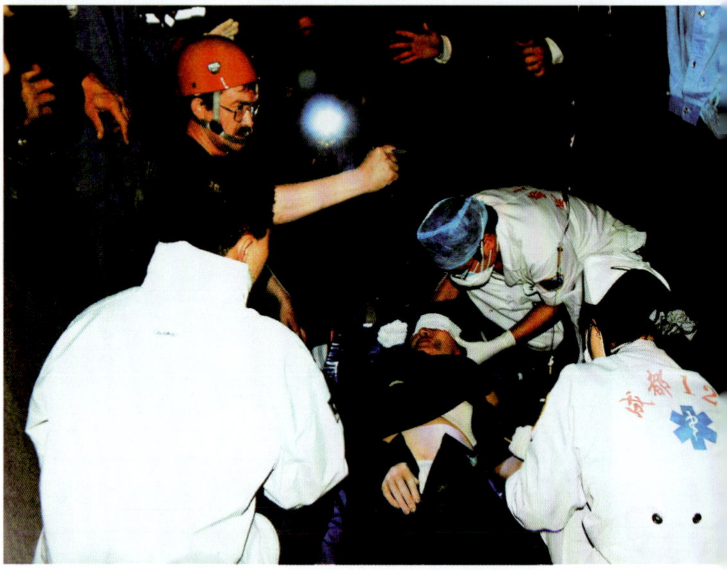

5月20日，俄罗斯救援队在都江堰市旅游管理局第二生活区10号宿舍楼废墟中营救出被困127小时的幸存者。2009年3月31日翻拍照片

（段崴　摄）

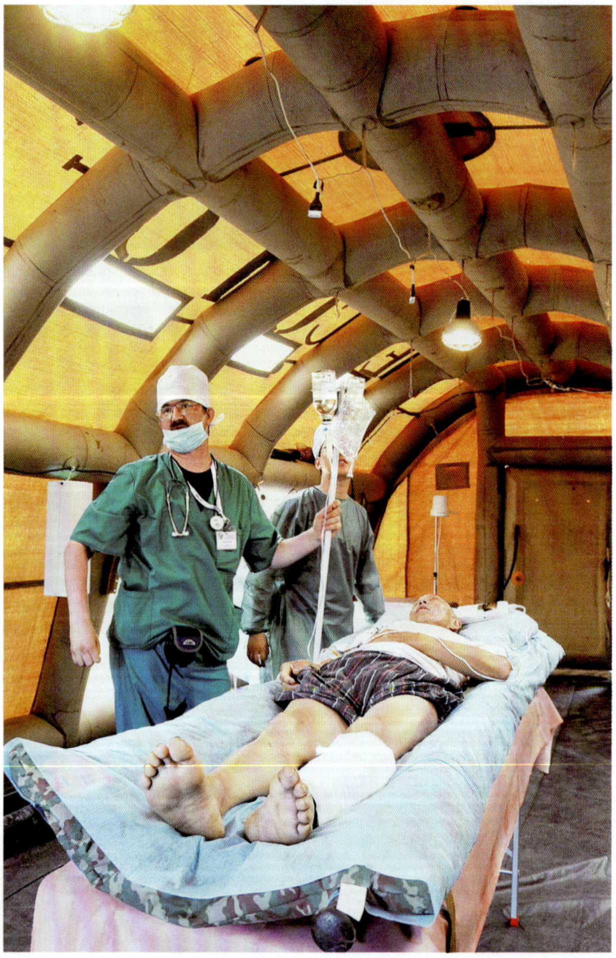

5月21日，俄罗斯救援队在彭州市职业中学搭建战地移动医院收治地震伤员

（陈燮　摄）

5月17日，韩国救援队员钻入什邡市蓥华镇宏达化工厂楼板下搜寻生命迹象

（陈凯　摄）

5月17日，韩国救援队在什邡市蓥华镇搬运遇难者遗体

（胡金喜　摄）

5月20日，韩国救援队员在青川县对房屋废墟进行消毒　（蔺以光　摄）

5月17日，新加坡救援队在什邡市红白镇废墟搜寻生命迹象　　（姜帆　摄）

5月17日，新加坡救援队在什邡市红白镇救援现场使用搜救犬寻找生命迹象　　（曾硕　摄）

5月17日，新加坡救援队在什邡市红白镇信用社废墟搜救

（火炎　摄）

5月26日，德国红十字会捐建的中德红十字会野战医院在都江堰市投入使用

（宋林勇　摄）

5月26日，德国红十字会捐建的中德红十字会野战医院收治地震伤员

（中国红十字会总会　提供）

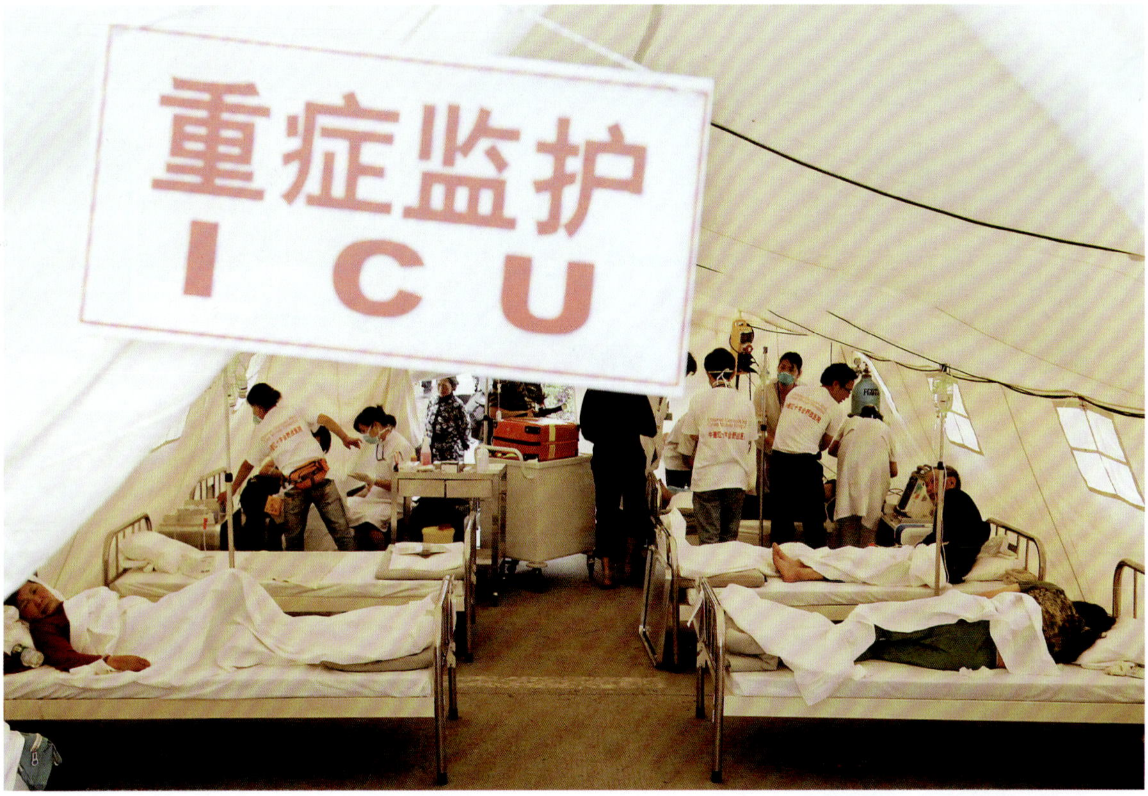

5月26日，德国红十字会捐建的中德红十字会野战医院重症监护病房　　（李健　摄）

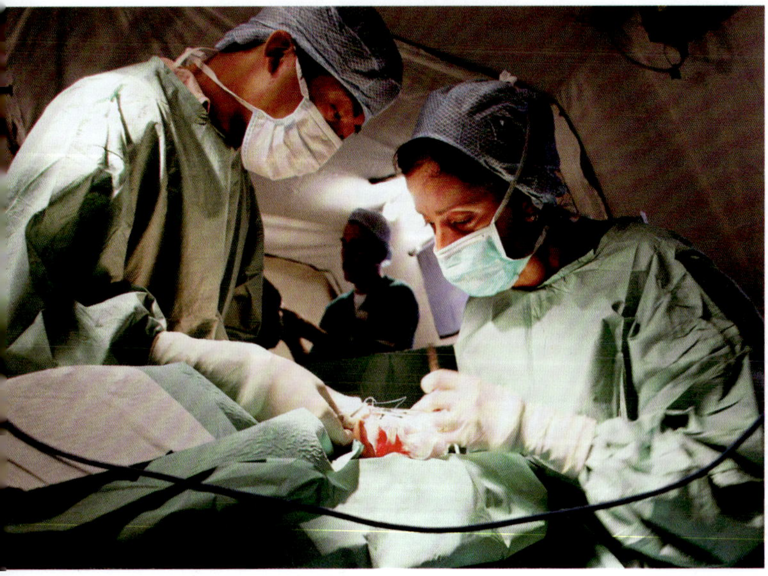

5月25日，意大利医疗队在绵竹市野战医院救治地震伤员

（中国红十字会总会　提供）

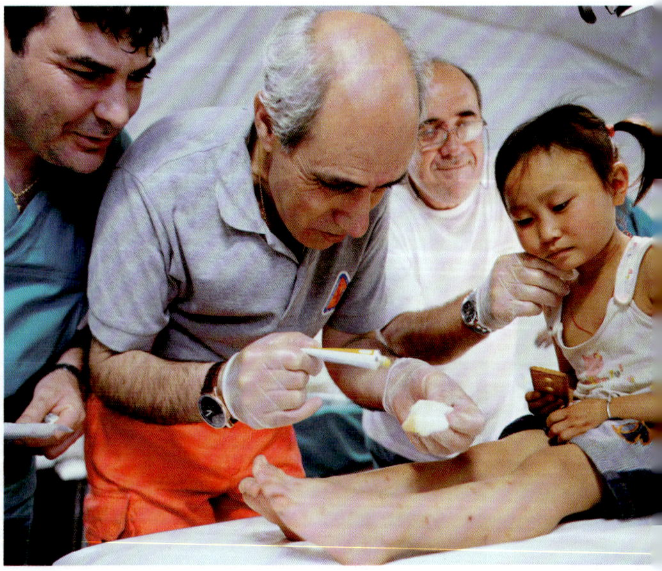

5月27日，意大利医疗队在绵竹市建立野战医院为灾区群众治伤

（余坪　摄）

6月1日，意大利医疗队在绵竹市孝德镇为地震灾区孩子表演节目　　　（余晓洁　摄）

5月23日晚，古巴医疗队抵达成都双流机场

（黄堃　摄）

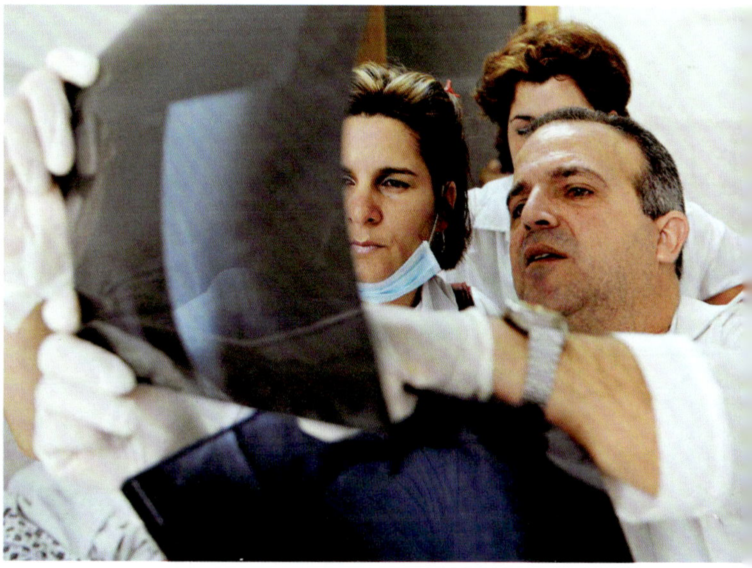

5月25日，古巴医疗队医护人员在四川省人民医院研究伤员病情

（余坪　摄）

5月24日，法国医疗队队员在整理行囊，准备出发前往中国地震灾区　（宋立东　摄）

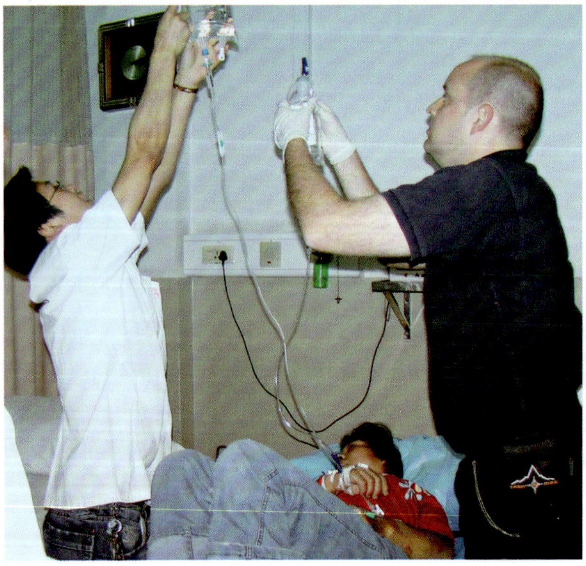

5月28日，法国医疗队员在广元市中心医院救治伤员

（广元市卫生局　提供）

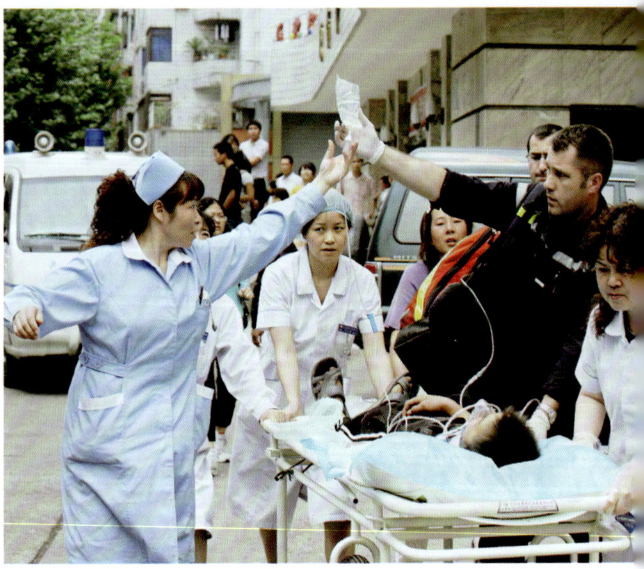

5月30日，法国医疗队在广元市中心医院参加地震伤员抢救

（张子弘　摄）

5月27日，巴基斯坦医疗队在伊斯兰堡杰格拉拉空军基地启程奔赴中国甘肃地震灾区前合影留念（李敬臣　摄）

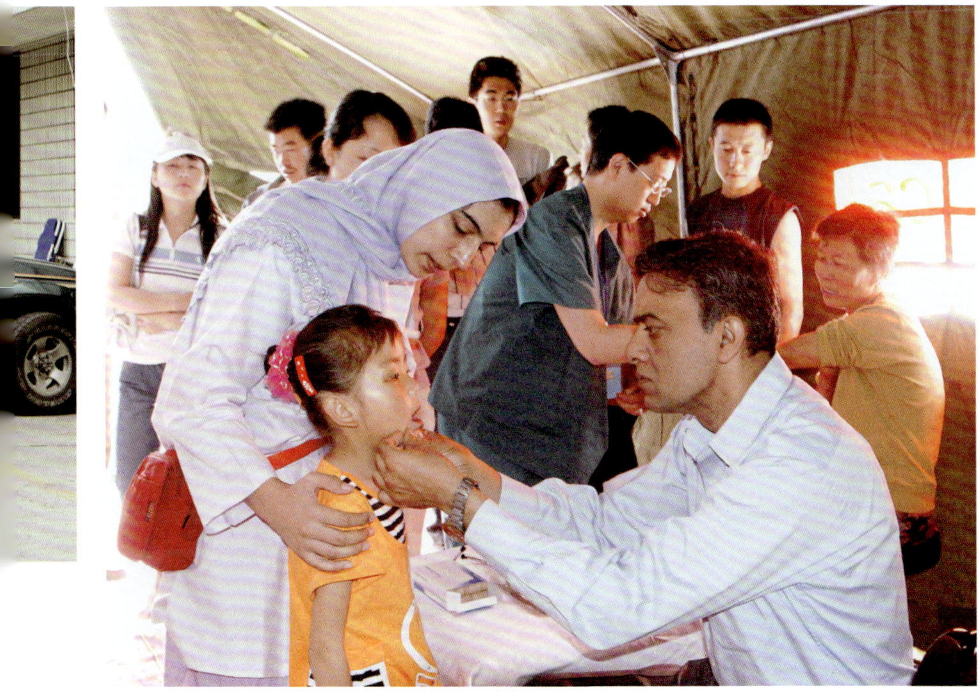

5月31日，巴基斯坦医疗队在陇南灾区为儿童体检（牛建业　摄）

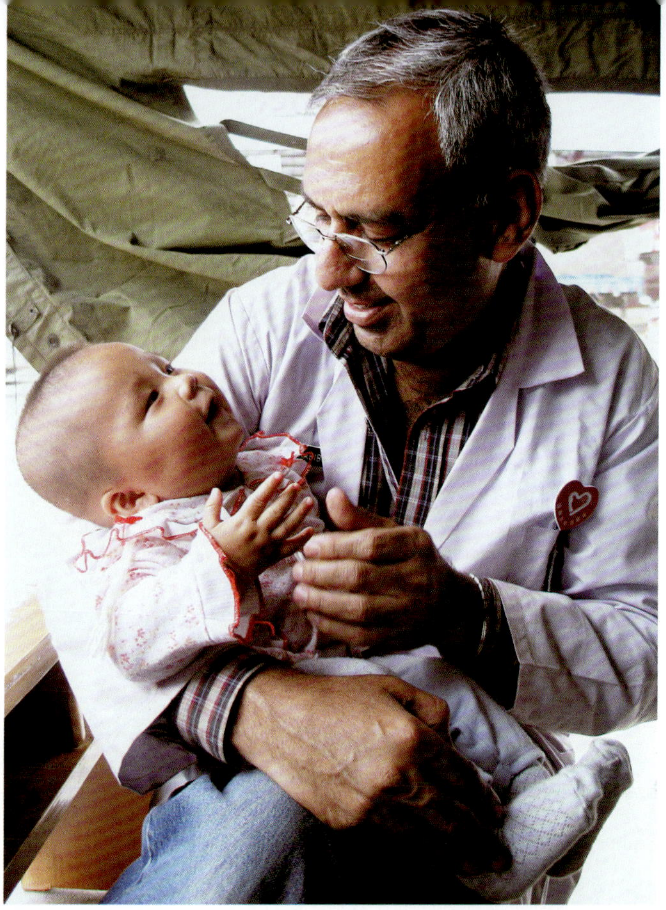

5月31日，巴基斯坦医疗队员在陇南市武都区接诊当地婴儿

（屠国玺　摄）

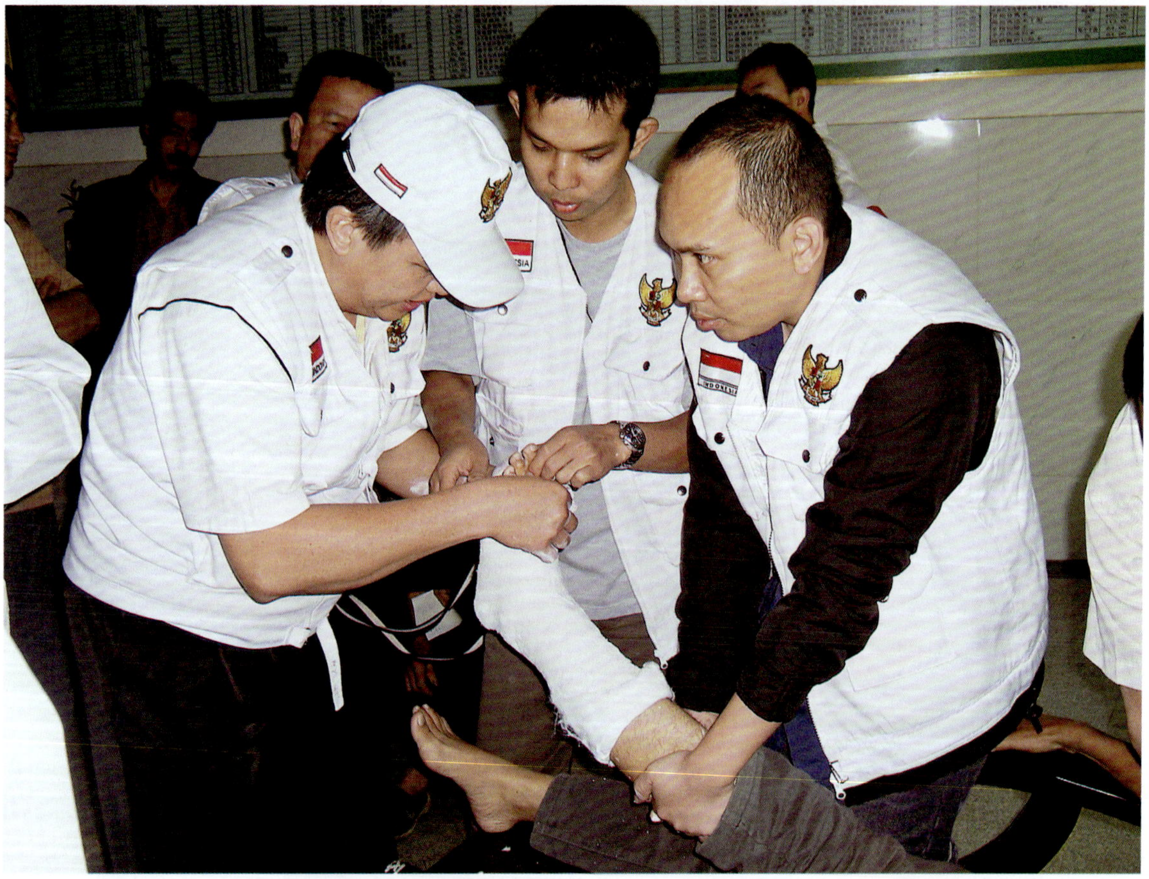

5月31日，印度尼西亚医疗队员在文县人民医院救治地震伤员　（梁保平　摄）

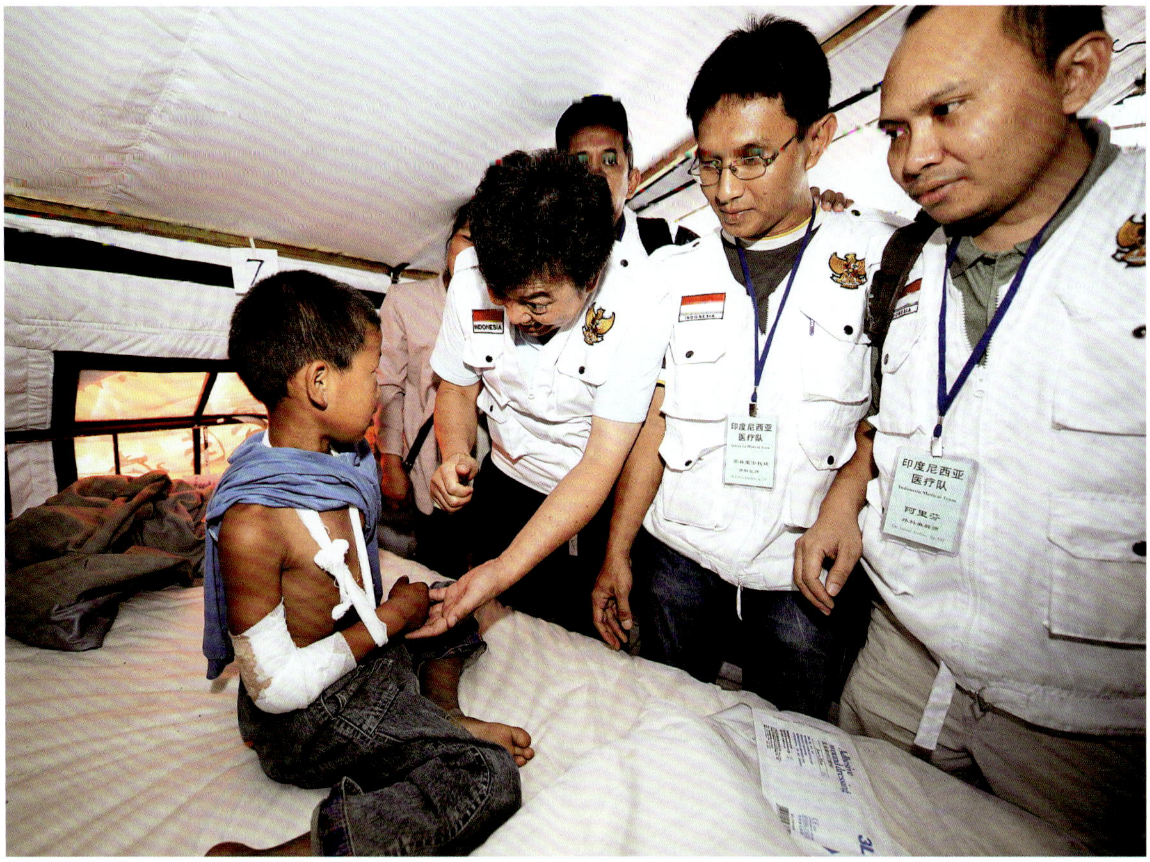

6月5日，印度尼西亚医疗队员在文县人民医院检查受伤儿童病情　　（聂建江　摄）

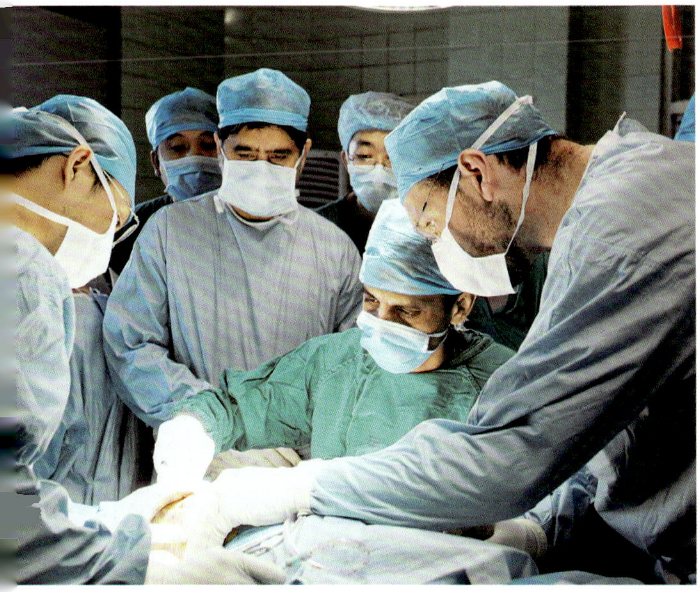

5月25日，英国医疗队在绵阳市对地震伤员实施手术　　　　（卫生部　提供）

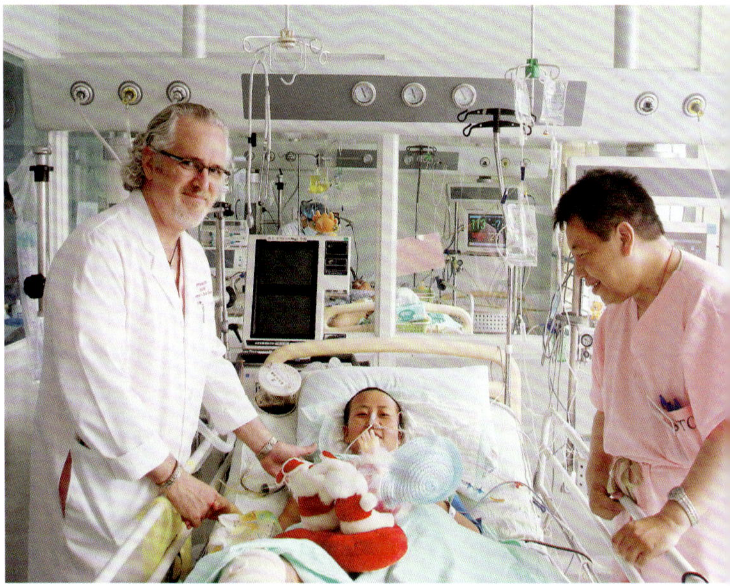

6月7日，美国马里兰大学医生在四川大学华西医院检查地震伤员病情
（华西医院　提供）

医疗救援与防疫

汶川特大地震使灾区原有医疗体系遭到不同程度破坏，伤员在短时间内集中大量出现，灾区医疗救治面临巨大压力和挑战。中共中央、国务院将医疗救治作为救援工作的重中之重，立即部署解放军、武警部队、地方医疗机构卫生救援队伍紧急赴灾区投入医疗救治。截至10月13日，全国共收治住院地震伤员91177人，其中重伤员16563人。

地震发生后，四川、甘肃、陕西等灾区各级医疗机构在自身受到重创、外援医疗力量未到达的情况下，立即展开极其艰苦的现场医疗自救。四川省70%以上受灾严重市、县在震后30分钟内就派出医疗队，85%以上受灾严重县级医疗机构在震后30分钟内开始收治伤员。震后12小时，四川省组建了96支医疗队、400人赴灾区救治伤员，使地震伤员尽快得到救治。灾区各级党委、政府在各方面支援下，建立起帐篷医院、野战医院、活动板房医院，开展医疗救治工作。面对地震伤员大量增加的压力，受灾市州开展伤员分级转诊，建立转送伤员的救治网络；国务院抗震救灾总指挥部卫生防疫组及时提出“集中伤员、集中专家、集中资源、集中救治”的“四集中”原则，将危重伤员集中收治在华西医院等医疗条件较好、医疗力量较强的省内医院，并从全国调集大批医学院士和专家赶赴灾区指导医疗救治工作，有效地降低了地震灾区伤员的死亡率和致残率。为缓解四川省地医疗救治工作压力，卫生防疫组协调民航、铁路等有关部门，紧急转送10015名地震伤员赴省外治疗，使伤员得到及时有效分流救治。

受地震影响，灾区部分群众出现了一些心理危机状况，国内外精神卫生专家和志愿者通过心理健康教育、心理疏导、心理咨询和心理治疗，缓解灾区群众和救援者的心理压力，帮助群众恢复正常生活。地震灾区各市州卫生行政部门及医疗机构根据不同情况和条件，指导或实施对住院地震伤员的早期康复治疗，使伤员的康复率大幅提高。

卫生防疫是抢险救援的重要任务，卫生部、解放军迅速增派卫生防疫队伍，覆盖受灾县、乡村，全力开展防疫工作。做好遇难者遗体的消毒、处置，灾区水源监测消毒，垃圾、粪便消毒等。加强疫情监测，实行重大传染病和突发卫生事件每日报告制度，普及卫生防病知识，组织开展环境卫生整治，防止传染病流行蔓延。

现场救治

在突如其来的特大地震灾难面前，灾区医务人员不等不靠，迅速在医院空地、街边、临时抢救室、临时帐篷等地紧急抢救伤员。医生在汽车车灯、摄像机灯光照明下，坚持为伤员进行手术；妇产医生在救护车上为产妇接生。由于对灾区伤员现场救治及时，为挽救危重伤员生命赢得了时间。各解放军医疗队、中央企业医疗队、各省（区、市）医疗队等在地震后及时赶赴极重灾区、重灾区，深入乡村、群众安置点，冒着余震、塌方等危险，现场紧急抢救伤员，挽救了许多伤员的生命。

灾区医护人员现场救治

5月12日14时40分，都江堰市中国水电集团十局医院临时救助点，医护人员含泪抢救新建小学受伤师生

（张卫红　摄）

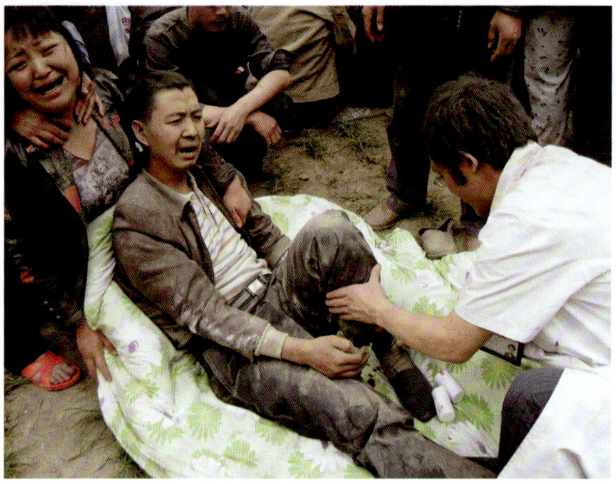

5月12日14时49分，汶川县人民医院医生在街边救治伤员
（阿坝州卫生局　提供）

5月12日14时59分，汶川县人民医院医护人员在抢救伤员
（阿坝州卫生局　提供）

5月12日15时，成都市第六人民医院医护人员搭建临时治疗室收治地震伤员
（王鹏辉　摄）

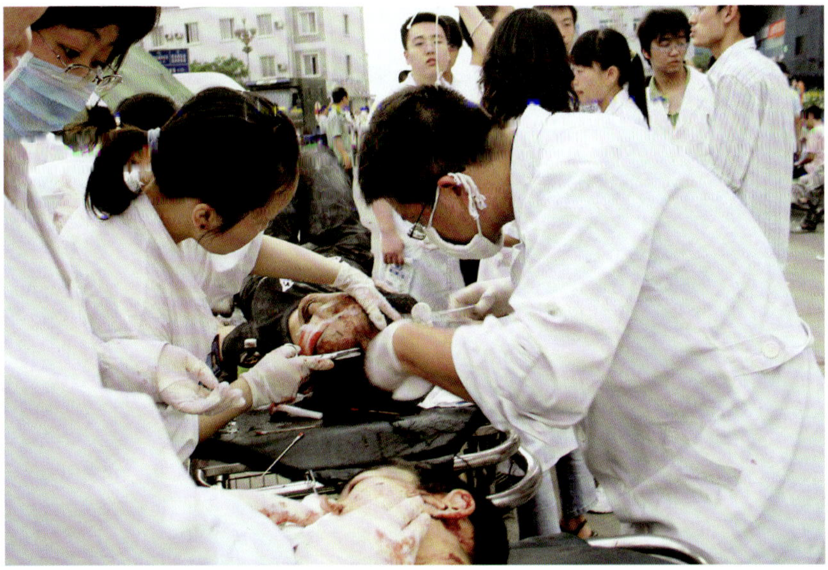

5月12日下午，成都军区总医院收治地震伤员100多人
（朱琥　摄）

5月12日16时，彭州市人民医院利用门诊室外空地抢救地震伤员
（彭州市卫生局　提供）

5月12日17时，广元市第二人民医院的医务人员在路边设立临时救治点紧急抢救伤员
（广元市第二人民医院　提供）

5月12日18时，彭州市医护人员进入体育场临时救助点抢救地震伤员
（彭州市卫生局　提供）

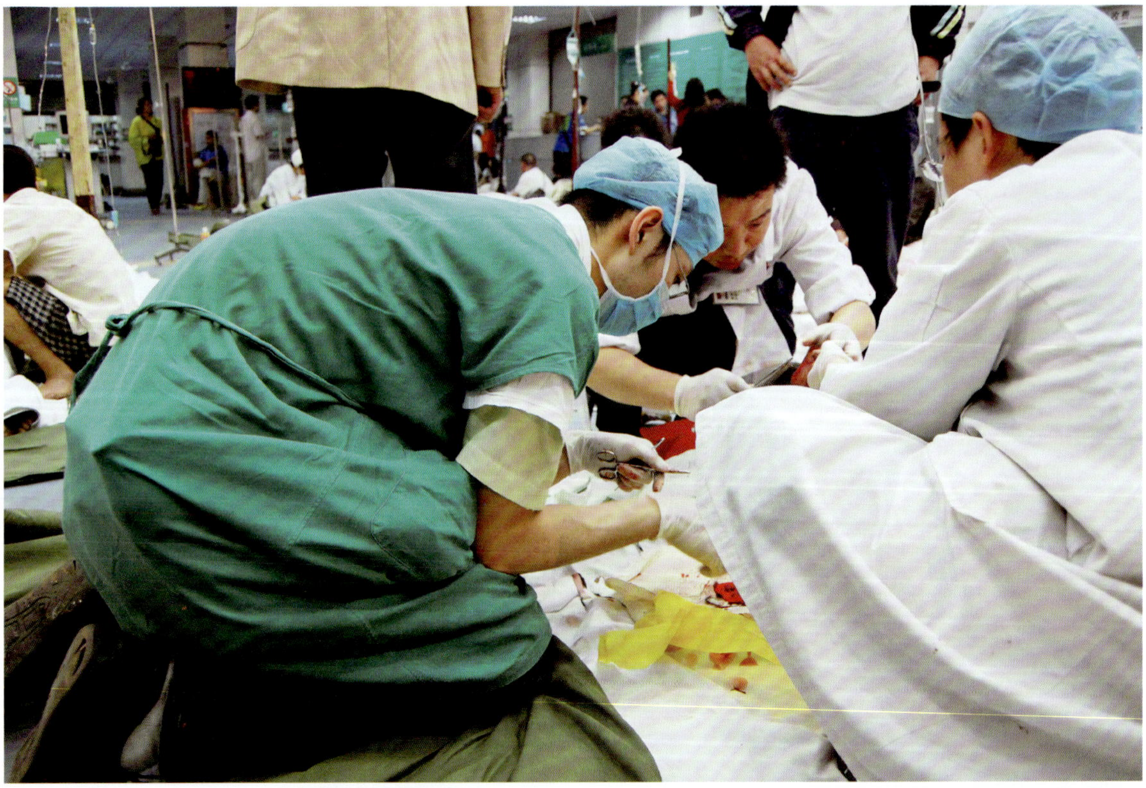

5月12日晚，成都市第五人民医院医务人员在临时搭建的手术室抢救来自灾区的地震伤员
（王麒麟　摄）

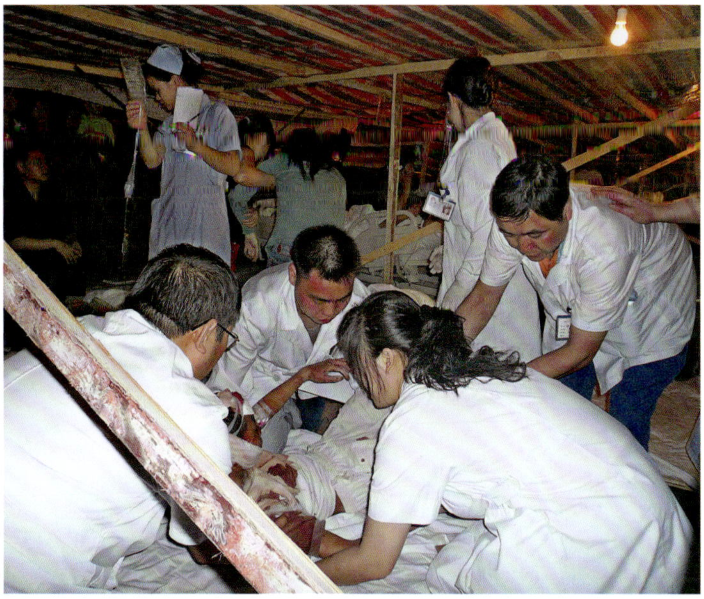

5月12日20时，四川省人民医院医务人员在临时避震棚内抢救地震伤员
（四川省人民医院宣传部　提供）

5月12日夜，什邡市人民医院医务人员冒雨在临时帐篷内为地震伤员做手术
（房才兴　摄）

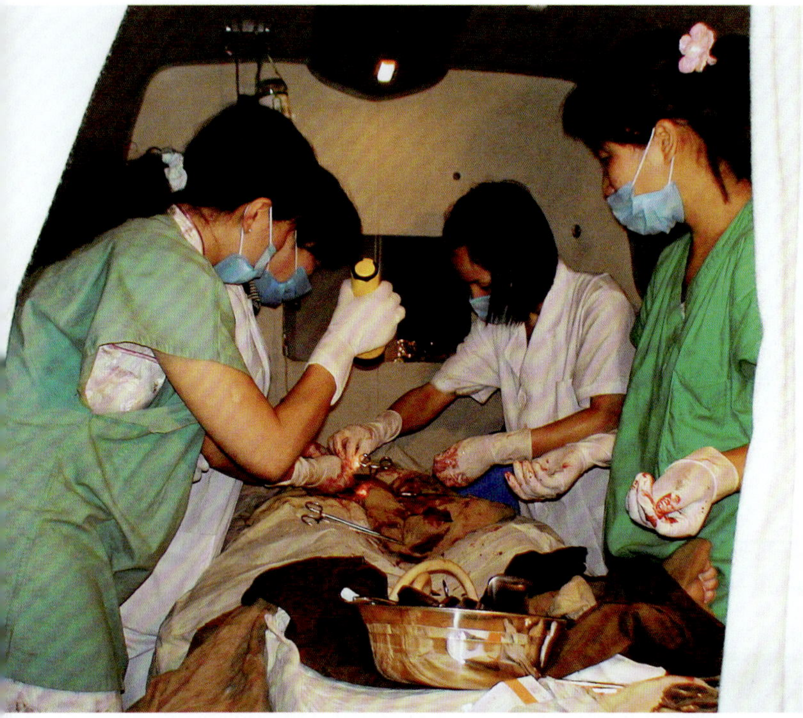

5月13日零时，大邑县妇幼保健院医务人员在救护车上接生婴儿　　（李德坤　摄）

5月13日19时，青川县医护人员在木鱼中学废墟中为幸存学生输液

（四川省卫生厅　提供）

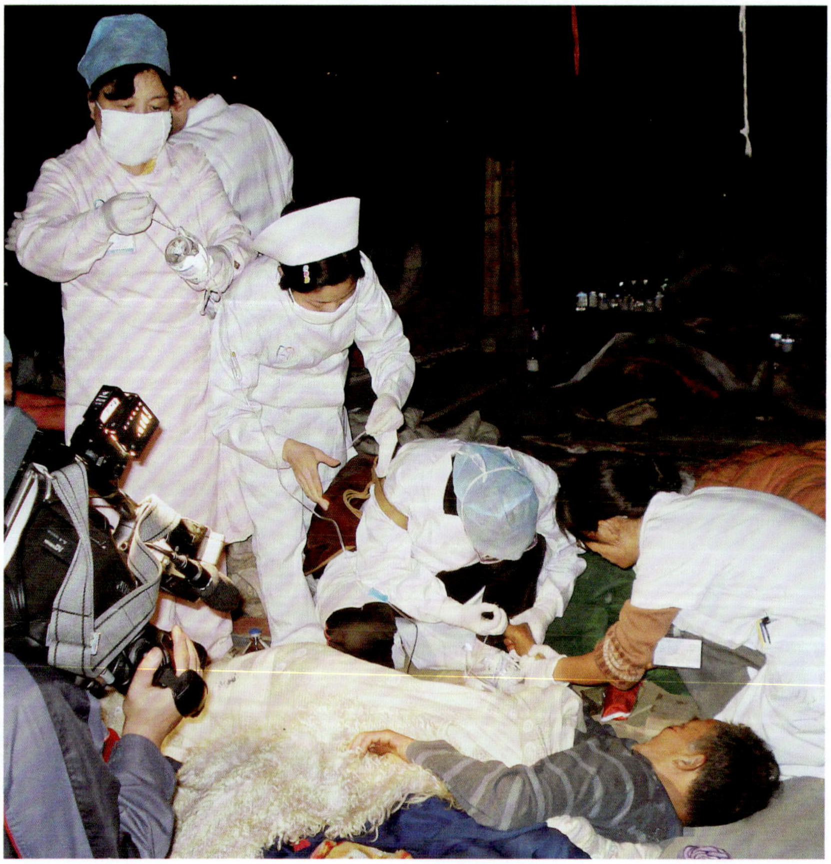

5月13日晚，四川省妇幼保健院医务人员利用摄像机灯光为伤员做手术

（四川省卫生厅　提供）

5月14日24时，都江堰市幸福小区商住楼废墟中，青白江区妇幼保健站护士给幸存者喂水　　（四川省卫生厅　提供）

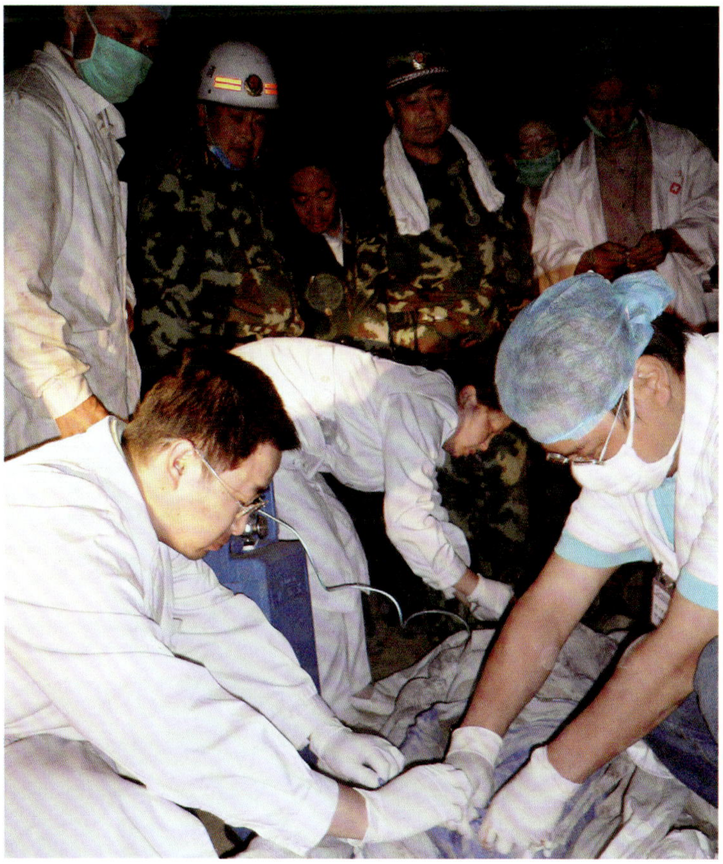

5月15日凌晨，泸州市人民医院医疗队在都江堰市地震现场借助车灯抢救伤员

（四川省卫生厅　提供）

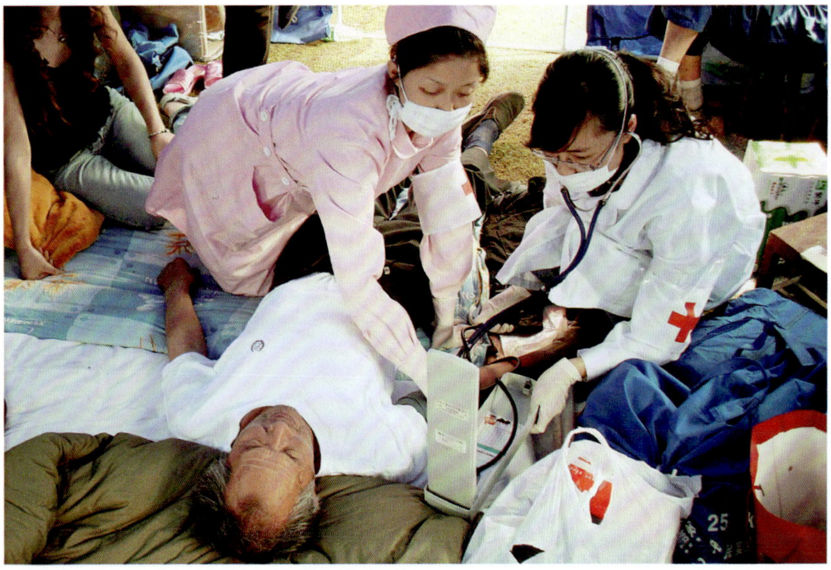

5月15日，成都市武侯区医务人员在都江堰市临时医疗站诊治患者

（成都市武侯区卫生局　提供）

5月16日，安县医院医护人员在千佛镇灾区救治伤员

（卫生部　提供）

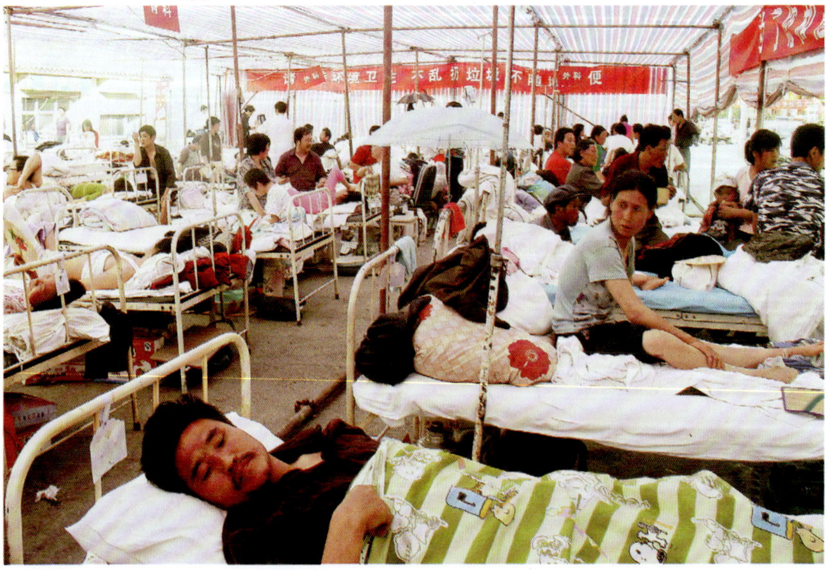

5月16日，陇南市人民医院搭建帐篷病房收治地震伤员

（金奉乾　摄）

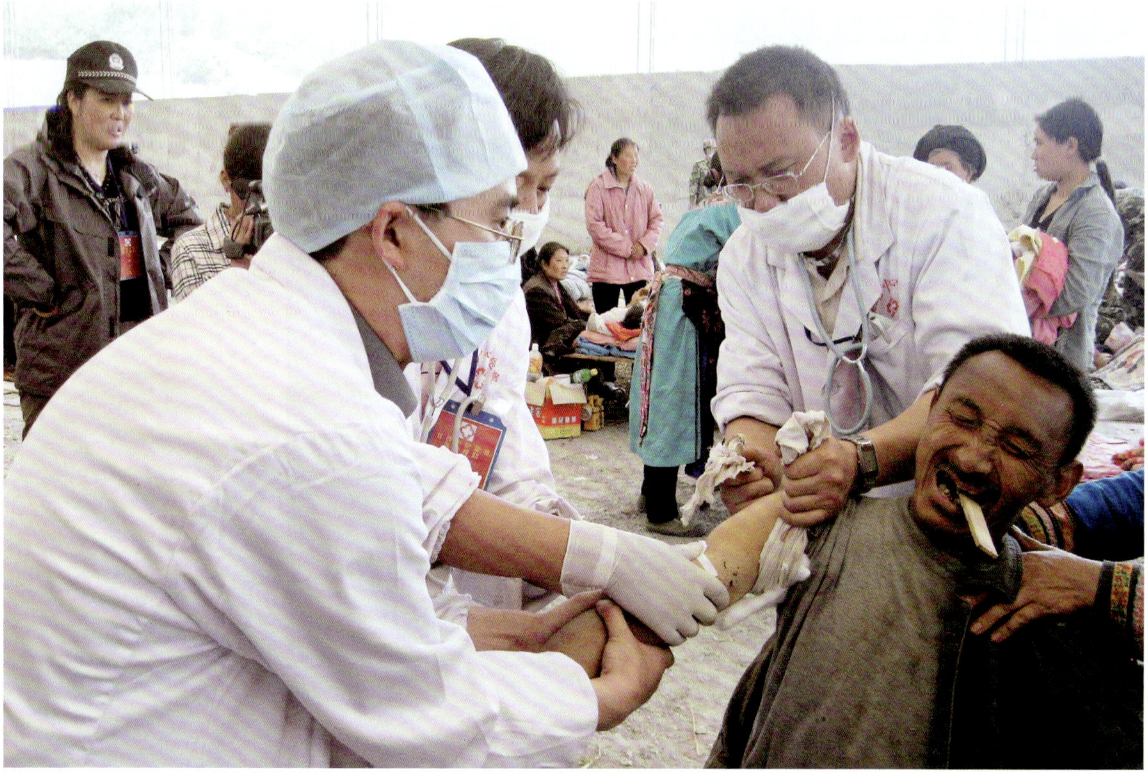

5月16日，炉霍县中心医院医疗队在汶川县为伤员正骨　　（卫生部　提供）

5月17日，理县临时医院收治的地震伤员　　（理县县委宣传部　摄）

全国医疗救援队现场救治

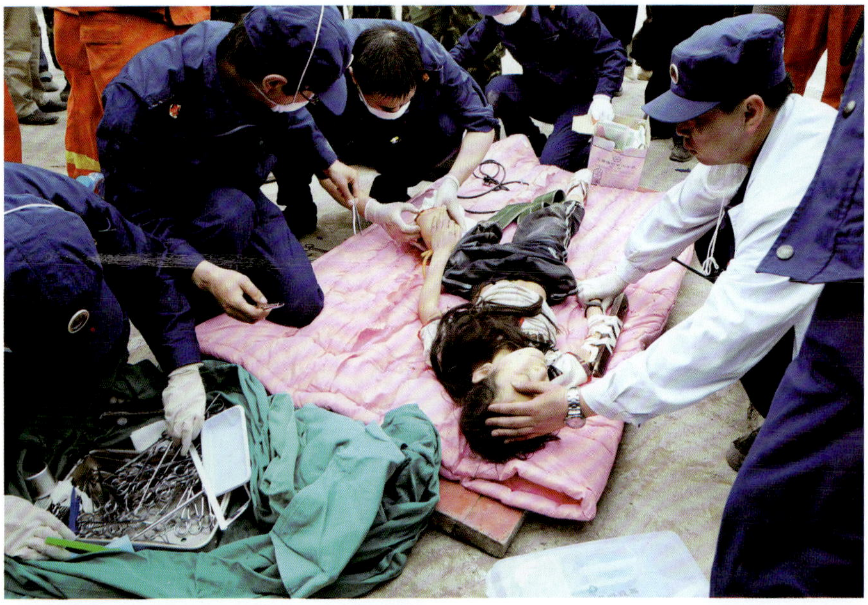

5月15日11时，海军医疗队为北川羌族自治县曲山小学获救学生李月现场实施手术
（江山　摄）

5月16日，湖南省医疗队在彭州市中医院临时手术室借助手电筒照明实施手术
（尹玎　摄）

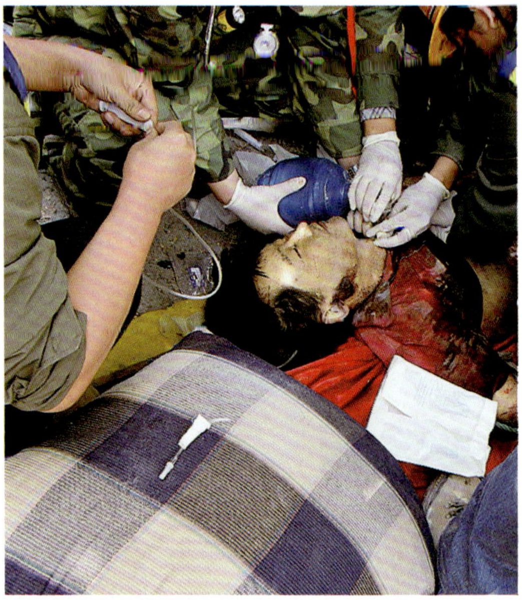

5月16日，解放军第三军医大学医疗队在汶川县映秀镇紧急抢救获救幸存者　（姜川　摄）

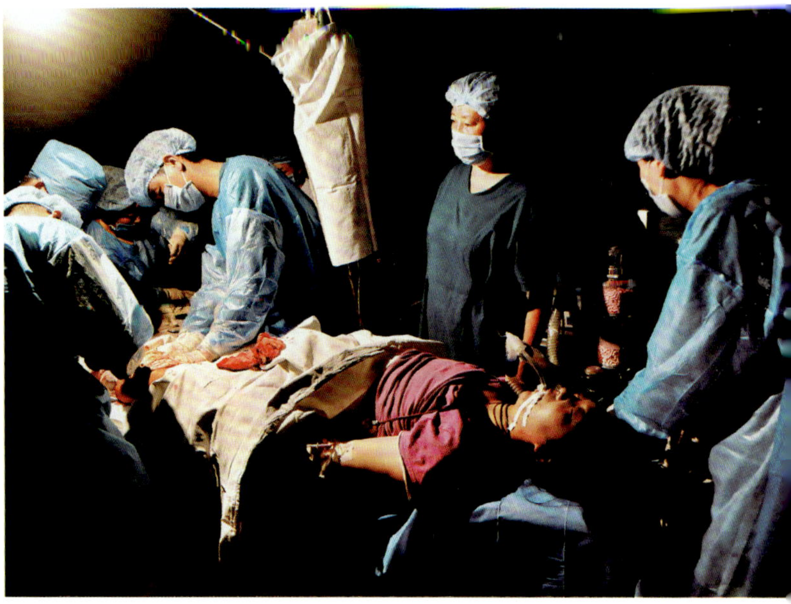

5月17日晚，解放军第三军医大学医疗队在汶川县野战手术帐篷实施首例截肢手术　（李靖　摄）

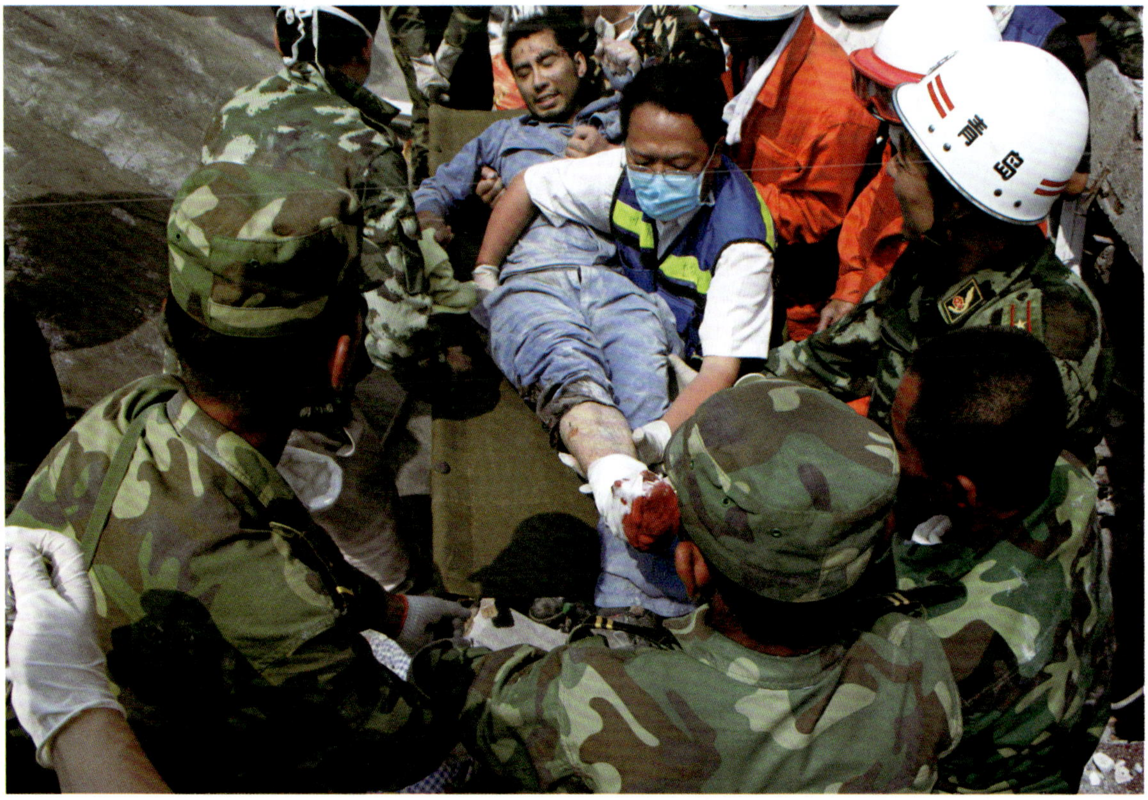

5月16日，深圳市第一批医疗救援队队员在灾区救治伤员　（广东省卫生厅　提供）

5月17日，遵义医学院附属医院医疗队在绵竹市救治失去亲人的小女孩

（遵义医学院附属医院　提供）

5月19日，哈尔滨医科大学第二医院医疗队在江油市临时帐篷医院为病人会诊

（黑龙江卫生厅　提供）

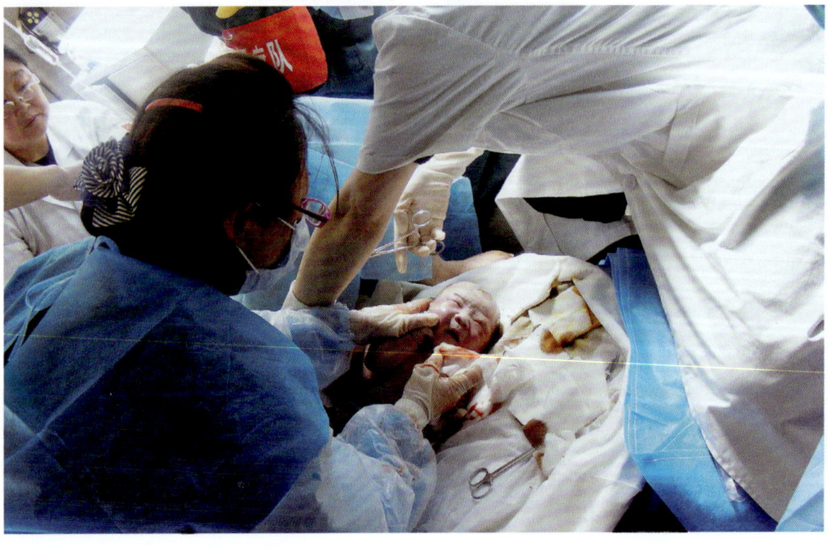

5月22日下午，河南省医疗队在汶川县七盘沟救助一名羌族难产孕妇，助其顺利分娩一名男婴

（河南省卫生厅　提供）

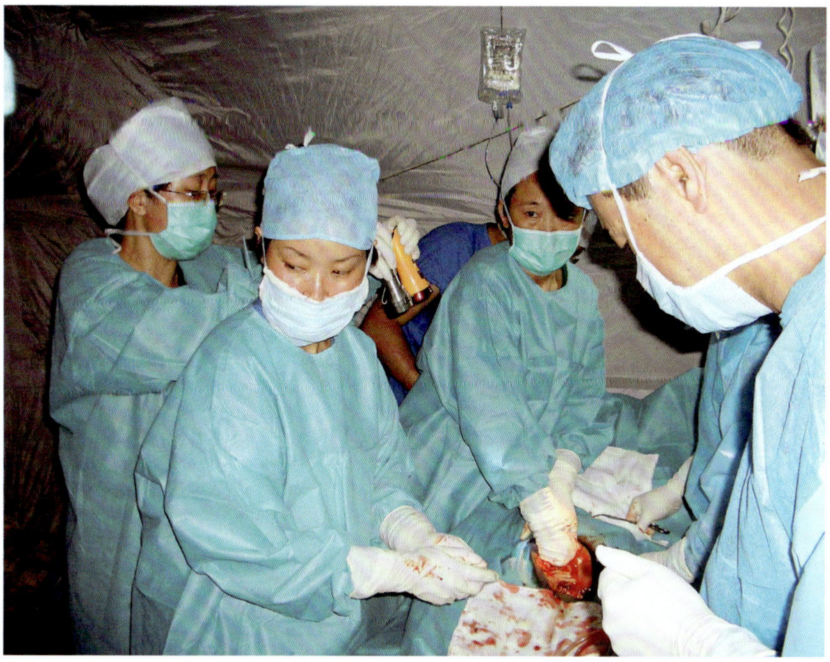

5月23日，天津市医疗队在青川县帐篷医疗点借助手电筒光为产妇接生

（邢雅娜　摄）

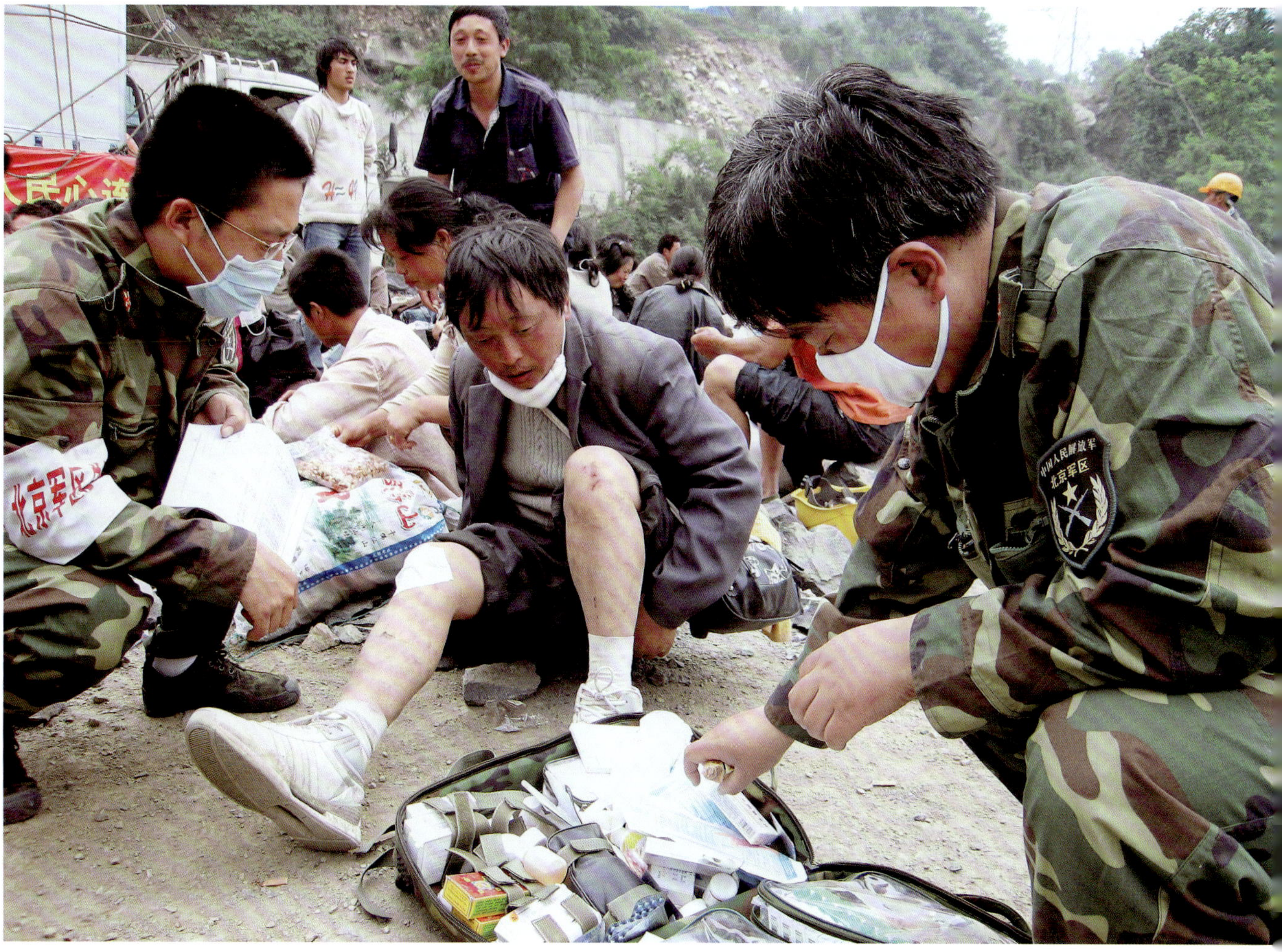

5月24日，北京军区医疗分队在汶川县映秀镇为避险群众治伤　　（卫枫　摄）

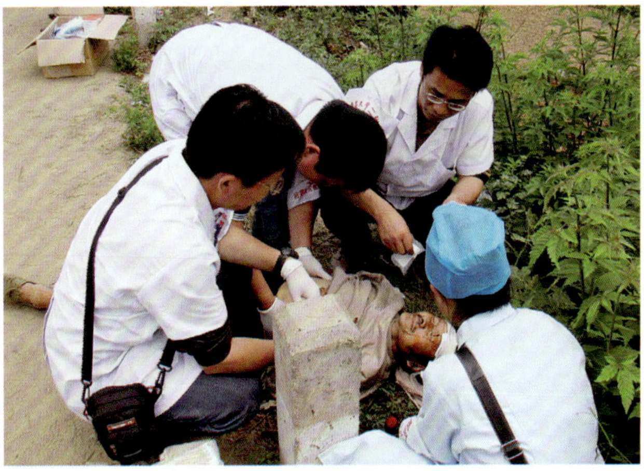

5月24日，江西省医疗队在青川县木鱼镇路边紧急救治重伤老人
（徐蓝波　摄）

5月28日，第二炮兵96401部队医务人员在安县白河村诊治灾区病人　（朱伟　摄）

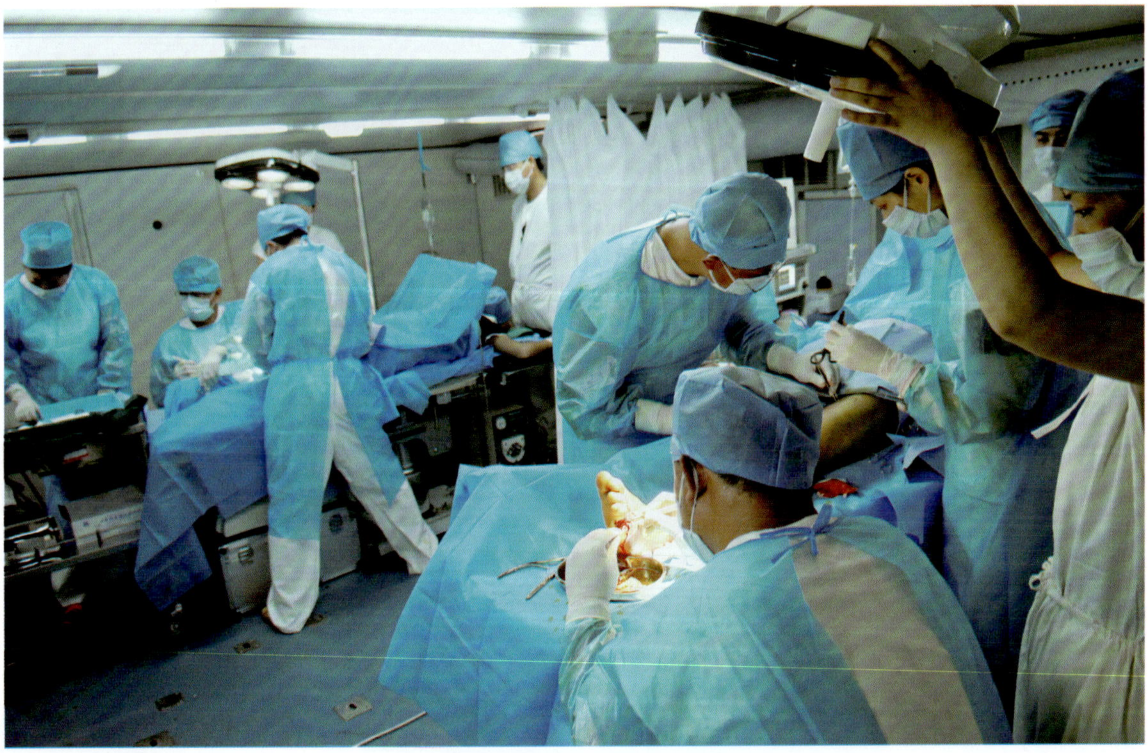

6月3日，北京军区医疗分队在都江堰市向峨乡利用野战手术车实施手术
（卫枫　摄）

医院救治

汶川特大地震发生后，四川、甘肃、陕西地震灾区各级医院迅速实施接诊、分诊、转运、检查、入院、手术的“一条龙”服务，充分利用旧楼房、停车场、大厅及可使用空间，增设、搭建临时救治病房。各省市医疗队与灾区医院密切配合，克服医疗条件差、药品紧缺等困难，积极开展救治。在救治中，各医院对危重伤员实行集中救治，并开设地震伤员“绿色通道”，方便伤员紧急救治。

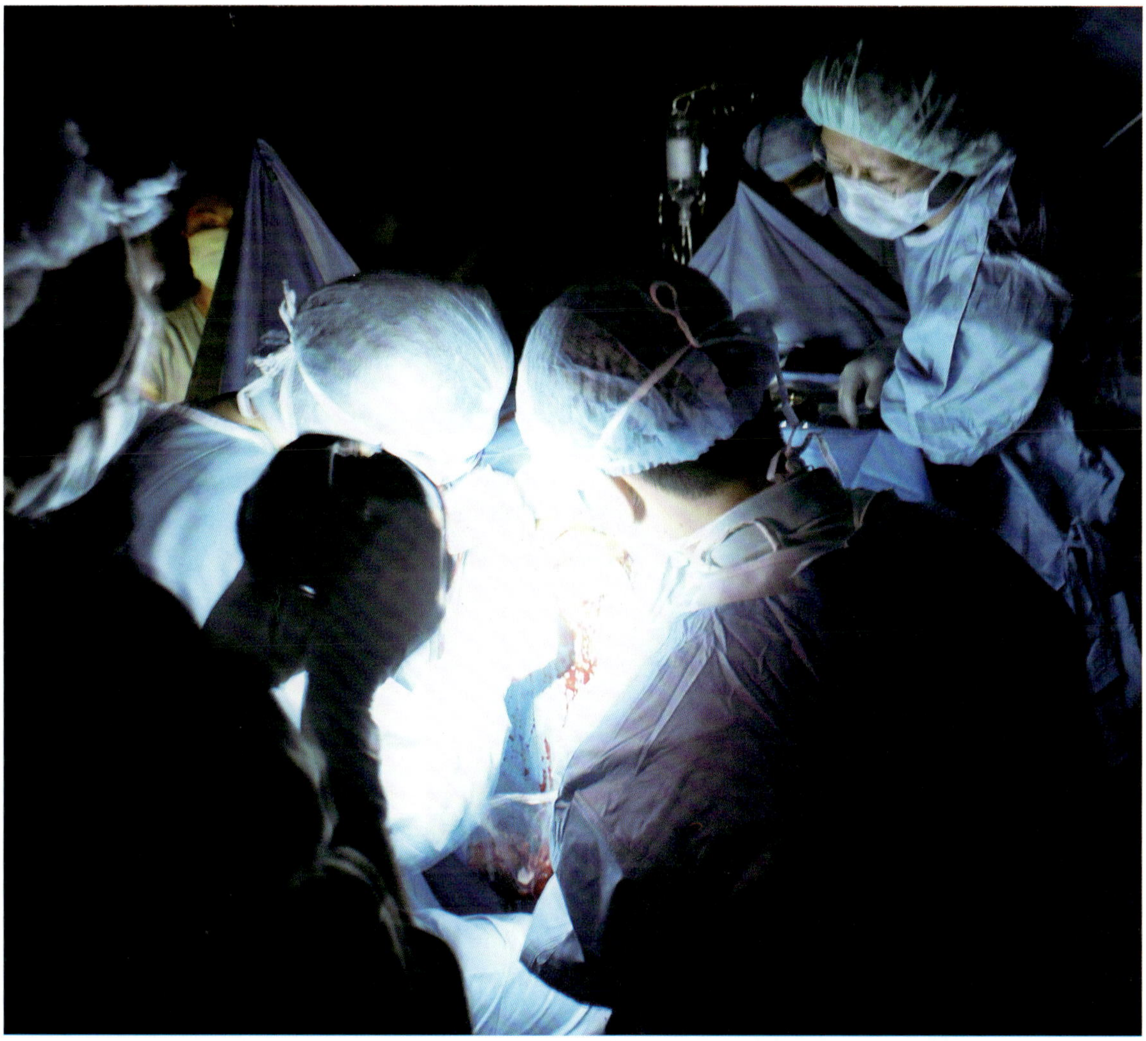

5月14日，天津医疗队在广元市第一人民医院利用紧急电源进行颅脑手术

（广元市第一人民医院　提供）

5月14日夜，四川省急救中心医护人员等待收治地震伤员

（付辉　摄）

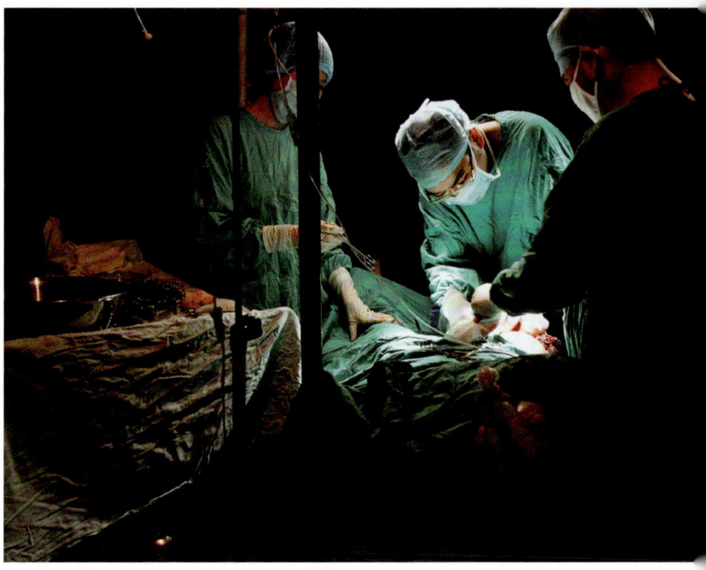

5月15日21时，成都市中西医结合医院骨科医生为地震伤员实施手术

（卫生部　提供）

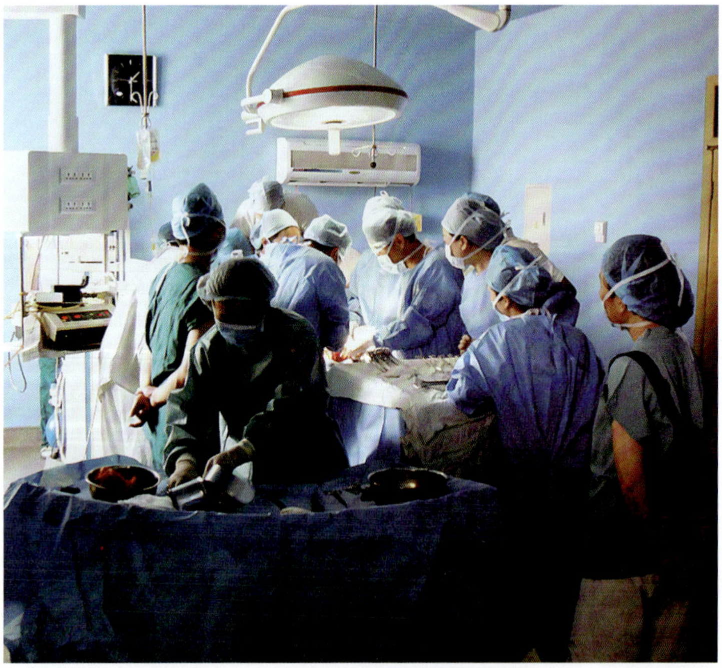

5月29日，陕西省人民医院第一批医疗队在广元市第一人民医院手术室为伤员做手术

（陕西省人民医院　提供）

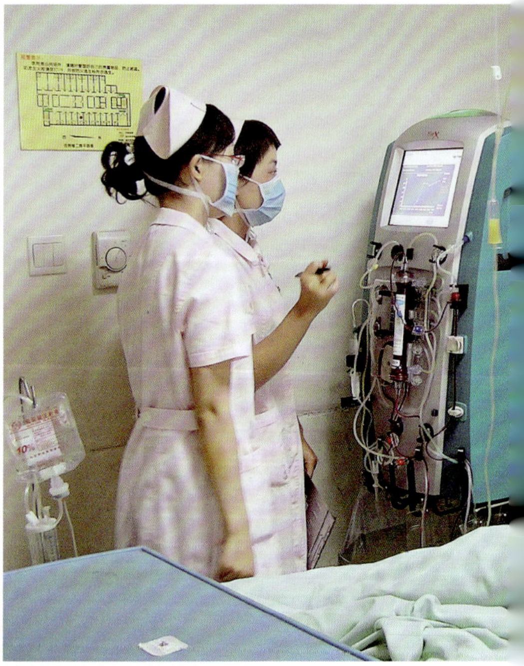

四川大学华西第二医院普儿二科护士正在为地震中骨折造成的挤压综合征患儿进行床旁连续性血液净化治疗

（李永莲　摄）

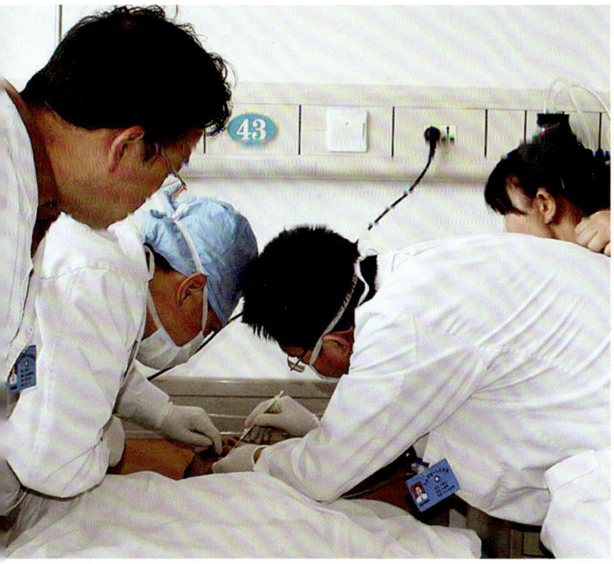

5月16日，兰州大学第二医院医护人员为陇南地震伤员会诊

（兰州大学第二医院　提供）

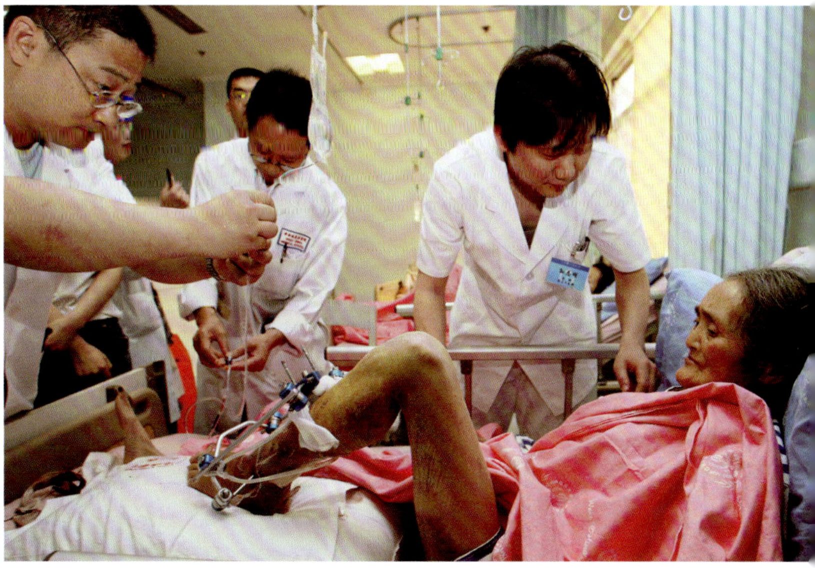

5月24日，天津市医疗队在四川大学华西医院救治伤员

（姚文生　摄）

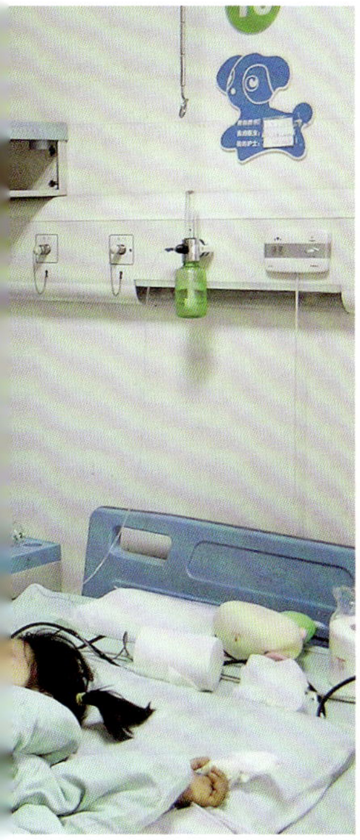

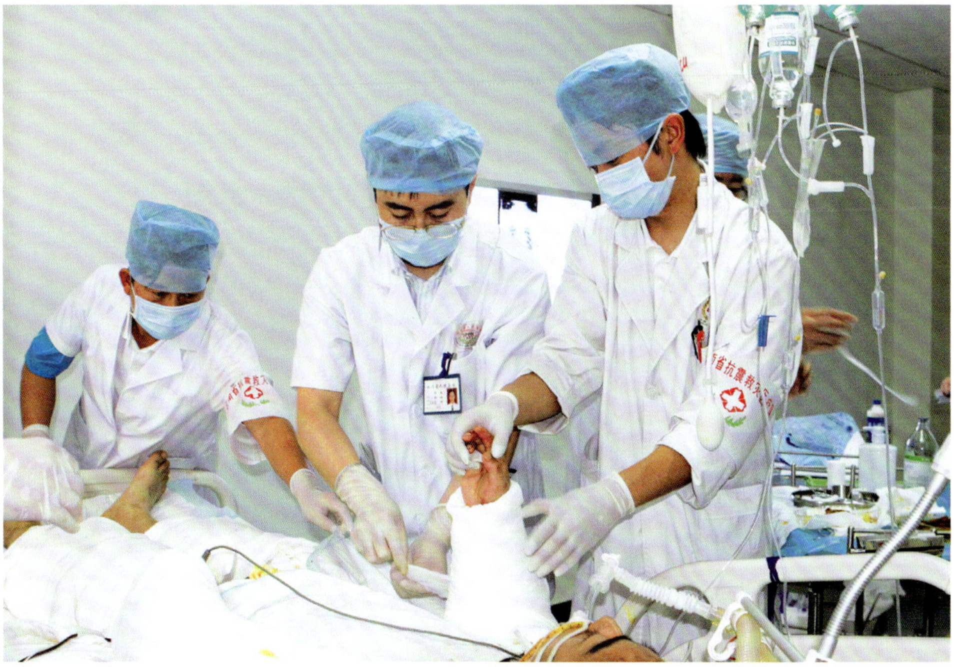

6月2日，云南省医疗队在四川省人民医院急救中心救治地震伤员

（付辉　摄）

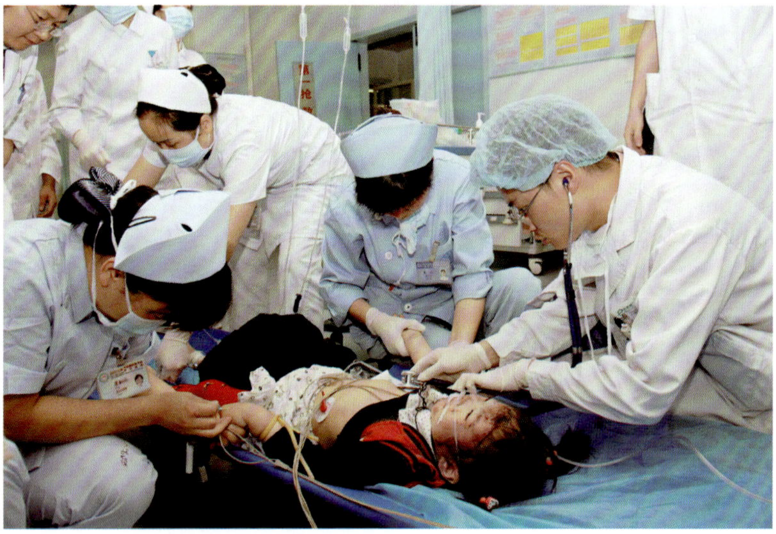

5月12日22时，四川大学华西医院医护人员为小伤员检查身体　　（田春　摄）

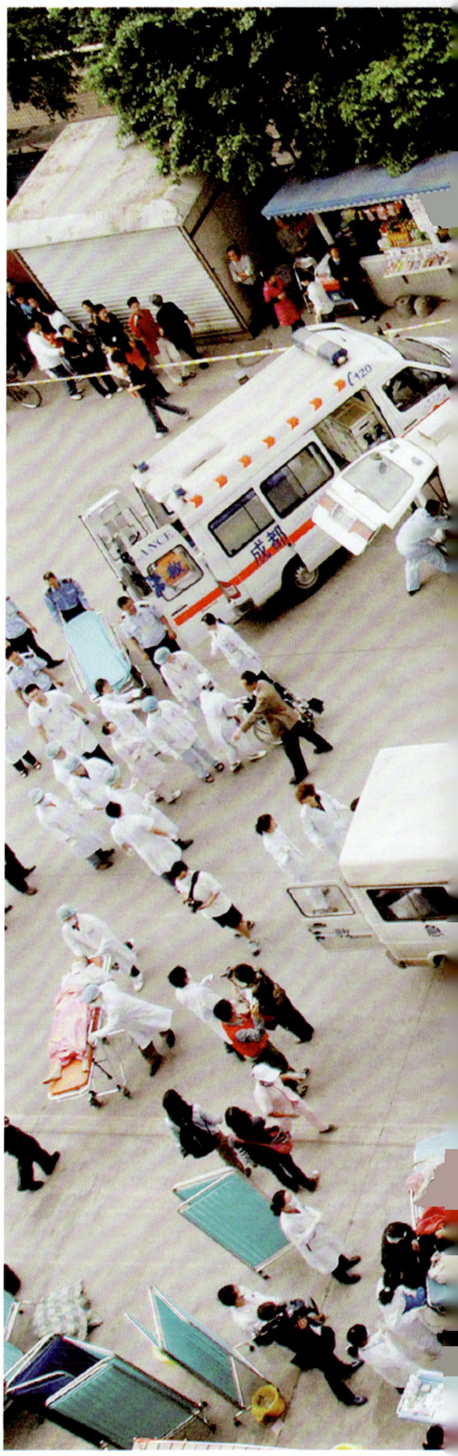

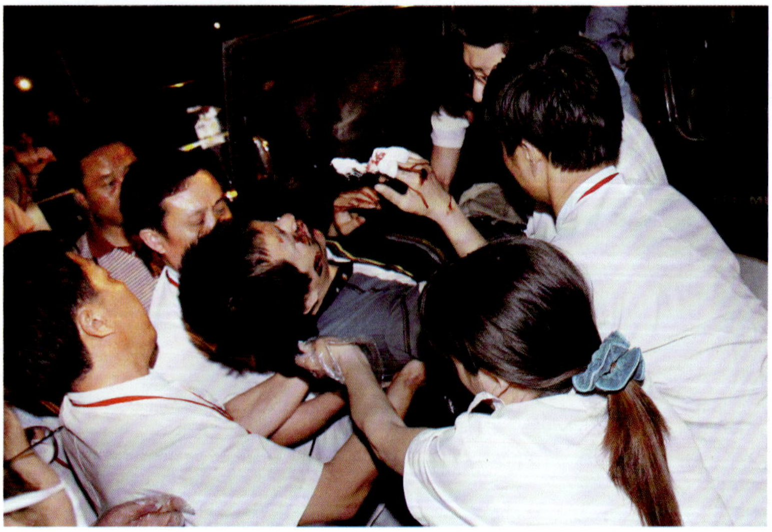

5月12日21时，四川大学华西医院医护人员连夜坚持收治地震伤员　　（田春　摄）

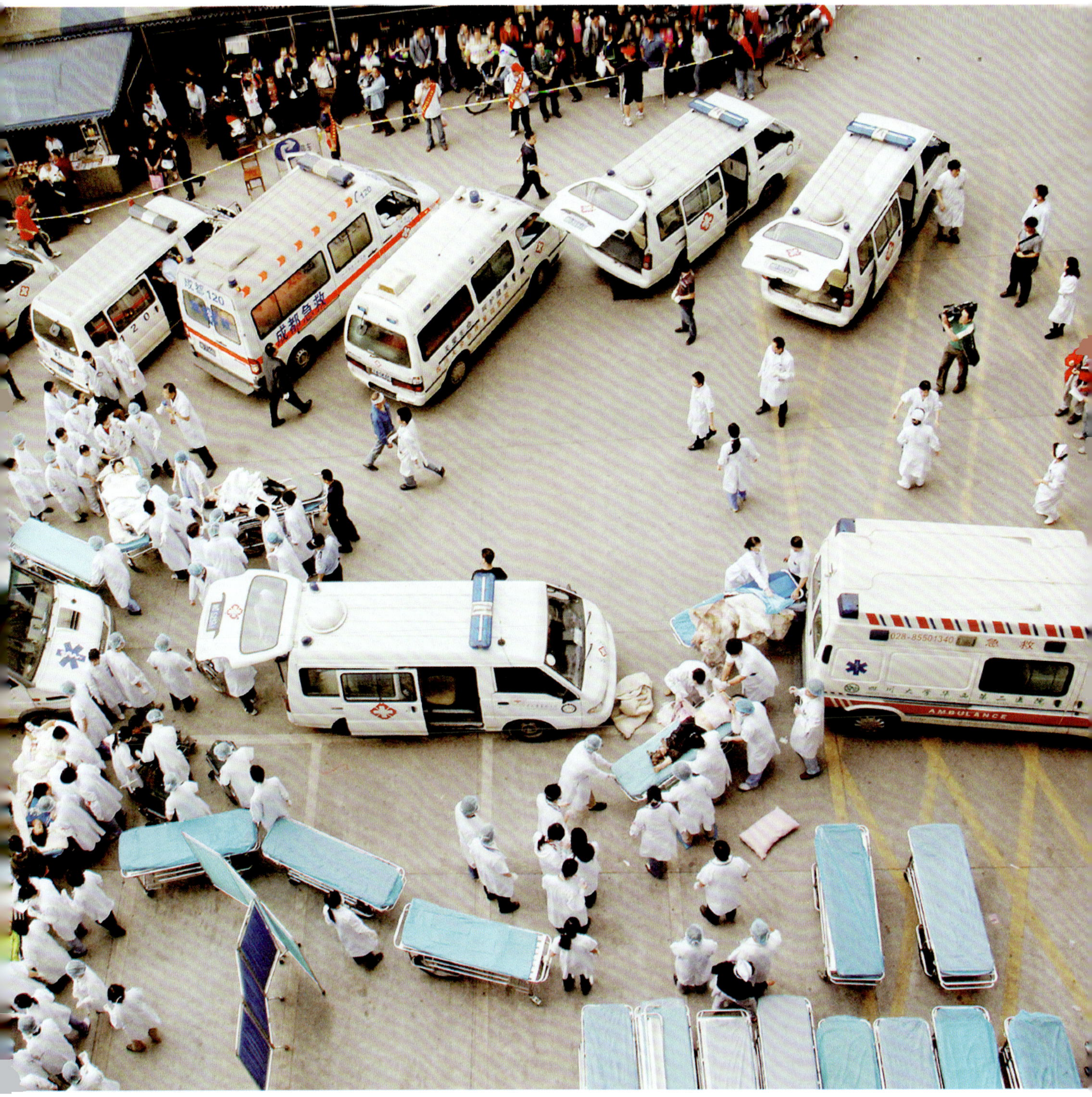

5月15日，大批空运来的地震伤员进入四川大学华西医院
（田春　摄）

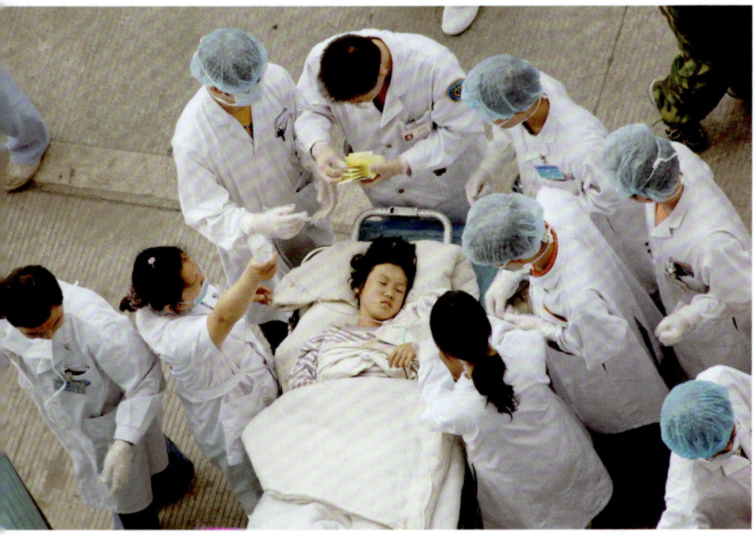

5月15日，四川大学华西医院急诊科收治地震伤员

（田春　摄）

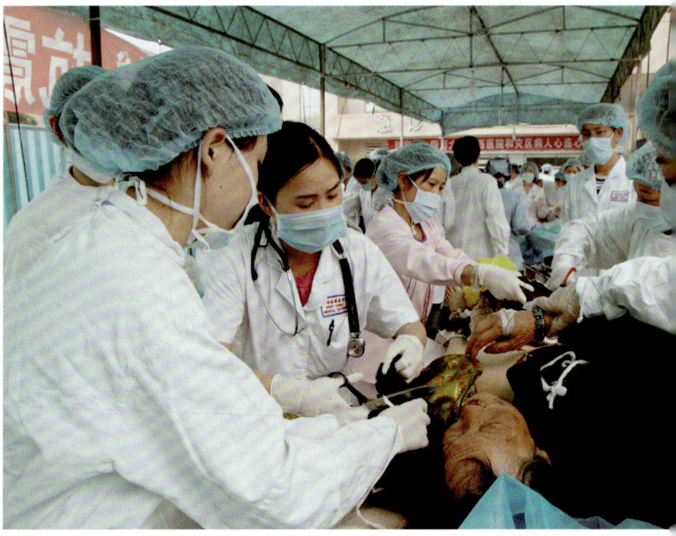

5月16日，四川大学华西医院医护人员在临时急诊室为地震伤员做涂片检查

（田春　摄）

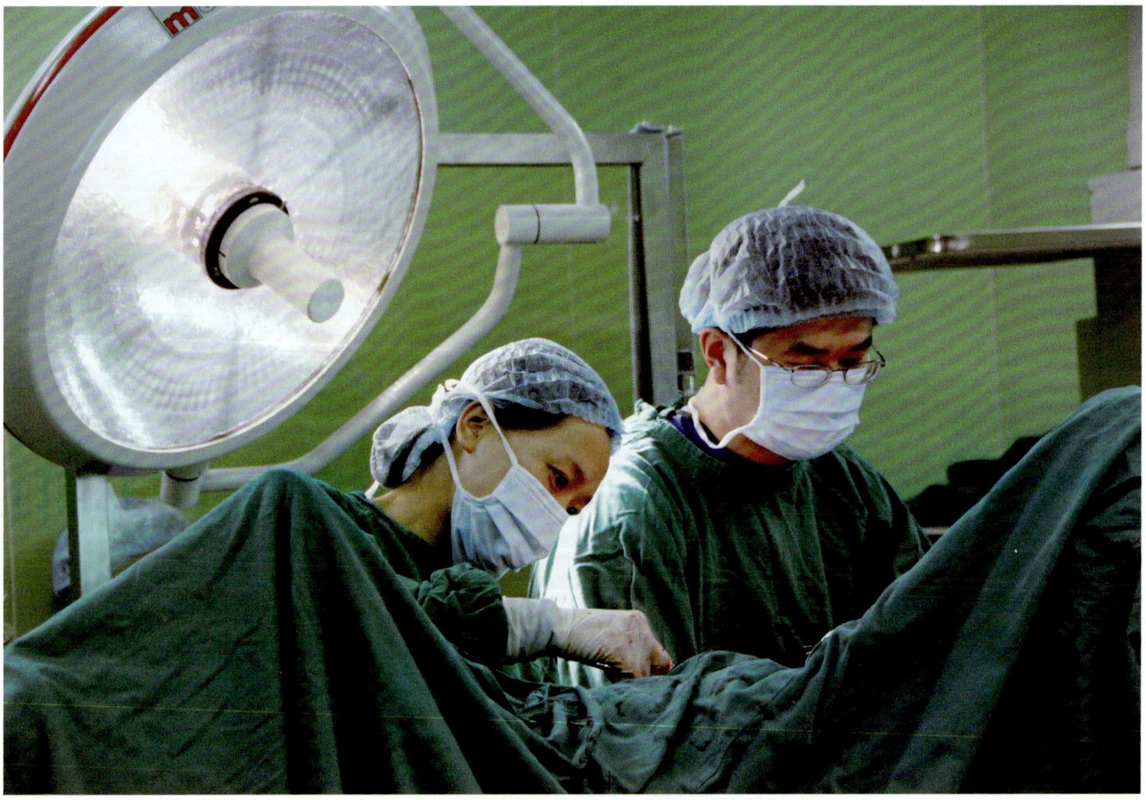

5月17日，四川大学华西医院医护人员为地震伤员实施手术　（田春　摄）

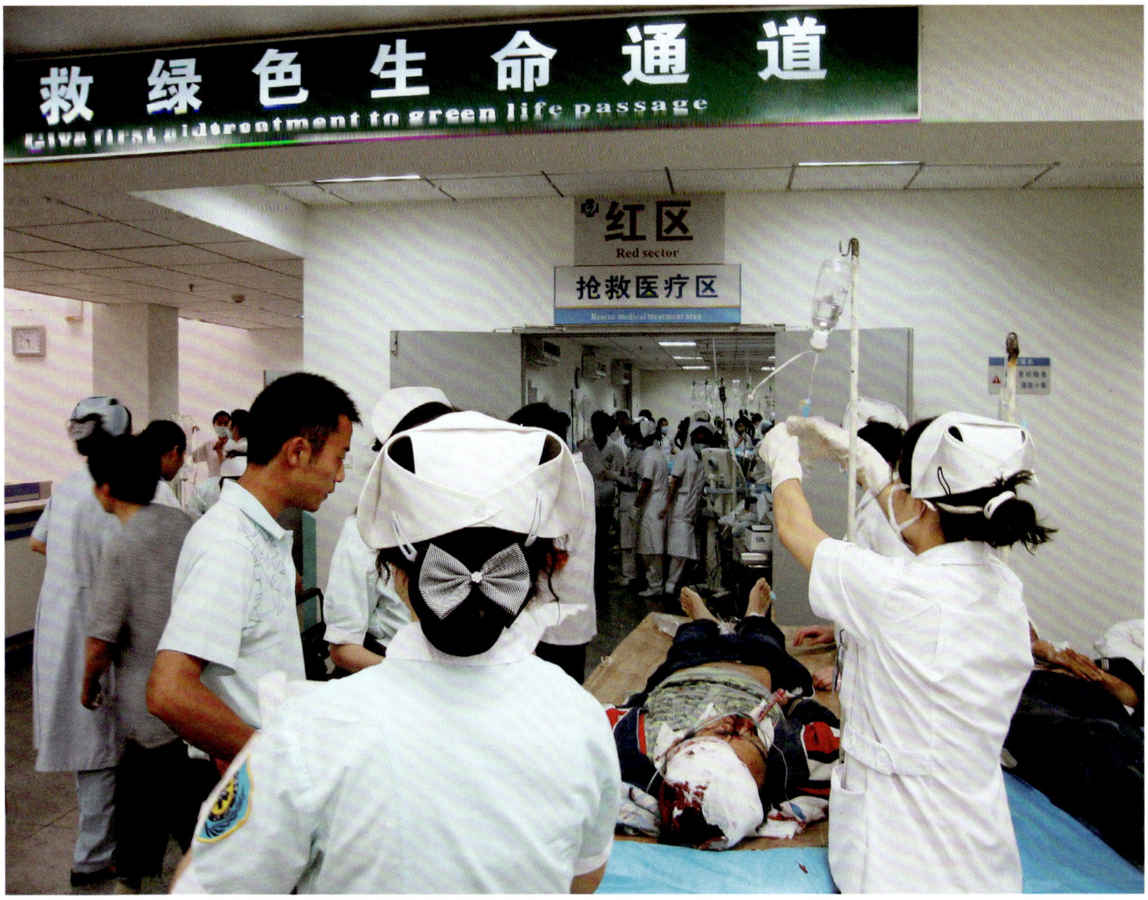

5月12日18时，四川省人民医院急诊室开设地震伤员绿色生命通道

（四川省人民医院　提供）

5月12日23时41分，四川省人民医院利用医院空地收治地震伤员

（四川省人民医院　提供）

伤员转运治疗

汶川特大地震发生后，灾区各市州迅速建立“现场救治站点—就近医院—县级医院—市级医院—省级医院转送伤员”的救治网络；第三军医大学第一医疗队根据灾区伤员众多、医疗条件有限且破坏严重等情况，提出灾区批量伤员转运分流办法，救援部队、武警官兵、医护人员迅速深入重灾地区转运伤员。地震导致成都、德阳、绵阳、广元等地医院伤员爆满，医疗资源紧缺，医务人员超负荷运转。中共中央、国务院果断决定，将部分能够安全转移的伤员送往灾区以外省市条件较好的医疗机构救治。自5月17日起，卫生部与交通运输部、铁道部等部门配合，通过公路、铁路、航空等方式，分批转运四川灾区伤员10015名，赴全国20个省（区、市）的58个城市医疗机构进行治疗。19—31日，铁道部从成都、绵阳、德阳、江油、广元等车站开行伤员转运专列19列，紧急转运伤员5053人；部分航空公司迅速进行飞机改装，保障每日18个伤员运输航班及540名担架伤员运输，出动专机99架（次），转运伤员3495人。

省内转运治疗

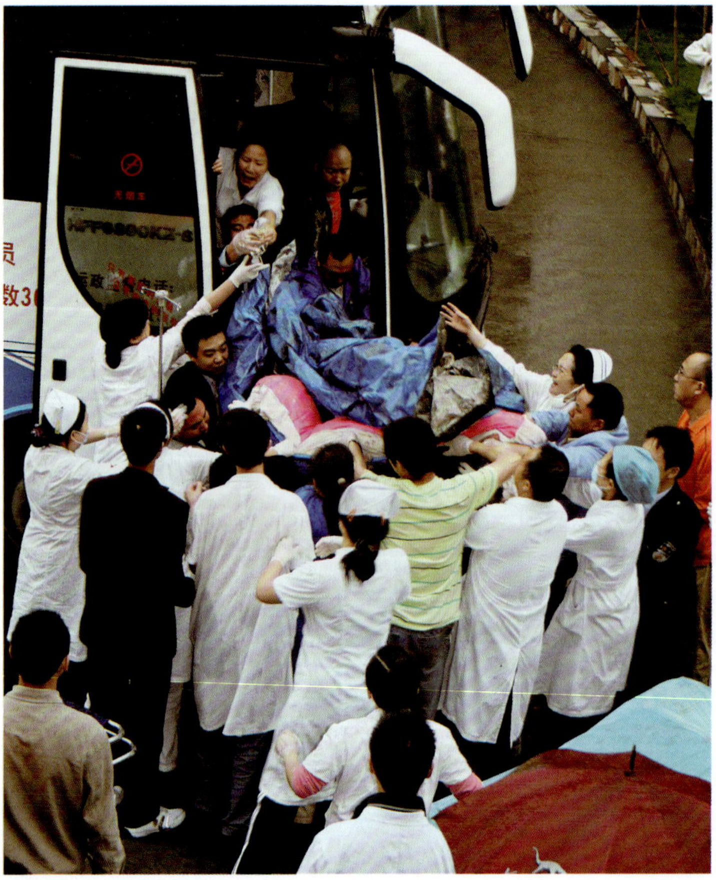

5月13日，眉山市第二人民医院紧急接收重灾地区伤员
（尧遥　摄）

5月13日，彭州市人民医院紧急接收重灾地区伤员
（彭州市卫生局　提供）

5月15日，在汶川县映秀镇临时停机坪上等待紧急转运的地震伤员　（吴海浪　摄）

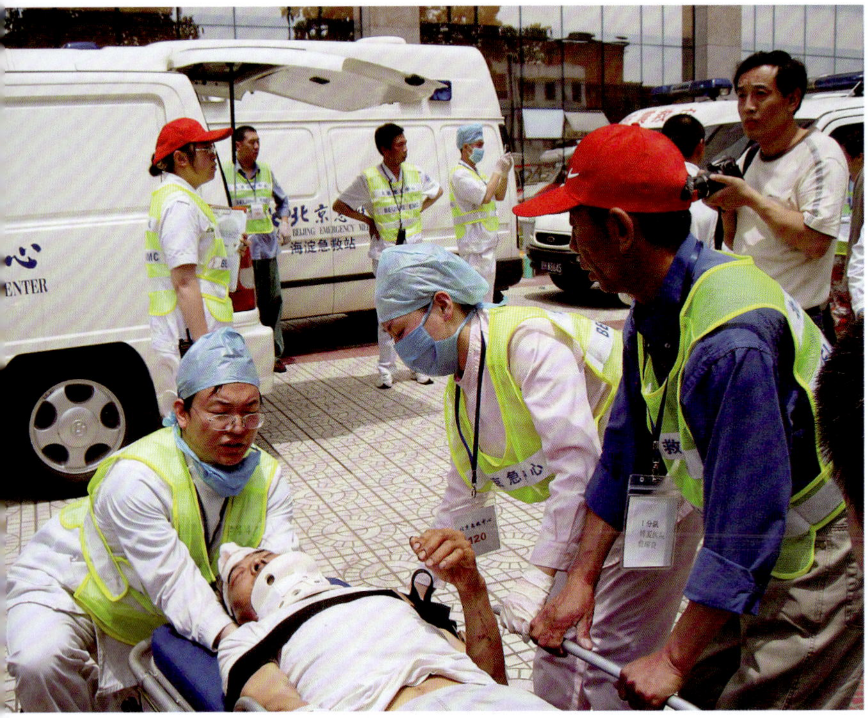

5月18日，中国残联国家康复医疗队在绵阳市紧急运送地震伤员

（中国残联　提供）

5月20日，成都市120急救中心医护人员在太平寺机场紧急接收空运来的地震伤员　（戴斌　摄）

5月20日，成都市各医院在桑园机场接收空运来的地震伤员　（戴斌　摄）

5月21日，解放军第三军医大学医疗分队在汶川县映秀镇空运重伤员

（岱天荣　摄）

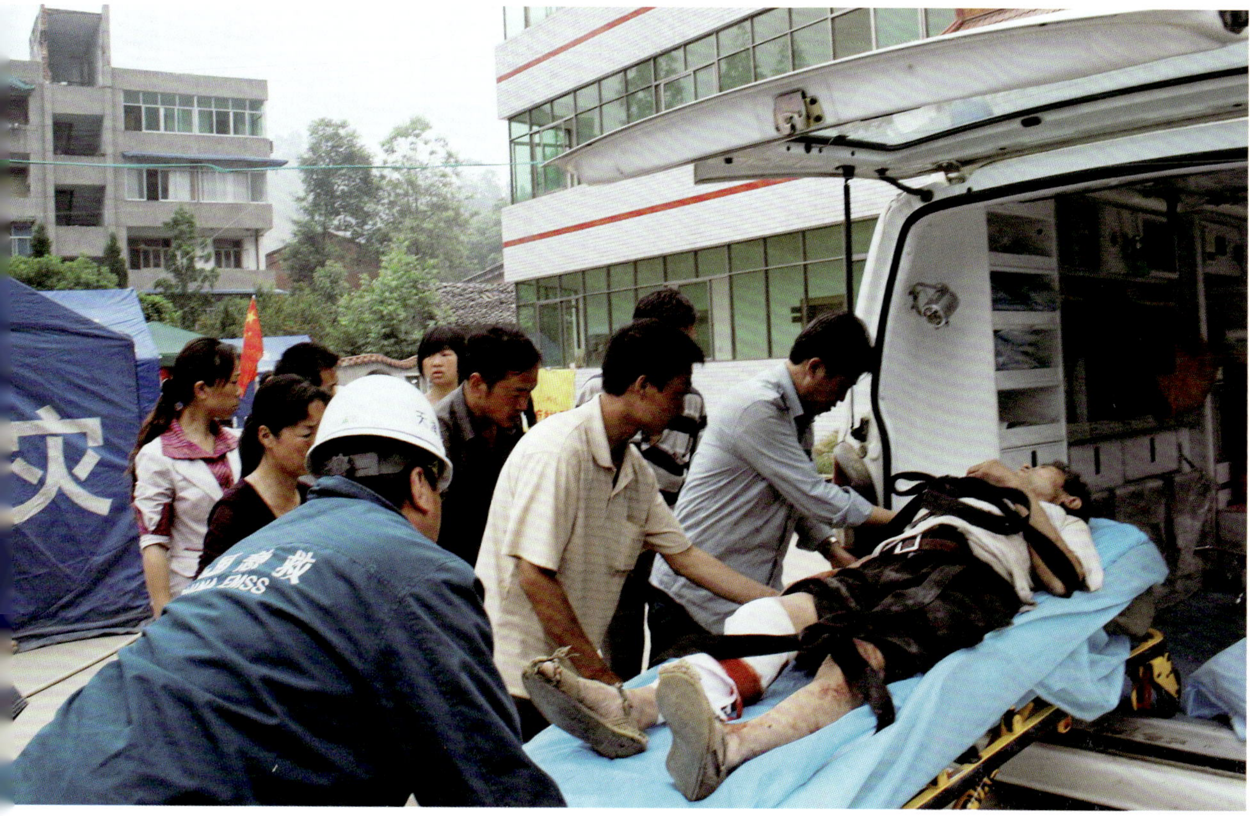

5月24日，天津市救援队在青川县转送地震伤员　（周勇　摄）

跨省铁路转运

5月19日，成都铁路局职工在绵阳站拆下专列的车窗，运送地震伤员　（曹宁　摄）

5月19日，成都铁路局绵阳站职工将需转运的地震伤员送上专列　（史海琳　摄）

5月19日10时20分，首趟运送地震伤员专列自成都铁路局绵阳站发出，当日17时许到达重庆北站 （徐志群　摄）

5月20日，成都铁路局绵阳站首批转运伤员登上专列 （李洁军　摄）

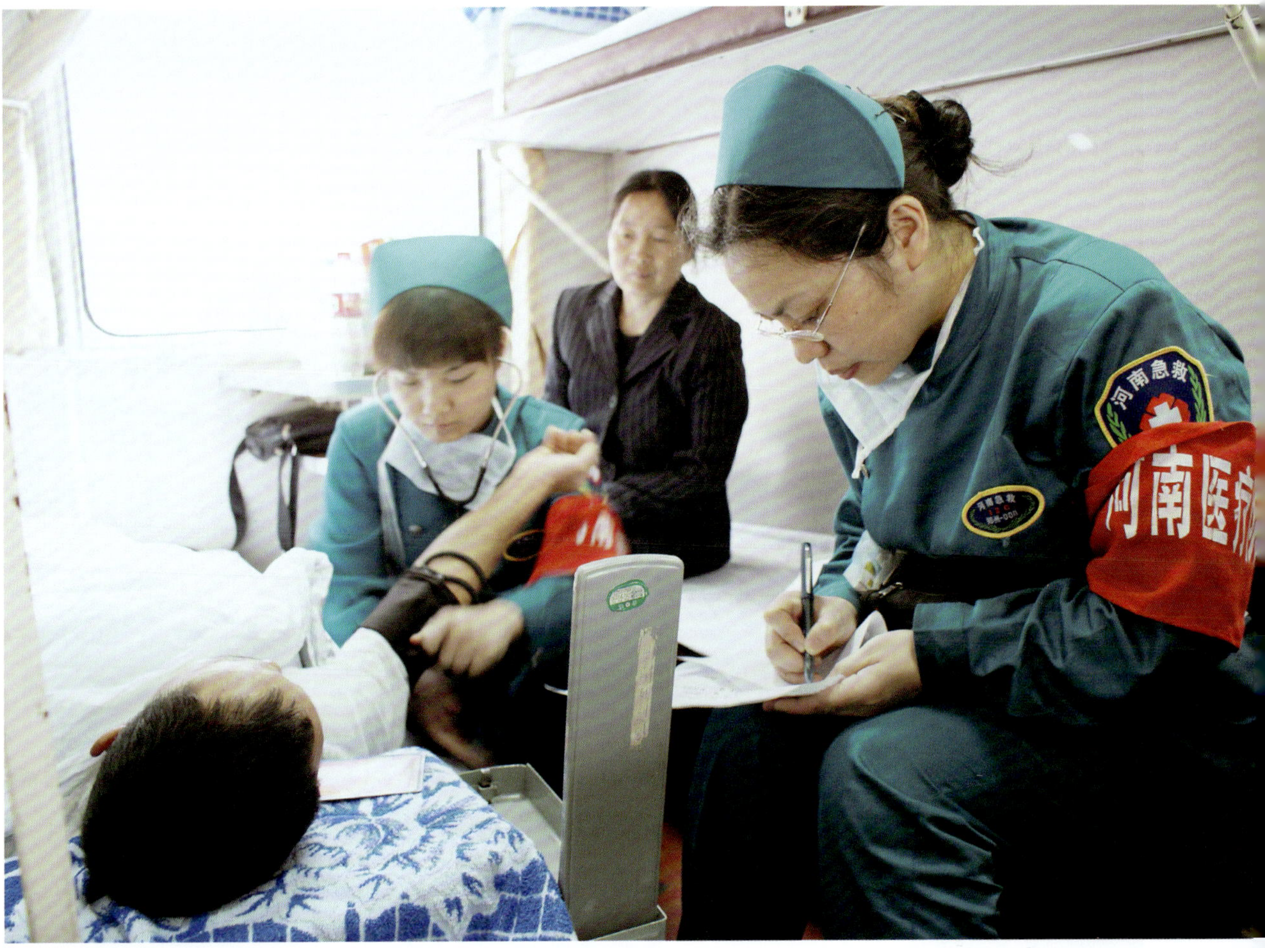

5月24日，河南省医疗队医护人员在专列上检查转运伤员病情 （吴玉玺 摄）

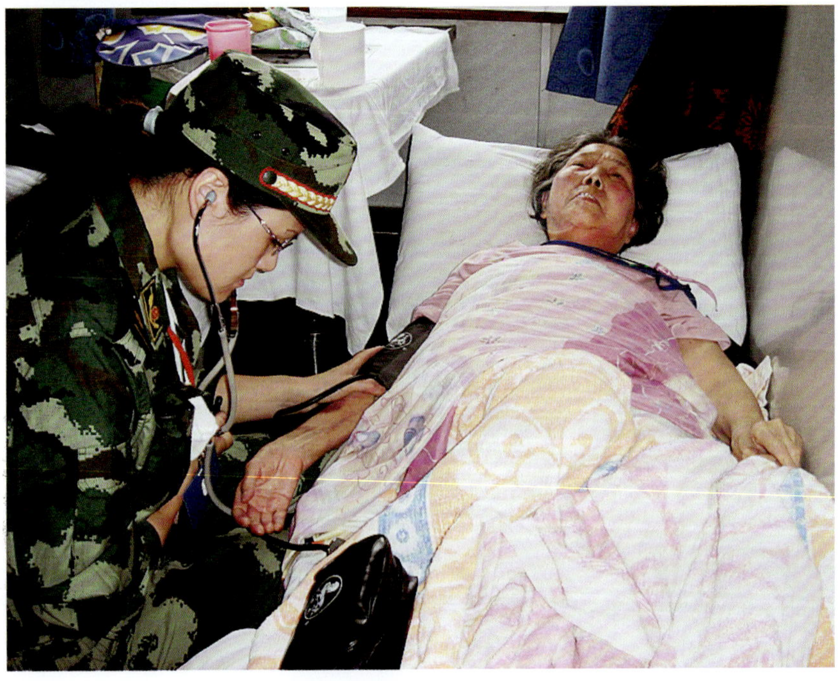

5月24日，武警湖北总队医院医护人员在转运列车上护理地震伤员

（武警湖北总队医院 提供）

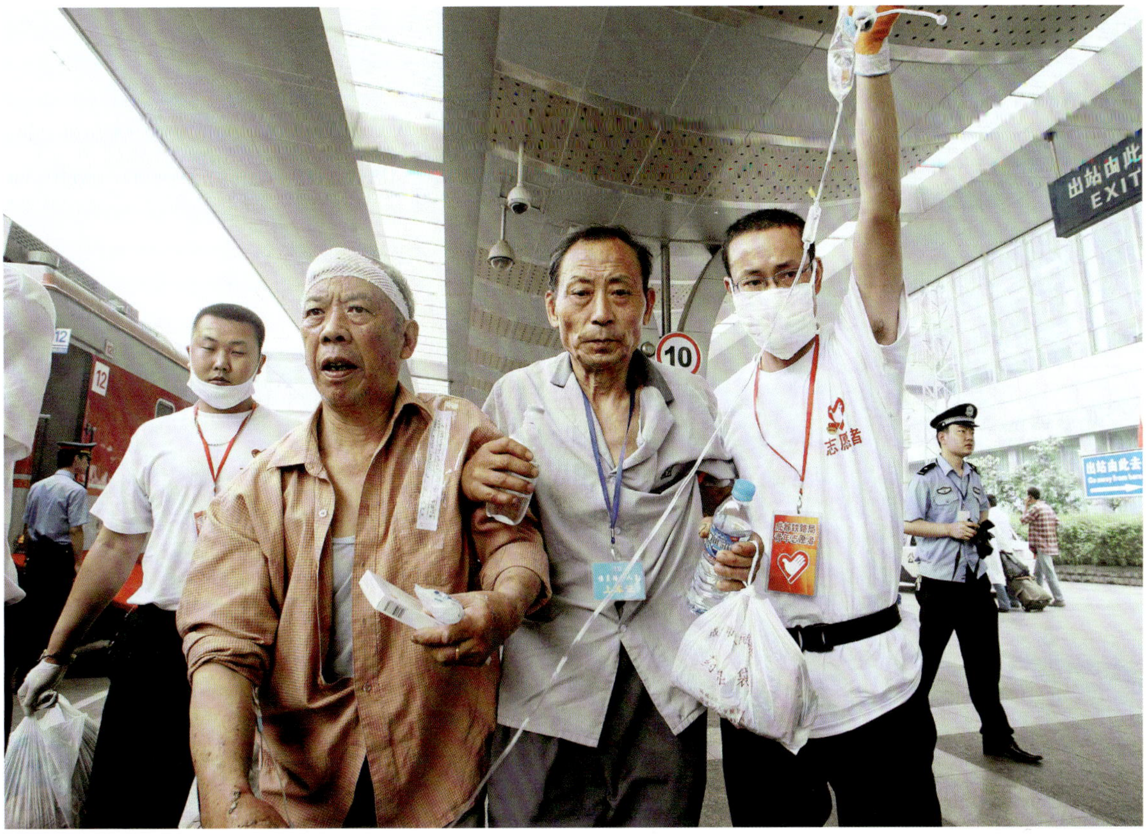

5月25日，成都铁路局成都站青年志愿者护送地震伤员登上驶往杭州的专列

（周振全　摄）

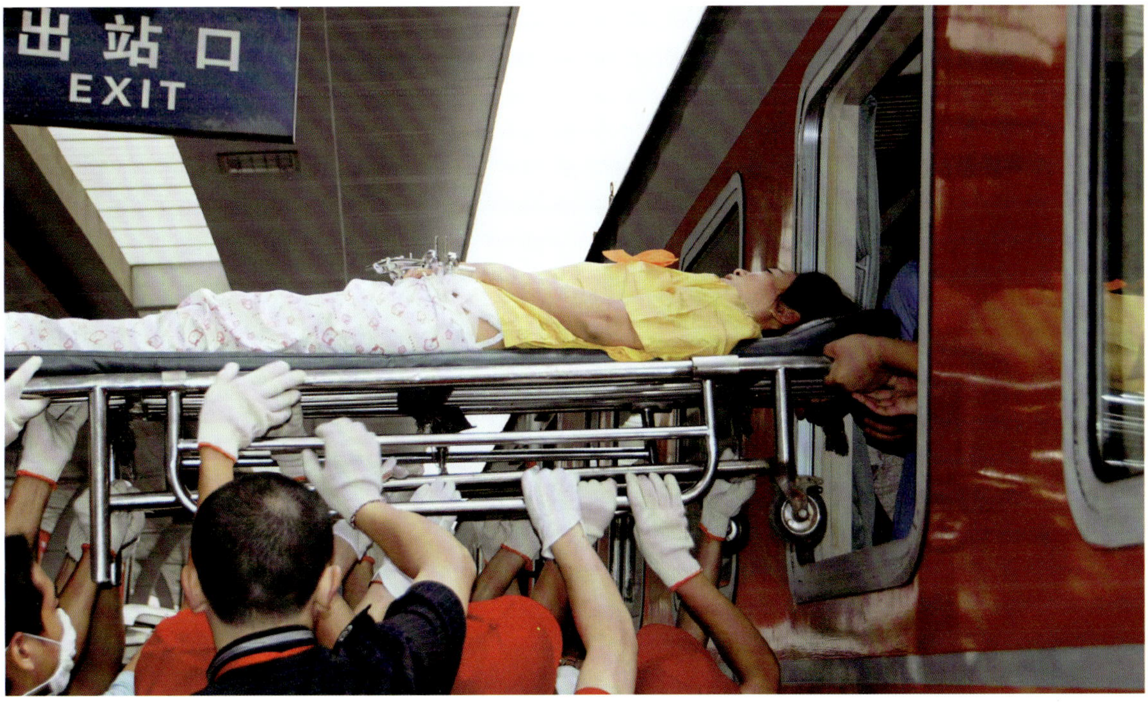

5月30日，成都铁路局成都站职工协助成都市武侯区第三人民医院转运伤员登上专列

（成都市武侯区卫生局　提供）

跨省航空转运

5月21日，四川大学华西医院医护人员与双流机场工作人员一道把伤员托上飞机

（田春　摄）

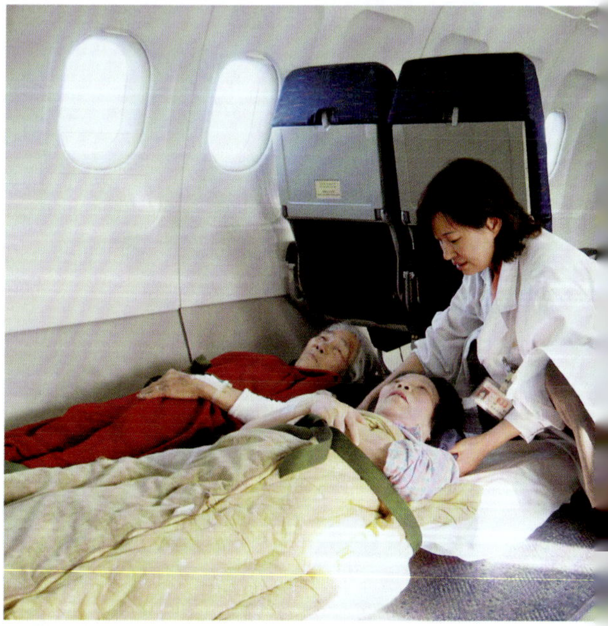

5月22日，成都铁路中心医院医护人员随机照顾直飞青岛的地震伤员　　（陈雪萍　摄）

5月21日，首批30余名地震伤员由成都双流机场转运广东省广州医疗中心

（成都市卫生局　提供）

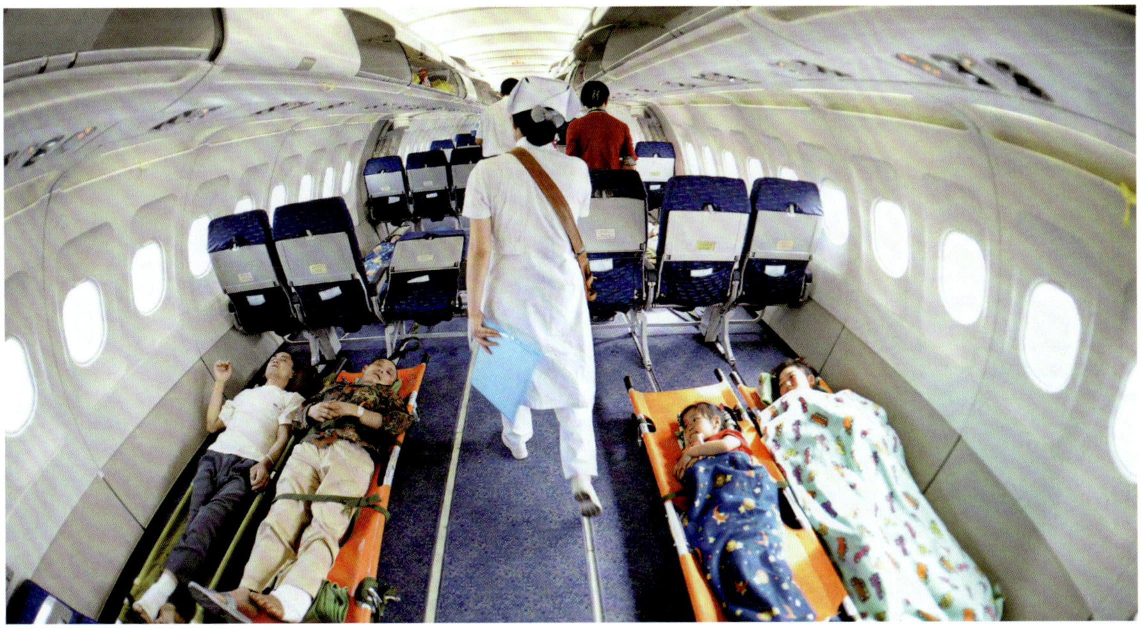

5月30日，从成都双流机场登机等待飞往上海治疗的地震伤员

（余坪　摄）

伤员省外治疗

部分地震伤员送往灾区以外省市医疗机构进行救治，各接收治疗省（区、市）迅速成立接收转运伤员和伤员救治工作领导小组，开展接收灾区伤员治疗工作。各接收医院立即组成治疗专家组，对伤员进行会诊，制订治疗方案，为需要手术的伤员及时实施手术。地震转运伤员全部得到免费治疗，部分医院还为伤员及家属提供食宿，并给予生活补贴。截至10月31日，大多数四川地震灾区伤员伤愈出院，陆续返回家乡。

伤员接收

5月19日，重庆市迎接四川省转运地震伤员救护车辆在重庆北站集结　　（曹宁　摄）

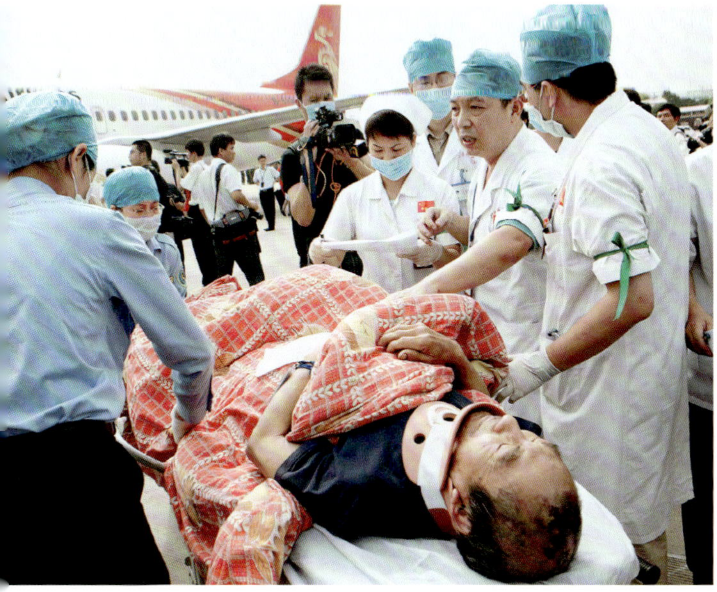

5月22日，广西医务人员在南宁机场接诊四川省转运的地震伤员

（广西卫生厅　提供）

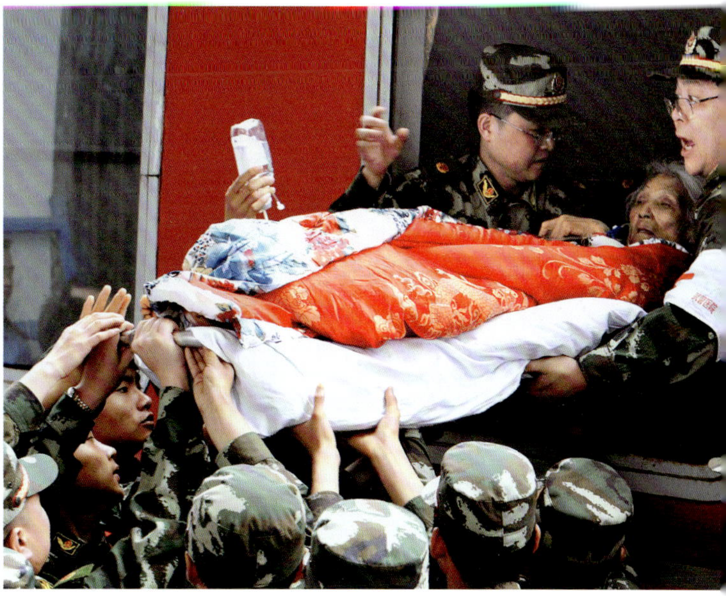

5月22日，武警贵州省总队官兵在贵阳站迎接四川省地震伤员

（武警贵州总队　提供）

5月22日晚，青岛市医护人员在青岛流亭机场接诊第二批四川省地震伤员

（张伟　摄）

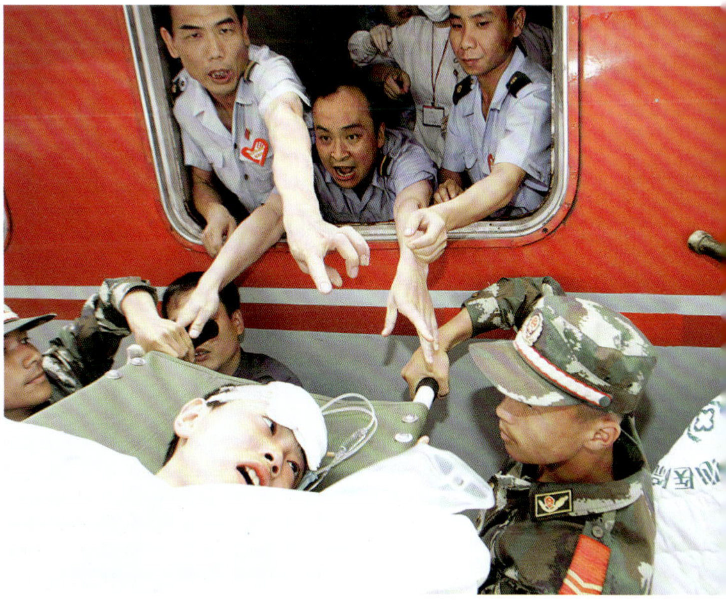

5月24日，南昌铁道局职工、武警部队官兵在南昌站迎接四川省转运的地震伤员

（张卫东　摄）

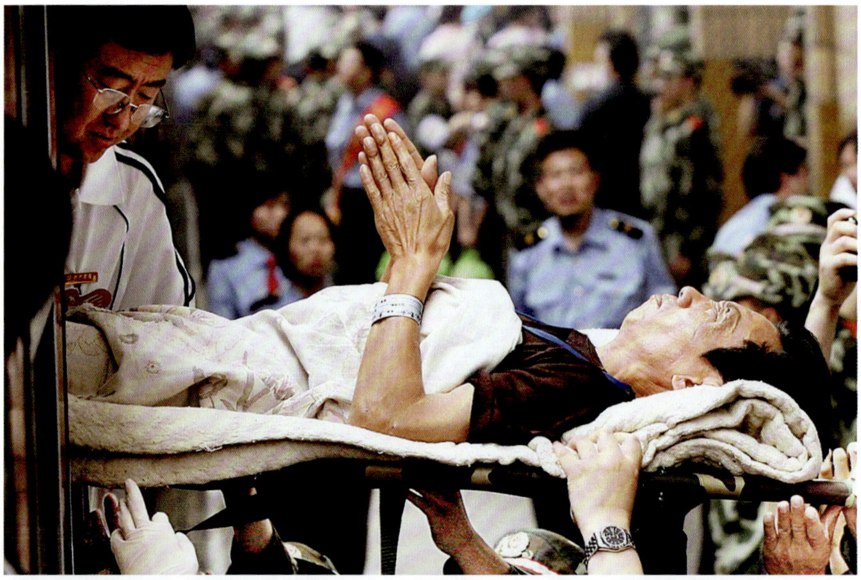

5月24日，武警湖北省总队官兵在武昌站迎接绵阳市转院地震伤员，一名伤员在被抬出车厢时不停地合掌说“谢谢”

（石一　摄）

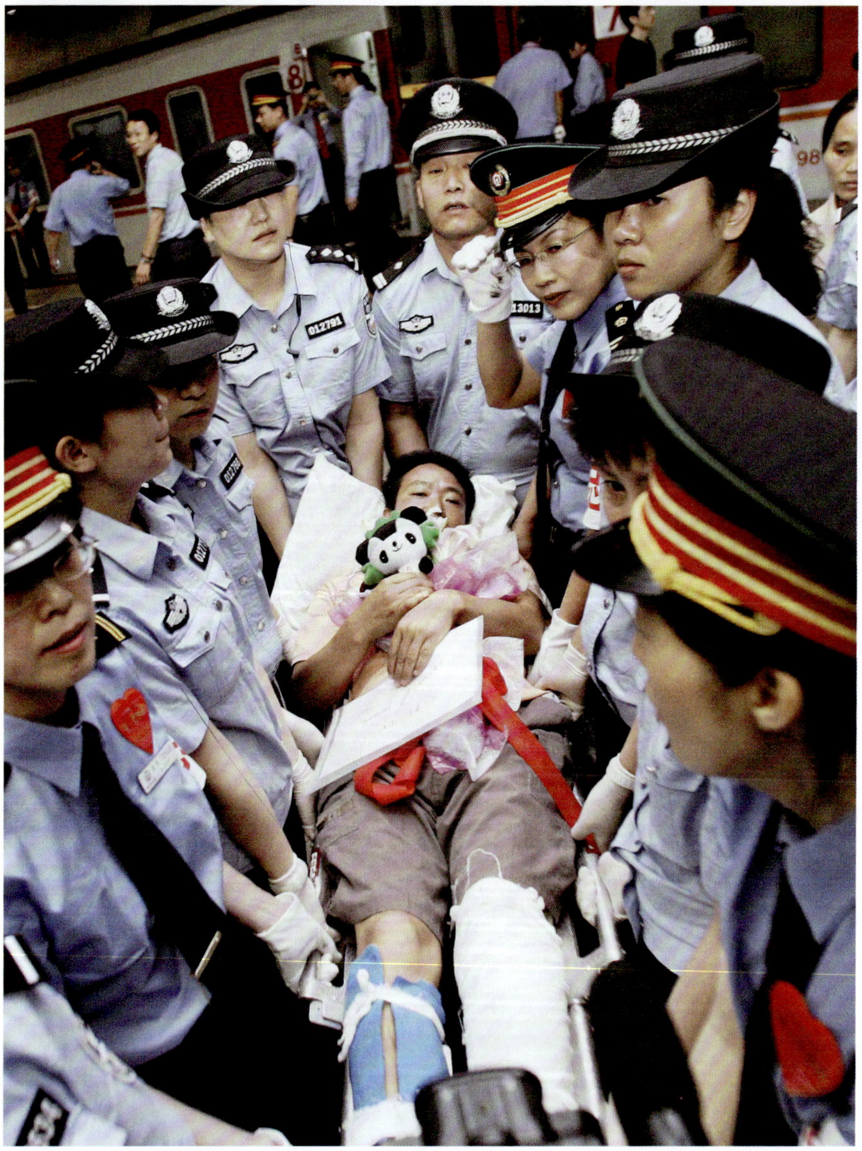

5月28日，北京铁路局职工、公安民警在北京西站迎接首批四川省地震伤员

（程功　摄）

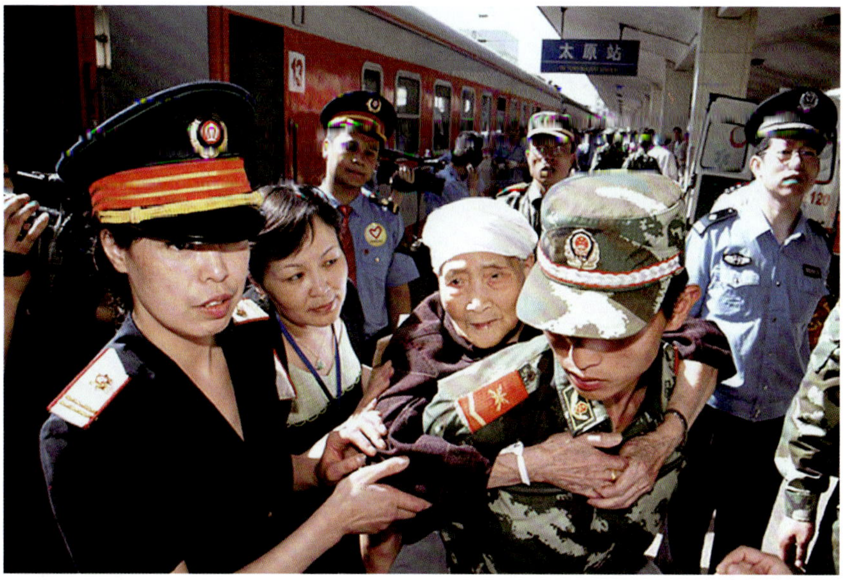

5月28日，武警山西省总队官兵在太原火车站迎接首批四川省地震伤员
（郝东亮　摄）

5月30日，运送四川省地震伤员的专列驶入江苏省扬州火车站　（孙参　摄）

伤员治疗

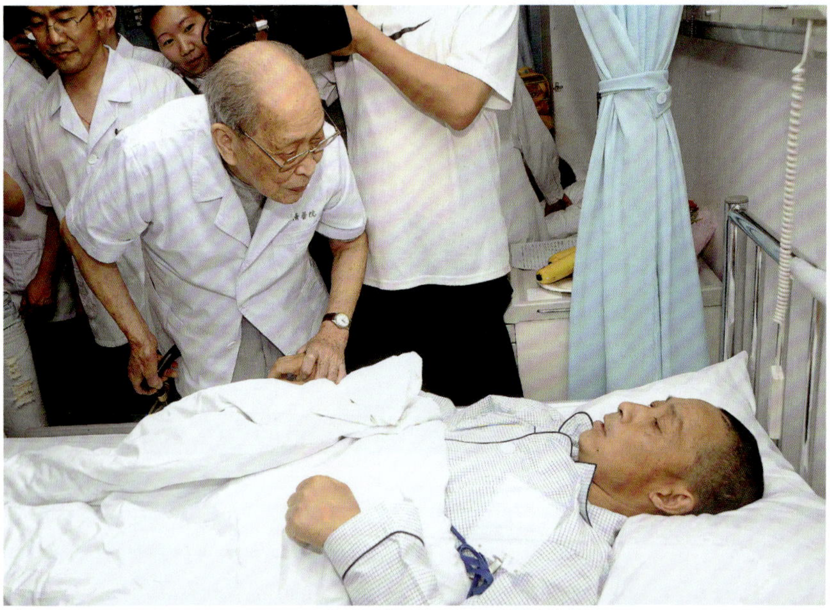

5月24日，华中科技大学同济医学院附属同济医院中科院院士裘法祖为地震伤员会诊
（同济医院　提供）

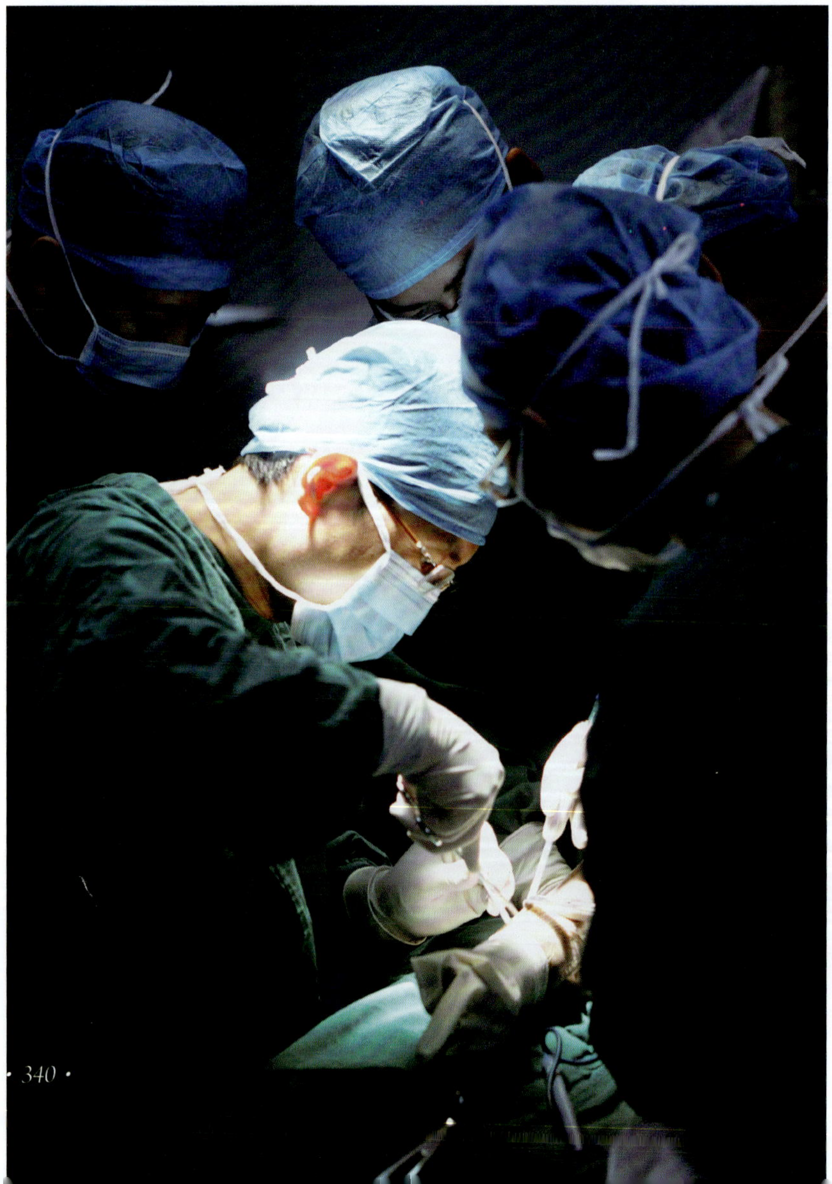

5月27日，安徽省立医院医学保健中心医生为四川地震灾区伤员实施手术
（安徽省卫生厅　提供）

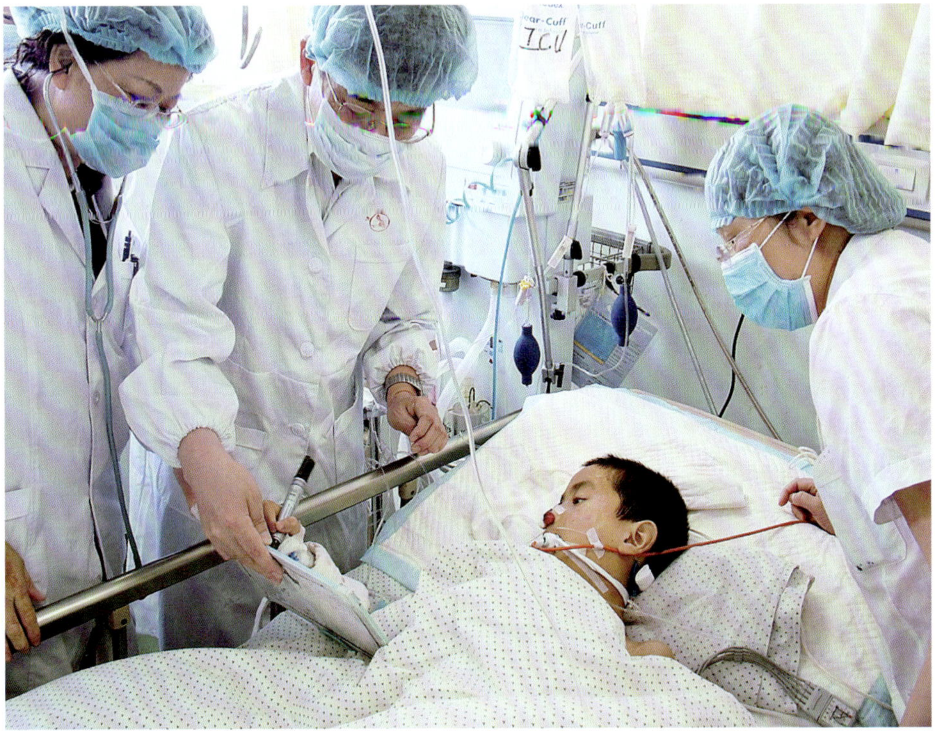

5月29日，合肥市第一人民医院救治的来自绵竹市汉旺镇汉旺小学危重患儿在字板上写下了“感谢大家，感谢医生”（安徽省卫生厅　提供）

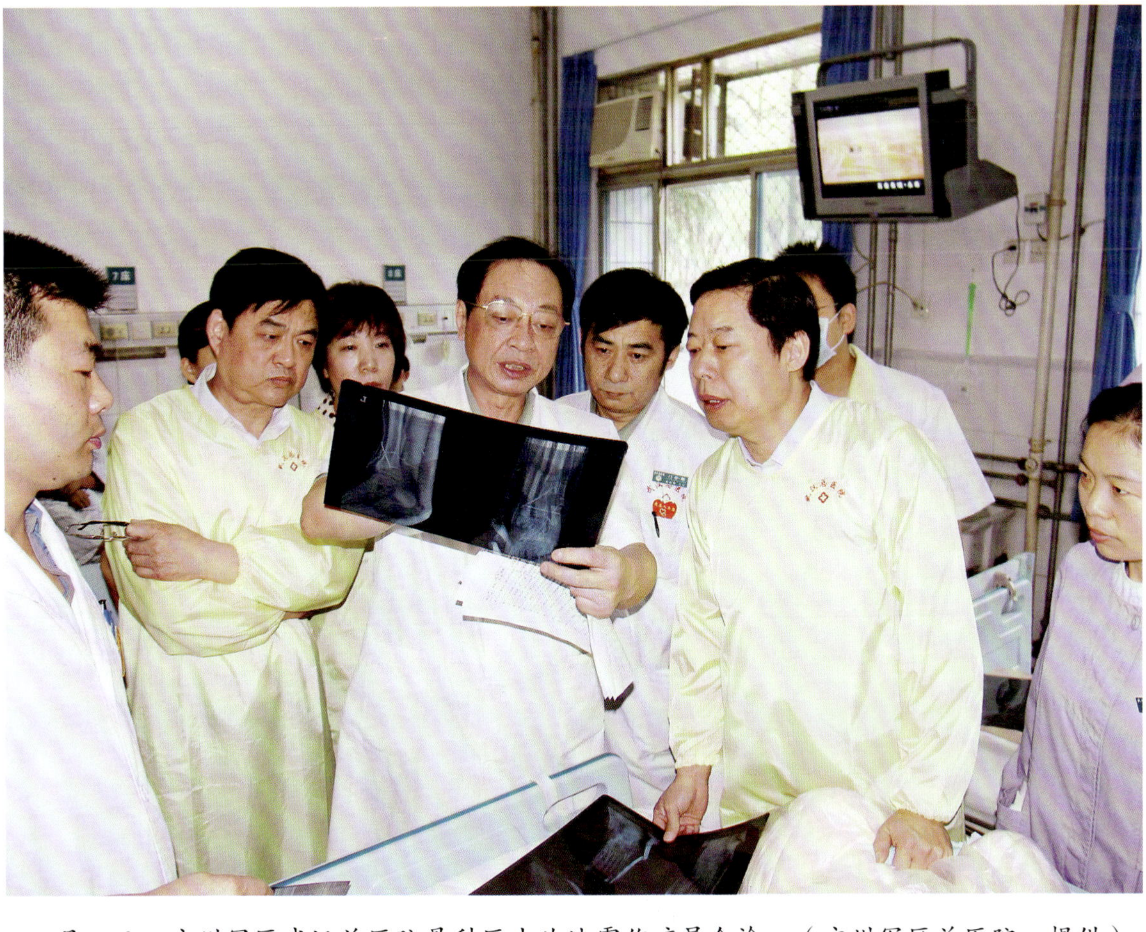

6月22日，广州军区武汉总医院骨科医生为地震伤病员会诊　（广州军区总医院　提供）

心理救助与康复治疗

汶川特大地震不仅给灾区群众的生命财产造成巨大损失，也给灾区群众尤其是青少年及儿童带来极大的心理伤害。解放军、卫生部、中国红十字会等部门迅速组织开展心理救援，向灾区派出医疗卫生和心理救援队伍，积极开展灾区心理卫生服务。心理救助队进驻四川地震灾区群众安置点、学校等地与孩子们交谈，组织做游戏，开展应急心理干预。各级卫生医疗机构积极开展地震伤员残疾预防和康复，各医院制订早期介入康复治疗、康复需求评估、康复方案和技术规范；逐步建立康复体系，配备医疗康复、功能康复训练和辅助器具，建立残疾人康复中心。在全国20个省（区、市）迅速接收灾区伤员治疗的同时，有针对性地开展地震伤员康复治疗，使其早日康复。

心理救助

5月19日，辽宁省心理医生在绵阳市九洲体育馆与孩子们交谈　（辽宁省卫生厅　提供）

5月20日，由奥运会冠军、世界冠军组成的中国红十字会心理救援队抵达绵阳市
（中国红十字总会　提供）

5月21日，重庆市心理辅导教师在绵阳市九洲体育馆同灾区儿童做游戏　（裴鑫　摄）

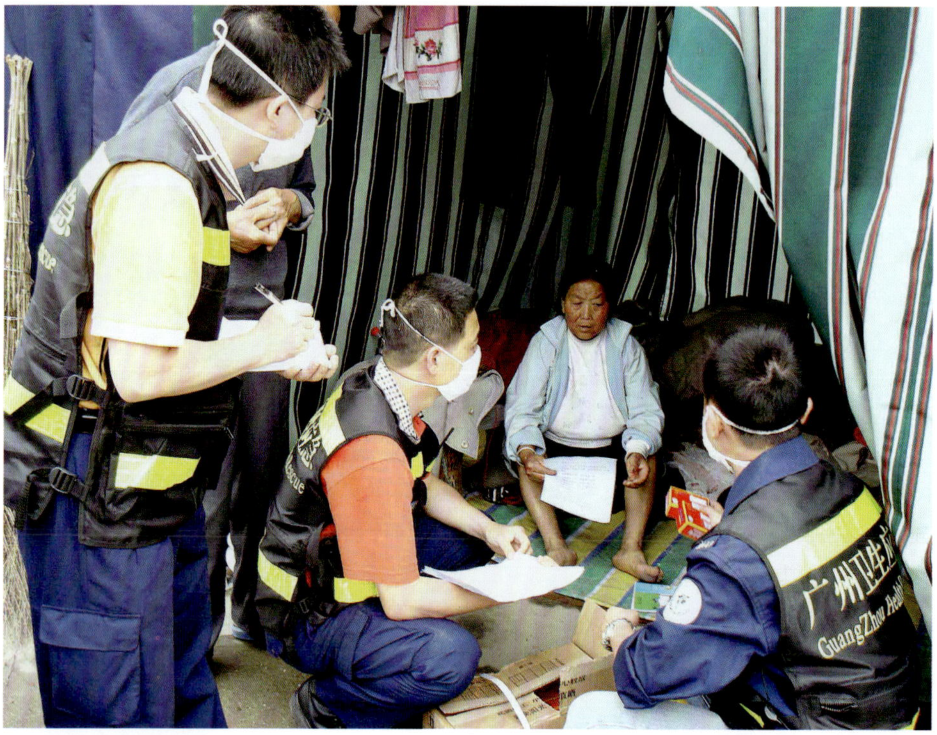

5月21日，广东省心理干预治疗组队员在江油市安置点为灾区群众做心理干预治疗　　（甘照宇　摄）

5月22日，中国儿童少年基金会等心理援助专家团在成都召开出征四川誓师会　　（张河峰　摄）

5月26日，解放军第二炮兵心理服务队医生在绵竹市遵道镇诚栋小学做心理辅导

（张建刚　摄）

5月30日，北京军区“灾后心理干预小组”在汶川县映秀镇开展心理疏导

（卫枫　摄）

5月31日，辽宁省鞍山慈善总会心理咨询小分队在安县千佛镇对学生做团体心理疏导 （常怀斌 摄）

6月1日，海军医疗队官兵在北川羌族自治县同灾区孩子一起做游戏 （江山 摄）

6月1日，甘肃省职业与成人教育协会心理救援队在文县为中小学生进行心理干预
（民革甘肃省委提供）

7月2日，江苏省连云港市心理咨询师在安县“帐篷学校”为孩子们做心理辅导 （穆文玲 摄）

康复治疗

5月28日，重庆市新桥医院医护人员欢送四川省地震伤员康复返乡

（第三军医大学　提供）

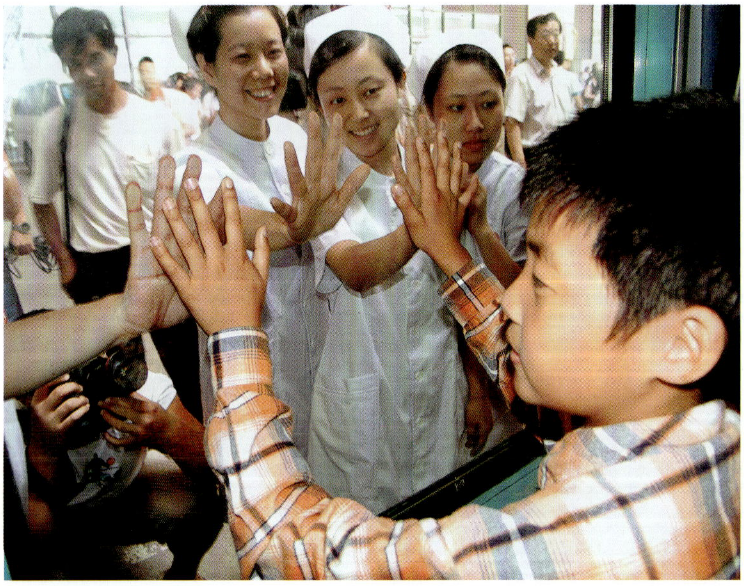

6月11日，武汉市中心医院医护人员送别康复返乡的四川省地震伤员

（武汉市中心医院　提供）

6月14日，四川省民政厅志愿者在铁路成都北站迎接自武汉市康复回家的地震伤员

（马良　摄）

6月17日，重庆市北碚中医院医护人员及周边群众欢送四川省地震伤员康复返乡

（重庆市卫生局 提供）

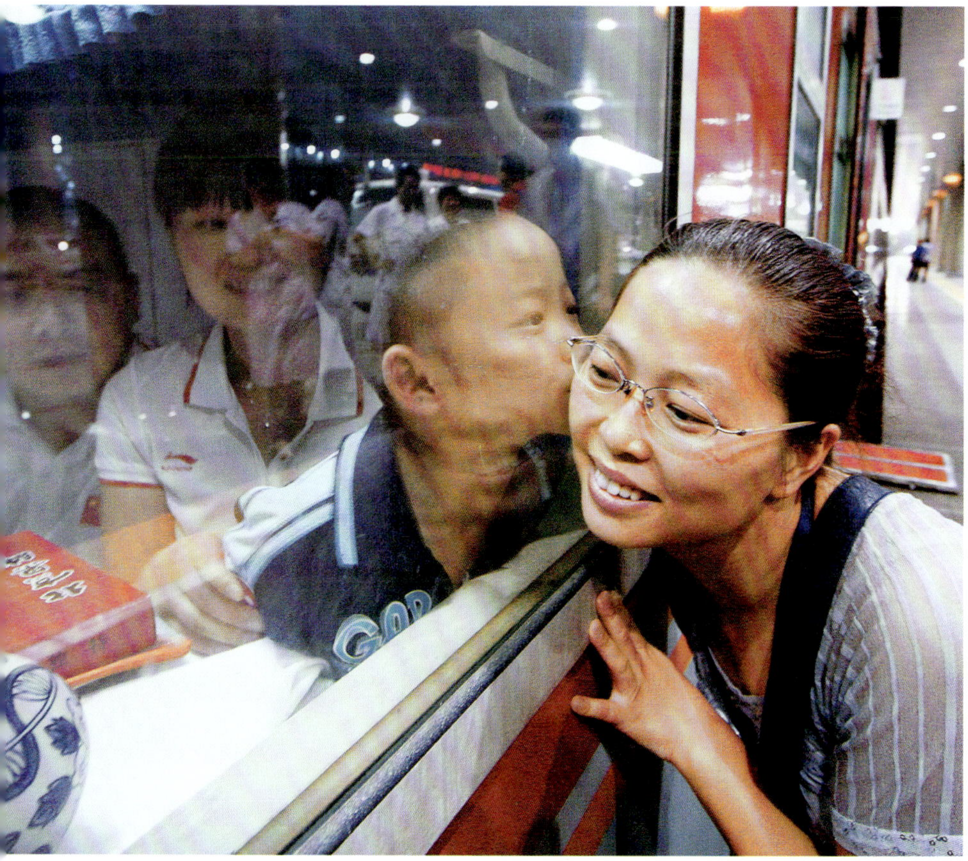

6月20日，北京市医护志愿者在铁路北京西站送别康复返乡的四川省地震小伤员

（曹欣 摄）

卫生防疫

卫生防疫是抗震救灾的重要工作之一。卫生部按照“早期、科学、依法、规范”的卫生防疫原则，迅速开展传染病疫情监测与防控，从全国20个省（市）紧急抽调1307名卫生监督人员和专家，赶赴四川地震灾区；解放军、武警部队、质检总局、农业部等纷纷派出卫生防疫队，参加食品、饮用水卫生监督监测，对遇难者遗体及动物尸体进行无害化处理，对群众安置点、水源、垃圾场、厕所等地进行消毒、杀虫、灭鼠，大力开展爱国卫生运动及健康宣传教育，实现了“大灾之后无大疫”的卫生防疫工作目标。

传染病疫情监测与防控

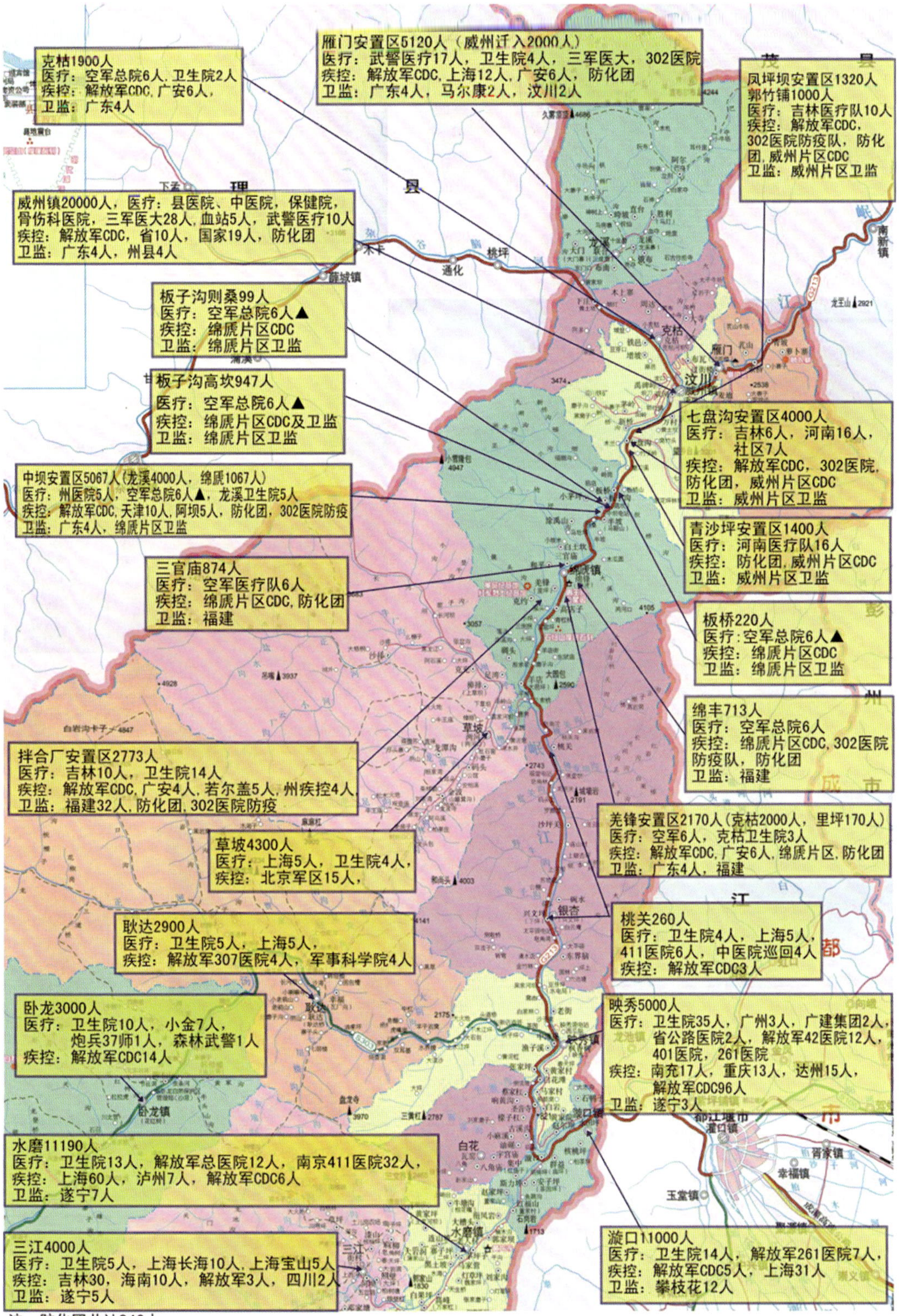

注：防化团共计240人

汶川县紧急避险5万受灾群众大转移卫生防疫布控图

（汶川县抗震救灾指挥部医疗防疫组　绘制）

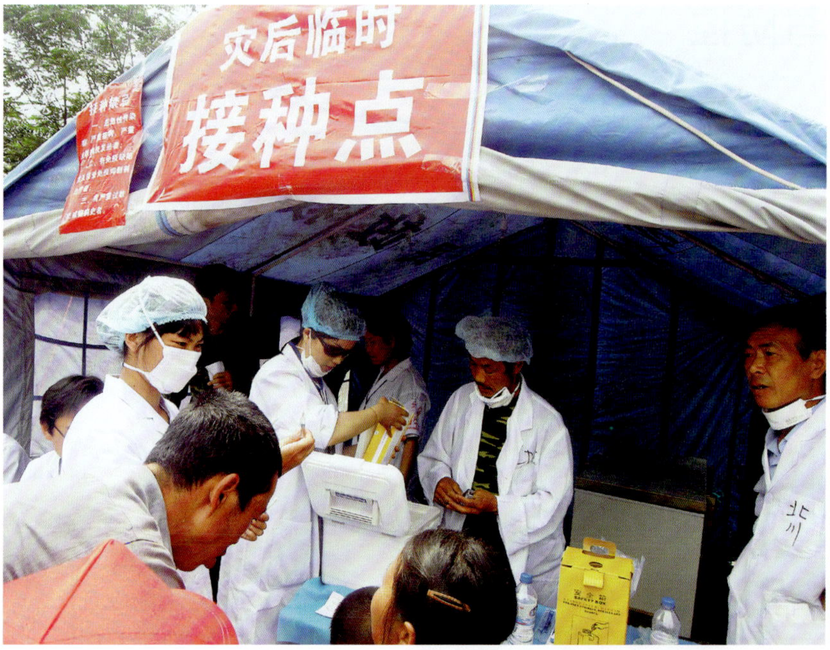

6月1日，绵阳市医护人员在北川羌族自治县擂鼓镇临时接种点为灾区儿童接种疫苗
（绵阳市卫生局　提供）

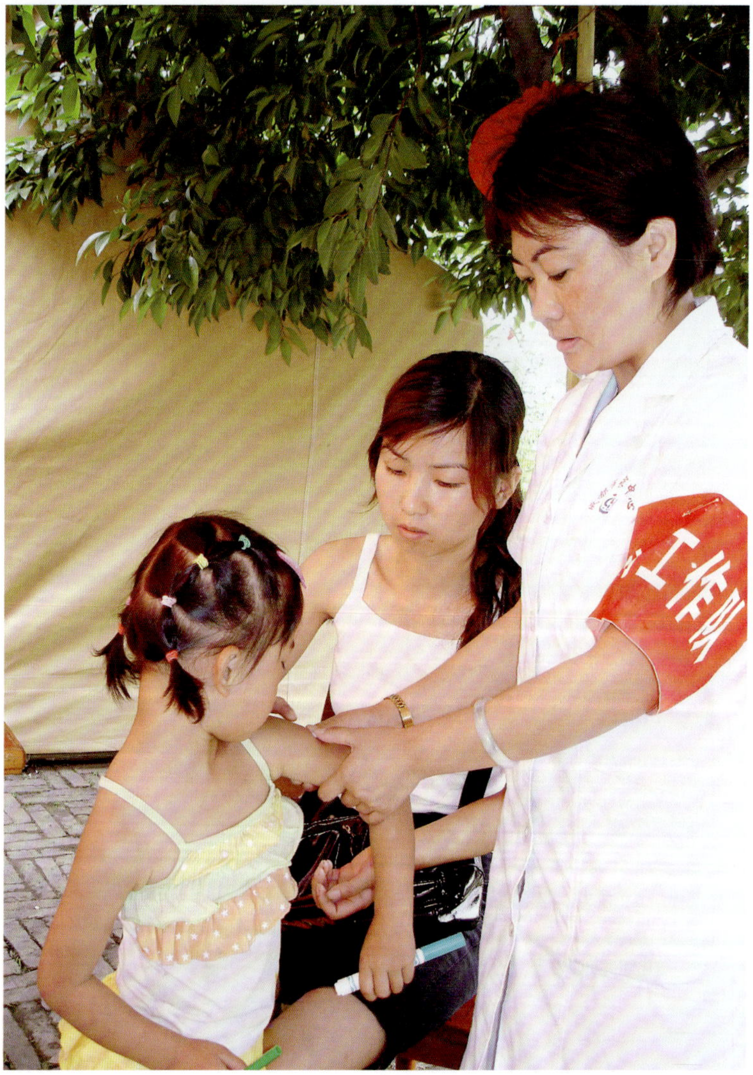

6月1日，成都市医务人员在彭州市为适龄儿童接种甲肝疫苗和乙脑疫苗
（成都市卫生局　提供）

5月18日，都江堰市防疫人员在紫坪铺渡口为转移出来的灾区群众消毒　　（盛佳鹏　摄）

5月21日，成都军区77208部队在北川羌族自治县为地震救援队队员做洗消防护

（成都军区77200部队　提供）

食品饮用水卫生监督检测

5月18日，广东省卫生防疫队南坝分队在平武县南坝镇受灾群众安置点检测饮用水源
（张玉润　摄）

5月21日，绵竹市卫生监督员检查集中供餐点食品卫生　　　（四川省卫生厅　提供）

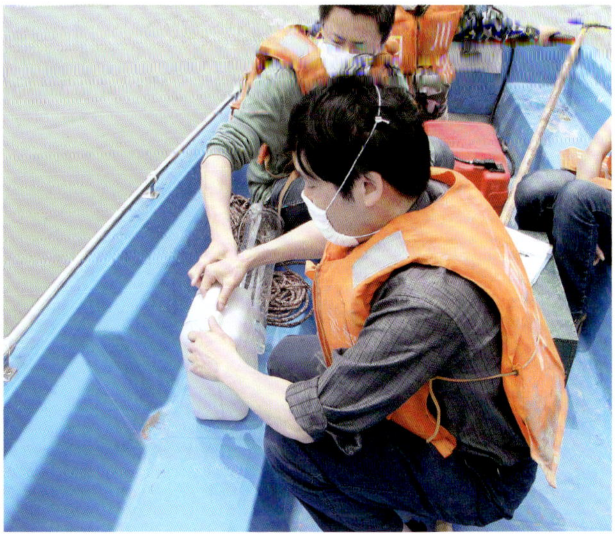

5月23日，四川省辐射环境管理监测中心站工作人员在都江堰市紫坪铺水库监测水质放射性（陈建国　摄）

5月25日，广西疾病预防工作队在江油市检测居民饮用水质（广西卫生厅　提供）

6月2日，卫生部、四川省卫生厅工作人员在都江堰市检查安置点集中供餐食堂卫生（四川省卫生厅监督处　提供）

5月31日，理县卫生监督员在灾区集中供餐点对餐具消毒情况开展快速检测　　（四川省卫生厅　提供）

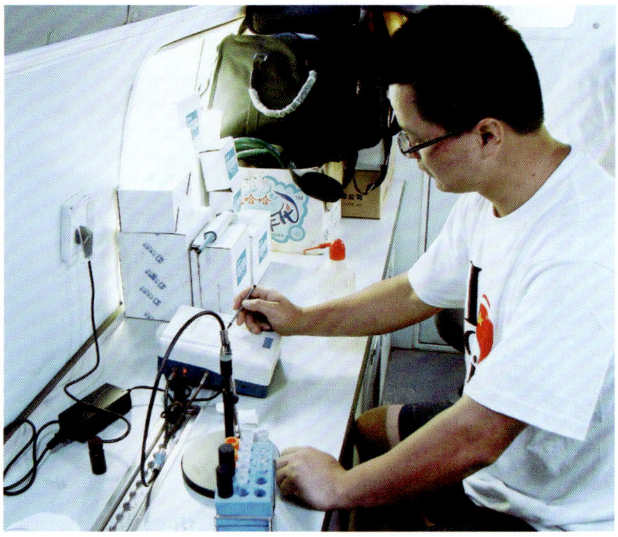

6月13日，达州市环境监测站监测人员使用便携式分光光度计分析青川县乔庄镇水样　　（曾万明　摄）

6月13日，济南军区71988部队官兵在平武县文家坝水库拦河筑坝净化水源　　（隋振波　摄）

6月19日，攀枝花市卫生监督应急队队员在茂县灾区销毁过期变质食品

（四川省卫生厅　提供）

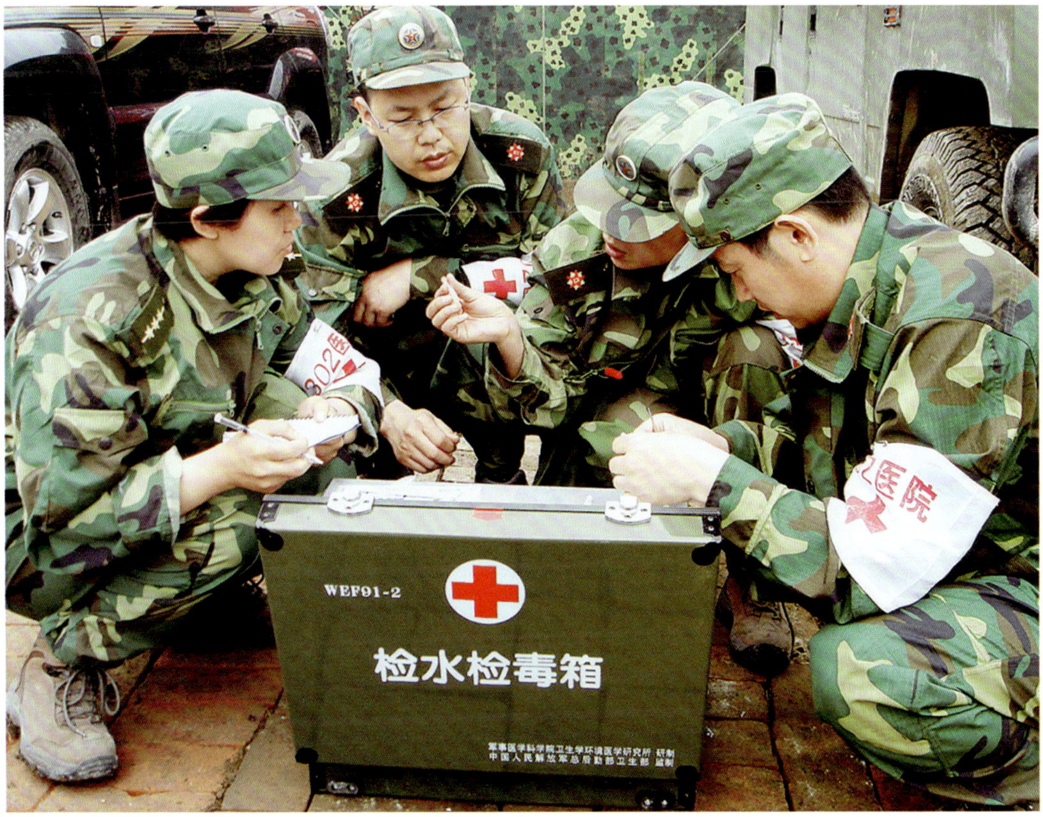

5月25日，解放军第302医院防疫队队员在北川羌族自治县检测水源质量

（庄英杰　摄）

环境卫生管理

5月29日，湖北省卫生防疫队在汶川县映秀镇灾区群众安置点实施烟雾灭蚊

（湖北卫生防疫队 提供）

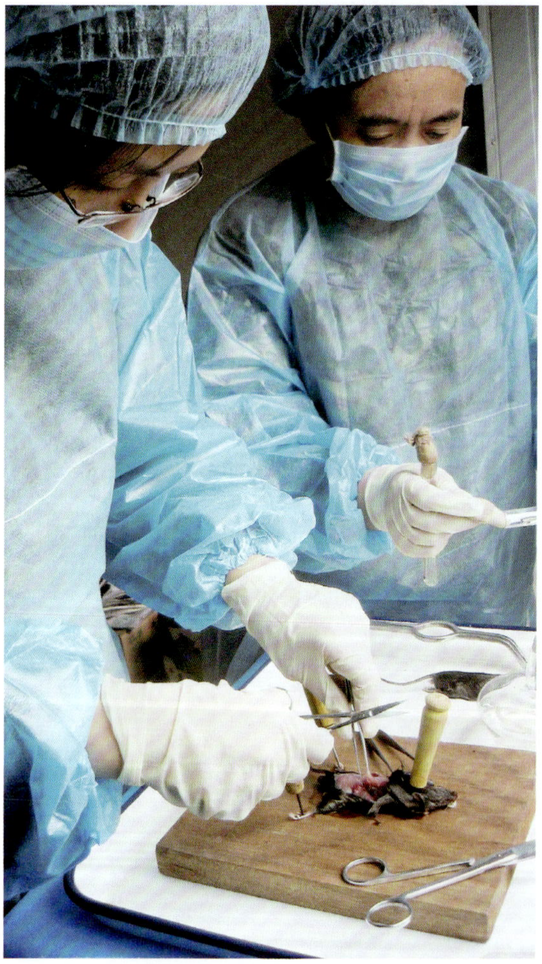

6月14日，四川省疾控中心专业人员在汶川县实施鼠疫病原体检测

（四川省疾控中心 提供）

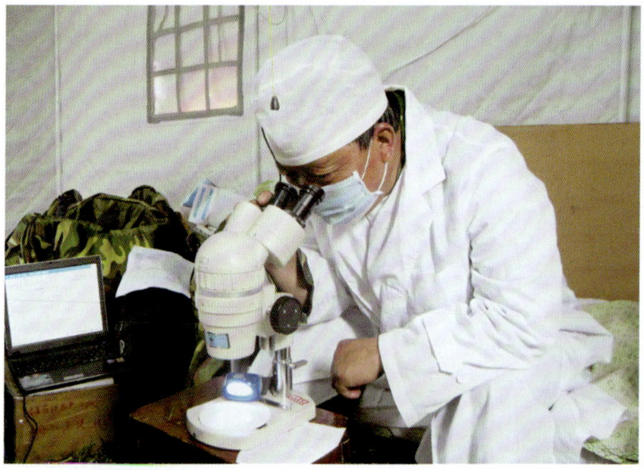

6月18日，四川省疾控中心医护人员在茂县设立帐篷实验室开展虫媒检测

（四川省疾控中心 提供）

7月21日，四川省疾控中心医护人员在安县郊区沟渠开展血吸虫病普查

（四川省疾控中心 提供）

5月21日，浙江省卫生防疫队在平武县南坝镇石坎村对房屋废墟进行消杀防疫

（浙江省卫生厅应急办　提供）

5月27日，济南军区71988部队在绵竹市汉旺镇利用喷洒车洗消道路

（闫矿　摄）

5月28日，济南军区71988部队官兵进入平武县石坎村实施消毒作业　（隋振波　摄）

5月29日，解放军军事医学科学院防疫队队员持热烟雾机在汶川县漩口中学废墟实施消毒杀虫作业　　（李靖　摄）

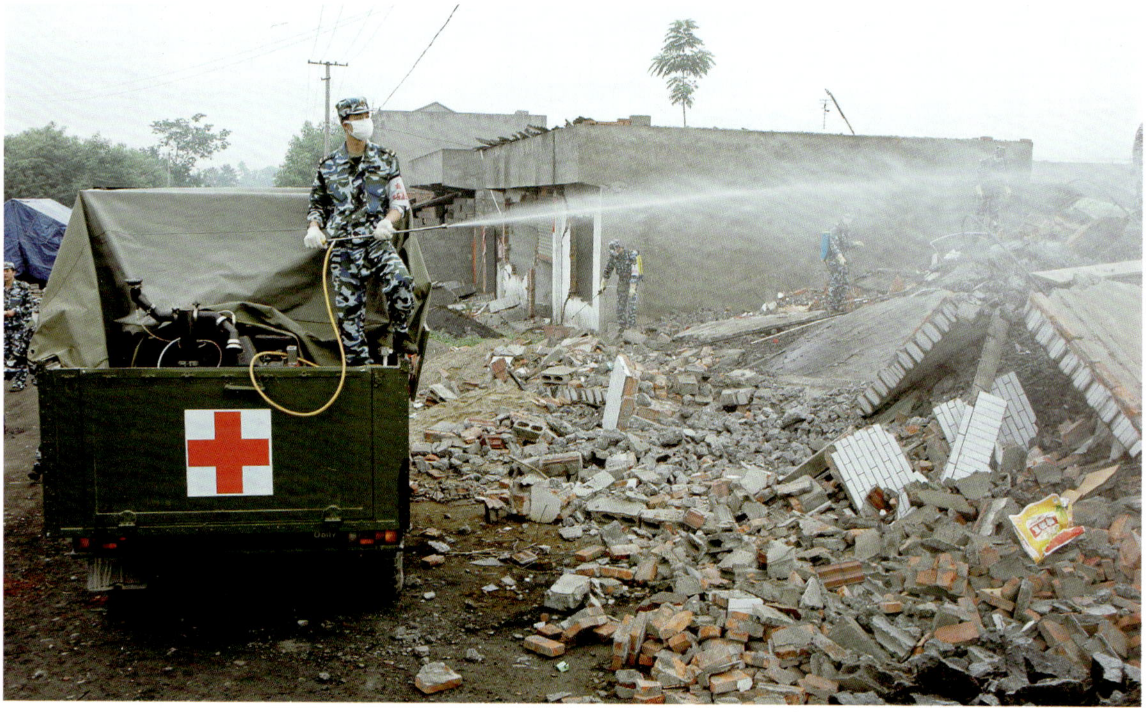

5月30日，海军卫生防疫队官兵在绵竹市东北镇实施卫生防疫和消毒杀菌　　（李唐　摄）

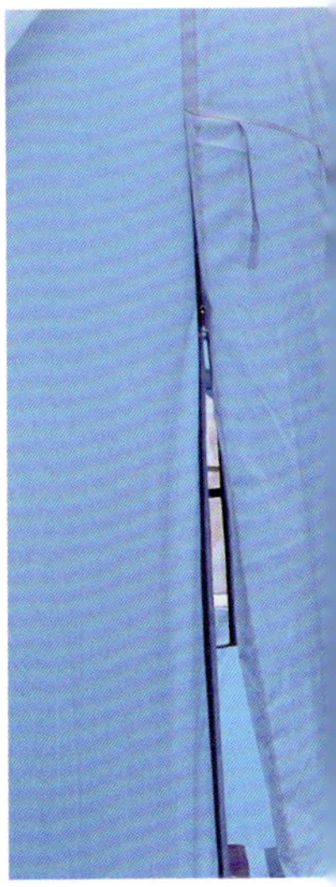

6月3日，济南军区71988部队在什邡市蓥华镇实施街道洗消作业

（舒启东　摄）

6月7日，成都军区77100部队官兵在汶川县映秀镇地震废墟实施消毒

（高效文　摄）

6月18日，成都军区77200部队洗消分队在汶川县雁门乡安置点实施消毒作业
（成都军区77200部队　提供）

7月1日，第二炮兵96251部队防化分队官兵在平武县平通中学废墟实施防疫洗消
（满博　摄）

7月15日，成都军区77221部队洗消分队在北川羌族自治县北川大酒店前实施消毒作业
（成都军区77200部队　提供）

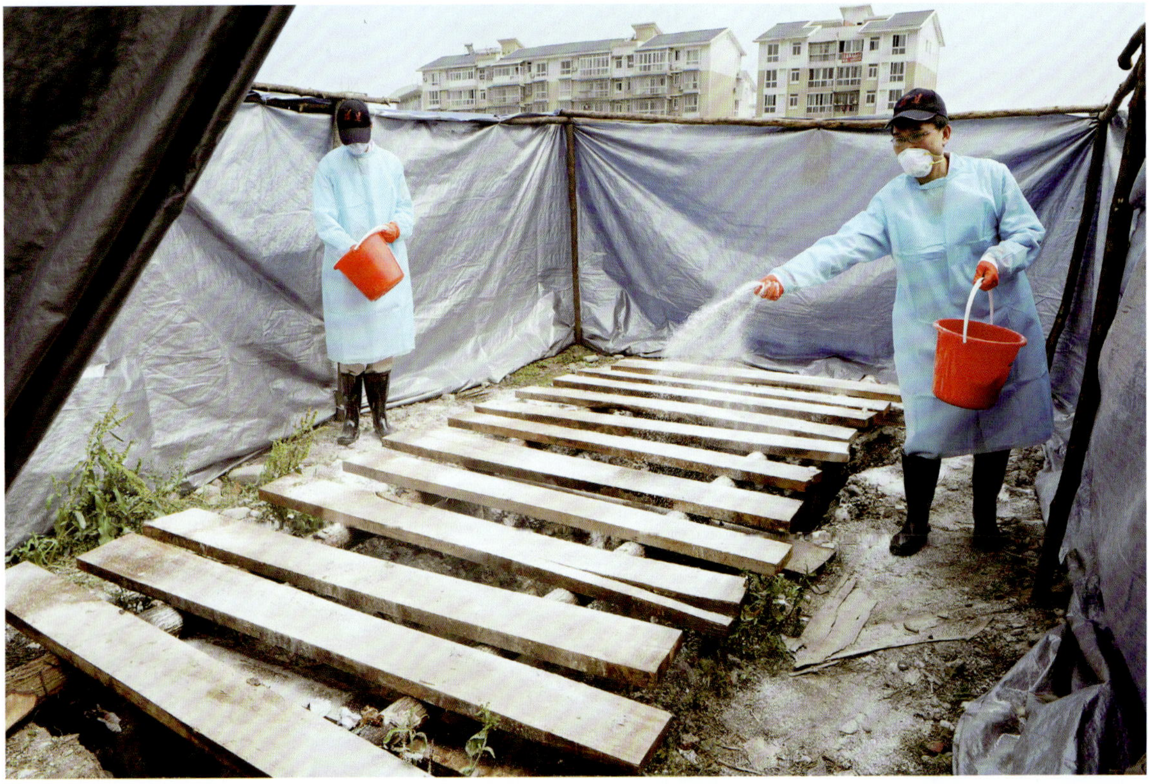

5月21日，福建省防疫人员在江油市安置点临时公厕洒药消毒　（福建省卫生厅　提供）

5月25日，湖北省防疫队在汉源县园林路实施垃圾堆消毒作业　（章光斌　摄）

5月18日，法医在北川县城采用DNA基因比对方法确认遇难者身份　（姚远　摄）

5月26日，湖北省卫生防疫队队员在汶川县映秀镇实施遇难者遗体消毒
（湖北省疾控中心　提供）

5月29日，济南军区71781部队官兵在四川灾区对遇难者遗体实施消毒
（施文标　摄）

动物卫生防疫

5月17日，济南军区71566部队官兵在都江堰市虹口乡冷水鱼养殖基地处理震后死鱼

（王从兵　摄）

5月19日，解放军某部官兵在汶川县映秀镇给流浪猪消毒

（CFP　提供）

5月22日，济南军区某疾控中心官兵在彭州市龙门山镇养鸡场实施消杀防疫　（于云辉　摄）

5月26日，江西省防疫人员在青川县凉水镇群众猪圈检疫消杀

（徐蓝波　摄）

5月28日，江西省防疫人员在青川县凉水镇远离水源地掩埋死猪

（徐蓝波　摄）

6月15日，江西省防疫人员在青川县七佛乡桂佛村青竹江打捞动物尸体

（卢愿　摄）

爱国卫生运动与健康教育

5月18日，四川省疾控中心工作人员在安县安置点发放《地震灾区卫生防病手册》
（余欣　摄）

5月18日，德阳市旌阳区疾控中心在群众临时安置点开展健康教育宣传
（德阳市卫生局　提供）

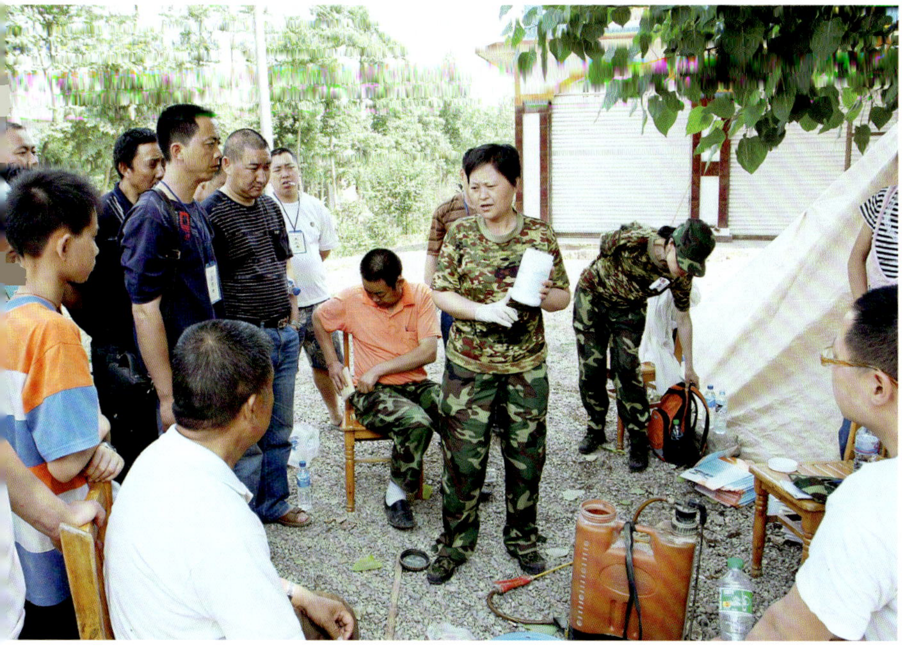

5月19日，四川省疾控中心工作队队员在安县乡镇宣讲防治知识

（四川省疾控中心　提供）

5月28日，都江堰市卫生监督员在安置点板房小学举办卫生防病知识讲座

（高红军　摄）

6月1日，湖北省卫生防疫人员在汉源县街头发放健康教育传单　　（湖北卫生防疫队　提供）

6月9日，全国爱卫会、四川省爱卫会办公室工作人员在彭州市安置点讲解公共卫生配套设施建设要领　　（张传技　摄）

6月1日，天津市救灾防疫队队员在松潘灾区进行卫生防病知识宣传　　（天津救灾防疫队队员　摄）

6月13日，江西省防疫队员在青川县凉水镇居民区张贴卫生防疫标语　（江西省卫生防疫队　提供）

志愿者救援

汶川特大地震发生后，民政部、共青团中央、全国总工会立即组织中国社工教育协会、中国青年志愿者协会、各地工会组织，大力开展抗震救灾志愿者服务。全国各地、各部门、各单位的志愿者反应快、行动迅速，成建制、大规模介入，从四面八方紧急赶赴地震灾区，英勇奋战在抗震救援第一线，展开了中华人民共和国成立以来规模最大、持续时间最长的抗震救灾志愿服务。

来自全国各地的志愿者中，有党政机关公务员、解放军和武警部队的军官、士兵，有国有企业的干部职工、非公有制企业的业主和员工，有农民及在外务工人员，有大学、中学、小学的教师和学生。志愿者深入地震灾区，奋战在抗震救灾第一线，各志愿者队伍成立多种形式的抗震救灾援助服务队，迅速开展救援救护、医疗救护、卫生防疫、心理服务、物资运输及发放等工作，为受灾群众提供专业服务，成为政府救灾的有力补充力量。志愿者不计报酬、不怕困难，播撒着无疆大爱，弘扬人道主义精神，用实际行动体现“奉献、友爱、互助、进步”的志愿者精神。四川地震灾区也积极组建和发展本地志愿者队伍，为过渡安置点的群众提供社区服务，为“三无”“三孤”人员开展特殊服务，使灾区成长起一支带不走的志愿者队伍，长期开展志愿服务，为夺取抗震救灾的胜利作出了贡献。

在抗震救灾中，国际社会一些政府、社会组织、企业团体也组成救援队、医疗队，不远千里、万里赶赴中国汶川地震灾区，直接参加抢救生命的战斗，为灾区群众送医送药、治病救人，发散着人性的光芒，彰显出伟大的人道主义精神。

国内志愿者救援

汶川特大地震发生后，全国各地、各部门、各行业的志愿者立即奔赴灾区，直接参与抢险救援、医疗救援、卫生防疫、心理救助、物资发放。哪里有险情，志愿者就勇敢地出现在哪里；哪里有困难，志愿者就冲锋在前、战斗在哪里，积极为灾区群众提供救护、生活、陪护等服务，深受灾区政府和群众的欢迎。在地震发生的紧急关头，成都市出租车司机不计报酬，立即开赴地震灾区转运伤员；绵阳市九洲体育馆志愿者为群众提供优质的服务；在安县物资分发现场，志愿者挥汗如雨地运物资；在汶川县、什邡市等地震极重灾区，都能看到无数志愿者进入群众安置点、帐篷学校、敬老院等地辛勤服务的身影。

5月14日，成都市出租车司机自发集结街头，准备开赴地震灾区参加志愿服务

（CFP　提供）

5月14日，两名志愿者在绵阳市九洲体育馆前广场疏导人群　　　　（江毅　摄）

5月14日，志愿者在绵阳市九洲体育馆帮助灾区群众打饭

（江毅　摄）

5月15日，四川省志愿者在绵竹市汉旺镇东汽中学救援现场

（王晓溪　摄）

5月16日，志愿者在绵阳市九洲体育馆安置点外喷洒消毒药水

（焦卫平　摄）

5月18日，退伍老兵抢险突击队在绵竹市汉旺镇通往清平乡的山路上铺设通信光缆

（查春明　摄）

5月18日，唐山农民“爱心救援小分队”在安县搬运救灾物资

（陈树根　摄）

5月20日，由退伍军人和川籍休假军人组成的志愿者服务队参加都江堰市抗震救灾

（高洁　摄）

5月20日，北川羌族自治县伤残志愿者为监测唐家山堰塞湖的武警部队观测兵带路

（贾国荣　摄）

5月21日，安徽省红十字会志愿者在绵阳市九洲体育馆为受伤群众处理伤口　　　　（张本该　摄）

5月21日，成都市龙泉驿区同安小学小志愿者在同安聚和国际果蔬交易中心搬运救灾物资　　　　（查春明　摄）

5月21日，安徽志愿者在汶川县映秀镇临时安置点为羌族女伤员充当人体靠背
（贾国荣　摄）

5月22日，唐山志愿者在绵阳市九洲体育馆安慰灾区群众

（王建民 摄）

5月27日，志愿者在绵阳通往成都的高速公路收费站调配防疫消毒药水

（蔺以 摄）

5月23日，24名洛阳农民工组成的抢险救灾队在什邡市蓥华镇一处废墟前拉起手，表示要坚持进行抢险救灾工作

（陈占举 摄）

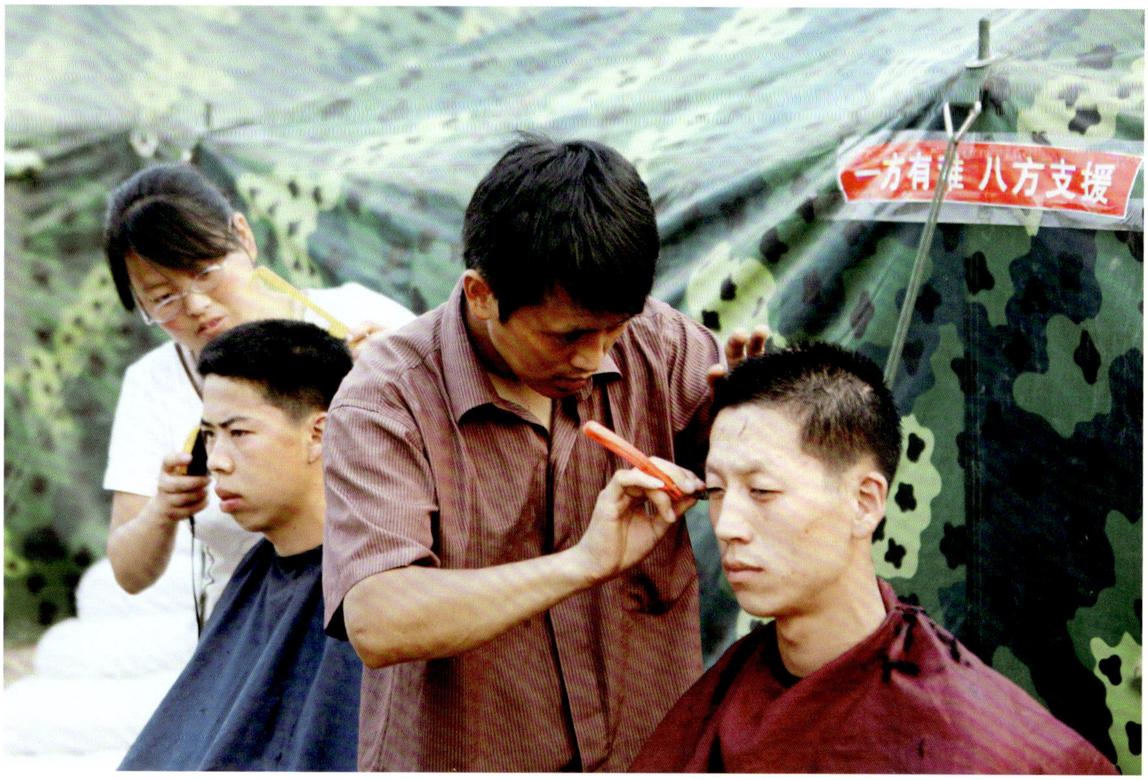

6月5日，四川省夫妻志愿者在绵竹市汉旺镇为空军空降兵某部官兵理发　（张燕辉　摄）

6月8日，河南志愿者在什邡市红白镇搬运救灾物资　（何俊昌　摄）

7月1日，沂蒙老兵志愿者在彭州市小鱼洞镇参加抗震救灾　（陈铎　摄）

国际志愿者救援

汶川特大地震发生后，部分国家政府、国际组织等积极组织志愿者，不远千里、万里来到中国地震灾区，直接参加抗震救援。美国、加拿大、法国及非洲志愿者，联合国儿童基金会工作人员等发扬人道主义精神，克服语言障碍、生活不适等困难，冒着余震、塌方等危险，在地震灾区全力开展现场救援、医疗救治、心理康复等工作，千方百计抢救被压埋者及地震伤员，把世界人民的关爱送到灾区群众的心坎上。

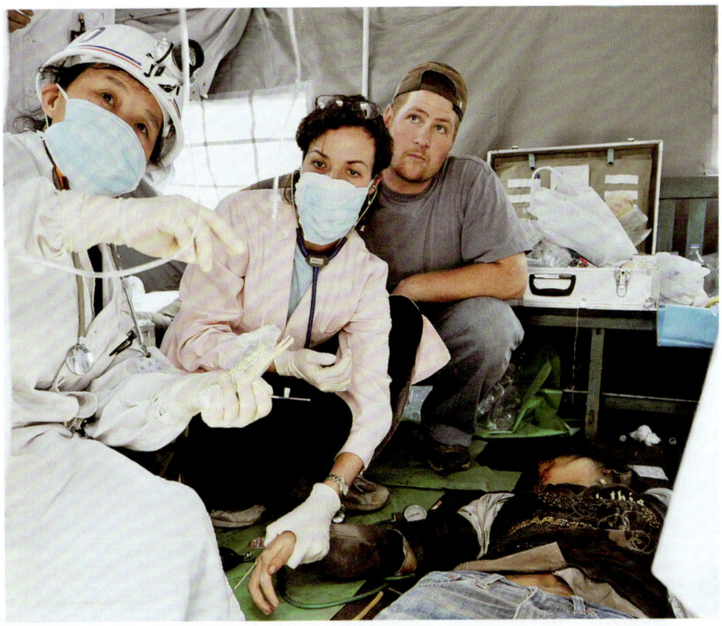

5月14日，美国志愿者在北川羌族自治县帐篷医疗点协助医生救治伤员

（焦卫平　摄）

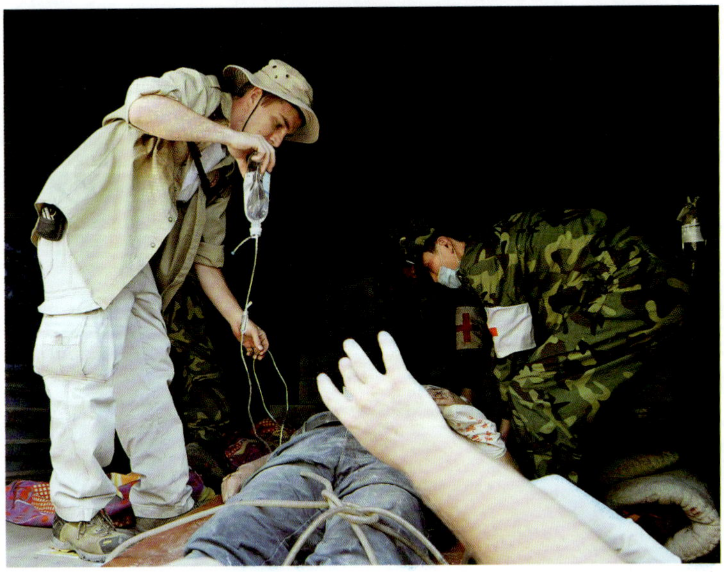

5月14日，美国志愿者在北川羌族自治县协助医生转移伤员

（焦卫平　摄）

5月15日，加拿大志愿者在北川县城楼房废墟中搜救幸存者
（杨卫华　摄）

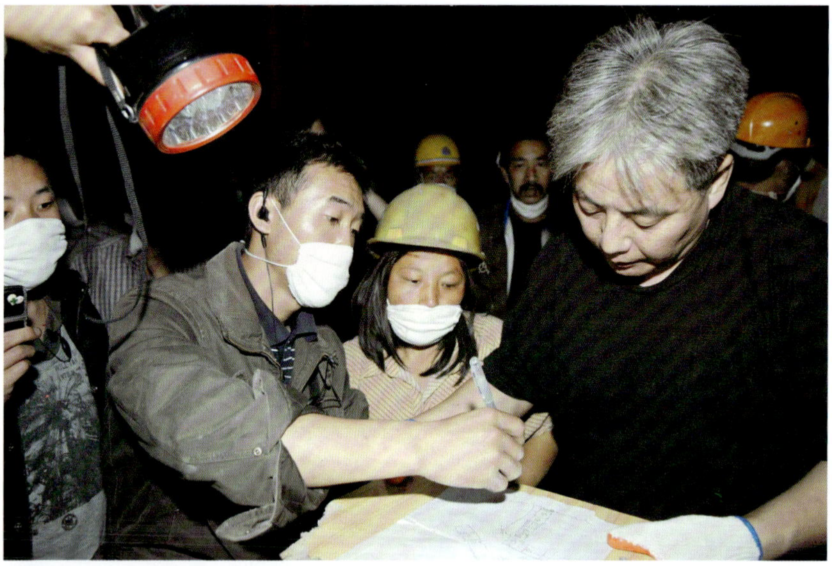

5月15日夜，在北川中学救灾现场，美籍华人志愿者绘制倒塌教室草图

（陈文　摄）

5月17日，非洲志愿者在什邡市湔氏镇白虎头村搬运救援物资

（刘海峰　摄）

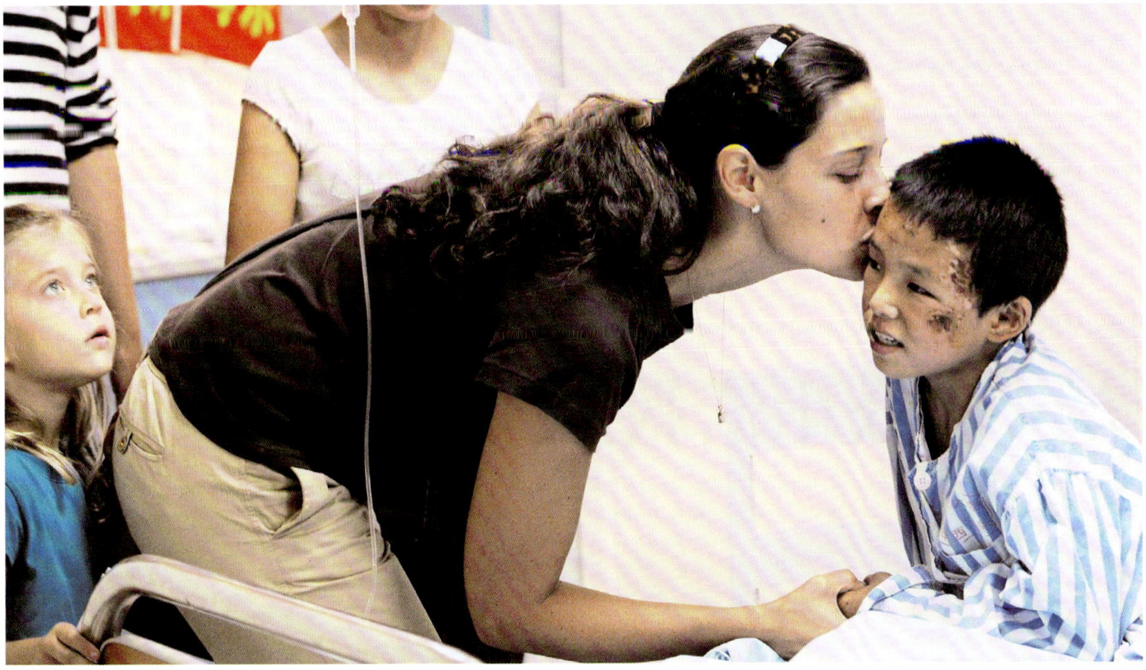

5月22日，美国志愿者在四川大学华西医院地震病房安慰受伤儿童　（于文国　摄）

6月1日，法国志愿者在什邡市安置点同孩子们一起玩篮球

（姜东　摄）

灾区群众生活救助

汶川特大地震发生后，中共中央、国务院总揽全局，果断决策，立即组织全国各方面力量，坚持“以人为本、政府主导、分级管理、社会互助、群众自救”的救助原则，迅速开展受灾群众生活救助。

全国建立起上下贯通、军地协调、全民动员、区域协作的工作机制，全力调集大批生活物资运往灾区。发展改革委、民政部、商务部、中国红十字会等部门采取紧急调拨、采购等方式，大量筹集灾区群众亟需的生活物资。至7月12日，向灾区调运帐篷157.97万顶、彩条布3910.76万平方米、篷布646.60万平方米、棉被486.69万床、衣物1410.13万件、饮用水2760万瓶、方便面348万桶、饼干308吨、液态奶400吨、火腿肠60吨、奶粉47吨。按照中共中央、国务院的部署，财政部、民政部迅速实施群众生活救助，分阶段出台临时生活救助、后续生活救助、“三孤”人员救助安置、冬春生活救助等政策。救助受灾群众近1300万人（次），并实现各项政策与现行冬春群众生活救助、城乡低保、农村“五保”、社会福利等制度的有序衔接，解决了灾区群众的基本生活困难。

为妥善安置灾区群众，灾区各级政府在地震发生初期迅速组织群众在开阔地带、体育场馆等地安置。发展改革委、民政部、财政部、住房城乡建设部等在紧急调拨帐篷的基础上，迅速组织采购、生产救灾帐篷，调运搭建简易房的棚布及彩条布等；立即组织完成有关省市对口支援地震灾区搭建69.32万套活动板房任务，解决灾区群众临时安置困难，并开展租房借房、投亲靠友、搭建自建房等分散安置方式，使灾区群众100%得到妥善安置。在安置群众的同时，民政部、教育部等部门还积极开展学校复课、“三孤”人员安置工作。

公安部组织武警部队、公安民警及灾区公安机关全力维护社会治安，保证人民生命财产安全。公安部调集公安特警在完成抢救生命任务后，将工作重心迅速转移到维护灾区社会治安上来，加强群众安置点、物资堆放场地、车站等地的治安巡逻，实施重点目标防控，及时处置突发事件，保证灾区治安形势稳定有序。

灾区生活物资供应

汶川特大地震发生后，全国各地全力调集灾区群众亟需的生活物资，通过铁路、公路、水路、航空等方式，迅速抢运生活物资，保证灾区群众基本生活需求。各级政府及时落实中共中央、国务院的各项救助政策，把受灾的“三无”人员每人每天0.5公斤粮、10元补助金落实到人，把“三孤”人员每人每月600元基本生活费发放到人，并确定物资分配原则、责任制度、分配方案，定期公布发放情况，保证抗震救灾物资快捷、高效、公开、公平、公正发放。全国各地、各部门、救援部队迅速组织灾区群众生活物资抢运，运输车队翻越雪山、险路；解放军空军部队、各航空公司组织运输机、直升机抢运、空投生活物资；解放军、武警官兵利用水路、陆路，采取人背、肩扛的方式，为地震极重灾区群众抢运帐篷、食品等生活物资。地震灾区各级政府、解放军、武警官兵、志愿者等将抢运的生活物资及时分发给灾区群众，群众自觉排队领取并签名或按手印，保证物资分发的“公开、公平、公正”。

生活物资抢运

5月18日，中国红十字会总会第三批救灾物资在西安集结

（中国红十字会总会　提供）

6月5日，济南军区71117部队运输队在理县山路上向蒲溪乡运送生活物资　（施文标　摄）

7月，成都军区川藏兵站部执行向四川地震灾区运送活动板房板材任务　（戴成华　摄）

7月15日，济南军区71282部队运输队在理县山区抢运活动板房板材
（车卢月　摄）

5月13日，武警黑龙江省总队官兵在哈尔滨太平机场装运抗震救灾专用帐篷
（黑龙江省民政厅　提供）

5月14日，兰州军区某部直升机在陇南地震灾区转运救灾物资
（甘肃日报社　提供）

5月18日，南航新疆分公司运输机在乌鲁木齐地窝堡机场装运救灾物资
（新疆党委宣传部　提供）

5月20日，山西省民政部门在太原武宿机场装运运往四川灾区救灾物资

（山西省民政厅 提供）

5月22日，空军大型运输机向松潘县尕力台、敬元乡空投食品、帐篷和棉被

（张东贺 摄）

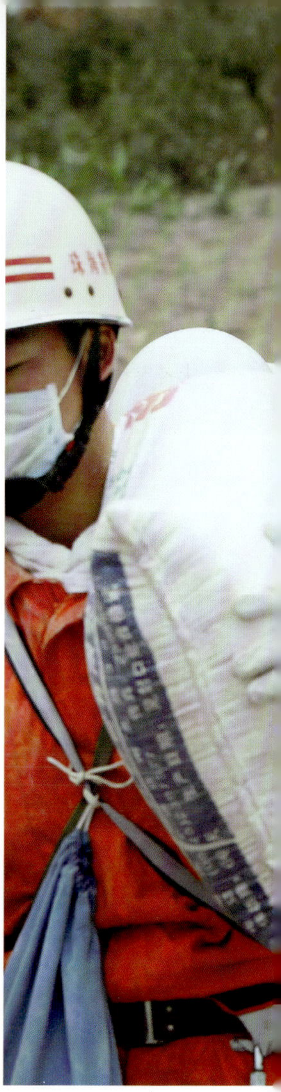

5月16日，武警某部官兵翻越塌方地段向汶川县映秀镇运送救灾物资

（郭国权　摄）

5月18日，济南军区71352部队官兵紧急向断粮的青川县石坝乡运送方便食品

（杨广辉　摄）

5月18日，济南军区71117部队官兵为汶川县雁门乡萝卜寨村羌族群众送粮　（李靖　摄）

5月20日，广东救援队翻越大山为平武县南坝镇帽水头村被困群众送粮

（游圭　摄）

5月26日，成都军区驻滇某炮兵旅紧急向江油市雁门镇北部山区断粮村组送粮

（成都军区77200部队　提供）

5月17日，成都军区77126部队利用漕渡门桥向汶川县映秀镇抢运救灾物资　（罗成光　摄）

5月17日，武警某部官兵在都江堰市紫坪铺水库临时码头装运帐篷、食品　（吴苏琳　摄）

生活物资分发

5月14日，文县受灾群众等待领取兰州军区某部直升机运来的救灾物资　（窦泽中　摄）

5月15日，舟曲县八楞乡凤安山村群众结伴领取救灾物资　（梁强　摄）

5月16日，成都军区77100部队官兵在茂县县城向群众分发方便食品
（高效文 摄）

5月19日，茂县政府按每人每天0.5公斤米标准向群众发放口粮
（贾国荣 摄）

5月21日，中国红十字会总会在安县向群众发放救灾物资

（中国红十字会总会　提供）

5月21日，陇南市武都区枫相乡枫相塬村群众背着政府发放的太阳能灶回家

（聂建江　摄）

5月24日，中国红十字会总会在绵竹市九龙镇发放救灾物资

（中国红十字会总会　提供）

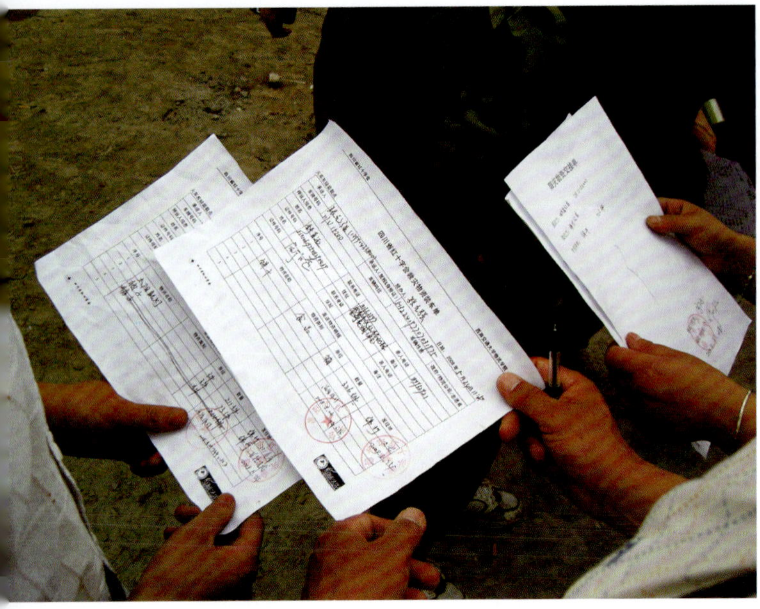

5月24日，中国红十字会总会德阳工作组按照分配计划接收救灾物资

（中国红十字会总会　提供）

5月25日，广汉市红十字会在西外乡楠林村发放救灾物资

（中国红十字会总会　提供）

5月29日，宁强县青木川镇灾区群众排队领取救助金和救济粮

（汉中市民政局　提供）

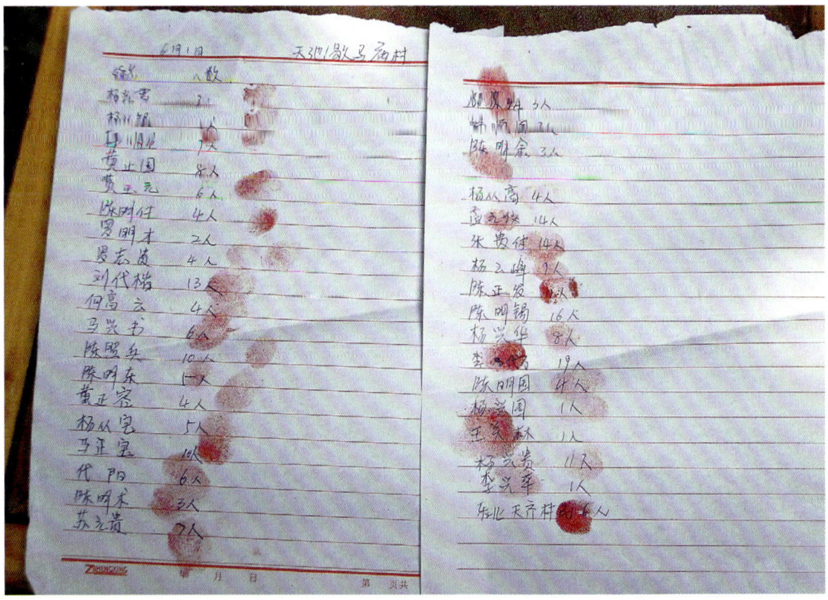

6月1日，绵竹市天池乡歇马庙村灾区群众领取救灾物资凭证

（中国红十字会总会　提供）

6月3日，济南军区71117部队官兵在汶川县威州镇牛脑寨村向村民分发粮食

（施文标　摄）

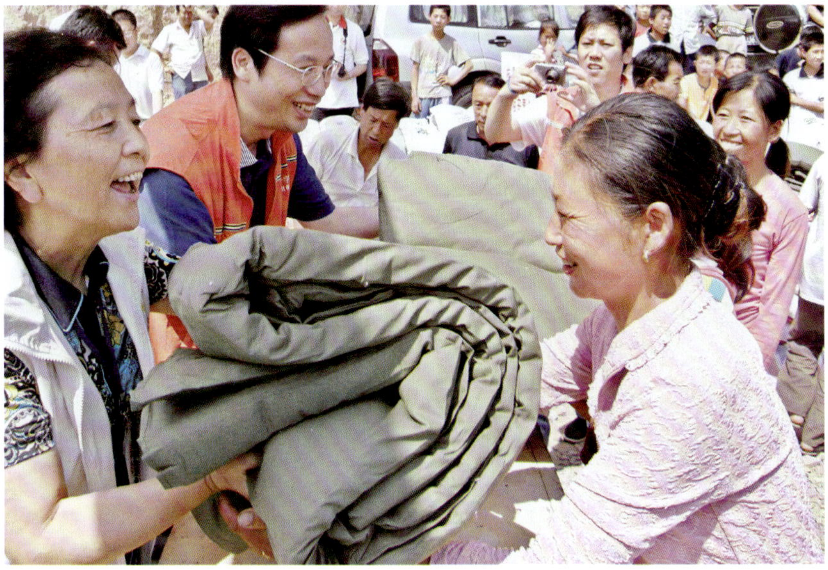

6月9日，中国红十字会总会在天水市秦州区玉泉镇马兰村发放救灾物资

（中国红十字会总会　提供）

受灾群众安置

汶川特大地震造成灾区房屋倒塌、损毁，解决群众安置问题成为抗震救灾中急、难、险、重的任务。中共中央、国务院要求千方百计安排好受灾群众临时住处，解决群众的生活困难。在地震初期，灾区各级政府迅速组织群众在空地、空房进行应急安置，绵阳市九洲体育馆先后安置受灾群众50万余人次，高峰时每天安置受灾群众在4万人次以上，在灾区群众安置中发挥了重要作用。发展改革委、民政部、商务部、住房城乡建设部、中国红十字会及全国对口援建省市调集采购帐篷、活动板房集中安置受灾群众，并采取搭建简易棚、自建房和投亲靠友、借房租房等分散安置方式，实现灾区群众100%妥善安置。地震造成灾区学校校舍严重受损，学生复课面临巨大压力。教育部及灾区教育部门采取搭建帐篷、活动板房，借用其他安全用房等方式，组织普通高等院校、中小学、中等职业学校逐步完成就近复课。在抗震救灾阶段，灾区教育部门组织校舍受损严重、就地复课困难的学校学生到其他省市异地就读，各接收学校积极组织接收灾区学生就读。绵阳市九洲体育馆帐篷学校、彭州市龙门山镇军营帐篷希望小学、北川羌族自治县香泉乡中心小学、陇南市柏林中学、舟曲县狼岔村小学、文县第一小学及宁强县金山寺小学等在帐篷内组织学生就近复课；汶川县组织羌族学生赴深圳市异地就读，梁平县文化镇中心小学等组织学生异地就读，理县、安县组织高三年级学生备战高考。9月1日，灾区各学校实现全面复学、复课。灾区各级民政部门在积极组织群众集中安置的同时，利用现有社会福利机构集中安置“三孤”人员，并组织开展“三孤”人员服务，使“三孤”人员感受到社会主义“大家庭”的温暖。

受灾群众安置点

5月13日，中国红十字会总会在北川中学操场搭建救灾帐篷
（中国红十字会总会　提供）

5月16日，绵阳市九洲体育馆临时安置大量灾区群众　　（王泉　摄）

5月20日，绵竹市汉旺镇受灾群众安置点　　（李莉娟　摄）

5月22日，汶川县城旁高山上的救灾帐篷安置点　　（贾国荣　摄）

5月22日，汶川县城广场救灾帐篷安置点　　　　（贾国荣　摄）

5月24日，汶川县映秀镇救灾帐篷安置点　　　　（东方IC　提供）

5月28日，在崇州市文井江镇灾区群众帐篷安置点玩耍的孩子

（陈雷　摄）

6月12日，中国红十字会总会在略阳县菜籽坝搭建的帐篷安置点

（中国红十字会总会　提供）

6月20日，济南军区71811部队官兵在平武县为群众搭建的帐篷安置点

（虞平　摄）

7月24日，四川地电川投集团巴蜀江油发电厂677套安置板房投入使用

（四川地电川投集团　提供）

5月20日，建设中的都江堰市幸福路受灾群众安置点

（王建民　摄）

6月10日，成都军区77128部队官兵正在搭建汶川县雁门乡安置点活动板房

（唐大智　摄）

6月中旬，中国大唐碧口水力发电厂生产区活动板房全部建成

（罗涛　摄）

7月，中国华能为受灾职工建设的太平驿福太家园安置点职工住宿区落成

（刘小蓉　摄）

都江堰市幸福家园受灾群众安置点

（李莉娟　摄）

5月14日，绵阳市九洲体育馆，受灾群众领取药品和衣物　　　　（肖青　摄）

5月19日，绵阳市抗震救灾指挥部统一办理的救助证，灾区群众可以凭证领取生活必需品　　（兆增　摄）

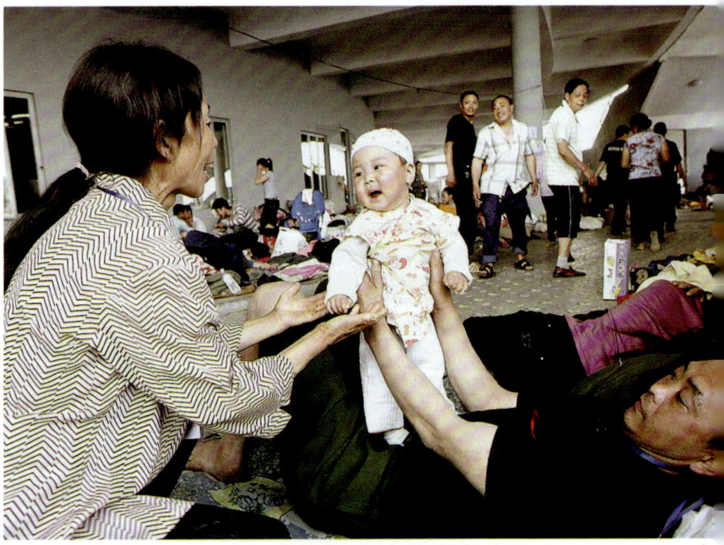

5月19日，在绵阳市九洲体育馆临时安置的灾区群众

（兆增　摄）

5月16日，江油市安置点正在做饭的灾区群众　　（四川省民政厅　提供）

5月22日，济南军区71521部队在都江堰市安置点设立救助站

（唐金江　摄）

5月23日，绵阳市九洲体育馆临时安置群众排队等待洗澡

（贺延光　摄）

5月29日，成都军区77156部队在汶川县映秀镇设立过往受灾群众救助点

（刘柱　摄）

6月1日，成都军区77108部队电影放映队在都江堰市安置点放映电影

（谢斌　摄）

6月3日，台湾佛教慈济会在什邡市为灾区群众提供热食

（德阳市台办　提供）

6月5日，江油市为集中安置点群众提供饮用水
（四川省民政厅　提供）

6月5日晚，济南军区某装甲师放映队在平武县南坝镇安置点放映电影
（王小川　摄）

6月26日，江油市集中安置点为受灾群众提供饮食
（四川省民政厅　提供）

学校复课

5月16日，舟曲县峰迭乡狼岔村小学生在帐篷小学坚持学习

（包文文　摄）

5月16日，陇南市武都区柏中学学生在板房教室学习

（杨建辉　摄）

5月16日，梁平县文化镇中心小学异地复课

（梁平县民政局　提供）

5月20日，绵阳市九洲体育馆帐篷学校开学　（裴鑫　摄）

5月21日，中国青少年发展基金会在绵竹市遵道镇搭建的希望小学开学

（冯凯旋　摄）

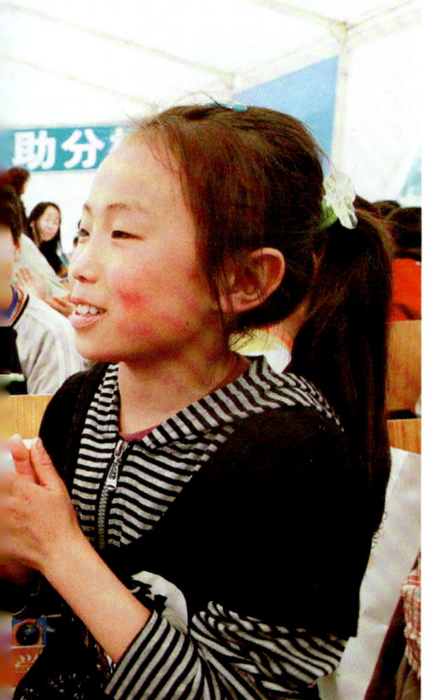

5月23日，济南军区某部在彭州市龙门山镇开设军营帐篷希望小学　　（任勇　摄）

5月25日，海军某部在什邡市师古镇大泉坑村开设灾区学生补习班

（姚泽勇　摄）

6月1日，第二炮兵96531部队捐建的绵竹市汉旺镇红星凌法小学开学　（韩一杭　摄）

5月26日，解放军总装备部在绵阳市设立八一帐篷学校

（张桐胜　摄）

6月1日，兰州军区某部在陇南市武都区姜家山开办金刚钻帐篷小学

（张永进　摄）

6月1日，山东省援建的北川羌族自治县香泉乡中心小学复课　（李健　摄）

6月4日，江油中学学生在操场简易帐篷学校坚持学习

（四川省民政厅　提供）

6月6日，中国红十字会总会援建的彭州市中小学校过渡安置房交付使用

（中国红十字会总会　提供）

6月6日，文县城关镇第一小学六年级学生在操场坚持学习

（聂建江　摄）

6月7日，理县中学高三学生在帐篷学校准备高考

（申宏　摄）

6月20日，宁强县广坪镇金山寺小学帐篷小学复课

（郭崇德　摄）

6月24日，安县中学高三年级理科班学生借用厂房备战高考

（戴旭明　摄）

6月6日，深圳市罗湖区东湖街道办事处欢迎汶川县龙溪乡阿尔寨希望小学84名羌族学生异地复课

（深圳市罗湖区东湖街道办事处　提供）

6月27日9时48分，成都军区77100部队陆航团官兵为延期高考的理县考场运送试卷　（高效文　摄）

6月27日，湖北省援建的抗震希望小学在汉源县九襄镇开学　　（周辉义　摄）

7月7日，海军92057部队援建的绵竹市天河小学联合分校开学　　（曾庆　摄）

5月22日，哈尔滨市兆麟小学举行“欢迎你回家”主题班会，迎接四川地震灾区学生异地复课。一名来自四川灾区的学生在班会上给亲人打电话

（李勇　摄）

5月26日，中国儿童少年基金会支持的首批异地复课的什邡市41名学生前往云南省丽江市

（张河峰　摄）

6月11日，北京百年职业学校招收第一批绵竹市地震灾区新生入学

（曹欣　摄）

6月14日，前往山东德州汽车摩托车专修学院复课的北川职业高中学生在绵阳火车站跳起羌族“锅庄”舞蹈

（民革中央　提供）

8月29日，致公党中央、北大青鸟集团在四川省政协办公楼前举行接收灾区学生异地复课仪式

（高莺　摄）

11月4日，山西省长治市妇联在长安慈善学校举行“用爱编织温暖”活动,向在此异地复学的汶川县灾区学生捐赠衣服

（山西省民政厅　提供）

“三孤”人员安置

5月31日，银川市宁夏儿童福利院接收四川地震灾区孤儿

（赵虹勤　摄）

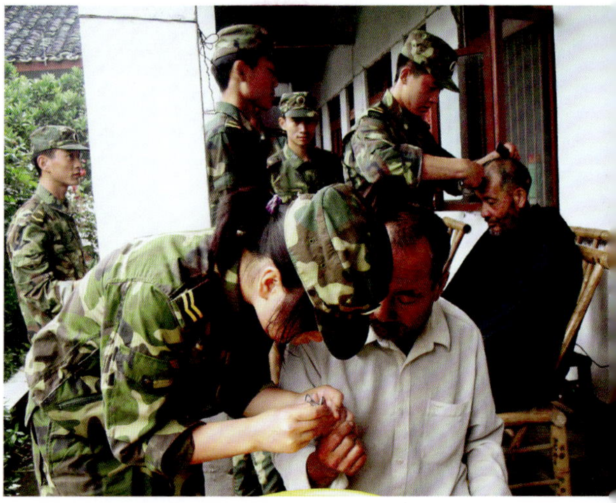

6月14日，成都军区77113部队官兵为彭州市隆丰镇敬老院孤寡老人看病、理发、剪指甲　（陈旭明　摄）

7月9日，宁夏回族自治区民政厅组织来自德阳市的“三孤”人员游览沙湖

（赵虹勤　摄）

维护灾区治安

汶川特大地震发生后，灾区和全国各级公安机关积极投入抗震救灾，全力维护社会治安，保障人民生命财产安全。公安部立即调集公安特警队增援地震灾区，在出色完成抢救生命任务后，迅速将工作重心转移到维护灾区社会治安上来。公安特警、武警官兵与灾区公安机关密切配合，加强社会面防控和重点部位的安全保卫，执行群众安置点周边的治安巡逻任务，保卫政府机关、车站、金融部门等重要目标安全，协助处置各种突发事件，严厉打击趁灾犯罪等刑事案件，全力维护地震灾区的治安稳定。

5月15日，公安特警在北川羌族自治县街道巡逻

（公安部　提供）

5月21日，湖北公安特警在什邡市街头巡逻
（公安部　提供）

5月21日,成都军区78098部队官兵在东汽特殊材料仓库执行警戒任务
（李靖　摄）

5月23日，成都公安特警在铁路成都北站维护治安
（公安部　提供）

5月28日，哈尔滨市特警在北川羌族自治县擂鼓镇安置点守护救灾物资　（公安部　提供）

6月4日，济南军区71897部队在彭州市白鹿镇看守震损古迹领报修院　（王宇　摄）

基础设施抢修

汶川特大地震对灾区的基础设施造成严重破坏，四川、甘肃、陕西等灾区水利、电力、市政、道路等生活配套基础设施，通信、邮政等服务设施陷于瘫痪状态。中共中央、国务院、中央军委迅速建立“上下贯通、军地一体、全民动员、区域协调”的灾区基础设施抢修机制。解放军、电力、交通部门及中央企业组成数百支、几万人的专业抢修队伍，调集多种抢修机械，冒着余震、塌方、滚石的危险，不畏艰难、甘于奉献，日夜奋战在基础设施抢修一线。迅速抢修城市供水管网，加快铺设乡村供水管线；对石油、天然气管线，油库、加油（气）站进行抢修，及时恢复供油供气。灾区道路抢通任务艰巨，交通运输部门、解放军、武警水电部队迎难而上，竭尽全力打通通往震中及其他极重灾区和重灾区的道路。各电信企业组织人员抢修铺设通信线路（光缆）、通信台（站），开设卫星地面站和移动站，使灾区通信及时恢复，保障了灾区群众的基本生活需求，保证了抗震救灾工作的顺利进行。

水利电力设施抢修

汶川特大地震发生后，水利部迅速协调上海市、重庆市、大连市、武汉市水利（务）局及四川省水利厅组织18支、400余人的工程抢修队，协助灾区抢修供水设施，保证灾区群众基本生活用水。水利部组织专家、勘测设计人员和工程抢险人员开展水文水质监测、震损的水利工程抢修抢险等工作。解放军、武警部队官兵立即赶赴灾区对溢流堰实施爆破，抢修堤坝。四川、甘肃、陕西灾区政府组织突击队及群众抢修受损堤坝，确保水利设施安全。国家电网紧急调集抢修队伍赶赴重灾地区，协助所属四川公司、甘肃公司、陕西公司开展电厂、电网抢修，使灾区快速恢复电力供应，为抢险救援、生产生活用电提供保障。

水利设施

5月20日，经过局部抢修，都江堰市紫坪铺水库恢复正常运行　　（水利部　提供）

6月1日，成都军区某部官兵在都江堰市紫坪铺水库打捞水面漂浮物　　（王艳波　摄）

5月22日，水利部专家在都江堰市紫坪铺水库检查上游坝面情况

（赵剑民　摄）

7月4日，水利部抢险队员在都江堰市紫坪铺水库大坝修复面板垂直缝挤压破坏部位　　（成都电监办　提供）

5月20日，武警水电部队对四川省黄公平电站溢流堰实施爆破

（水利部水利水电规划设计总院　提供）

5月31日，上海市水务局供水抢修队在什邡市蓥华镇进行排管施工　　（阮仁良　摄）

6月2日，礼县红河民兵连清理周边水库塌方（郭军　摄）

6月2日，河南省水利第一工程局抢险队在绵竹市广济镇石亭江进行截弯取直施工（河南省水利厅　提供）

6月7日，汉中市水利局职工抢修震损小水库　（陕西省水利厅宣传中心　提供）

6月16日，绵竹市柏林水库周边群众自发修复受损堤坝

（蒋文　摄）

6月18日，济南军区某部官兵抢修平武县电站堤坝　　（虞平　摄）

电力设施

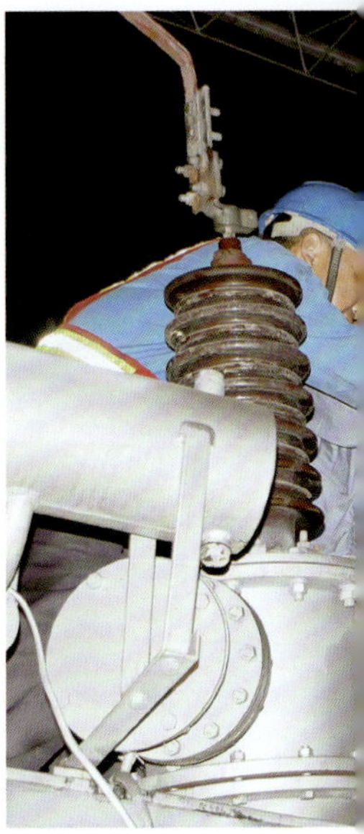

5月12日23时17分，中国大唐陕西略阳发电公司组织人员对地震中受损的6号机组进行检修　　（严磊　摄）

5月14日，国家电网甘肃电力公司对受损变电站紧急抢修　　（苏海军　摄）

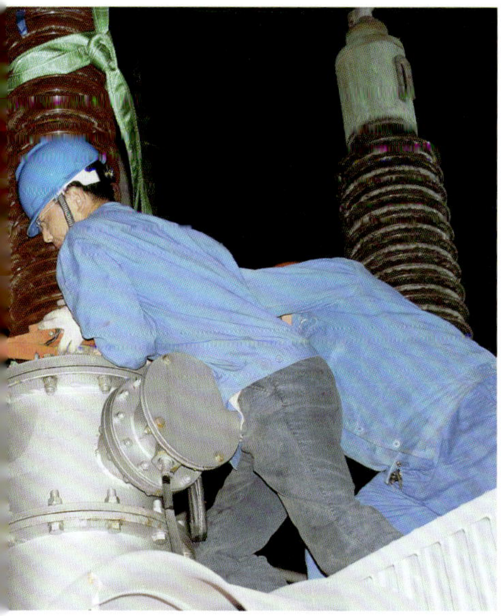

5月13日夜，广元电业局抢险队在青川县乔庄变电站抢修主变压器

（杨开覃　摄）

5月14日，什邡供电局抢险队抢修输电线路

（韩露　摄）

5月22日，国家电网四川电力公司抢险队在都江堰市抢修线路

（谢明刚　摄）

5月20日，四川省水电集团抢险队在平武县抢修供电线路

（成都电监办　提供）

5月20日，国家电网四川电力公司抢险队抢修安县至北川供电线路

（裴鑫　摄）

5月25日，国家电网四川电力公司在大渡河瀑布沟水电站机组蜗壳组装施工

（梁江　摄）

6月1日下午，德阳电业局抢险队在什邡市蓥华镇石门村抢修社区变压器　　（陈朝正　摄）

市政设施抢修

汶川特大地震使灾区市政配套设施遭到破坏。灾区各级党委、政府和解放军、武警官兵及有关企业及时抢修各种市政基础设施，千方百计解决受灾群众的生活困难。水务部门组织供水抢修队深入灾区开展供水设施抢修，恢复城市供水管网，寻找接通灾区乡村水源，铺设供水管线，保证灾区群众供水需要。油气生产技术服务企业组织专业抢修队进行拉网式排查，对石油、天然气管线，油库，加油（气）站等进行抢修，及时恢复供油供气。解放军、武警官兵及时抢修输水、城市污水处理设施和天然气管道，严防泄漏事故的发生，保证灾区市政设施安全。

5月16日，德阳市天然气储气中心工作人员对设备进行排险检查

（尹文福　摄）

5月16日，德阳市自来水公司工人在市区抢修供水管道

（尹文福　摄）

5月25日夜，上海市水务局供水抢修队在绵竹市广济镇抢修供水设施　（虞建波　摄）

5月28日，第二炮兵某部官兵在绵竹市景观大道抢通天然气管道

（韩一杭　摄）

5月29日，济南军区71622部队坦克营官兵在彭州市龙门山镇三沟村5组抢修输水管道　（刘辉龙　摄）

8月9日，德阳供电局抢险队在泰山南路更换路灯灯杆、灯头（尹文福　摄）

6月24日，第二炮兵某部官兵在绵竹市春溢路抢修供水管道（叶玉干　摄）

8月16日，德阳市政工人抢修污水处理厂

（尹文福　摄）

交通设施抢修

汶川特大地震发生后，解放军、武警官兵与交通运输部、铁道部攻坚克难、奋力拼搏，立即调集力量投入公路、铁路设施紧急抢修。交通运输部和灾区各级交通部门把抢通、保通和保运作为抢险救灾的重要任务，围绕汶川县城，从东、西、南、北实施“多头推进、中间开花、两边夹击、同时攻坚”的抢通措施，组织交通抢通大军夜以继日、冒险施工，使需要3年才能打通的交通生命线4个月即被全线抢通。铁路部门立即启动地震应急预案，迅速对线路、桥梁、隧道等设备进行检查，组织人员和大型机械，发挥专业技术优势，顽强战斗在铁路抢修一线。地震引发宝成铁路109隧道内的12节油罐车起火，铁道部、西安铁路局与解放军、武警部队等迅速赶到抢修现场，投入惊心动魄的抢险战斗。至5月24日9时53分，经抢险人员共同奋战，109隧道通车，宝成铁路恢复正常运输，西北、西南铁路大动脉成功抢通。

公路设施

5月14日，四川省路桥集团抢险队在都江堰市紫坪铺水库附近清除国道213线塌方　　（周青先　摄）

5月16日，解放军某部官兵在陇南市武都区清除道路塌方　　　　　（梁强　摄）

5月18日，文县铁楼乡白马村藏族村民和民兵抢修受损道路　　（郭军　摄）

5月19日，理县薛城镇小岐村村民抢修震损道路　（理县县委宣传部　提供）

5月22日，茂县群众同部队官兵共同抢修机耕道　（唐斌　摄）

6月7日，安徽省交通厅专业技术人员在广元市国道108线检测郭家渡大桥受损情况

（广元市交通局　提供）

6月18日，成都军区某部官兵在江油市清理堵塞通往窦圌山道路的石块　（李进　摄）

6月20日，海军某部官兵在绵竹市汉旺镇金鱼嘴抢修道路　　　　（李唐　摄）

7月28日，第二炮兵某部官兵在北川羌族自治县抢修擂鼓镇至禹里乡道路

（陈双维　摄）

铁路设施

5月16日，解放军某部消防官兵向宝成铁路109隧道注水扑灭着火车辆火焰（丁海涛 摄）

5月17日，铁路职工在宝成铁路109隧道塌方现场抢险　　（唐振江　摄）

5月19日，铁路抢险人员从宝成铁路109隧道拖出变形的油罐车　　（杜宝同　摄）

5月20日，铁路抢险人员从宝成铁路109隧道拖出全部12节着火油罐车　（张永进　摄）

5月24日9时53分，宝成铁路109隧道通车，首列抢运救灾物资的“抢”977次列车安全通过　（唐振江　摄）

5月21日，铁路抢险职工抢修宝成铁路广岳支线 （曹宁 摄）

5月21日，铁路职工抢修宝成铁路广岳支线穿心店大桥 （曹宁 摄）

6月2日，铁路抢险人员完成宝成铁路涪江大桥桥梁、路基加固工程，确保其不受唐家山堰塞湖泄洪影响 （曹宁 摄）

通信设施抢修

在抢险救援初期，中国移动、中国电信、中国联通等电信运营公司快速启动应急机制，立即成立工程抢险突击队，全力抢修受损通信光缆、通信台（站），开设卫星地面站和移动站，利用应急通信车、临时基站等建立应急通信系统，保障各级抗震救灾指挥机关和灾区通信联络畅通。解放军通信部队及时架设临时基站，抢通通信设施，保证救灾指挥通信和应急通信畅通，迅速恢复灾区与外界公众通信能力，为抗震救灾的通信畅通提供了有力保障。

5月13日，解放军某部官兵在平武县铺设传输光缆　　（何云峰　摄）

5月16日，解放军某部战士在文县尖山乡抢通通信设施

（梁强　摄）

5月17日，成都军区某通信部队在汶川县架设临时通信基站

（张雷　摄）

5月18日，中国电信陇南分公司抢险队抢修文县临江乡受损通信线路　　（张伟　摄）

5月19日，中国移动四川公司抢险队队员抢修彭州市龙门山镇银厂沟通信光缆

（李昭成　摄）

5月20日，中国移动四川公司抢险队在什邡市为停电基站运送柴油发电机

（李昭成　摄）

5月27日，中国移动四川公司突击队员穿越无人区，在平武县泗耳藏族乡沿途布放65公里光缆

（何云峰　摄）

7月5日，第二炮兵某部官兵在绵竹市兴隆镇安装通信基站　　（韩一杭　摄）

次生灾害监测预警与处置

汶川特大地震不仅使灾区房屋大量倒塌损坏，基础设施大面积损毁，生态环境严重破坏，而且引发大规模次生灾害，给人民群众的生命财产安全造成新的威胁。次生灾害防治成为抗震救灾中的一项重要而又紧迫的任务。中共中央、国务院、中央军委迅速组织各方面力量做好余震监测，严密防范地质灾害等隐患，开展环境安全隐患排查整改，成功排除各类堰塞湖险情。温家宝先后3次前往唐家山堰塞湖实地查看险情，指挥抢险。各有关单位快速调集抢险救援力量，赶赴堰塞湖形成区域和受损水库，日夜奋战，克服各种困难，科学实施应急抢险，防范堰塞湖、水库溃坝造成的新损失，确保灾区群众的生命财产安全。

国土资源部、气象局联合发布地质灾害气象预警预报，部署灾区山区主汛期地质灾害防治，严密防范次生地质灾害。灾区各级政府和抢险部队迎难而上、毫不畏惧，积极组织力量进行监测预警，清理即将垮塌或已垮塌的山体，清除电站下游壅堵物，整修农村塌方道路，回填地质裂缝，清理和治理滑坡、崩塌、泥石流。

为快速处置地震造成的危险化学品泄漏和易燃易爆物品的险情威胁，灾区各级党委、政府和抢险救援部队组织力量，采取多种应急抢险措施和除险手段，及时排除各种重大险情隐患。救援官兵用对党和人民的忠诚、用血肉之躯，及时扑灭工厂大火，封堵有毒气体、液体泄漏，搜寻化学危险品，转移易燃易爆物品，消除各种次生灾害隐患，保护灾区群众的生命财产安全，维护灾区的生产生活秩序。

堰塞湖抢险

汶川特大地震引发大规模山体滑坡，造成一些河道堵塞或被完全截断，形成大面积堰塞湖。堰塞体为滑落山体，土质松软，难以阻挡上游河水，极易出现溃坝、决口，形成洪峰，给下游灾区群众生命财产带来巨大威胁。中共中央、国务院高度重视堰塞湖应急抢险处置，水利部、国土资源部、中科院等部门水利专家、工程技术人员与解放军、武警水电部队不畏艰险，连续奋战，严密组织，科学施工。水电顾问集团组织人员空降到唐家山堰塞湖坝顶进行勘测。解放军、武警部队官兵抢运机械设备、物资并组织实施爆破。地方政府、解放军指战员、公安民警等组织疏散泄洪区群众，完成堰塞湖应急排险等任务。

唐家山堰塞湖抢险

5月20日，水利勘测设计人员空降唐家山堰塞湖坝顶　　（贾国荣　摄）

5月26日，武警水电部队突击队员从北川县城翻山越岭赴唐家山堰塞湖　（岱天荣　摄）

5月30日，水利专家与解放军和武警水电部队官兵现场研究唐家山堰塞湖应急除险施工方案　（水利部　提供）

5月26日，俄罗斯国家紧急情况部派出的首架支援中国灾区的米-26直升机将大型施工设备运送到唐家山堰塞湖施工现场

（缪宜江　提供）

5月29日，成都军区77225部队1500名官兵分赴江油市青莲、雁门片区和绵阳市游仙区疏散唐家山堰塞湖泄洪区居民　　（李进　摄）

5月30日，武警水电部队战士向唐家山堰塞湖运送护坡铁丝网
（吴华　摄）

5月31日，武警水电部队三总队官兵在唐家山堰塞湖挖掘泄流槽
（岱天荣　摄）

6月6日，四川省水文局唐家山堰塞湖排险指挥中心工作人员通过远程视频观察堰塞湖水位
（张国俊　摄）

6月8日，成都军区驻滇某集团军抢险突击队在唐家山堰塞湖探测水下障碍物　　（成都军区77200部队　提供）

6月8日，水文勘测突击队队员运用电波流速仪施测泄流槽表面流速

（水利部　提供）

6月9日9时32分，解放军驻滇某集团军对唐家山堰塞湖泄流槽实施爆破

（成都军区77200部队　提供）

6月10日9时30分，唐家山堰塞湖泄流渠流量达到1760立方米/秒　　（李刚　摄）

6月10日15时25分，唐家山堰塞湖泄洪洪水流经北川县城　　（唐金江　摄）

其他堰塞湖抢险

5月19日，兰州军区某部官兵在陇南市嘉陵江堰塞湖实施钻孔爆破（吕建荣　摄）

5月21日，兰州军区某部官兵到达陇南市嘉陵江堰塞湖抢险（吕建荣　摄）

6月2日，成都军区某部官兵在汶川县三江乡马腰杠堰塞湖传递炸药

（吴玉城　摄）

6月3日，武警水电部队官兵向什邡市红白镇石亭江燕子岩堰塞湖运送炸药

（史志强　摄）

6月5日，海军某部工兵防化营官兵在绵竹市清平乡小岗剑上游堰塞湖检修爆破线路

（曾庆　摄）

7月13日，四川水电工程局工作人员排除汶川县老虎嘴壅塞体

（蒋文　摄）

其他次生灾害防治

汶川特大地震造成灾区次生灾害频发，塌方、滑坡、泥石流发生数量多、范围广，对道路、堤坝、房屋等造成不同程度的损毁，直接威胁群众的生命财产安全。灾区各级政府、解放军、武警部队把防止次生灾害当做重要任务，在抢救人民生命财产、安置群众的同时，有序进行清理废墟，拆除高危建筑，采取多种应急抢险措施和除险手段，及时排除各种重大险情隐患。救援官兵及时扑灭有毒大火，封堵泄漏，转移易燃易爆物品，消除各种次生灾害隐患，为灾区人民尽快恢复生产、重建美好家园、防止次生灾害的发生奠定了基础。

5月18日，海军某部官兵在什邡市湔氐镇龙居寺村拆除危房　（姚泽勇　摄）

5月18日，济南军区某部工化营在彭州市白鹿镇拆除危房　　（王宇　摄）

5月22日，解放军驻渝某集团军工兵团在汶川县映秀镇成功爆破一座危楼
（徐京星　摄）

5月23日，眉山市环境监测站监测小组在彭州市龙门山镇检测空气质量

（王智祥　摄）

6月8日，陇南市武都区民兵分队帮助当地群众拆除危房

（甘肃省军区政治部宣保处　提供）

6月10日，成都军区某部官兵在绵竹市汉旺镇定点爆破危险水塔　　（景铭　摄）

6月9日，海军92057部队两栖侦察队官兵穿戴轻潜服、带着工兵镐潜入绵竹市遵道镇太平水库，采用疏通水库水下卧管式放水口的方式，对其进行排水减压　　（李唐　摄）

6月17日，成都军区77225部队官兵拆除江油市窦圌山极乐寺危险建筑　　（成都军区77200部队　提供）

6月24日，济南军区某部官兵清理彭州市磁峰镇莲花水库山上悬石　　（王宇　摄）

7月7日，海军某部官兵拆除绵竹市吉祥寺被损毁的建筑

（李唐 摄）

7月15日，海军某部工兵营官兵在什邡市师古镇成功爆破危险烟囱

（姚泽勇 摄）

"十二五"国家重点
出版物出版规划项目

中国志书精品工程
High Quality Project of China's Local Records

汶川特大地震抗震救灾志

WENCHUAN TEDA DIZHEN KANGZHEN JIUZAI ZHI

《汶川特大地震抗震救灾志》编纂委员会　编

卷三

图　志（下）

方志出版社
Publishing House of Local Records

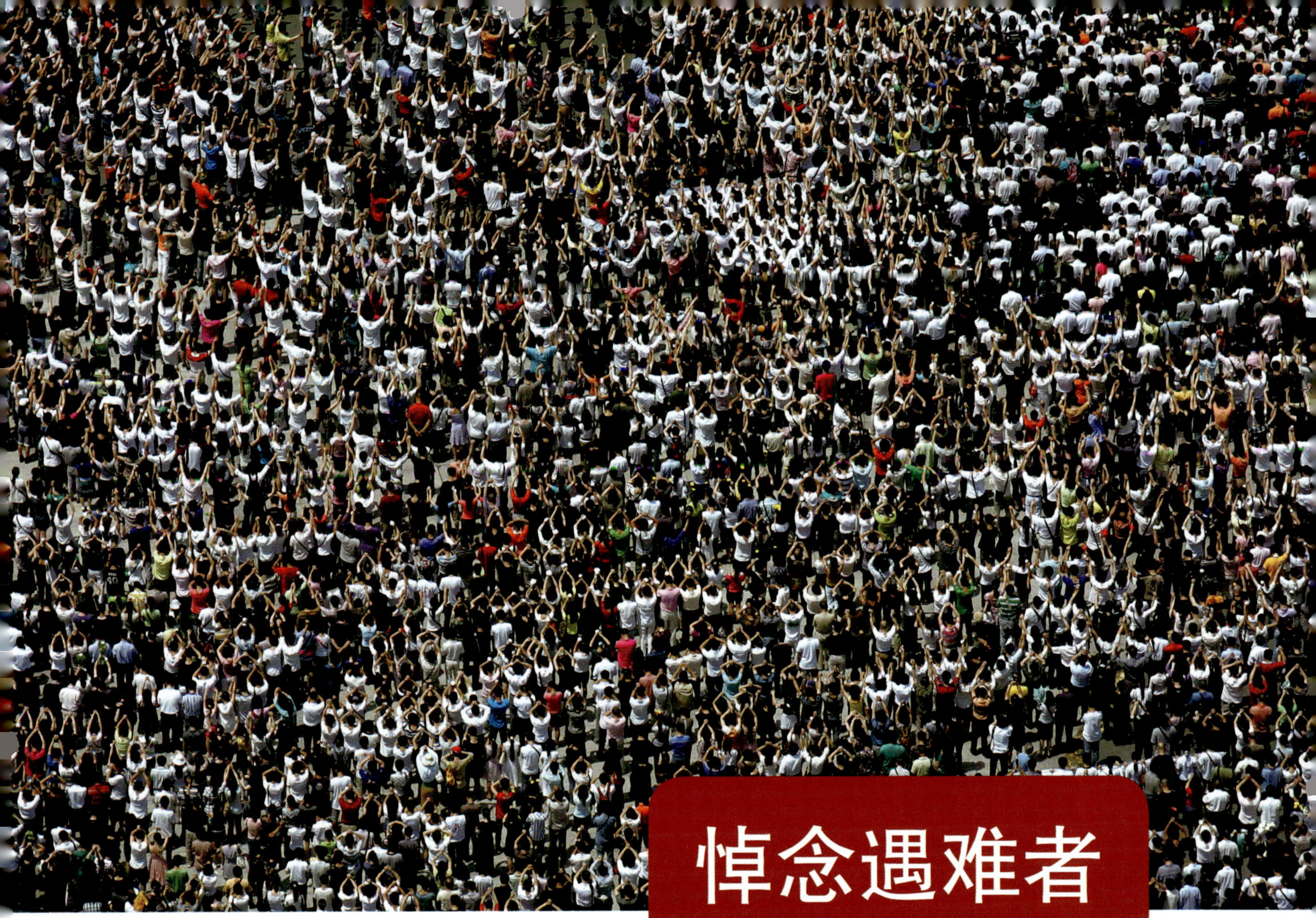

悼念遇难者

中央和国家机关悼念遇难者

各地群众悼念遇难者

驻外使领馆悼念遇难者

港澳台同胞、海外华侨华人悼念遇难者

国际社会悼念遇难者

汶川特大地震造成灾区人员伤亡惨重，震撼着全中国人民的心。为表达全国各族人民对地震遇难同胞的深切哀悼，5月18日，国务院发布公告，宣布“2008年5月19日至21日为全国哀悼日”，在此期间，全国和各驻外机构下半旗志哀，停止公共娱乐活动，外交部和中国驻外使领馆设立吊唁簿。19日14时28分，国旗半降，警报拉响，汽笛长鸣，举国悲恸，举世哀伤。中共中央、国务院主要领导与全国各族人民一道默哀3分钟。这是中华人民共和国成立以来，首次为遭受严重自然灾害遇难同胞举行的全国性哀悼活动，表达了中共中央、国务院和全国各族人民对地震遇难同胞的沉痛悼念，彰显出中华民族对生命的极大尊重，是对遇难同胞家属和受灾群众的最大抚慰。

5月12日地震发生后，日本首相福田康夫、美国总统布什、德国总理默克尔、斯洛文尼亚总理扬沙、联合国秘书长潘基文等分别致电中国国家领导人表示慰问。19-21日，在中国哀悼日期间，160余个国家、国际组织的领导人、政要和驻华使节到中国外交部和中国驻外外交代表机构吊唁，一些国家驻华使馆也降半旗志哀。秘鲁政府宣布19日为“全国哀悼日”，并降半旗志哀。朝鲜平壤市于北京时间19日14时28分拉响防空警报，汽车停运鸣笛，悼念遇难者。至5月20日23时（北京时间），72个国家的领导人、各界人士及外交使节前往中国使领馆吊唁，表达对汶川地震遇难者的深切哀悼。

中央和国家机关悼念遇难者

汶川特大地震发生后，党和国家主要领导人心系灾区，时刻牵挂着群众的生活情况。5月19日14时28分，胡锦涛、江泽民、吴邦国、温家宝、贾庆林、李长春、习近平、李克强、贺国强等在北京等地，同全国各族人民一起，向地震遇难同胞默哀。各省（区、市）负责人，中央和国家机关各部门负责人，解放军各总部、各大单位和武警部队负责人等也在各地向汶川地震遇难同胞致哀，表达深深的哀思。

全国人大、国务院、全国政协、中央军事委员会、最高人民法院、最高人民检察院及全国各驻外机构下半旗志哀，并组织各种形式的哀悼活动，参加活动人员肃立默哀3分钟，为遇难同胞祈祷，为受灾群众祈福。

5月19日，北京，中南海新华门降半旗，以表达对汶川地震遇难同胞的深切哀悼

（杨光　摄）

5月19日14时28分，全国人民代表大会常务委员会部分委员在办公楼前哀悼汶川地震遇难同胞（全国人大办公厅　提供）

5月19日14时28分，国务院办公厅部分工作人员在国务院办公厅北门悼念汶川地震遇难同胞（姚大伟　摄）

5月19日14时28分，中国人民政治协商会议全国委员会部分委员在机关哀悼汶川地震遇难同胞

（全国政协办公厅　提供）

5月19日14时28分，最高人民检察院机关举行哀悼仪式，全体工作人员默哀3分钟，沉痛悼念汶川地震遇难同胞
（肖杰　摄）

5月19日，最高人民法院降半旗悼念汶川地震遇难同胞　（刘曼　摄）

5月19日，外交部下半旗哀悼汶川地震遇难同胞　（罗晓光　摄）

各地群众悼念遇难者

5月19日14时28分，全国各族人民停下手中的工作及一切活动，肃立默哀，举国悲恸，举世哀伤；汽车、火车、舰船鸣笛，防空警报鸣响，共同表达对地震遇难者的沉痛悼念、对遇难者家属和受灾群众的抚慰。

在哀悼日期间，地震灾区各级政府、各族群众先后举办各种公祭活动，表达对地震遇难者的深切哀悼、对遇难者亲属的深切抚慰。在汶川、北川、青川等地震灾区，在北川中学救援现场、汉旺镇废墟前、宝成铁路109隧道抢险现场等地，灾区群众、抢险救援人员、医务人员纷纷肃立默哀，表达对遇难者的哀思。

全国各省（区、市）也以不同形式组织祭奠活动，在北京天安门广场、在成都天府广场、在部队军营、在大学校园、在祖国的各个角落，各族群众肃立默哀，举国同悲，表达对遇难者的沉痛悼念。

地震灾区悼念遇难者

在全国哀悼日期间，地震灾区政府、群众及在灾区抢险救援的部队指战员、武警官兵等举办公祭活动，表达对遇难者的深切哀悼、对遇难者亲属的深情抚慰。汶川县在岷江畔举行悼念仪式，并发布告全县各族同胞书，告诫人们记住这刻骨铭心、永生难忘的沉痛时刻，化悲痛为力量，重建家园。北川中学幸存师生、汶川县绵虒镇高店村村民和学生、九寨沟人民医院的病人及家属深切悼念遇难者。青川县城东桥头数十车辆同时鸣笛，志愿者用青翠的松枝、淡黄的菊花扎成花圈，少先队员点上寄托哀思的白蜡烛，数百名群众向地震遇难者默哀。在北川、绵竹、徽县、汶川、理县、文县等地参加抢险救援的部队指战员和群众向遇难者表示沉痛哀悼。

5月19日14时28分，救援人员在绵竹市汉旺镇一片废墟前向地震遇难同胞默哀

（王建华　摄）

5月19日14时28分，在北川中学救援现场，搜救人员向汶川地震遇难同胞默哀
（李涛　摄）

5月19日14时28分，正在北川羌族自治县诚实信用联社废墟上执行搜救任务的第二炮兵96531部队官兵向地震遇难同胞默哀　（张建刚　摄）

5月19日14时28分，救援人员在绵竹市汉旺镇汉旺广场的大钟前默哀，悼念汶川地震遇难同胞（王建华　摄）

5月19日14时28分，宝成铁路109隧道抢险人员向地震遇难同胞默哀　（杜宝同　摄）

5月19日14时28分，北川县城，一名参加救援的战士在废墟前默哀，祭奠地震遇难同胞

（郭铁流　摄）

5月19日14时28分，重庆第三军医大学新桥医院抗震救灾医疗队的医护人员在理县向汶川地震遇难同胞默哀

（陈建力　摄）

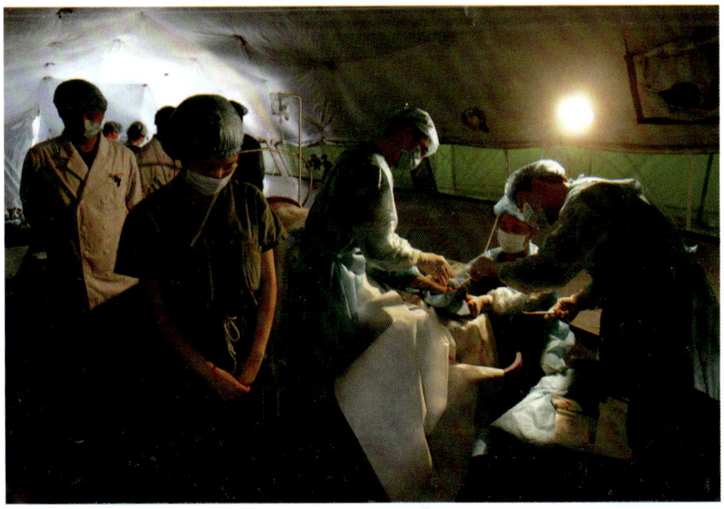

5月19日14时28分，汶川县，在第三军医大学抗震救灾医疗队的帐篷内，医务人员一边抢救伤员，一边向地震罹难同胞默哀

（胡国庆　摄）

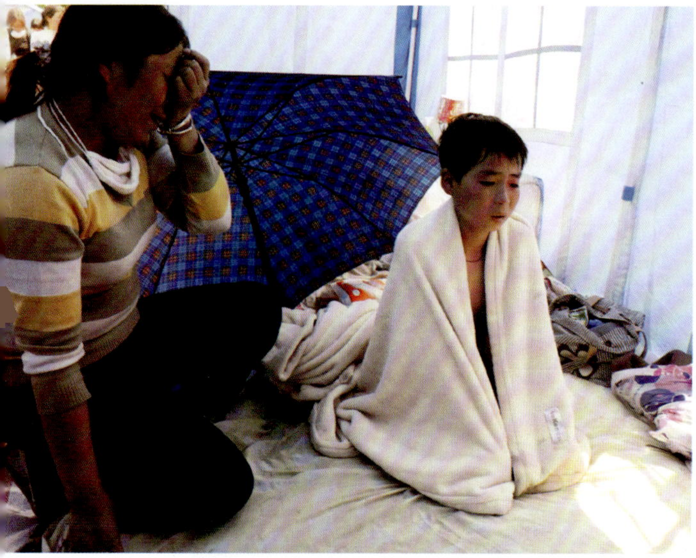

5月19日14时28分，在安县雎水镇，彭豪（右）披着父亲生前用过的毛毯与婶婶一起悼念在汶川地震中遇难的亲人（杨世尧 摄）

5月19日14时28分，在向汶川运送救灾物资的某陆航团飞机上，两名官兵在2600米高空哀悼汶川地震遇难同胞（李刚 摄）

5月19日14时28分，北川中学的幸存师生向汶川地震遇难同胞默哀（赵颖全 摄）

5月22日，汶川县绵虒镇高店村村民和学生参加升旗仪式，悼念地震遇难同胞

（杨涛、银琪　摄）

5月19日14时28分，九寨沟县人民医院的病人及家属向遇难者默哀

（钟美兰　摄）

5月19日14时28分，文县城关镇元茨头村受灾村民向汶川地震遇难同胞默哀

（武斌　摄）

5月19日，文县城关镇元茨头村的一位受灾村民按当地习俗为汶川地震遇难同胞祈福　（张锰　摄）

5月19日，在成都市天府广场，市民痛悼汶川地震遇难亲人

（张全能　摄）

5月19日，成都市天府广场，参加悼念活动的人们举起祈福的双手

（胡迪　摄）

5月19日14时28分，成都市天府广场万人悼念活动现场　　（王瑞林　摄）

其他地区悼念遇难者

首都北京沉浸在巨大的悲痛之中。从5月19日4时开始，天安门广场国旗旗杆附近陆续围出几道人墙，来自全国各地的同胞，集体肃立在降半旗的国旗周围，向国旗行注目礼，向地震遇难同胞表示深切哀悼。14时28分，天安门广场上数以万计的群众面对降下的国旗，深低下头，金水桥上的人群肃立，长安街的车流同一时刻摁响喇叭。哀悼仪式结束后，广场上的群众仍然不肯离去，“中国加油”“中国万岁”“四川挺住”的口号声，响彻广场上空。同时，中华世纪坛为遇难者敲响中华世纪钟。19日，随着一声低沉的防空警报鸣响，成都市天府广场旁街道上的车辆靠边鸣笛志哀，上万市民聚集广场默哀，人们拉起横幅，举起祈福的双手，不少人恸哭失声，现场有人高喊起四川人特有的口号“雄起”。瞬间，呼喊声此起彼伏，响彻云霄。全国其他省（区、市）各族群众也以不同方式表达对遇难者的哀悼，从雪域高原西藏到内地各大中城市，从新疆国际大巴扎到边防哨所，人们寄托着对遇难者的哀思，表示要化悲痛为力量，树立战胜地震灾难的信心和决心。

5月19日，四川籍在京务工人员手持“汶川挺住 中国加油”的标语在北京天安门广场悼念汶川地震遇难同胞

（李健泉　摄）

5月19日14时28分，人们在天安门广场向汶川地震遇难同胞默哀　　（汪永　摄）

5月19日14时28分，北京八达岭长城上的游客向汶川地震遇难同胞默哀

（刘浦泉　摄）

5月19日14时28分，在北京中华世纪坛，人们敲响中华世纪钟，悼念汶川地震遇难同胞　　（章磊　摄）

5月19日14时28分，北京市王府井大街上的行人自发聚集在一起悼念汶川地震遇难同胞

（刘杰　摄）

5月19日14时28分，天津港码头2万名职工哀悼汶川地震遇难同胞

（马平　摄）

5月19日14时28分，在太原市迎泽大街上，人们向汶川地震遇难同胞默哀

（武敌　摄）

5月19日14时28分，在唐山市抗震纪念碑广场上，人们向汶川地震遇难同胞默哀

（巩志宏　摄）

5月19日14时28分，呼和浩特市各界人士向汶川地震遇难同胞默哀

（李云平　摄）

5月19日14时28分，在铁路沈阳北站候车室，旅客、客运职工向汶川地震遇难同胞默哀　（任勇　摄）

5月19日14时28分，驻守中朝友谊桥的丹东市边防检查站官兵在桥头集体脱帽，向汶川地震中的遇难同胞默哀　（陈浩　摄）

5月19日14时28分，哈尔滨市解放小学的学生哀悼汶川地震遇难同胞

（李勇　摄）

5月19日14时28分，上海证券交易所停市3分钟，向汶川地震遇难同胞默哀

（任珑　摄）

5月19日14时28分，东航约有150架飞机载着3万名旅客在空中飞行。机组成员和旅客在万米高空向汶川地震遇难同胞默哀3分钟　（黄国庆　摄）

5月19日14时28分，在南京市35路公交车上，司乘人员与乘客肃立向汶川地震遇难同胞默哀3分钟

（王路宪　摄）

5月20日晚，江苏省淮阴师范学院数千名大学生为灾区同胞祈福　　（方东旭　摄）

5月19日14时28分，刚遭受“桑美”台风重创的浙江省苍南县桥墩镇碗窑村村民向汶川地震遇难同胞默哀　　（萧云集　摄）

5月19日14时28分，在宁波市，北京奥运会火炬接力团队向汶川地震遇难同胞默哀

（丁林　摄）

5月19日14时28分，在安徽省巢湖市西苑广场，爱心出租车队的驾驶员向汶川地震遇难同胞默哀

（张晟浩　摄）

5月19日14时28分，从合肥开往杭州的N461次列车上，合九铁路公安处民警和旅客向汶川地震遇难同胞默哀

（王雷　摄）

5月19日14时28分，在福州市五一广场，市民们哀悼汶川地震的遇难同胞

（张国俊　摄）

5月19日14时28分，福建省某边防工作站的边防官兵和台轮停泊点的台胞一起向汶川地震遇难同胞默哀

（姜克红　摄）

5月19日14时28分，华东交通大学土木建筑学院2006级桥梁班师生向汶川地震遇难同胞默哀

（宋振平　摄）

5月19日14时28分，济南市英才学院万名师生哀悼汶川地震遇难同胞　（刘宝森　摄）

5月19日14时28分，郑州市商品交易所停市3分钟，向汶川地震遇难同胞默哀

（岳月伟　摄）

5月19日14时28分，湖北省南漳县肖堰镇完全小学，500多名师生在操场上降半旗，向汶川地震遇难同胞默哀

（熊明银　摄）

5月19日14时28分，湖北省襄樊市第一人民医院医护人员向汶川地震遇难同胞默哀

（龚波　摄）

5月19日14时28分，长沙市黄兴路商业步行街，市民聚集默哀，悼念汶川地震遇难同胞

（龙弘涛　摄）

5月19日14时28分，深圳市沙头角中英街，正在列队巡逻的“沙头角模范中队”官兵哀悼汶川地震遇难同胞

（吴俊　摄）

5月19日14时28分，在海口市人民政府广场，群众向汶川地震遇难同胞默哀

（姜恩宇　摄）

5月19日14时28分，南宁市梦之岛水晶城广场，人们向汶川地震遇难同胞默哀

（周华　摄）

5月19日14时28分，在重庆市中心解放碑广场，群众向汶川地震遇难同胞默哀

（高维峰　摄）

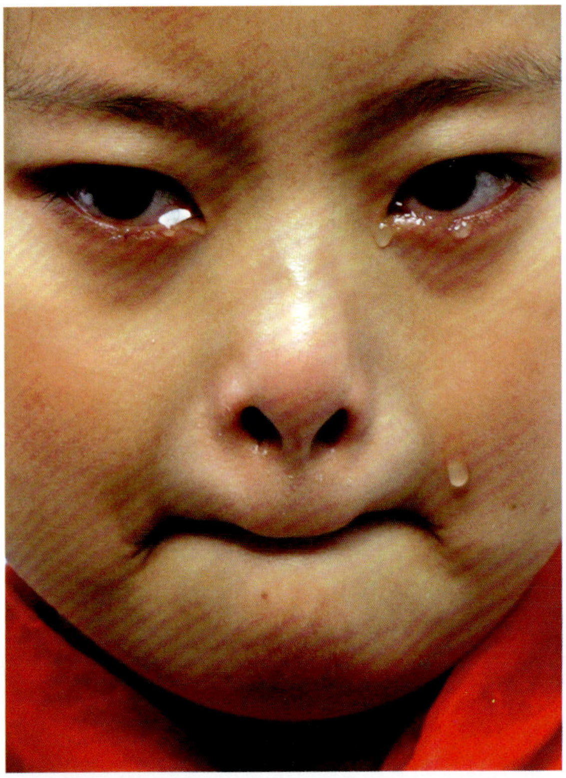

5月19日14时28分，一名成都市小学生向汶川地震遇难同胞默哀

（CFP 提供）

5月19日14时28分，贵阳市市民哀悼汶川地震遇难同胞

（杨俊江 摄）

5月19日14时28分，云南省德宏傣族景颇族自治州民族初级中学学生向汶川地震遇难同胞默哀 （邹峥 摄）

5月19日14时28分，在拉萨市布达拉宫广场，藏族群众向汶川地震遇难同胞默哀

（格桑达瓦　摄）

5月19日，西安市各界人士悼念汶川地震遇难同胞　（陕西省委外宣办　提供）

5月19日14时28分，兰州大学学生向汶川地震遇难同胞默哀　　（梁强　摄）

5月19日14时28分，青海省各族人民向汶川地震遇难同胞默哀　　（侯德强　摄）

5月19日14时28分，在银川市南门广场，市民哀悼汶川地震遇难同胞　　　（王鹏　摄）

5月19日14时28分，宁夏伊斯兰教经学院师生员工向汶川地震遇难同胞默哀祈祷

（刘泉龙　摄）

5月19日14时28分，乌鲁木齐市商业区——新疆国际大巴扎，近千名各族群众向汶川地震遇难同胞默哀　　（沙达提　摄）

驻外使领馆悼念遇难者

5月19—21日哀悼日期间，中国驻外使领馆、驻国际组织代表处、中资机构等都下半旗志哀，并举行各种悼念活动。中国各驻外机构、中国各驻外使领馆分别设立吊唁簿，沉痛悼念汶川特大地震遇难同胞。

5月19日（北京时间，下同），中国驻阿根廷大使馆全体工作人员向汶川地震遇难同胞默哀（冯俊扬　摄）

5月19日，中国驻珀斯总领事馆工作人员降半旗哀悼汶川地震遇难同胞
（高周丹　摄）

5月19日，中国驻比利时大使馆举行默哀仪式，沉痛悼念汶川地震遇难同胞

（徐金泉 摄）

5月19日，中国驻哥斯达黎加大使馆全体人员和中资机构代表向汶川地震遇难同胞默哀

（郑大方 摄）

5月19日，中国驻捷克大使馆全体人员向汶川地震遇难同胞默哀

（丁宜 摄）

5月19日，中国驻加蓬大使馆工作人员和新华社利伯维尔分社人员在使馆门前向汶川地震遇难同胞默哀　　　　　　　　（任亚秋　摄）

5月19日，中国驻菲律宾大使馆举行仪式沉痛悼念汶川地震遇难同胞。图为中国驻菲律宾大使宋涛在悼念活动上讲话　　　　　（许林贵　摄）

5月19日，中国驻印度尼西亚大使馆工作人员以及中资机构代表100多人举行悼念仪式
（张军　摄）

5月19日，中国驻新加坡大使馆工作人员、中资企业代表、留学生代表向汶川地震遇难同胞默哀

（张永兴　摄）

5月19日，中国驻美国大使馆工作人员举行仪式，沉痛悼念汶川地震遇难同胞

（张岩　摄）

5月19日，中国驻旧金山总领事馆工作人员与祖国人民一起悼念汶川地震遇难同胞

（陈钢　摄）

港澳台同胞、海外华侨华人悼念遇难者

在全国哀悼日期间，港澳台同胞及海外华侨华人举办各种悼念活动。香港特别行政区政府发言人5月18日晚宣布，香港特区所有政府机构及学校，在全国哀悼日期间下半旗志哀，表示对地震遇难者的深切哀悼；19日14时28分起，默哀3分钟。与此同时，澳门市民默哀3分钟，汽车、舰船鸣笛，表达澳门市民对地震遇难者的深切哀悼。台湾各界组织烛光追思会、举办祈福活动等，祭奠汶川地震遇难者。

血浓于水，天涯咫尺。世界各地华侨华人始终心系祖国，对汶川地震造成的生命财产损失深感悲痛，对感人至深的抢险救援场面无比感动和自豪，并自发前往中国驻外使领馆参加吊唁。有的华侨华人手持白花，集体低头默哀；有的举行烛光晚会，召开追思会、朗诵会等，以不同形式为遇难同胞祈愿，沉痛悼念汶川地震遇难者，表达与受灾同胞同舟共济的决心。

5月19日7时55分，香港金紫荆广场降半旗志哀

（刘莲芬　摄）

5月19日14时28分，香港市民和游客冒着细雨在香港铜锣湾时代广场向汶川地震遇难同胞默哀

（刘莲芬　摄）

5月19日清晨，澳门特区政府总部降半旗志哀　　　　　　　　　　（刘卫国　摄）

5月19日14时28分，澳门特区议事厅前地，市民向汶川地震遇难同胞默哀　　　　　　　　　　（刘卫国　摄）

5月19日晚（当地时间），中国驻加拿大多伦多总领事馆门口，华侨华人、留学生佩戴黄丝带缅怀在汶川地震中遇难的同胞

（杨硕　摄）

5月21日晚（当地时间），丹麦首都哥本哈根，近500名华侨华人参加丹麦华人总会在市政府广场为汶川地震遇难同胞举行的烛光追思会

（叶利宗　摄）

5月18日晚（当地时间），法国首都巴黎，旅法华侨华人和中国留学生在埃菲尔铁塔下举行烛光祈福会，以表达对汶川地震遇难同胞的哀思和对生者的祝福

（吴卫中　摄）

5月21日晚（当地时间），墨西哥首都墨西哥城，华侨华人社团联合总会举办悼念汶川地震遇难同胞的活动

（马国强　摄）

5月18日19时（当地时间），日本首都东京，约百名华人和留学生自发聚集到新宿中央公园，为汶川地震遇难者祈祷祝福

（侯宇　摄）

5月21日（当地时间），菲律宾首都马尼拉，菲华消防队员联合总会举行哀悼汶川地震遇难者的活动

（吴强　摄）

5月21日晚（当地时间），俄罗斯首都莫斯科，华侨华人、留学生自发汇聚在伊兹麦伊洛沃公园悼念汶川地震遇难同胞

（田冰　摄）

5月21日（当地时间），旅居西班牙的华侨华人在马德里为汶川地震遇难同胞举行悼念活动

（钟新　摄）

5月18日晚（当地时间），英国首都伦敦，数百名中国学生和学者聚集到伦敦大学亚非学院，在烛光中为四川地震灾区的人民祈祷与祝福　（李鹏　摄）

5月17日晚（当地时间），美国硅谷华人集聚在山景城的街心公园，为汶川地震遇难同胞举行烛光祈福仪式

（陈钢　摄）

5月20日晚（当地时间），美国首都华盛顿，华侨华人举行烛光晚会，祭奠汶川地震遇难同胞

（邱江波　摄）

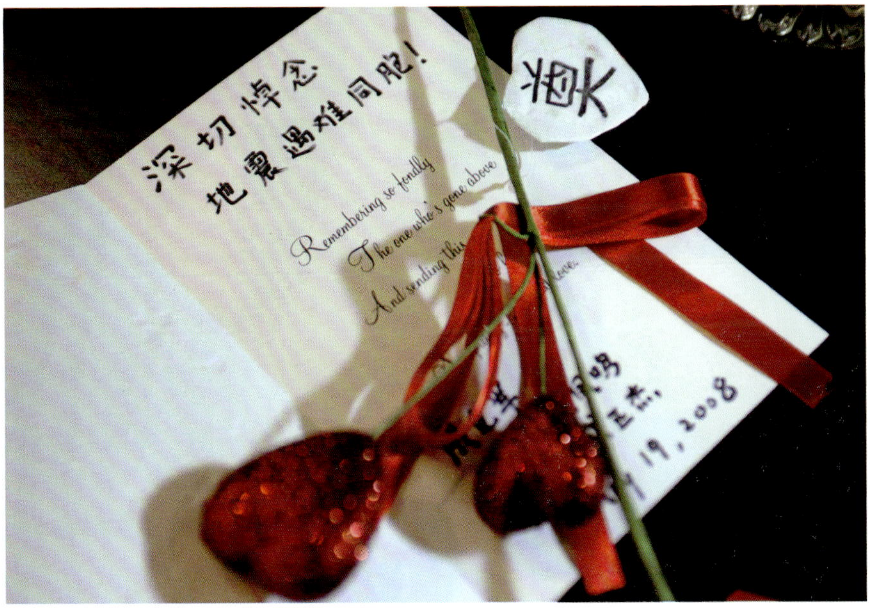

5月20日（当地时间），美国首都华盛顿，一位华人在中国驻美国大使馆留下吊唁卡，悼念汶川地震遇难同胞

（张岩　摄）

国际社会悼念遇难者

中国举行悼念汶川特大地震遇难者哀悼日活动，引起国际社会的广泛关注和支持，各国纷纷以各种形式沉痛悼念汶川地震遇难者，对地震造成的巨大生命和财产损失表示悲痛，向中国共产党、中国政府、中国人民，向遇难者家属致以深切慰问，并高度赞扬中国面对地震灾害时所表现出来的力量、韧性和勇气。相信在中国政府的领导下，中国人民一定能够战胜困难。5月19日，在瑞士日内瓦举行的第61届世界卫生大会开幕式上，世界卫生组织193个成员国的代表全体起立，向中国汶川地震遇难者和缅甸强热带风暴遇难者默哀。20日，联合国安理会成员国代表集体肃立默哀，对汶川地震遇难者表示哀悼，对中国人民的抗震救灾行动表示钦佩和支持。一些国家元首、政府首脑及国际组织负责人，纷纷赶到中国驻外使领馆或中国驻国际组织代表处，沉痛悼念汶川地震遇难者，并在吊唁簿上留言，对中国人民在特大自然灾害面前表现出的高尚思想和坚毅性格表示钦佩，向遭受地震灾害的中国人民致以诚挚的慰问，表示支援中国的抗震救灾行动，随时准备以各种方式向中国提供支援。

在哀悼日期间，来自五大洲的各国驻华使节和国际组织代表陆续到中国外交部吊唁，向中国政府和人民表示深切同情和诚挚慰问，对地震中的罹难者表示沉痛哀悼，对中国政府和人民在抗震救灾中表现出的英雄气概和付出的巨大努力表示钦佩。相信中国政府和人民会战胜一切困难，重建美好家园。

5月19日，外国驻华使节在外交部吊唁中国四川汶川特大地震遇难者（罗晓光　摄）

5月20日（北京时间，下同），在美国纽约联合国总部举行的联合国安理会会议上，与会人员集体默哀，向中国四川汶川地震遇难者表示哀悼

（侯俊　摄）

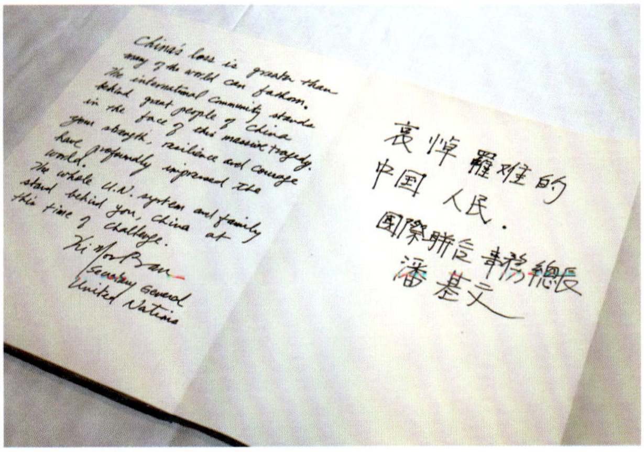

5月19日，纽约中国常驻联合国代表团驻地，联合国秘书长潘基文用中英文在吊唁簿上留言

（侯俊　摄）

5月20日，在美国纽约联合国总部举行的联合国安理会会议上，联合国秘书长潘基文（中）与安理会成员集体默哀，向中国四川汶川地震遇难者表示哀悼

（侯俊　摄）

5月20日，中国驻阿富汗大使馆，阿富汗副总统哈利利（中）在吊唁簿上留言，悼念中国四川汶川地震遇难者

（张云龙　摄）

5月20日，中国驻克罗地亚大使馆，克罗地亚总统梅西奇（前）在吊唁簿上留言，悼念中国四川汶川地震遇难者

（新华社　提供）

5月21日，中国驻古巴大使馆，古巴国务委员会主席劳尔·卡斯特罗在吊唁簿上留言，悼念中国四川汶川地震遇难者

（殷永建　摄）

5月20日，中国驻哥伦比亚大使馆，哥伦比亚总统乌里韦在吊唁簿上留言，悼念中国四川汶川地震遇难者

（王帆　摄）

5月19日，法国总统萨科齐在中国驻法国大使馆参加悼念仪式并在吊唁簿上留言

（宋立东　摄）

5月23日，以色列总统佩雷斯（坐者）在耶路撒冷总统官邸召见中国驻以色列大使赵军（立者），并在吊唁簿上留言，就中国四川汶川地震灾害向中方表示慰问，对遇难者表示哀悼　　（黄晓南　摄）

5月21日，中国驻日本大使馆，日本首相福田康夫吊唁中国四川汶川地震的遇难者

（任正来　摄）

5月22日，中国驻韩国大使馆，韩国总统李明博（坐者）在吊唁簿上留言，吊唁中国四川汶川地震遇难者

（李拯宇　摄）

5月21日，中国驻尼日利亚大使馆，尼日利亚总统亚拉杜瓦（右）偕夫人悼念中国四川汶川地震遇难者

（新华社　提供）

5月14日，中国驻巴基斯坦大使馆，巴基斯坦总统穆沙拉夫发表讲话。他对中国四川汶川地震造成的巨大生命和财产损失表示悲痛，对中国人民的抗震救灾行动表示支持

（李敬臣　摄）

5月20日，中国驻罗马尼亚大使馆，罗马尼亚总统伯塞斯库（坐者）在吊唁簿上留言，悼念中国四川汶川地震遇难者

（陈进　摄）

5月21日，中国驻斯里兰卡大使馆，斯里兰卡总统拉贾帕克萨（中）在吊唁簿上留言，悼念中国四川汶川地震遇难者

（新华社　提供）

5月21日，中国驻坦桑尼亚大使馆，坦桑尼亚联合共和国总统、非洲联盟轮值主席贾卡亚·姆里绍·基奎特（坐者）在吊唁簿上留言，悼念中国四川汶川地震遇难者　　（义高潮　摄）

5月20日，中国驻英国大使馆，英国首相布朗（坐者）在吊唁簿上留言，悼念中国四川汶川地震遇难者
（谢秀栋　摄）

5月20日，中国驻美国大使馆，美国总统布什偕夫人劳拉吊唁中国四川汶川地震遇难者
（张岩　摄）

5月21日，中国驻赞比亚大使馆，赞比亚总统姆瓦纳瓦萨（左）在吊唁簿上留言，悼念中国四川汶川地震遇难者

（刘金海　摄）

5月21日，中国驻俄罗斯大使馆，前来吊唁中国四川汶川地震遇难者的俄罗斯武装力量总参谋长巴卢耶夫斯基在默哀

（董爱波　摄）

5月20日，中国驻朝鲜大使馆，朝鲜劳动党中央书记崔泰福（坐者）参加吊唁活动，沉痛哀悼中国四川汶川地震遇难者

（张滨阳　摄）

5月21日，松山芭蕾舞团创始人、名誉团长清水正夫（前左）率芭蕾舞团成员参加中国驻日本大使馆举行的吊唁活动，悼念中国四川汶川地震遇难者

（任正来　摄）

5月20日，中国驻澳大利亚大使馆，一名当地儿童在吊唁簿上写下“我希望中国的明天会更好”

（江亚平　摄）

5月19日，秘鲁首都利马，总统府降半旗向中国四川汶川地震遇难者志哀。秘鲁政府16日颁布最高政令，宣布19日为“全国哀悼日”，以悼念中国四川汶川地震遇难者。这是秘鲁第一次为外国遇难者设立“全国哀悼日”　（马国强　摄）

八方捐助

各地各界捐助

港澳台同胞、海外华侨华人捐助

国际社会捐助

汶川特大地震使全国人民更加紧密地联结在一起，全党、全军、全国各族人民发扬“一方有难、八方支援”的优良传统，团结一致，共克时艰，纷纷捐款捐物，以实际行动为抗震救灾贡献力量。党和国家领导人率先垂范，带头向灾区捐款，表达对受灾群众的深切关怀。中央各部门、各省（区、市）、各行各业、社会各界慷慨解囊，积极踊跃捐款捐物，呈现出热火朝天的捐助场面。解放军、武警部队争先恐后地向灾区捐款捐物，在各地军营、在边防哨卡，捐助的人潮涌动，彰显出“人民军队爱人民”的政治本色。各民主党派、人民团体及社会组织迅速行动，通过各种形式为灾区群众送温暖、献爱心。中央企业发扬“为党分忧、为国分忧”的主人翁精神，急灾区群众之所急、送灾区群众之所需，紧急向地震灾区提供大量物资和资金支援。中组部迅速组织广大党员通过交纳“特殊党费”的形式，向地震灾区捐款，体现出中国共产党“全心全意为人民服务”的一贯宗旨。中国红十字会、中华慈善总会等充分发挥社会组织的辅助作用，积极组织捐助活动，并将捐助款物及时、全部送往地震灾区，解决受灾群众的基本生活困难。

港澳台同胞、海外华侨华人也举办各种形式的赈灾活动，捐助募集巨额款物，支援灾区抗震救灾。国际社会发扬人道主义精神，向中国政府和地震灾区伸出援助之手，170个国家和地区、10个驻华使馆、3个国际组织、34个国外企业和民间组织捐款捐物，为中国人民的抗震救灾斗争提供援助。

截至7月12日，全国共接收国内外社会各界捐助款物572.91亿元，实际到账款物569.9亿元（其中到账捐款485.23亿元、物资折价84.67亿元），向灾区拨付捐助款物209.02亿元。

各地各界捐助

汶川特大地震让全国人民从内心深处迸发出一个共同的声音，“一切为了灾区，全力支援灾区”，社会各界迅速掀起救灾捐助的热潮。党和国家领导人身体力行带头捐款；中共中央及直属机关，解放军、武警部队、民兵预备役部队、公安民警开展各种形式的捐助活动，充分表达对灾区群众的深情厚谊。各省（区、市）党政机关及所属部门、社会各界群众心系灾区，为国分忧，纷纷捐助资金和物资支援抗震救灾，表达对灾区群众的一片爱心。各民主党派、人民团体和宗教团体纷纷举行义演、义卖、公益笔会、文艺晚会等活动，举办不同形式的捐款捐物及祈福祝福活动，向灾区群众伸出援助之手。全国广大党员积极响应中组部的号召，无私行动，踊跃交纳“特殊党费”，充分发挥党员在抗震救灾捐助中的模范作用。中央企业积极捐助大量款物，充分显示出中央企业为党、为国、为受灾群众分忧解难的宽广胸怀。

中央及地方机关单位捐助

汶川特大地震发生后，中央国家机关及各级地方机关单位立即组织开展不同形式的向地震灾区捐款捐物活动，为灾区提供人力、物力、财力等支援。广大干部职工慷慨捐款捐物，参与捐款的人们排起长队，每笔捐款都表达出对灾区群众的深情厚意。中央国家机关及各级地方机关单位迅速将捐助的食品、帐篷等生活物资装车，通过公路、铁路、航空等运输方式，及时运往地震灾区，送到灾区群众手中，帮助群众渡过生活难关。

5月14日，全国人大常委会机关干部职工在北京人民大会堂举行向汶川地震灾区群众捐款仪式　　（王新庆　摄）

5月14日，全国政协机关干部职工在会议楼会见厅向地震灾区捐款　（全国政协　提供）

5月19日，最高人民法院干部职工在机关办公楼大厅向地震灾区捐款

（刘曼　摄）

5月14日，中宣部干部职工向地震灾区捐款　　　　　　（中宣部　提供）

5月18日，由中宣部、中央外宣办、文化部、广电总局、新闻出版总署、解放军总政治部、中国文联、中国作协、中国记协等部门联合主办，中央电视台承办的2008抗震救灾大型募捐活动“爱的奉献”在中央电视台一号演播厅举行　　　（春宛　摄）

5月18日，河北省在石家庄机场举行向四川地震灾区捐赠物资仪式

（河北省民政厅　提供）

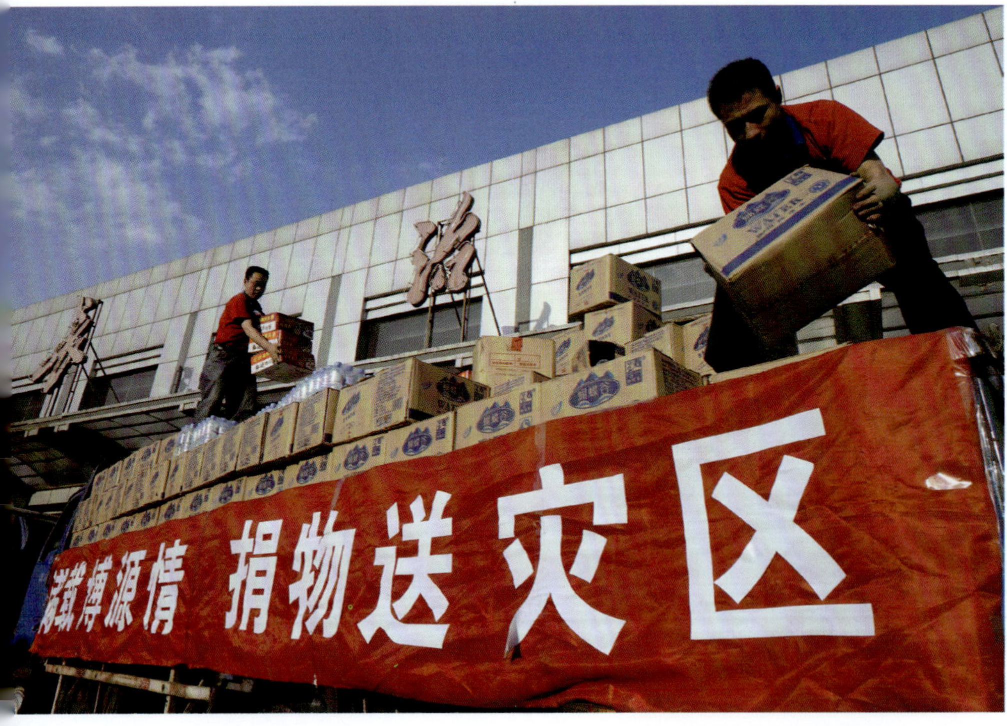

5月13日，山西省长治市向四川地震灾区捐赠的首批药品和食品在长治机场起运

（姚林　摄）

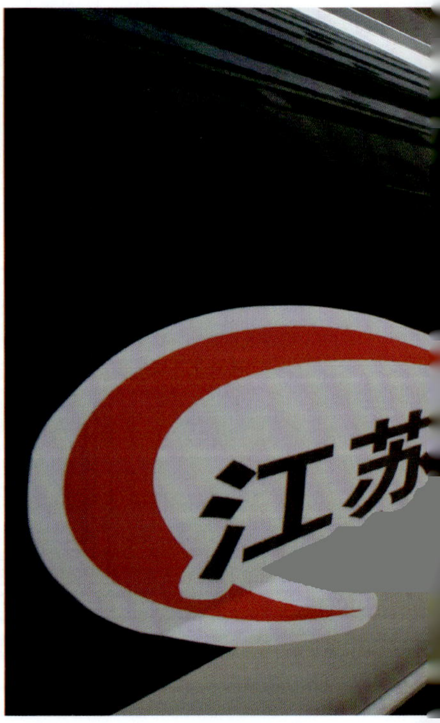

5月21日，江苏省捐助四川地震灾区两辆工作车　（冯家清　摄）

7月3日，内蒙古自治区包头市民政局、慈善总会组织向地震灾区捐赠款物

（包头市民政局　提供）

5月15日，浙江省首批运送救灾物资的车队驶入四川地震灾区

（浙江省民政厅　提供）

6月中旬，安徽省政府援助四川地震灾区的大米在合肥火车站装车起运

（曹然　摄）

5月19日凌晨，福建省支援陕西灾区的救灾物资在福州火车站装车起运

（福建省民政厅　提供）

7月25日，福建省晋江市装载救灾物资的卡车驶往彭州地震灾区

（泉州市民政局　提供）

5月14日，湖北省支援四川地震灾区的救护车在秭归县银杏沱码头装船

（郑家裕　摄）

5月19日，海南省支援四川地震灾区的瓜菜车队从海口市秀英港出发。图为发车仪式现场

（海南省商务厅　提供）

5月13日，重庆市首批救灾物资运抵成都

（重庆市民政局　提供）

5月16日，贵州省支援四川地震灾区救灾物资车队从贵阳出发

（赵卫东　摄）

5月14日，宁夏回族自治区政府举行支援四川地震灾区救灾物资发送仪式

（陈国华　摄）

5月27日，新疆维吾尔自治区交通厅向汶川地震灾区捐赠大型机械设备

（新疆维吾尔自治区党委组织部　提供）

解放军、武警部队、民兵预备役部队、公安民警捐助

5月14日，解放军总政治部发出通知，部署军队开展向汶川特大地震灾区捐助工作。广大解放军和武警官兵积极响应号召，争先恐后进行捐助，共捐款4.27亿元、捐衣被2.1万余件（套）。新入伍的战士捐出当月的津贴，家在灾区的官兵捐出组织刚发的救济金，驻守在南沙的守礁官兵捐出积攒了几个月的工资，生病、探亲、出差的官兵委托他人代为捐助，捐助的场面盛况空前，非常感人。民兵预备役部队、公安民警也纷纷伸出援助之手，踊跃捐款捐物，并为灾区伤员献血，向灾区学生捐助学习用品等。

5月15日，总参谋部为地震灾区捐款　　（总政治部　提供）

5月14日，总政治部向地震灾区捐款
（总政治部　提供）

5月28日，总后勤部、军事科学院和国防科技大学向德阳市政府转赠官兵捐款
（总政治部群众工作室　提供）

5月15日，总装备部航天员大队干部在中国航天员训练中心向地震灾区捐款
（总政治部群众工作室　提供）

5月14日，海军机关干部在海军机关礼堂向地震灾区捐款

（总政治部群众工作室　提供）

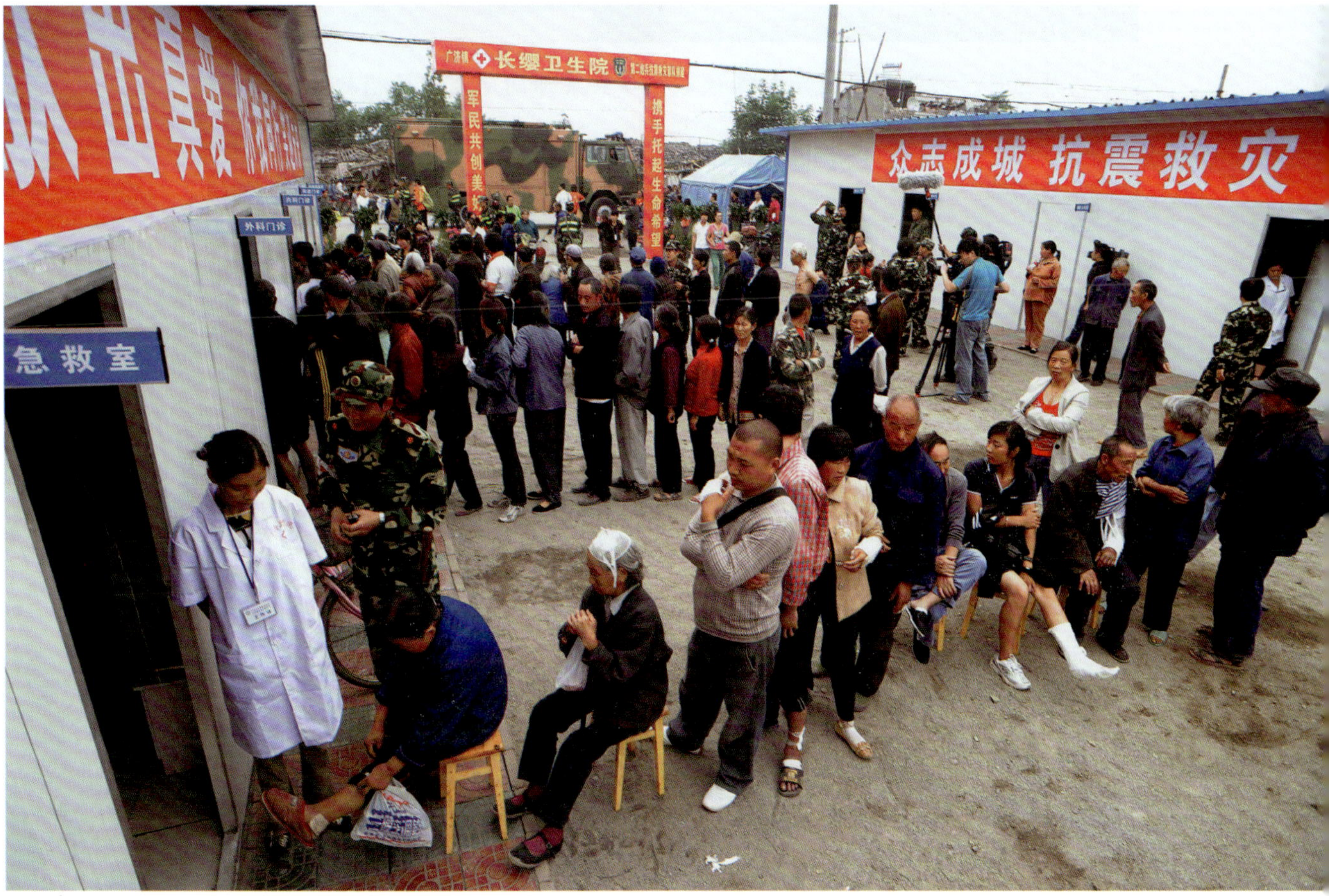

第二炮兵某部捐建的绵竹市广济镇长缨卫生院。图为6月1日该院医务人员在为群众看病

（张建刚　摄）

5月21日，沈阳军区辽宁陆军预备役步兵某师向地震灾区捐款

（总政治部群众工作室　提供）

10月17日，北京军区66240部队官兵在营区向灾区捐款捐物

（高鹏飞　摄）

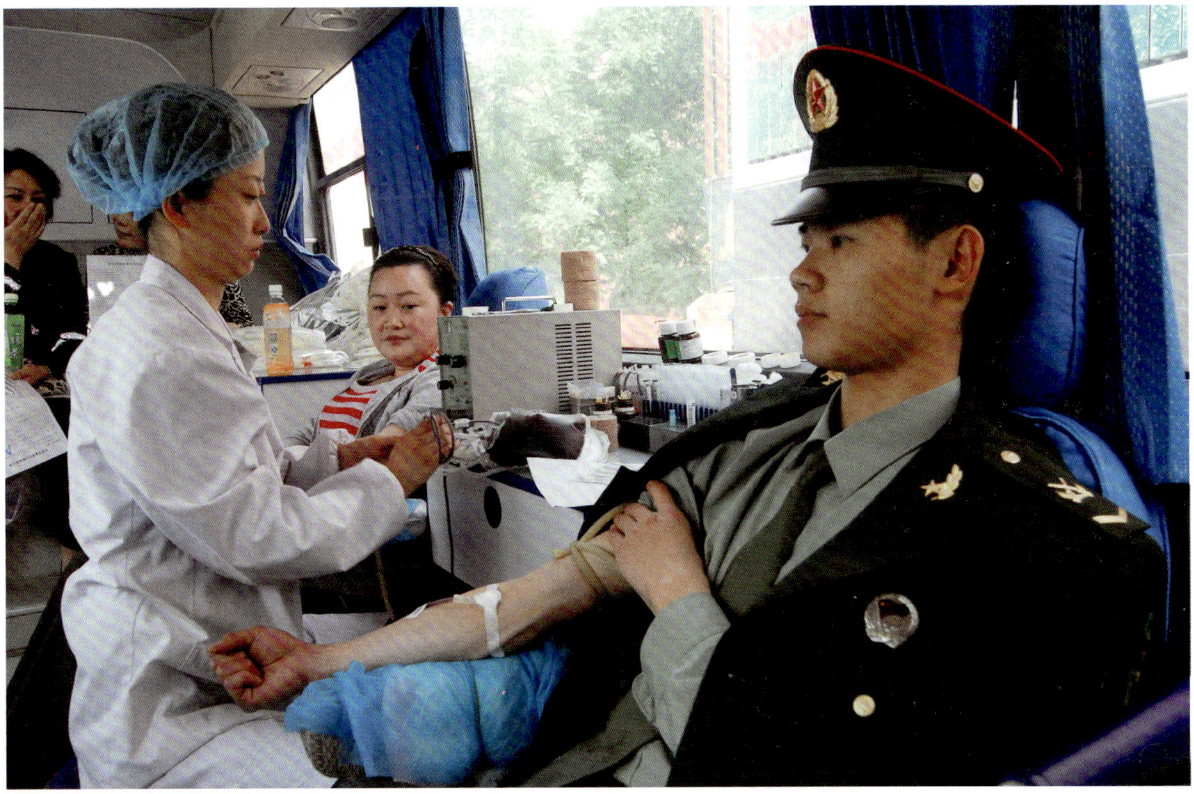

5月14日，兰州军区某部战士在兰州市东方红广场临时采血点为灾区伤员献血

（甘肃省血液中心　提供）

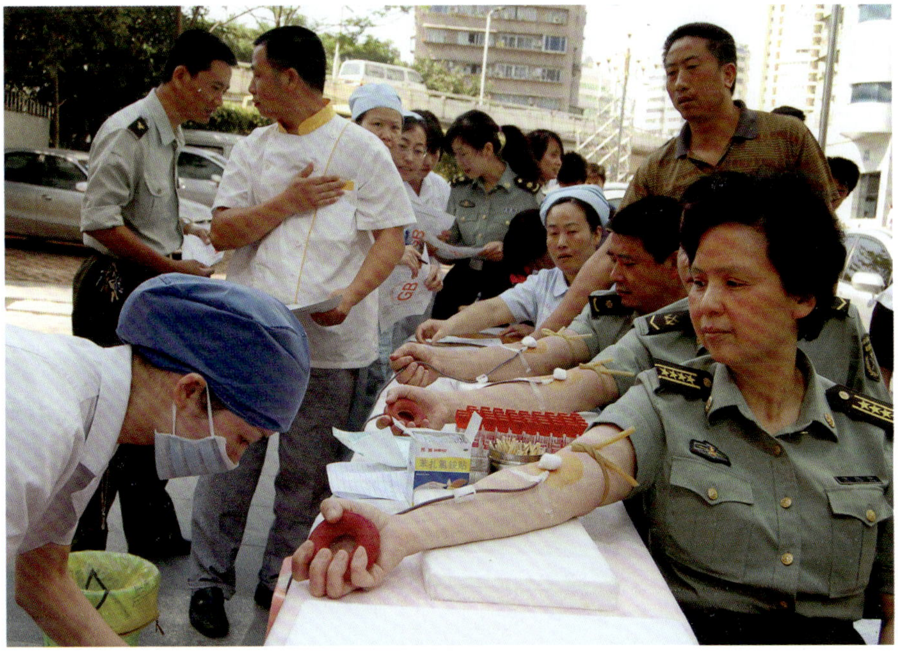

5月17日，南京军区联勤某分部医院医务人员在厦门市为地震灾区伤员献血

（南京军区联勤某分部　提供）

6月1日，广州军区在重庆市渝中区向梁平地震灾区捐款
（重庆市民政局　提供）

6月2日，成都军区向青川地震灾区捐款
（总政治部群众工作室　提供）

5月14日，解放军77105部队第三批黎巴嫩维和官兵在维和地区向地震灾区捐款
（陶国庆　摄）

5月30日，解放军艺术学院学员在中国红十字会总会向地震灾区捐款
（中国红十字会总会　提供）

5月16日，武警黑龙江省总队某部官兵在抢运救灾物资现场向地震灾区捐款
（新华社　提供）

5月13日，武警部队温州边防支队官兵在温州市瓯江区向地震灾区捐款　（吴水斌　摄）

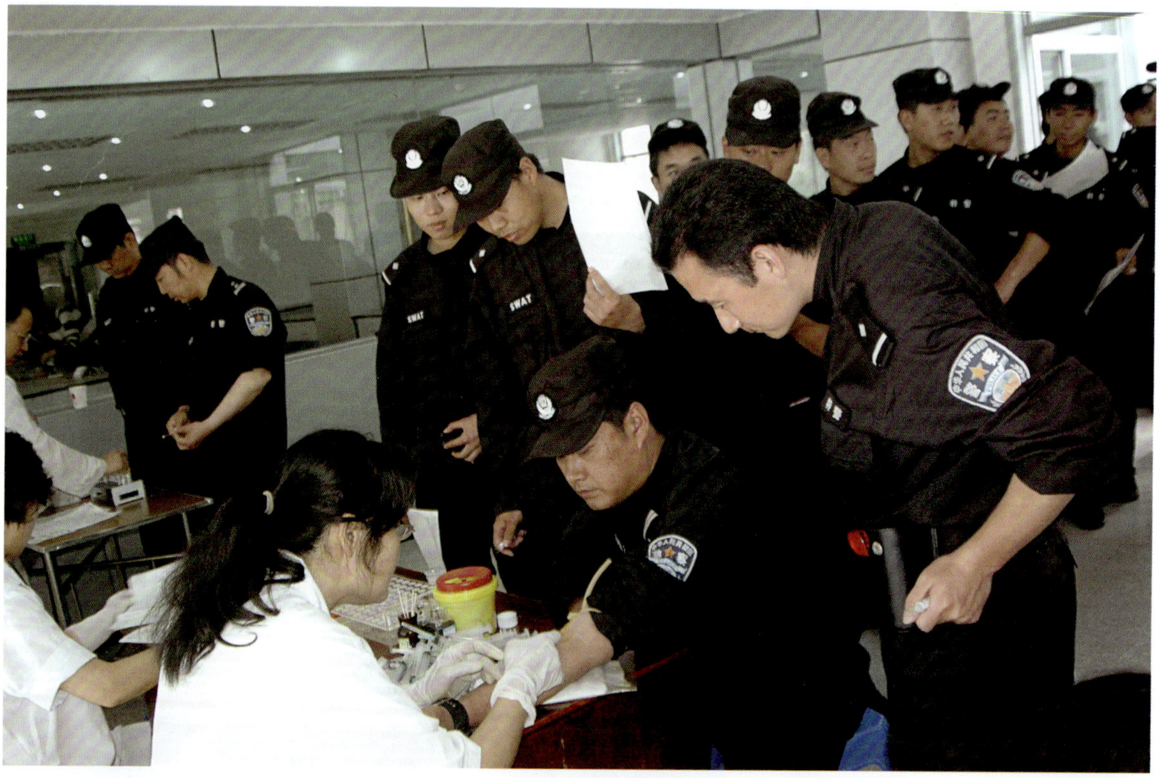

5月25日，石家庄市公安局特警支队警察在成都市血液中心为地震灾区伤员献血
（李新军　摄）

民主党派、工商联、人民团体和宗教界捐助

汶川特大地震发生后，各民主党派、工商联、人民团体和宗教团体迅速行动起来，充分发挥所联系的阶层及成员优势，举办各种义演、义卖、公益笔会、文艺晚会等活动，广泛募集善款，为地震灾区群众奉献爱心。各宗教团体分别以不同形式向地震灾区捐款捐物，并举办诵经功德祈祷祝福活动，祝愿地震灾区消灾免难、受灾群众幸福安康。

5月20日，“统一战线著名书画家企业家捐赠活动”在中央统战部礼堂举行

（曲国平　摄）

5月22日，民革天津市委在天津市社会主义学院举办“伸出博爱之手、抗震救灾，天津民革在行动”捐款书画笔会

（民革天津市委会　提供）

5月15日，民盟四川省委机关干部在成都为地震灾区捐款

（民盟中央　提供）

10月21日，民建中央中华思源工程扶贫基金会“温暖行动”向成都市捐赠1.4万条棉被

（庞伟忱　摄）

6月15日，民进省级组织在北京国谊宾馆向地震灾区捐款

（民进中央宣传部　提供）

5月29日，农工党四川省委在成都向地震灾区捐款

（丁灿辉　摄）

5月16日，致公党重庆市委捐赠的救灾物资运抵都江堰市

（黄翔宇　摄）

5月17日，九三学社重庆市委、重庆山外山科技有限公司向地震灾区捐赠物资

（重庆市红十字会　提供）

5月25日，台盟天津市委、天津市台湾同胞联谊会为地震中失去家园的儿童捐款

（台盟天津市委 提供）

5月15日，全国工商联在机关礼堂组织部分会员企业向地震灾区捐赠款物

（晁大志 摄）

5月14日，全国总工会机关干部职工在办公大楼一层大厅为地震灾区工会和受灾职工捐款

（章组生 摄）

5月13日，全国妇联干部职工在办公楼大厅为地震灾区捐款　　（赵文广　摄）

5月14日，拉萨哲蚌寺僧人为地震灾区捐款

（柳俊武　摄）

5月14日，中国佛教协会在北京广济寺为地震灾区举行消灾祈福大法会并组织捐款

（徐长安　摄）

5月31日，中国道教界为汶川地震灾区祈福、追荐、赈灾大法会在四川鹤鸣山举行

（陈其楠　摄）

6月15日，兰州市穆斯林群众在东方红广场为地震灾区捐款

（马援东　摄）

5月21日，山西省天主教长治教区通过长治市红十字会向地震灾区捐款（山西省民政厅 提供）

5月14日，河南省基督教“三自”爱国运动委员会及基督教协会、河南省神学院在基督教协会礼拜堂为地震灾区捐款、祈祷（《中国宗教》杂志社 提供）

各地群众捐助

汶川发生特大地震的消息传出，全国各界群众与灾区群众心心相印，迅速行动起来，积极参与到抗震救灾捐助队伍中，有钱的出钱，有力的出力，有智的出智，尽最大努力支援灾区抗震救灾。不论是老人，还是幼儿园的孩子；不论是结婚的新人，还是社区居民；不论是"五保"户、低保户，还是残疾人，成千上万的群众在社区街道、在慈善机构、在晚会现场排起了长龙，捐款的单据摆满了一桌又一桌。许多人放下手中厚厚的捐款扭头便走，当工作人员追问姓名时，留下的是"一滴水""普通人"……当听到灾区抢救伤员急需血液时，各界群众自发到医院、街头献血点排队等候，甘于为灾区群众尽自己的一切所能。

中国红十字会总会开具的地震捐赠收据。2008年6月26日拍摄

（中国红十字会总会　提供）

5月15日，北京市各界群众在中国红十字会总会为地震灾区捐款

（中国红十字会总会　提供）

5月15日，北京市民在王府井大街红十字血液中心采血点排队为地震灾区伤员献血

（卓恩森　摄）

5月19日，北京市某幼儿园儿童在中国红十字基金会捐助站向地震灾区捐款

（中国红十字会总会　提供）

5月14日，天津大学学生在校园采血点排队等待献血

（天津市民政局　提供）

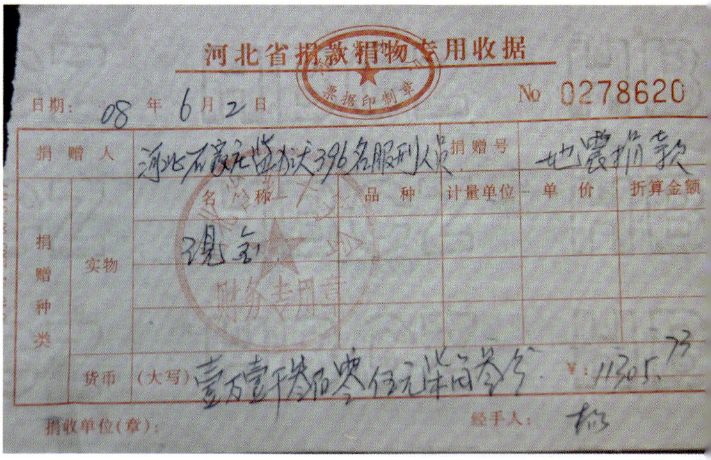

6月2日，石家庄监狱396名服刑人员为地震灾区捐款，图为捐款收据

（仝世宾　摄）

5月16日，黑龙江省民政厅接收社会各界捐款
（黑龙江省民政厅　提供）

5月16日晚，南京市独自参加婚礼的新娘邱媛媛（新郎饶新是名军人，正执行命令飞往灾区抢险）将2万元礼金捐给地震灾区　　　　（杨晞　摄）

5月13日，宁波市镇海区招宝山街道后大街社区居民向地震灾区捐款　（谢民亚　摄）

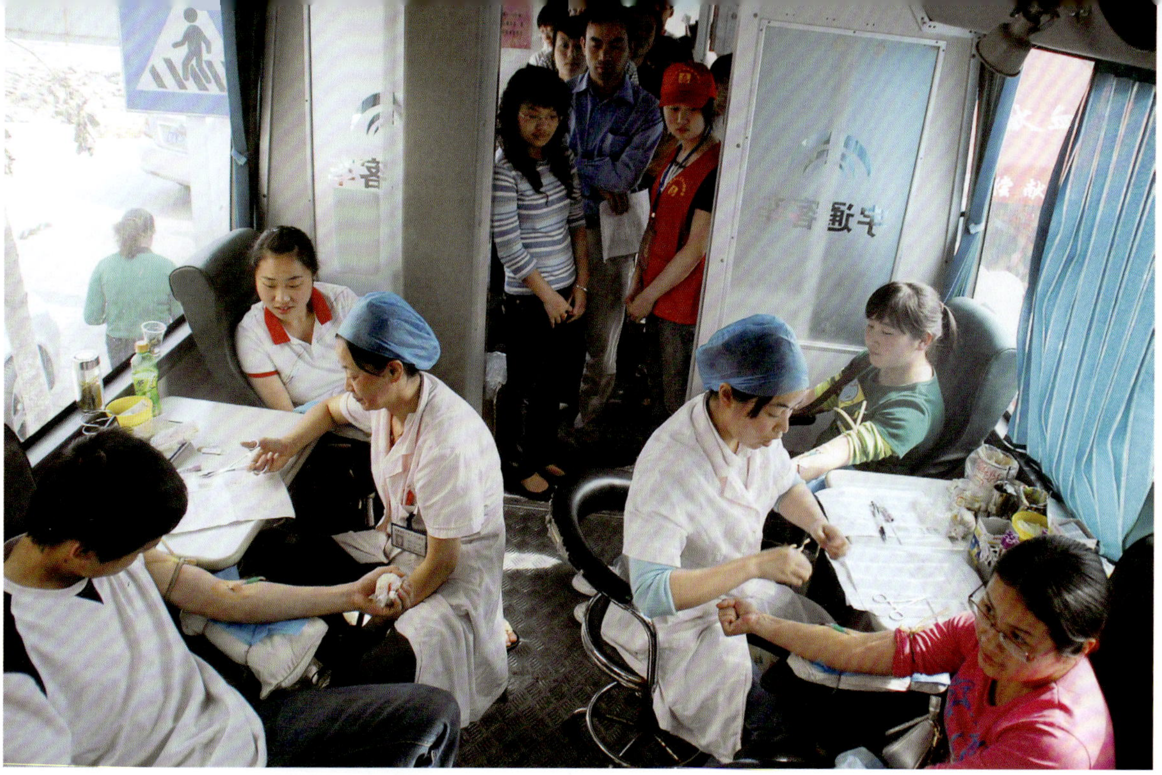

5月14日，合肥市民在街头流动采血车上为地震灾区伤员献血 （从启 摄）

5月15日，福州市晋安区茶园街道斗门社区举办“一方有难、八方支援”募捐活动

（周伟 摄）

5月16日，江西省遂川县一位老人在捐赠站为地震灾区捐款

（江西省遂川县民政局 提供）

5月15日，山东省临沂市一男青年捐赠200床棉被，通过当地红十字会转交地震灾区群众　　（何金洧　摄）

5月17日，郑州铁路局郑州工务机械段工人在施工工地向地震灾区捐款　　（龚志海　摄）

5月19日，湖北省民政厅接收社会各界捐款　　（高建洲 陈衍冠　摄）

5月16日，广州市民在天河体育西路流动采血点等候为地震灾区伤员献血

（刘大伟　摄）

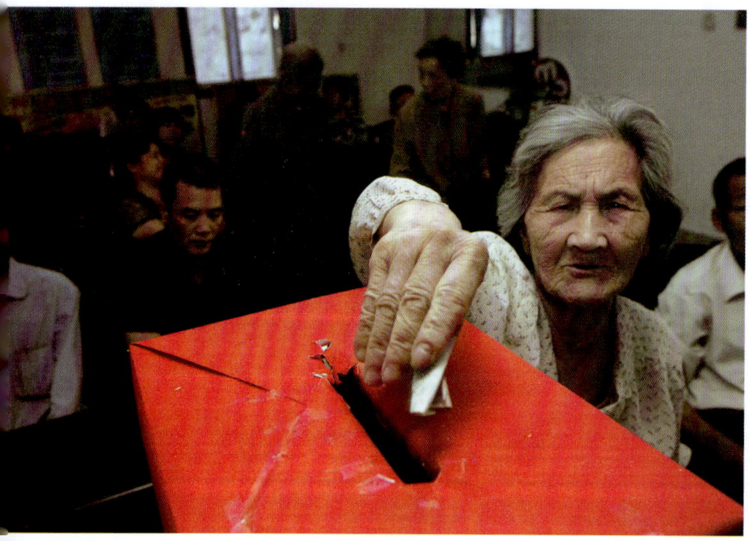

5月15日，广西壮族自治区柳州市和平社区低保户居民为地震灾区捐款

（张存立　摄）

5月17日，重庆市荣昌县残疾人在红十字会募捐站为地震灾区捐款

（重庆市荣昌县民政局　提供）

5月13日，重庆文理学院的学生们在永川中心血站采血车前排队为地震灾区伤员献血

（杨振宇　摄）

5月23日，中国华电陕西蒲城发电公司一名女工以义卖绢花形式为汶川地震灾区募捐

（中国华电　提供）

5月14日，兰州市民在甘肃省血液中心设置于东方红广场的临时采血站为地震灾区伤员献血

（甘肃省血液中心　提供）

5月17日，宁夏回族自治区吴忠市市民在开元广场的民政局临时捐款站向地震灾区捐款　　　　（杨玉平　摄）

5月17日，新疆维吾尔自治区哈密市福利中心“五保”老人为地震灾区群众晾晒“救灾馕”　　　　（新疆维吾尔自治区党委宣传部　提供）

企业捐助

汶川特大地震发生后，中央企业及全国各地国有企业、民营企业急灾区人民之所急、送灾区人民之所需，紧急向地震灾区捐助大量资金、物资。在抗震救灾初期，中央企业组织的各种救灾物资潮水般地涌向灾区，供抢险用的抢险车、卫生防疫车、救护车等车辆设备，迅速输送到灾区；为灾区群众捐助的生活急需食品、饮用水等生活物资，及时发放到群众手中。许多中央大型企业捐款捐物价值都在亿元以上，国家电网捐助款物价值达12亿余元，为抗震救灾作出了突出贡献。在抗震救灾捐助活动中，广大非公有制企业积极主动开展捐助活动。各企业不仅自身捐助，还组织动员员工参与捐助，有5家企业捐助款物价值在亿元以上，为灾区群众排忧解难。

6月1日，山西省太原钢铁（集团）有限公司赈灾物资车队向甘肃省陇南地震灾区运送救灾帐篷 （山西省民政厅　提供）

5月21日，北京控股集团有限公司在北京通过救灾捐赠事务管理中心向地震灾区捐款

（曹欣　摄影）

5月28日，中国泛海控股集团在北京人民大会堂向地震灾区捐款

（全国工商联　提供）

5月16日，黑龙江省哈药集团向四川地震灾区捐赠价值1800万元的药品
（黑龙江省民政厅　提供）

5月21日，华能北方公司向内蒙古红十字会再次捐款800万元以救助地震灾区
（金泉　摄）

6月2日，中国移动广东公司通过广东省慈善总会向地震灾区捐款
（广东省民政厅　提供）

7月29日，陇南市武都区企业向灾区捐款

（杨建辉　摄）

7月28日，家乐福（中国）管理咨询服务有限公司在北京将筹集的善款捐赠给中国儿童少年基金会“汶川大地震孤儿救助专项基金”

（张河峰　摄）

5月22日，在山东省国有企业“帮灾区人民建个家”捐助活动现场，各企业纷纷捐款

（山东省民政厅　提供）

党员交纳“特殊党费”

5月18日，中组部下发《关于做好部分党员交纳“特殊党费”用于支援抗震救灾工作的通知》。全国各级党组织迅速行动起来，广大党员踊跃交纳“特殊党费”，许多党员交纳一个月的工资，还有病床上的党员捐出治病钱。一些老党员捐出毕生积蓄，支援灾区恢复重建。截至11月5日，全国4557.89万名党员交纳抗震救灾“特殊党费”97.3亿元，向党和人民交出了一份用爱书写的合格答卷。

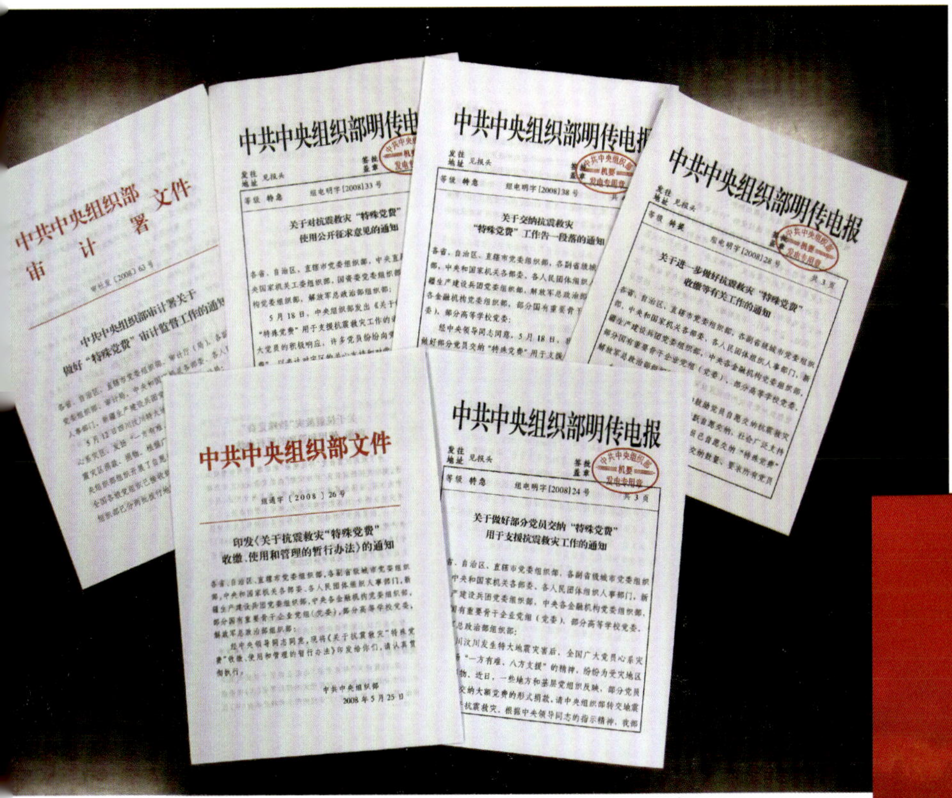

5月，中组部印发文件，部署党员交纳抗震救灾“特殊党费”工作　（李迅　摄）

中组部印发的抗震救灾“特殊党费”收据
（李迅　摄）

5月20日，上海公安边防总队举行“交纳特殊党费 支援抗震救灾”仪式

（陈飞 摄）

5月20日，新疆维吾尔自治区伊犁哈萨克自治州党委组织部举行党员交纳抗震救灾“特殊党费”仪式　（李京午 摄）

5月20日，广州市95岁老红军、离休干部、党员刘坚交纳“特殊党费”　（陈文霞 摄）

5月21日，蓬溪县9个乡（镇）机关、事业单位的党员在该县任隆镇集中交纳“特殊党费”

（蒋建文　摄）

5月23日，第二炮兵96531部队党员在绵竹市交纳抗震救灾“特殊党费”

（陈双维　摄）

5月23日，海军总医院抗震救灾医疗队中的党员在绵阳市南河体育场医疗服务点交纳抗震救灾“特殊党费”

（江山　摄）

7月5日，云南省麻栗坡县南朵村百岁壮族老党员龙琼琳收到云南省委表彰“优秀共产党员”的荣誉证书和“特殊党费”收据

（侯行辉　摄）

截至6月11日，全国共交纳“特殊党费”近70亿元

（新华社　提供）

港澳台同胞、海外华侨华人捐助

汶川特大地震凝聚起全世界中华儿女的心，港澳台同胞、海外华侨华人迅速行动起来，举办各种捐助活动，支援灾区抗震救灾。香港各界立即掀起捐助热潮，各种公益慈善机构、社会知名人士、生活拮据的老人、正在读书的学生都以不同方式，表达对灾区群众的爱心。澳门从政府到企业，从社会团体到各界群众都通过不同方式开展捐助活动。台湾各界非常关注地震灾区情况，致函、致电表达对灾区群众的关切和慰问，各党派、各企业及知名人士纷纷伸出援助之手，向受灾省市捐款捐物。

在世界各地的华侨华人以不同方式表达对地震灾区的关心和支持，美国、俄罗斯、英国、法国、德国、加拿大、日本、澳大利亚等国华侨华人开展形式多样的募捐活动，举办义演、义捐活动，踊跃筹集善款。

港澳台同胞捐助

港澳台同胞在汶川特大地震发生后迅速组织捐助活动。香港各界掀起捐助热潮。至6月29日，香港各界向地震灾区捐款超过21亿港元，创香港有史以来单项慈善活动捐助的最高纪录。澳门各界通过不同方式开展捐助活动，并将救灾物资迅速运往地震灾区。至6月29日，澳门各界向地震灾区捐款4.5亿澳门元及价值2000余万澳门元的救灾物资。地震发生后，台湾各界向受灾省市捐款14.5亿元及价值2亿元的救灾物资，其中四川省接受台湾捐款13.2亿元。

5月13日，香港工会联合会及香港海员工会通过中央人民政府驻香港特别行政区联络办公室向汶川地震灾区捐款

（吕小炜　摄）

5月16日，香港轩尼诗道官立小学学生向四川地震灾区捐款

（卢炳辉　摄）

5月18日，中国香港足球总会在香港大球场举行足球义赛，并将价值100多万港元的门票收入、捐款及拍卖所得捐给四川地震灾区

（卢炳辉　摄）

5月28日,香港红十字会向甘肃省武都地震灾区人民捐助价值20万元的物资

（民政部　提供）

6月1日，为四川地震灾区筹款的“演艺界5·12关爱行动”大型义演在香港举行

（周磊　摄）

5月14日，全国政协常委、澳门首富何鸿燊（左）向四川地震灾区捐赠善款

（徐长安　摄）

5月16日，澳门街坊会联合总会通过澳门红十字会向四川地震灾区捐款

（澳门红十字会　提供）

5月17日，澳门工会联合总会在澳门街头为四川地震灾区筹集善款

（澳门日报社　提供）

5月21日，澳门妇女联合总会在澳门妇联大厦门前举办救援四川地震灾区同胞义卖活动

（澳门日报社　提供）

6月3日，澳门各界捐赠汶川地震灾区的40吨物资在澳门国际机场装机起运

（澳门日报社　提供）

9月8日，受海峡交流基金会委托，海峡两岸关系协会向四川、甘肃、陕西地震受灾严重地区转交台湾同胞的2.72亿元捐款　　（陈建力　摄）

台湾红十字组织邀请歌手在台北街头演唱义卖，为四川地震灾区募款

（王锦河　摄）

5月18日，台湾慈济功德会志工走上街头为四川灾区募款赈灾　　（台湾《联合报》 提供）

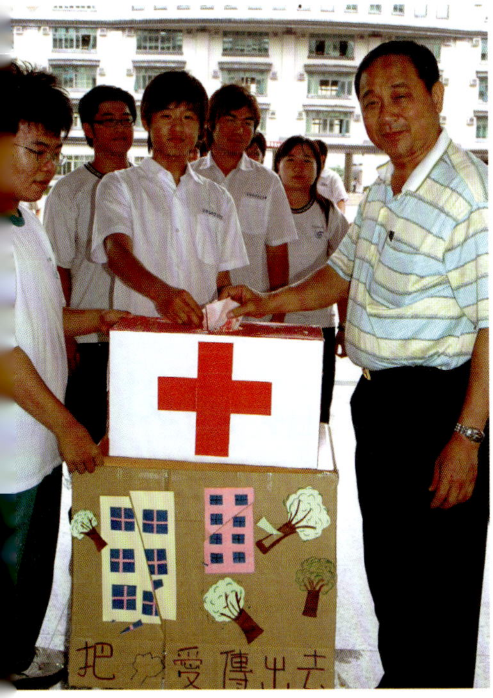

5月19日，台湾屏东县南州乡慈惠医专在汶川地震后发起校内捐款赈灾活动　　（林和生　摄）

5月20日，台湾宜兰小学六年仁班和爱班同学举行义卖活动，为四川赈灾募款

（林美忠　摄）

海外华侨华人捐助

汶川特大地震发生后，身在异国他乡的华侨华人开展形式多样的募捐活动，举办义演、义捐，踊跃筹集善款，深切表达对地震灾区的关心和支持。年逾百岁的华人艰难地赶到中国驻外总领事馆捐出多年辛苦积攒下的积蓄，身患重病的老人躺在病床上委托家人代为捐款，有的取消孩子百日庆典将筹办资金全部捐出。在中国各驻外使领馆、在学校、在街头广场等地，都有海外华侨华人募捐的场景。至8月20日，国侨办直接接收的抗震救灾款物达2.19亿元。

5月17日，阿尔巴尼亚首都地拉那街头，5岁华人儿童向四川汶川地震灾区捐出自己的压岁钱
（杨柯　摄）

6月1日，澳大利亚悉尼华人儿童举行赈灾义演，为汶川地震灾区募集善款3万多澳元
（江亚平　摄）

5月24日，奥地利中国留学生在维也纳街头为四川地震灾区募捐

（刘钢　摄）

5月22日，捷克布拉格一名华人女孩向汶川地震灾区捐款

（丁宜　摄）

5月15日，中法服装实业商会在法国巴黎向汶川地震灾区捐款40万元

（宋立东　摄）

5月22日，德国法兰克福一所中文学校的华侨子弟为汶川地震灾区捐款2350.9欧元　（郇公弟　摄）

5月16日，日本的中国留学生、华人自发组织起来在东京街头为汶川地震灾区募捐

（侯宇　摄）

5月18日，在约旦亚喀巴的29名华商和6家华人公司为汶川地震灾区捐款3.78万美元

（于晓华　摄）

5月17日，肯尼亚华人华侨联合会会长在中国驻肯尼亚使馆向汶川地震灾区捐款
（赵卓昀　摄）

5月30日晚，马来西亚华人社团在吉隆坡绿野国际会展中心举办汶川地震筹款赈灾晚会
（熊平　摄）

5月17日，两名华裔儿童在新西兰惠灵顿街头为汶川地震灾区募集捐款

（黄兴伟　摄）

5月15日，在俄罗斯莫斯科切尔基佐夫市场，莫斯科太阳公司中外经营业主及旅俄华人自发向汶川地震灾区捐款

（赵嘉麟　摄）

5月24日，新加坡天府会向四川省政府转交地震捐款

（张永兴 摄）

5月19日（当地时间），全英华侨华人抗震救灾委员会（伦敦区）向中国驻英国大使馆工作人员移交首批捐款15万英镑

（李鹏 摄）

5月18日，美国纽约华侨华人各界联合举办“众志成城”赈灾义演

（侯俊 摄）

国际社会捐助

汶川特大地震发生后，外国政府、联合国相关机构、国际组织及国际友人广泛关注地震灾区的灾情及抗震救灾情况，一些国家领导人致电致信表示深切同情和诚挚慰问，并派出观察团赴灾区察看灾情，慰问伤员、群众；一些国家政府、国际组织等发扬国际人道主义精神，纷纷伸出援助之手，捐款捐物支援中国抗震救灾。截至7月20日，中国政府共接收到多个国际组织、170个国家和地区、10个驻华使馆、34个国外企业和民间组织及国际友人的援助。国际社会给予中国政府和中国人民的援助，是中华人民共和国成立以来接收国外最大规模的一次援助，体现了各国人民对中国人民的友好情谊，为中国地震灾区群众的生活保障及灾后恢复重建作出了重要贡献。

国际社会关注

汶川特大地震引起国际社会的广泛关注和同情，一些国家领导人、联合国官员等纷纷致电、致信中国政府，表示深切的同情和诚挚的慰问。联合国相关机构及国际组织发扬国际人道主义精神，派员深入中国地震灾区了解灾情，看望学生、伤员，慰问受灾群众，及时发布灾区需求信息，积极组织国际灾害援助行动，对中国的抗震救灾行动给予极大支持。

5月24日，联合国秘书长潘基文（右三）到汶川县映秀镇察看地震灾情

（任勇　摄）

6月12日，日本首相福田康夫（中）在东京首相官邸主持日本阪神大地震灾后重建资料赠送中国驻日本大使馆仪式

（任正来　摄）

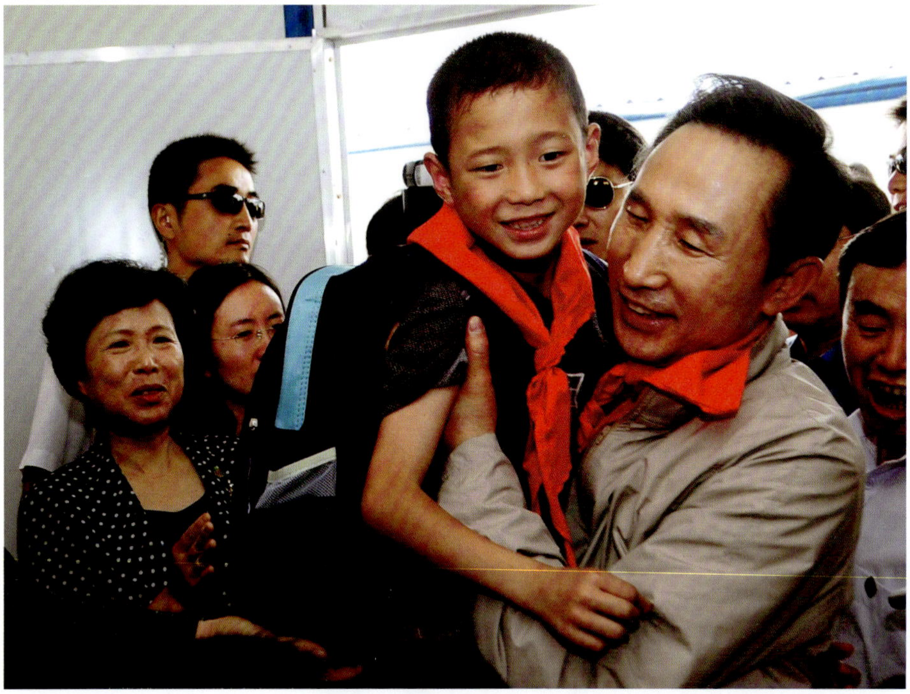

5月30日，韩国总统李明博（前排右一）在都江堰市“幸福家园”灾区群众安置点看望小学生

（任勇　摄）

5月15日，巴基斯坦总理吉拉尼到中国驻巴基斯坦大使馆慰问，悼念中国四川汶川地震遇难者

（饶博　摄）

8月7日，菲律宾总统阿罗约（左一）察看都江堰市垮塌的蒲阳路群众健身活动中心，慰问受灾群众

（余晓洁　摄）

8月9日，斯里兰卡总统拉贾帕克萨（中）冒雨察看都江堰地震灾区

（黄堃　摄）

5月30日，泰国诗琳通公主（右）在曼谷集拉达王宫会见中国驻泰国大使，询问中国四川汶川地震灾区情况

（凌朔　摄）

7月30日，俄罗斯总统梅德韦杰夫（前右三）带领在俄罗斯疗养的中国四川汶川地震灾区学生代表参观莫斯科克里姆林宫

（沈伯韩　摄）

救援物资捐助

汶川特大地震发生后，外国政府、联合国相关机构、国际组织及外国友人纷纷致电致函慰问，并组织多种形式的募捐活动，筹集大量援助物资，积极支援中国政府和中国人民抗震救灾。来自国际社会捐助的净水设备、公共浴室及厕所、帐篷、医疗器械、发电机等灾区急需的生活物资，被源源不断地运往灾区，为灾区群众解决了饮水、医疗、供电等生活困难，帮助群众建立起临时住处，为群众生活提供了可靠保障。

6月14日，绵竹市兴隆镇灾区群众利用奥地利红十字会紧急应急救援队（ERU）援助的净水设备打水　　（中国红十字会总会　提供）

5月28日，埃及开罗机场工作人员正在装载运往中国四川汶川地震灾区的救灾物资（张宁 摄）

5月22日，德国柏林舍内费尔德机场工作人员正在装载德国红十字会捐助中国四川汶川地震灾区的医疗设备（吴晓凌 摄）

5月23日，印度尼西亚雅加达哈利姆军用机场，印尼政府捐赠中国四川汶川地震灾区的救援物资装载完毕

（张军　摄）

5月26日，以色列驻华大使安泰毅（右）向中方转交以色列政府捐赠中国四川汶川地震灾区的救援物资清单。救援物资包括医疗器械、发电机和帐篷等，总价值150万美元

（余晓洁　摄）

6月8日，日本东京羽田机场，全日空公司工作人员正在装载日本向中国四川汶川地震灾区捐赠的救援物资

（任正来　摄）

6月13日，韩国首尔市向中国四川汶川地震灾区儿童捐赠10万瓶饮用水交接仪式在中国人民对外友好协会举行

（安希雅　摄）

6月9日，马来西亚吉隆坡机场工作人员正在装载马来西亚政府捐助中国四川汶川地震灾区的救灾物资

（张纹综　摄）

5月21日，在巴基斯坦伊斯兰堡恰克拉拉空军基地，巴基斯坦内阁事务部长纳扎尔·穆罕默德·贡达尔（前左）就紧急援助中国四川汶川地震灾区1.2万顶帐篷事宜接受媒体采访

（李敬臣　摄）

5月20日，沙特阿拉伯王国捐赠给中国四川汶川地震灾区的首批救援物资运抵成都双流机场
（黄堃　摄）

5月22日，解放军战士在兰州中川机场抢运土库曼斯坦援助中国四川汶川地震灾区的救援物资
（张锰　摄）

6月25日，由英国红十字会紧急应急救援队（ERU）援助的公共厕所在绵竹市九龙镇地震灾区投入使用
（中国红十字会总会　提供）

5月20日，在乌克兰首都基辅的鲍里斯波尔国际机场，工作人员正在装运乌克兰政府捐助中国四川汶川地震灾区的救援物资

（宋宗利　摄）

5月18日，美国军方向中国四川汶川地震灾区提供的价值70余万美元的赈灾物资运抵成都双流机场。这是外国军队向中国灾区提供的首批物资

（王建民　摄）

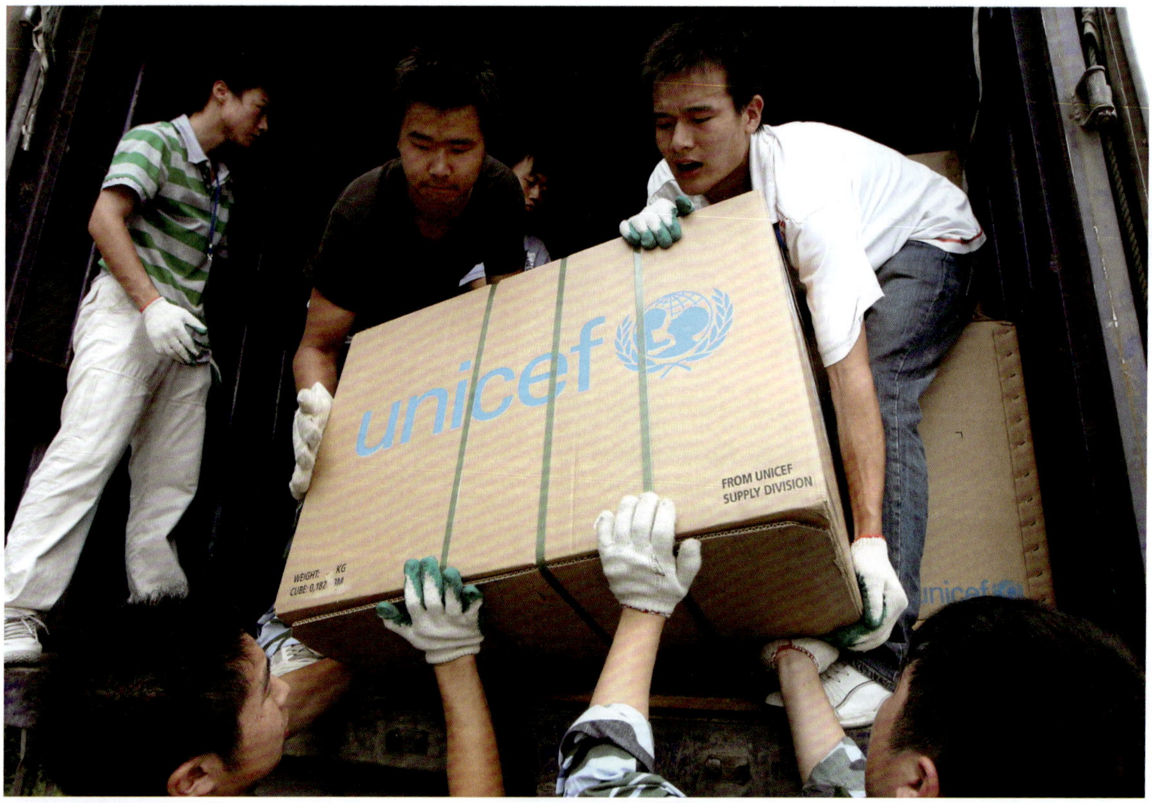

5月31日，工作人员在都江堰市救灾指挥部临时仓库卸运联合国儿童基金会捐助的首批救灾医疗物资。这批物资总重约86吨、价值89万美元，可为140万人提供为期3个月的基本医疗支持

（李明放　摄）

救援资金捐助

汶川特大地震发生后，中国红十字会通过国际红十字会及相关国际组织，向国际社会发出紧急呼吁。外国政府、联合国相关机构、国际组织及国际友人发扬国际人道主义精神，纷纷关注灾情，关心受灾群众，通过各种渠道、各种方式，积极向中国地震灾区捐助大量资金、物资，支援中国政府和中国人民的抗震救灾。

5月20日，巴西驻华大使代表巴西政府向中国四川汶川地震灾区捐款

（饶爱民　摄）

5月31日晚，法国公益组织军民奉献欧洲之星协会在巴黎举行法中爱心人士募捐晚会，一位法国小朋友将自己的零花钱捐给中国四川汶川地震灾区

（尚栩　摄）

5月17日，德国达姆施塔特市一名妇女向中国四川汶川地震灾区捐款后在签名板上签字

（郇公弟　摄）

5月30日，在希腊雅典召开的中国船级社地中海委员会2008年年会上，希腊船东们为中国四川汶川地震灾区捐款21.5万美元

（梁业倩　摄）

8月23日，牙买加短跑运动员博尔特在北京向汶川地震灾区儿童捐款5万美元，并邀请6名灾区儿童赴牙买加旅游。捐赠仪式后，博尔特（右）与汶川县映秀镇女孩黄思雨（中）合影

（汪永基　摄）

5月18日，日本长崎市市长田上富久、长崎县知事金子原二郎、长崎县议会议长三好德明和长崎商工会议所会头松藤悟（前排从左到右）在长崎市街头为中国四川汶川地震灾区募捐

（新华社　提供）

5月20日，巴基斯坦某学校的孩子们在向中国四川汶川地震灾区捐款后接受中国记者采访

（饶爱民　摄）

5月19日，罗马尼亚红十字会主席米·杰瓦纳女士（左三）在布加勒斯特举行的新闻发布会上，宣布举办为期3个月的支援中国抗震救灾和灾后重建募捐活动

（陈进　摄）

5月23日，塞内加尔国务部长兼经济和财政部长阿卜杜拉耶·迪奥普（右）代表政府通过中国驻塞内加尔大使馆向中国四川汶川地震灾区捐款50万美元

（陈顺　摄）

5月15日，在莫斯科切尔基佐夫市场，一名俄罗斯男子向中国四川汶川地震灾区捐款

（赵嘉麟　摄）

5月25日，“温情无国界　让爱川流不息”赈灾电视慈善义演在新加坡新传媒电视台举行。晚会为中国四川汶川地震灾区筹得善款685万新加坡元　　　　（郑晓奕　摄）

5月30日，南非外交部副部长阿齐兹·帕哈德（左一）代表南非政府通过中国驻南非大使馆向中国四川汶川地震灾区捐款150万兰特　　　　（梁尚刚　摄）

5月21日，美中人民友好协会纽约分会副会长艾福德（左）在中国驻纽约总领馆设立的赈灾捐款办公室捐款。此前，中国驻纽约总领事馆已收到美国各界向中国四川汶川地震灾区捐款230多万美元（王建刚　摄）

5月29日，在越中人民友好协会举办的募捐活动中，越南河内两位老人向中国四川汶川地震灾区捐款（韩乔　摄）

5月20日，加勒比国家驻华使团通过中国外交部向中国四川汶川地震灾区捐款（饶爱民 摄）

5月21日，南部非洲发展共同体（南共体）轮值主席国赞比亚驻华大使姆瓦佩（左三）代表南共体驻华使团通过中国外交部向中国四川汶川地震灾区捐款10万元 （庞兴雷 摄）

5月21日，联合国驻华系统协调员马和励（前右二）通过中国外交部转交联合国向中国四川汶川地震灾区紧急人道主义援助800万美元 （庞兴雷 摄）

政府新闻发布与媒体报道

政府新闻发布

媒体采访报道

5月12日14时45分，新华社向全球播发第一条汶川地震英文快讯；14时56分，发出地震后第一张图片。同时，中宣部、中央外宣办（国务院新闻办）立即启动应急机制，迅速组织新闻报道、信息发布，要求媒体牢牢把握正确导向，营造中华民族“万众一心、众志成城、百折不挠”的舆论氛围。为及时、准确地向社会公众发布信息，把抗震救灾中中国政府的声音传向全世界，5月13日至7月8日，国务院新闻办就汶川地震灾害和抗震救灾情况，举行30场新闻发布会，公布抗震救灾最新进展情况，回应中外媒体关注的问题。

国内媒体及时、全面、客观、公开地报道四川地震灾区真实情况，展现举国上下“一方有难、八方支援”的抗震救灾义举，反映世界人民关注地震灾情、参与救援行动的人道主义活动和精神，在国内外产生巨大影响。

地震发生后，境外媒体派出记者赶赴中国地震灾区采访，用“亲历”“见闻”等可读性较强的形式，报道中国抗震救灾取得的进展，并称道中国媒体报道中的公开透明和前所未有的开放。

政府新闻发布

5月13日16时，国务院新闻办举行汶川特大地震灾害及抗震救灾情况首场新闻发布会，民政部、地震局介绍了地震灾害、抗震救灾情况，近百名境内外新闻媒体记者参加发布会。随后20天，每日连续举行发布会；至7月8日，国务院新闻办共举办30场抗震救灾专题发布会，向社会公布地震灾区抗震救灾、群众生活及灾后恢复重建等情况。5月12日下午，四川省地震局新闻发言人连续发布地震破坏等相关信息。13日17时，四川省政府新闻办在成都举办抗震救灾第一场新闻发布会。随后建立了定时、定点新闻发布制度。至31日，四川省政府新闻办共举办新闻发布会19场，全方位、多角度地发布全省抗震救灾权威信息。国务院新闻办和四川省政府新闻办通过举办新闻发布会，在向社会公众通报灾情和抗震救灾具体情况的同时，还以组织中外媒体记者采访等多种形式，向社会公众传递权威信息。5月24日，温家宝在汶川县映秀镇接受中外记者联合采访。灾区各级政府也及时举行新闻发布会，向社会公布地震灾情、群众生活及灾后恢复重建等情况，信息发布和媒体报道公开、透明，获得中外媒体和广大群众的一致好评。

5月24日，中外记者在汶川县映秀镇地震灾区采访温家宝　　　　（齐彬　摄）

5月13日16时，国新办举行首次汶川地震新闻发布会，民政部相关负责人、地震局新闻发言人等介绍四川汶川地震灾害和抗震救灾进展情况。国家减灾委、民政部介绍灾后紧急启动国家救灾一级响应、紧急下拨救灾应急资金和向灾区调拨救灾物资情况

（张勤　摄）

5月14日，在国新办举行的汶川地震新闻发布会上，交通运输部相关负责人、铁道部新闻发言人等介绍汶川地震、灾区道路交通抢险等情况并回答记者提问。图为中央电视台记者在新闻发布会上提问　（赖向东　摄）

5月15日，在国新办举行的汶川地震新闻发布会上，国务院抗震救灾总指挥部卫生防疫组组长、卫生部负责人介绍抗震救灾医疗救援情况　　（王永卓　摄）

5月15日，中外记者参加在国新办举行的汶川地震新闻发布会

（王永卓　摄）

5月18日，国新办举行汶川地震新闻发布会，介绍解放军、武警部队官兵参加抗震救灾进展情况

（中国网　提供）

5月18日，在国新办举行的汶川地震新闻发布会后，总参作战部军官回答记者提问

（刘杰　摄）

5月20日，在国新办举行的汶川地震新闻发布会上，民政部相关负责人介绍地震灾区群众生活安排情况，并答记者问　　（中国网　提供）

5月25日，在国新办举行的汶川地震新闻发布会后，水利部总工程师介绍唐家山堰塞湖应急处理情况　　（熊德　摄）

5月26日，在国新办举行的汶川地震新闻发布会上，路透社记者就中共各级党组织、广大党员在抗震救灾中发挥的作用提问

（赖向东　摄）

6月5日，在国新办举行的汶川地震新闻发布会上，中外媒体记者就灾后重建情况积极提问

（中国网　提供）

7月8日，在国新办举行的汶川地震新闻发布会上，发展改革委、住房城乡建设部和四川省政府负责人再次介绍灾后重建规划情况　　（中国网　提供）

5月13日下午，四川省政府召开汶川特大地震第一场新闻发布会，通报地震灾区的有关情况
（四川省委宣传部　提供）

媒体采访报道

汶川特大地震发生后，新华社迅速播发文字和图片报道，中央人民广播电台播发地震快讯，中央电视台在半小时内开通建台历史上周期最长的直播节目，《人民日报》发表《悲痛中凝聚不屈的力量》《战胜新挑战 夺取新胜利》等社论。中央及各省（区、市）媒体纷纷派出记者进入灾区一线采访报道。各级各类媒体相互协同，报刊、广播、电视、网络媒体立体联动，文字、图片、视频、音频等整合推出，消息、通讯、言论、评论等各展所长，现场采访、连线访谈、专题节目、全频道直播综合运用，前线记者与后方记者联合作战，形成多角度、全方位、全覆盖的报道态势。境外媒体记者也迅速赶赴地震灾区进行采访，用连续大篇幅报道的方式，全面、客观地反映中国的抗震救灾情况。

境内媒体采访报道

在汶川特大地震采访报道中，国内各新闻单位注重舆论引导工作，对灾情进行实况报道，弘扬“万众一心、众志成城”的抗震救灾精神，及时发布中共中央、国务院的各项重大方针和应急救援举措，为抗震救灾全面展开奠定了舆论基础。各新闻单位记者冒着余震、滚石等危险，奔赴地震灾区一线现场报道。在媒体报道中，电视、广播、报刊、网站发挥各自优势，创新版面，突出重点，增强舆论引导的针对性和时效性，全面、真实地反映抗震救灾情况。

5月15日，人民日报社记者在北川羌族自治县拍摄搜救幸存者场面　（人民日报社　提供）

5月17日，人民日报社记者在绵竹市汉旺镇抢拍空军某部官兵紧急转运受伤老人画面
（人民日报社　提供）

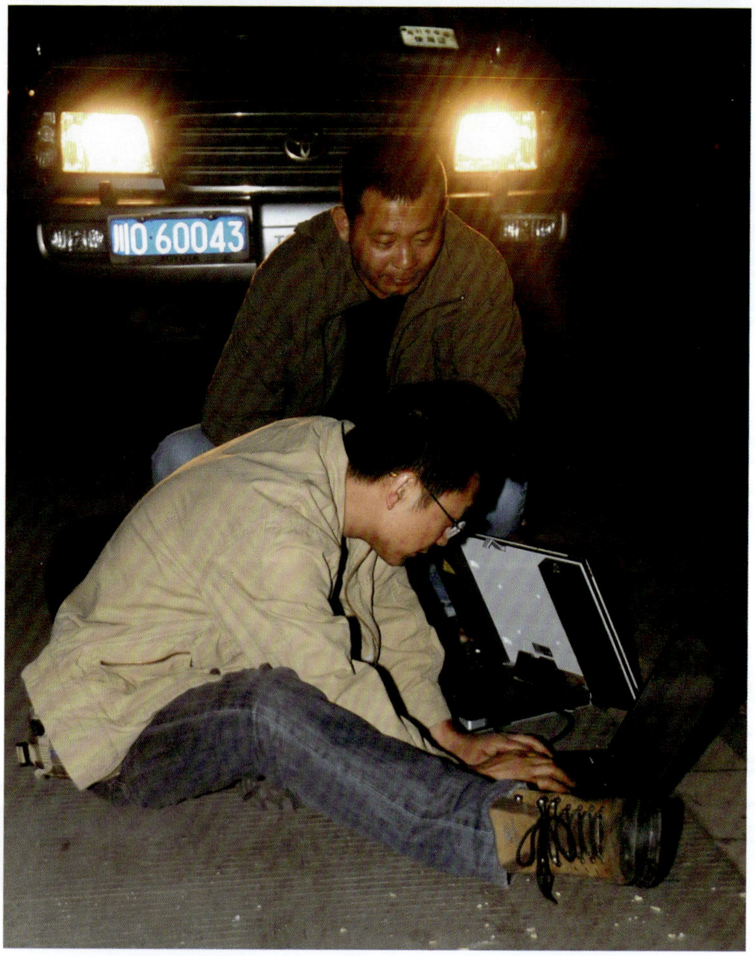

5月13日凌晨，新华社记者在前往北川羌族自治县途中借助车灯向总社发送稿件
（黄堃　摄）

5月15日，新华社解放军分社记者在飞往汶川地震灾区的直升机上采访

（徐壮志　摄）

5月15日，新华社记者在汶川县映秀镇的简易避震棚内向总社发稿

（唐师曾　摄）

5月16日，新华社记者在汶川县映秀镇追拍解放军战士转移儿童画面　（唐师曾　摄）

5月17日，中央电视台记者乘直升机抵达汶川县映秀镇　　（中央电视台　提供）

6月4日，中央电视台记者在北川县城做现场报道

（王力军　摄）

6月24日，中央电视台的一辆小卫星车前往平武县文家坝，进行关于堰塞湖泄洪的新闻报道　　（中央电视台　提供）

5月20日，中央人民广播电台在成都设定汶川地震抗震救灾前方报道指挥部　　（中央人民广播电台　供图）

5月19日，中国国际广播电台记者在都江堰市救援现场采访俄罗斯救援队队员　　（中国国际广播电台　供图）

5月15日，光明日报社记者在汶川县映秀镇采访　（光明日报社　提供）

5月18日，经济日报社记者在北川中学地震现场拍照　（李江天　摄）

5月18日，解放军报社记者跟随送粮部队战士进入汶川县雁门乡萝卜寨村　（邓军　摄）

5月17日，中国日报社记者在汶川县映秀镇拍摄直升机起降救援现场画面
（胡亦楠　摄）

6月10日，中新社记者在汶川县映秀镇直升机失事地区进行采访报道
（张朔　摄）

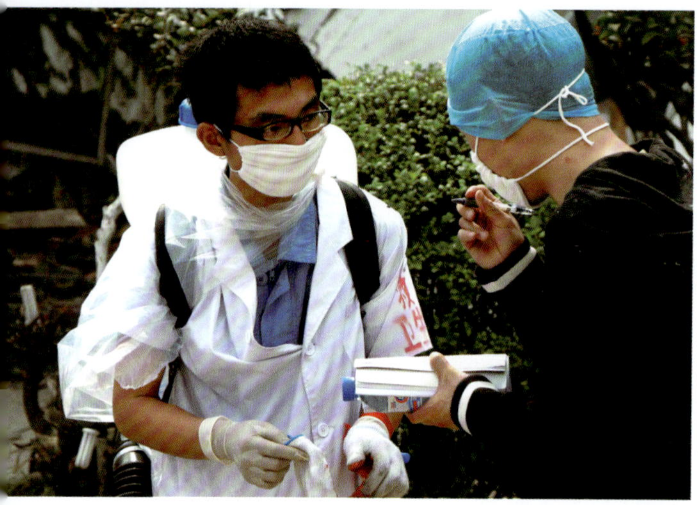

5月16日，中国网记者在北川羌族自治县曲山镇采访防疫人员
（胡迪　摄）

6月7日，“解放军抗震救灾战地电台”在四川地震灾区开播
（刘潺　摄）

7月13日，“解放军抗震救灾战地电台”军事记者采访正执行救灾任务的第二炮兵某工程团战士
（刘潺　摄）

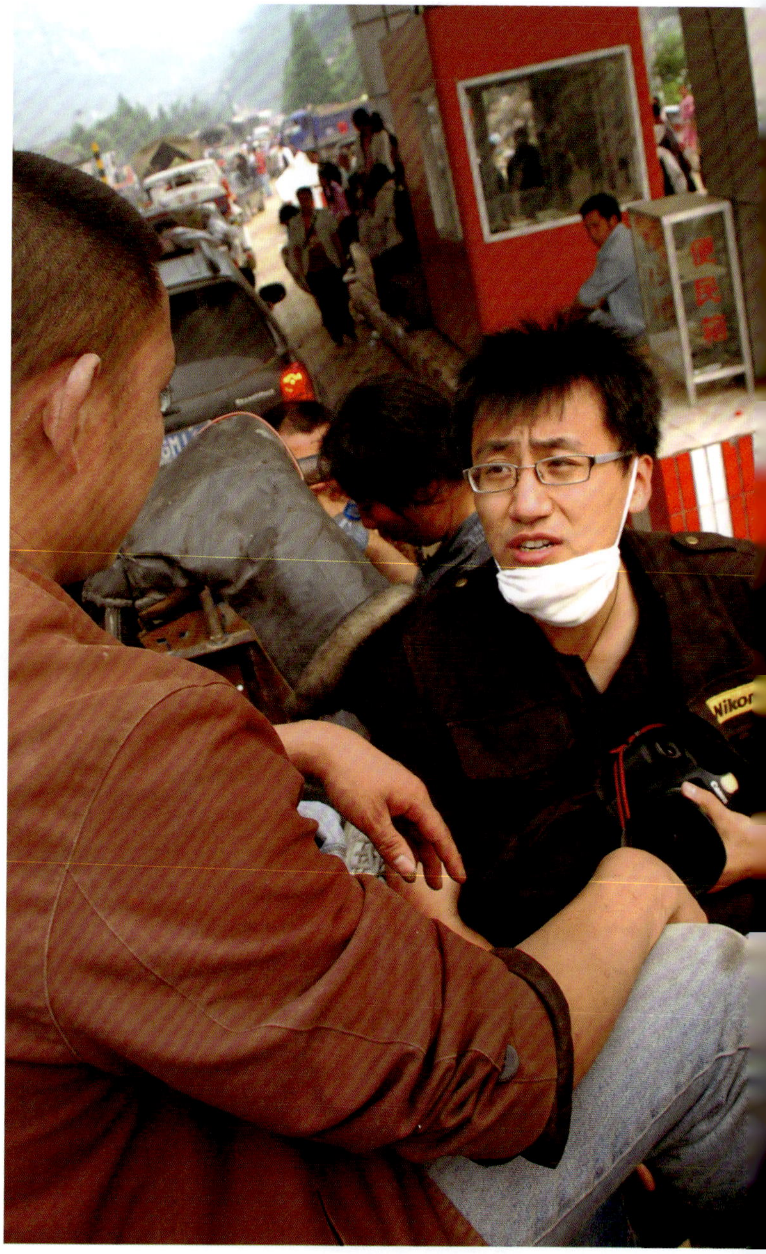

5月16日，人民画报社记者在北川灾区进行采访报道　（景小磊　摄）

5月19日，北京电视台记者在绵阳市与接受采访的灾区群众相拥而泣　（王晓溪　摄）

5月12日14时57分，成都人民广播电台恢复应急播出，主持人孙静在应急直播车里发出四川广播电视关于抗震救灾的第一个声音

（四川日报社　提供）

5月19日，四川电视台记者在汶川县采访　　（四川电视台　提供）

6月9日，四川电视台记者在北川羌族自治县擂鼓镇采访

（四川电视台　提供）

6月24日，四川电视台记者在绵竹市国际联合会紧急反应组（ERU）大本营采访丹麦救援队领队（提供 四川电视台）

5月15日，北京市丰台区外来务工人员聚集在大屏幕前收看汶川地震直播节目（王建军　摄）

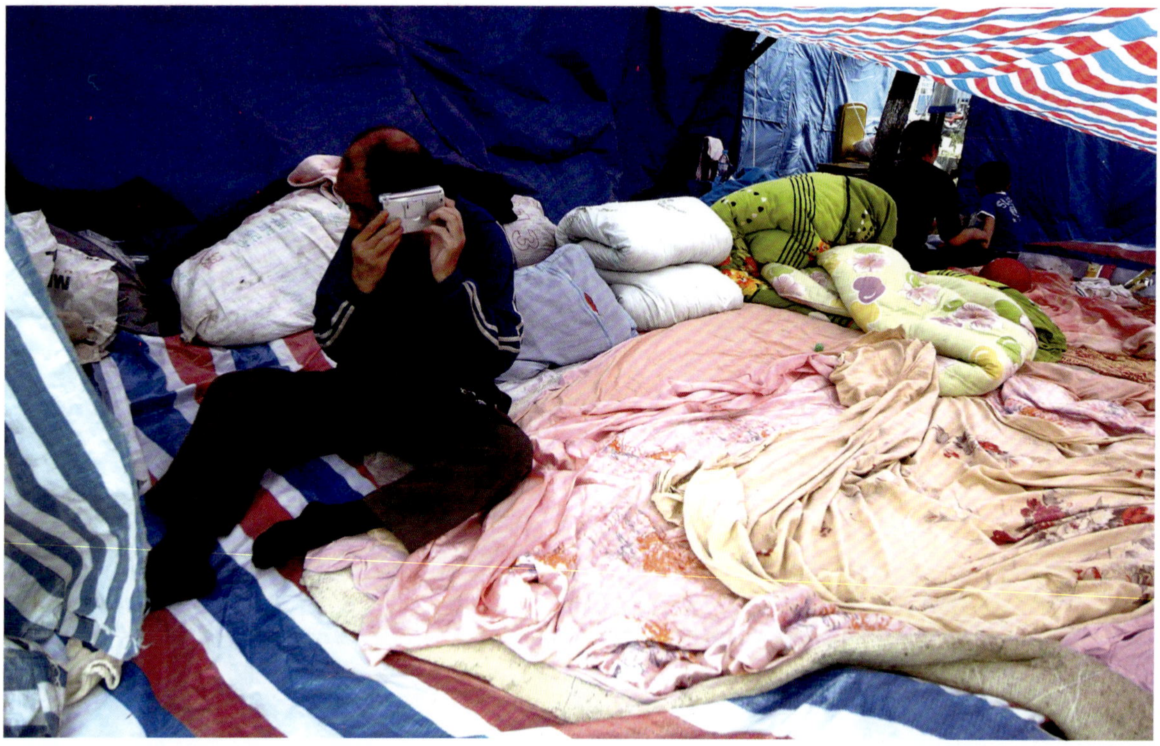

5月18日，绵竹市汉旺镇东汽的救灾帐篷里，一名受灾群众正收听广播，关注地震灾区的最新情况 （CFP 提供）

5月19日，全国哀悼日，全国各大网站、报纸首页或头版以黑白版面向遇难同胞致哀 （吕淑梅 摄）

5月29日，成都军区总站官兵将反映抗震救灾内容的《解放军画报》及时送到参加抗震救灾的官兵手中

（李靖　摄）

5月22日，执行救援任务的解放军某部官兵在都江堰市“铁军帐篷小学”旁阅读提前出版的《人民画报》2008年第6期——汶川大地震特刊

（陈建　摄）

6月15日，成都军区驻蓉某分部政治部出版的《抗震救灾快报》送达绵阳市抗震救灾医疗分队驻地

（汪永基　摄）

人民日报
RENMIN RIBAO
四川省汶川县发生7.8级地震
胡锦涛作出重要指示，要求尽快抢救伤员，确保灾区人民群众生命安全
温家宝赶灾区现场指挥抗震救灾工作
中共中央政治局常务委员会召开会议
全面部署当前抗震救灾工作
中共中央总书记胡锦涛主持会议
吴邦国会见几内亚比绍国民议会
温家宝抵达四川指挥抗震救灾
温家宝主持召开国务院抗震救灾指挥部会议
贾庆林会见斯洛文尼亚总理
习近平会见美国常务副国务卿

5月13日，《人民日报》头版报道汶川地震
（翻拍照片，《图志》编纂室　提供）

解放军报
JIEFANGJUN BAO
胡锦涛主席同布什总统通电话
感谢美方关切四川地震灾情，表示中国政府正全力组织抗震救灾
时间就是生命
近5万官兵奔赴灾区
多路子弟兵到达汶川
江勇西烈先进事迹报告会在京举行
梁光烈离京赴塔吉克斯坦出席上海合作组织成员国国防部长会议
全军抗震救灾领导小组成立
都江堰：生死营救6小时

5月14日，《解放军报》头版报道汶川地震
（翻拍照片，《图志》编纂室　提供）

经济日报
ECONOMIC DAILY
温家宝辗转赶到川北重灾区看望受灾群众
解放军武警部队10万大军投入抗震救灾
挺进58个重灾乡镇　已有6万多名伤员获救
抗震救灾必须举全国之力
贾庆林提前结束访问回到北京
一切为了灾区　全力支援灾区
习近平会见美国耶鲁大学校长莱文
周永康赶赴宝成铁路109隧道塌方现场指导抢险
本报今日5至7版推出抗震救灾特别报道

5月16日，《经济日报》头版报道汶川地震
（翻拍照片，《图志》编纂室　提供）

5月16日，《环球时报》头版报道汶川地震（翻拍照片，《图志》编纂室　供图）

环球时报
GLOBAL TIMES
第1666期　2008年5月16日　星期五　每份1元　每周一至五出版
死亡人数可能超5万　世界舆论一片同情声
灾难压不垮现代中国
CNN向中国人民道歉
外媒紧盯中国救灾进展
本期导读
国际社会共援中国救灾（3版）
印尼华人加快融合脚步（7版）
真实报道展现中国力量（18版）
一个美国女人的总统之路（18版）
未经本报许可，不得转载、摘编。

SPECIAL EDITION
中国日报
CHINA DAILY
THE NATIONAL ENGLISH LANGUAGE NEWSPAPER
MAY 18, 2008
5 DAYS LATER: I'M WELL
28,881 confirmed dead
198,347 injured
10,600 confirmed buried under rubble
15.61m houses damaged
$860m in cash and goods received in disaster relief

5月18日，《中国日报》头版报道汶川地震（翻拍照片，《图志》编纂室　提供）

光明日报
GUANGMING DAILY
胡锦涛赶赴四川地震灾区指导抗震救灾工作
弃车徒步查灾情　走进帐篷问伤痛
胡锦涛前往四川重灾区北川县看望受灾群众
强调一定要发扬不怕疲劳、连续作战的作风，克服困难，争分夺秒，努力把灾害造成的损失减少到最低程度，夺取抗震救灾斗争的胜利
胡锦涛在绵阳一线主持召开会议
与温家宝共同研究部署抗震救灾工作
吴邦国会见塞舌尔国民议会副议长
温家宝离川返京接受记者集体采访时强调
举全国之力把抗震救灾工作进行到底
贾庆林强调
抗震救灾是统一战线和人民政协当前最重要最紧迫的任务

5月17日，《光明日报》头版报道汶川地震（翻拍照片，《图志》编纂室　提供）

Wen Hui Bao
文匯報
胡锦涛同布什通电话感谢美方愿帮助救灾并指出
中国政府正全力组织抗震救灾
第一支救援部队挺进汶川县城
孩子们，一定要挺住，一定会得救！
"解放军来了，我们就不怕了！"
把上海人民深情厚意送到灾区
不断把双拥创建活动引向

5月14日，《文汇报》头版报道汶川地震

（翻拍照片，《图志》编纂室　提供）

中国青年报
WWW.CYOL.NET
国务院决定在三个月内
向灾区困难群众每人每天发1斤粮10元补助
胡锦涛在四川召开抗震救灾工作会议并发表重要讲话强调
众志成城克服一切艰难险阻
坚决打胜抗震救灾这场硬仗
胡锦涛总书记的讲话
胡锦涛冒余震指导抗震救灾
苦竹坝水库遇

5月18日，《中国青年报》头版报道汶川地震

（翻拍照片，《图志》编纂室　提供）

北京日報
四川省汶川县发生7.8级地震
胡锦涛总书记作出重要指示
要求尽快抢救伤员，确保灾区人民群众生命安全
中共中央政治局常委会昨晚召开会议
全面部署当前抗震救灾工作
中共中央总书记胡锦涛主持会议
中央决定成立抗震救灾总指挥部，由温家宝任总指挥
温家宝抵川指挥抗震救灾
人命关天　救人要紧
四川汶川县发生7.8级地震
市委市政府致电慰问
决定首批捐助300万元
"相约北京-2008文化活动"启动
市领导与新疆和田地区党政代表团座谈
本市召开第二次经济普查动员会

5月13日，《北京日报》头版报道汶川地震

（翻拍照片，《图志》编纂室　提供）

北京晚报

胡锦涛主持中央政治局常务会议

全面部署当前抗震救灾工作

温家宝上午7时再次召开会议

今晚12时前打通通往震中道路

首都各界踊跃捐款赈灾

专家解读汶川地震北京震感

5月13日，《北京晚报》头版报道汶川地震

（翻拍照片，《图志》编纂室　提供）

四川日报

SICHUAN DAILY

中共中央政治局常委会召开会议 全面部署当前抗震救灾工作

中共中央总书记胡锦涛主持会议

胡锦涛总书记就汶川地震抗震救灾作出重要指示

尽快抢救伤员 确保灾区人民群众生命安全

温家宝抵达四川指挥抗震救灾工作

最重要的是镇定信心勇气和强有力指挥

温家宝主持召开国务院抗震救灾指挥部会议

提出四项要求

抗震救援要科学有序统一进行

在第一线组织抗震救灾工作

省政府启动应急I级响应

向汶川地震中的死难者致哀

5月13日，四川省所有报纸均以黑白版面印制，以示悼念。图为《四川日报》头版报道汶川地震

（翻拍照片，四川省委宣传部外宣办　提供）

四川日报

SICHUAN DAILY

深切哀悼汶川大地震遇难同胞

国务院公告:5月19日至21日为全国哀悼日 今日14时28分起,全国人民默哀3分钟

"党和政府一定会帮助灾区人民渡过难关"

——胡锦涛总书记在地震灾区什邡市看望慰问受灾群众和救援人员

救人绝不放松 防疫刻不容缓

慰问信

细化实化工作方案 有力有序有效做好抗震救灾工作

向全国人民表示衷心感谢

省委召开常委(扩大)会议

传达学习胡锦涛总书记和温家宝总理重要讲话精神 进一步研究部署我省抗震救灾工作

5月19日，《四川日报》头版报道汶川地震

（翻拍照片，四川省委宣传部外宣办　提供）

5月19日出版的《第一财经周刊》封面

（东方IC　提供）

5月22日出版的《瞭望东方周刊》封面

（东方IC　提供）

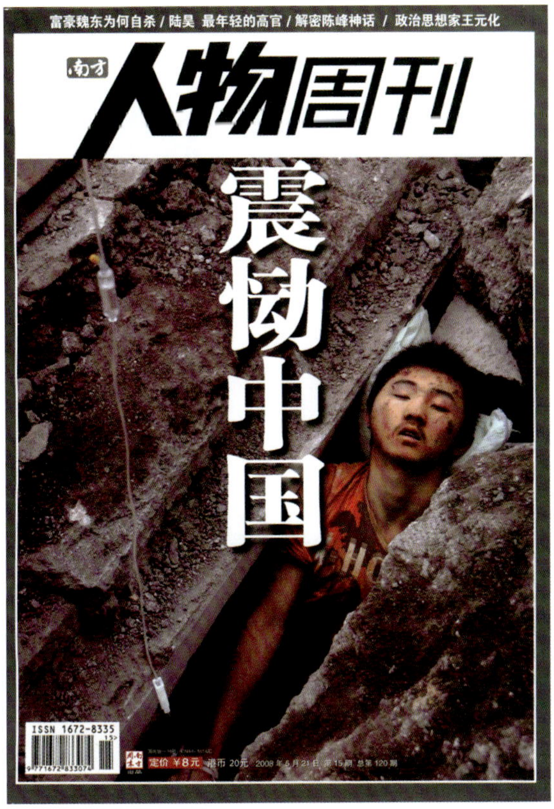

5月21日出版的《南方人物周刊》封面
（提供 东方IC）

5月20日出版的《人民画报》2008年第6期《汶川大地震特刊——一切为了生命》封面 （人民画报社 提供）

6月9日出版的《中国新闻周刊》封面
（中新社 提供）

新华网“汶川地震抗震救灾特别报道”专题报道网络截屏
（网址：http://www.xinhuanet.com/politics/kzjz/zqjy.htm）

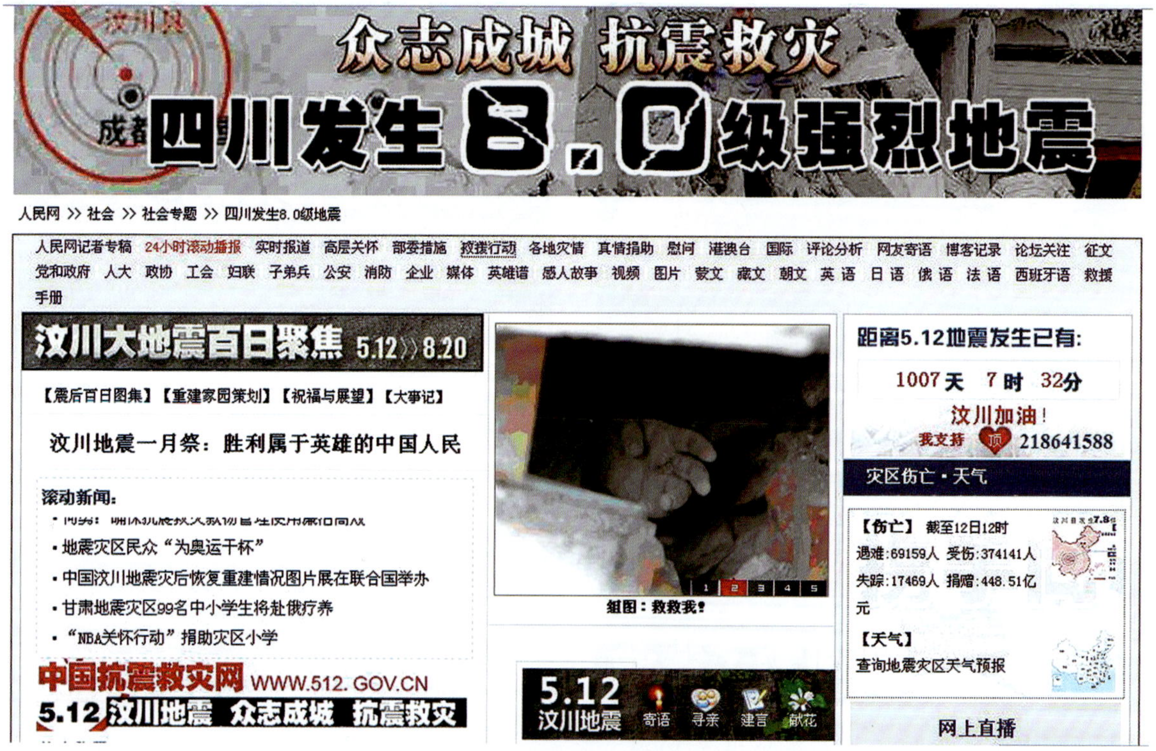

人民网“众志成城 抗震救灾——四川发生8.0级强烈地震”抗震救灾专题报道网络截屏
（网址：http://society.people.com.cn/GB/8217/122500/index.html）

中国网“四川发生8.0级强烈地震——悲伤与力量”抗震救灾西班牙文专题报道网络截屏

（网址：http://spanish.china.org.cn/photos/txt/2008-05/21/content_15386009.htm）

央视网"胡锦涛总书记抗震路线图"抗震救灾专题报道网络截屏

（网址：http://news.cctv.com/special/special/special/C21441/01/index.shtml）

中国广播网"我们在一起——万众一心 众志成城 迎难而上 百折不挠抗大震"抗震救灾专题报道网络截屏

（网址：http://www.cnr.cn/2008zt/scdz/.htm）

光明网“胡锦涛抵达四川绵阳”抗震救灾专题报道网络截屏

（网址：http://www.gmw.cn/content/2008-05/16/content_775103.htm）

中国日报社网站“TEARS FOR VICTIMS, SYMPATHY FOR FAMILIES.”（沉痛悼念遇难同胞）抗震救灾专题报道网络截屏

（网址：http://www.chinadaily.com.cn/china/china_quake08_page.html）

中青在线抗震救灾专题报道网络截屏

（网址：http://zqb.cyol.com/node/2008-05/13/zgqnb.htm）

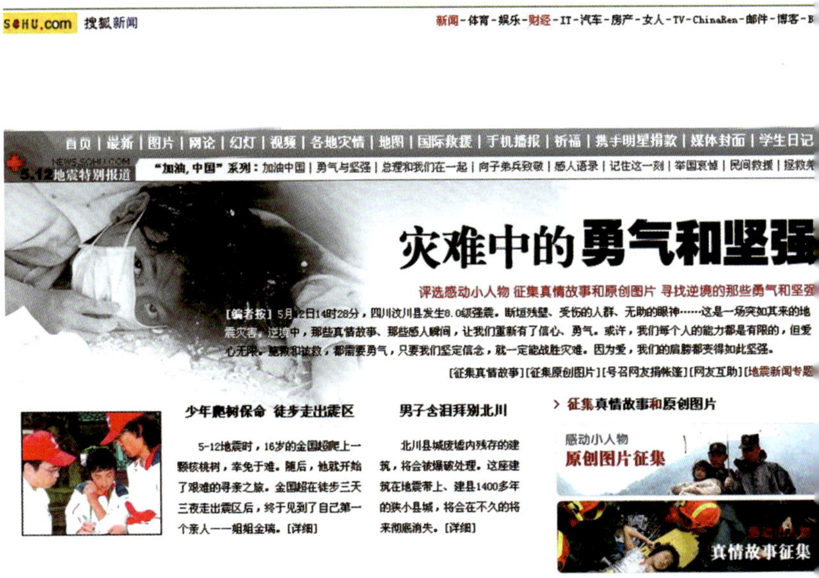

搜狐网"灾难中的勇气和坚强"抗震救灾专题报道网络截屏

（网址：http://news.sohu.com/s2008/yongqi/.htm）

腾讯网"四川汶川5·12大地震"抗震救灾专题报道网络截屏

（网址：http://news.qq.com/zt/2008/dizhen/index.htm）

网易“深切哀悼汶川大地震遇难同胞”抗震救灾专题报道网络截屏

（网址：http://news.163.com/special/00012MS5/sichuan0512.html）

新浪“四川汶川 强烈地震——悼念四川汶川大地震遇难同胞”抗震救灾专题报道网络截屏 （网址：http://news.sina.com.cn/z/photo/06/08earthquake/07/index.shtml）

境外媒体采访报道

汶川特大地震发生后，许多境外记者赶赴中国四川汶川地震灾区，实地采访报道，不间断报道中国抗震救灾等情况。国务院新闻办先后3次组织中外记者到灾区进行现场采访。至5月22日，四川地震灾区领取证件采访的境外媒体有125家、524人。许多国家主流媒体连续大篇幅报道中国地震灾情和救援进展情况，对中国各级政府灾后救援给予高度评价。

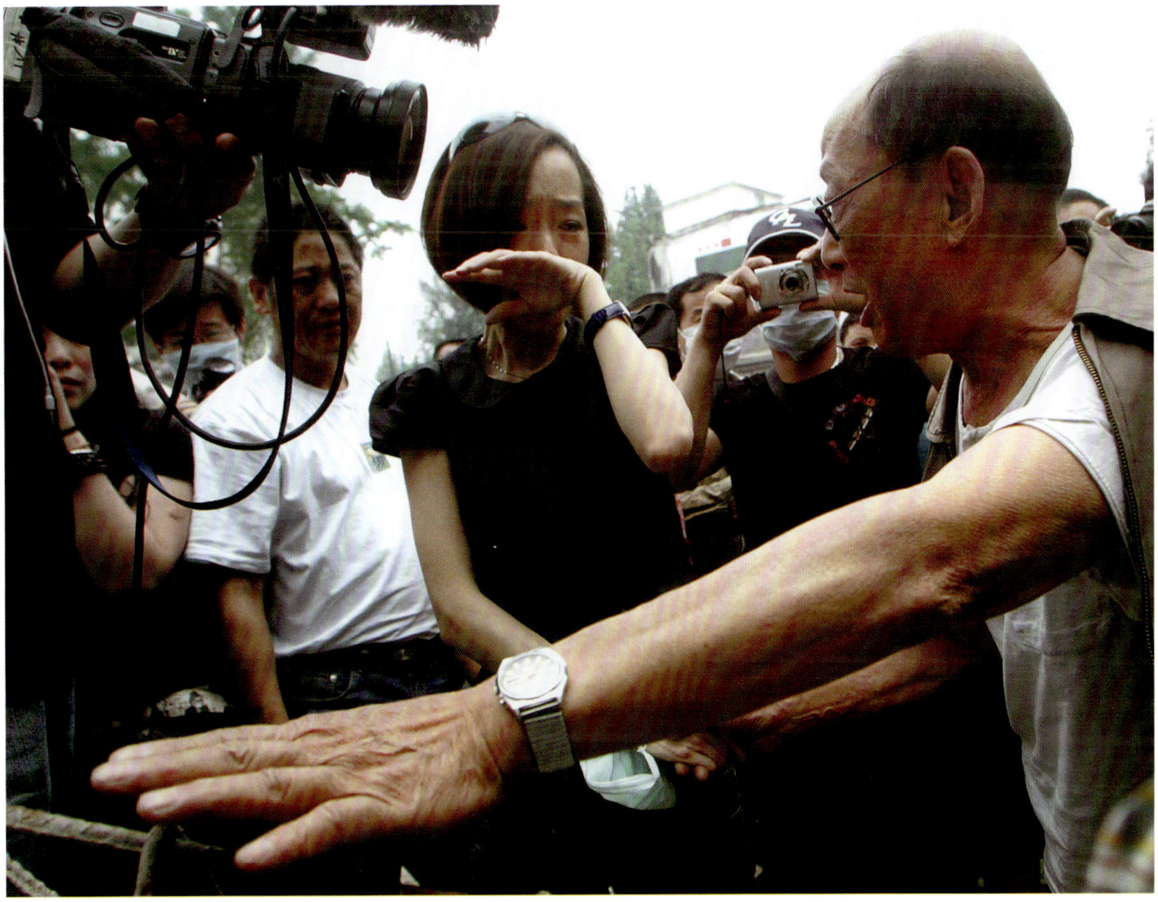

5月16日，香港凤凰卫视记者（中）在都江堰市聚源中学灾区现场采访　（周超　摄）

5月14日，外国记者在绵阳市九洲体育馆拍摄避震群众现场画面

（绵阳市委宣传部　提供）

5月16日，外国记者在什邡市蓥华镇救灾现场采访　（新华社　提供）

5月15日，外国记者在都江堰地震灾区用摄像机记录抢救被困人员过程

（段崴　摄）

5月16日，外国记者拍摄什邡市蓥华镇生命救援现场

（姜帆　摄）

5月16日，外国记者跟随专业救援队进入什邡市蓥华镇生命救援现场

（新华社　摄）

5月16日，路透社记者在汶川县映秀镇采访换防救援部队官兵

（唐师曾　摄）

5月17日，外国记者在什邡市蓥华镇拍摄生命救援现场画面
（陈建　摄）

5月17日，卡塔尔半岛电视台记者在绵竹市汉旺镇灾区救援现场采访执行任务的河南省抢险救援队队员
（虞向军　摄）

5月13日（当地时间），法国《费加罗报》在头版突出报道中国四川汶川地震新闻

（翻拍照片，《图志》编纂室　提供）

5月13日（当地时间），日本《朝日新闻》头版突出报道中国四川汶川地震新闻

（翻拍照片，《图志》编纂室　提供）

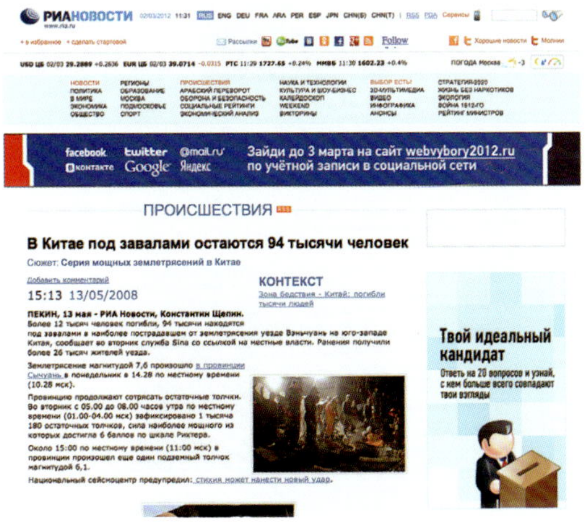

5月13日，俄新社网站关于中国四川汶川地震报道的网络截屏

（《图志》编纂室　提供）

自5月13日（当地时间），英国《泰晤士报》连续3天在头版突出报道中国四川汶川地震新闻

（翻拍照片，《图志》编纂室　提供）

5月13日（当地时间），美国《洛杉矶时报》在头版突出报道中国四川汶川地震新闻

（张炜　摄）

5月13日（当地时间），美国《纽约时报》在头版突出报道中国四川汶川地震新闻

（翻拍照片，《图志》编纂室　提供）

5月15日（当地时间），美国《华尔街日报》在头版突出报道中国四川汶川地震新闻

（翻拍照片，《图志》编纂室　提供）

2009年1月12日，陕西省地震局工程地震勘察研究院工作人员在重建规划用地勘探地质断层
（陕西省地震局工程地震勘察研究院　提供）

7月19日，国家汶川地震专家委员会南北带地震构造研究组在汶川县地震现场考察
（中国21世纪议程管理中心　提供）

2009年3月9日，广东省地震局工作人员在四川地震灾区实施工程地震测试和断层物探测试
（广东省委外宣办　提供）

2009年4月28日，湖南省对口援建队公示理县县城重建项目设计效果图　（梁向锋　摄）

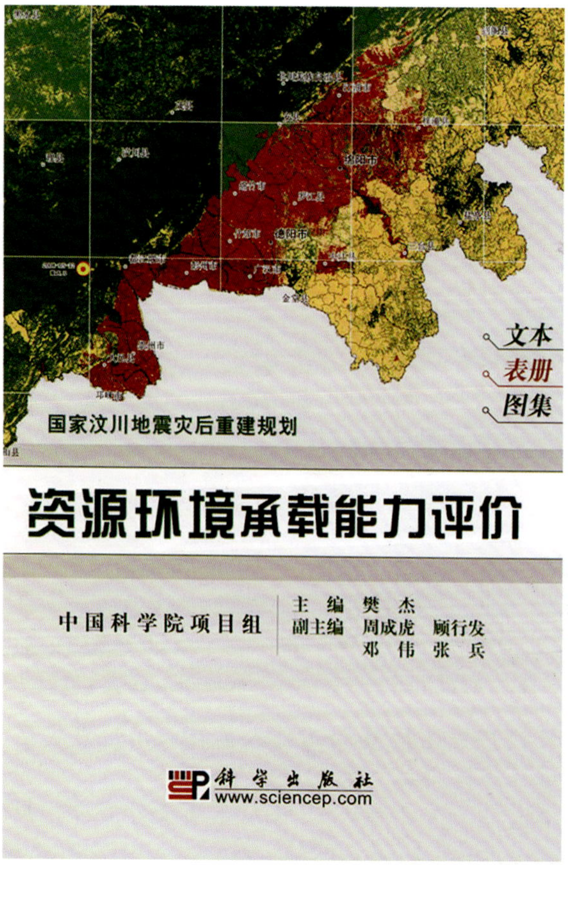

2009年5月26日，中科院项目组编撰的《国家汶川地震灾后重建规划：资源环境承载能力评价》由科学出版社出版

2009年7月8日，山东省对口援建办公室、中国城市规划设计研究院和北川羌族自治县政府召开新县城建设规划研讨会　　　　　　　　　　（田培军　摄）

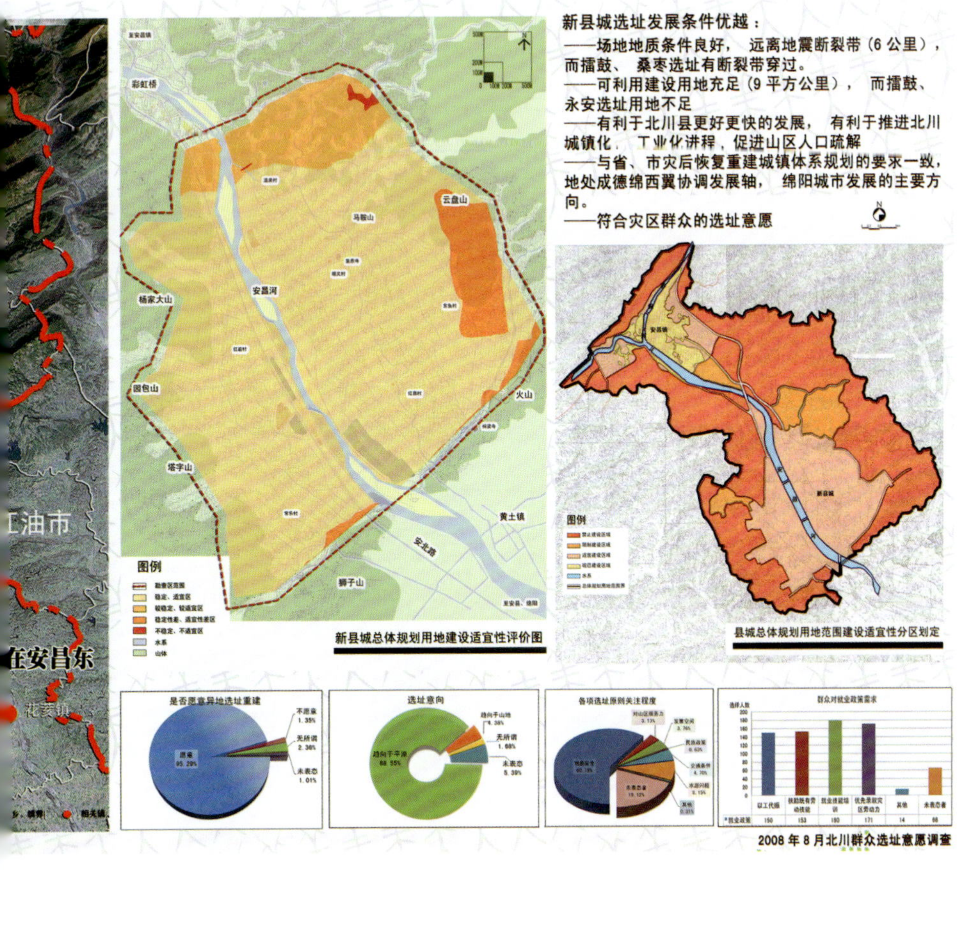

北川羌族自治县新县城规划选址决策示意图
（绵阳政务网　提供）

对口援建

6月11日，国务院公布《汶川地震灾后恢复重建对口支援方案》，要求恢复重建按照“一省帮一重灾县”的原则，建立对口支援机制，要求19个省（市）每年对口支援实物工作量，按不低于本省市上年地方财政收入1%考虑，对口支援期限按3年安排。各援建省（市）迅速落实中共中央、国务院的决策部署，发挥社会主义制度能够集中力量办大事的政治优势，精心规划、组织、实施，扎实开展工作。各援建省（市）深入了解灾情，考察项目选址，制定实施方案，快速启动援建工程建设。在国际金融危机发生后，各援建省（市）支援灾区的决心不变、力度不变、目标不变，压缩本地行政开支，保证援建资金、物资及时到位。解放军和武警部队也为灾后恢复重建贡献了力量。

汶川地震灾后恢复重建对口支援示意图　　（翻拍照片，翻拍自"灾后重建展览"）

7月17日，江西省对口援建的小金县美汗公路C标段汗牛乡足木村热希沟物资中转站遭泥石流突袭，造成5名江西省援建人员遇难，部分机械设备被冲毁　　（大公报　提供）

2009年1月19日，成都军区川藏兵站某部汽车团穿过岷江简易公路向汶川县映秀镇抢运重建住宅所需红砖

（任晨鸣　摄）

8月5日，湖南省对口援建队工人在理县文体中心施工现场实施晚间作业

（韩世祺　摄）

2009年2月26日，天津市对口援建的略阳天津高级中学主教学楼实施混凝土浇筑作业
（王伟　摄）

10月13日，山东省对口援建队员在北川羌族自治县关内地区清除道路落石　　（大公报　提供）

2009年3月12日，广东省对口援建队在汶川县草坡乡重建项目工地安装橡胶隔震支座
（广东省委外宣办　提供）

2009年3月13日，广东省深圳市对口援建的文县第一中学施工现场
（陇南市外宣办　提供）

2009年4月8日，重庆市对口援建的崇州市重庆路文井江大桥焊接工作现场　（刘旭东　摄）

山西省对口援建的茂县中国羌族博物馆工程施工现场　（山西省对口援建办　提供）

2009年5月1日，平武县响岩镇涪江村村民为河北省援建队的夫妻援建者披红戴花

（李晓果　摄）

2009年5月8日，黑龙江省对口援建队在剑阁县剑门关重建工地实施吊装作业

（李紫恒　摄）

2009年5月10日，浙江省对口援建的青川县酒家垭隧道通车

（浙江省委宣传部　提供）

2009年8月25日，湖北省对口援建的汉源县皇木镇中心小学举行落成典礼

（湖北省援建办　提供）

2009年5月16日，上海市对口援建的都江堰市七一聚源中学工地的倒计时牌

（上海市外宣办　提供）

2009年9月23日，河南省对口援建队在江油市中原江油连心桥西岸举行第一批重大工程竣工暨第三批援建项目启动仪式

（四川省委宣传部　提供）

2009年10月14日，吉林省对口援建的黑水县黑水至马尔康公路垭口山隧道施工现场

（吉林省援建办　提供）

2010年1月13日，北京市对口援建的什邡市烂柴湾大桥施工现场

（吕清柏　摄）

2010年1月30日，江苏省对口援建的绵竹市体育中心施工现场
（陈建力　摄）

2010年3月3日，福建省对口援建队技术员在彭州市人民医院建筑工地测量
（刘忠俊　摄）

2010年5月9日，辽宁省对口援建的安县晓坝镇举行新场镇落成揭碑仪式
（大公报　提供）

2010年7月19日，安徽省对口援建的松潘县项目建设工地
（大公报　提供）

监督检查

在灾后恢复重建中，各部门、各省市坚持安全第一、质量至上原则，严格各项监管措施，开展全过程的跟踪监督检查，确保重建工程经得起实践和历史的检验。中央纪委下发《关于进一步加强对汶川地震灾后恢复重建项目和资金监督检查的通知》。2009年9月至2012年4月，审计署5次公布《汶川地震灾后恢复重建跟踪审计结果》，对各地恢复重建规划编制实施，资金来源、募集、分配、管理情况进行审计监督。国家有关部委、援建省市及地震灾区受援省落实监督检查措施，采取聘请社会监督员、召开审计会议、设置公示栏等方式，保证援建工程质量。

2009年6月24日，十一届全国人大常委会第九次会议第二次全体会议听取国家发改委关于四川汶川特大地震灾后恢复重建工作情况的报告

（盛佳鹏　摄）

2009年2月24日，上海市建筑工程监理人员在都江堰市对口援建项目现场检查施工质量
（上海市外宣办 提供）

2009年4月29日，国家建筑工程材料质量监督检验中心都江堰灾后重建实验室在都江堰市成立
（上海市外宣办 提供）

中华人民共和国审计署

汶川地震灾后恢复重建跟踪审计结果

（第1-3号）

中华人民共和国审计署办公厅

2009年9月至2010年7月，审计署先后3次发布《汶川地震灾后恢复重建跟踪审计结果》

（翻拍照片，翻拍自“灾后重建展览”）

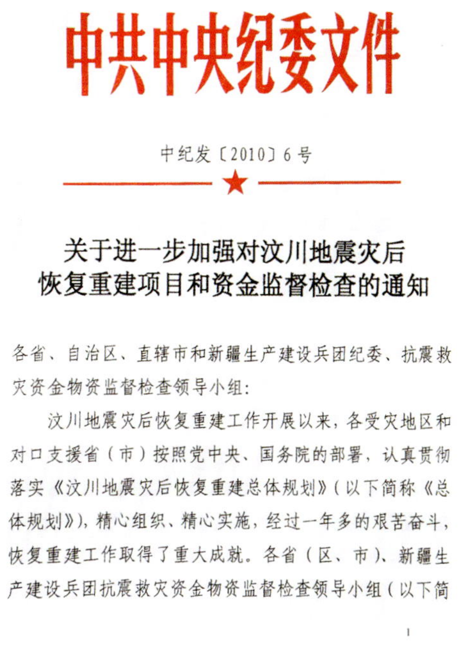
中共中央纪委文件

中纪发〔2010〕6号

关于进一步加强对汶川地震灾后恢复重建项目和资金监督检查的通知

各省、自治区、直辖市和新疆生产建设兵团纪委、抗震救灾资金物资监督检查领导小组：

汶川地震灾后恢复重建工作开展以来，各受灾地区和对口支援省（市）按照党中央、国务院的部署，认真贯彻落实《汶川地震灾后恢复重建总体规划》（以下简称《总体规划》），精心组织、精心实施，经过一年多的艰苦奋斗，恢复重建工作取得了重大成就。各省（区、市）、新疆生产建设兵团抗震救灾资金物资监督检查领导小组（以下简

1

中央纪委印发《关于进一步加强对汶川地震灾后恢复重建项目和资金监督检查的通知》

（翻拍照片，翻拍自“灾后重建展览”）

2010年2月25日，山东省对口援建队在北川七一职业中学项目建设中聘请社会监督员。图为发放证书仪式现场　　（田培军　摄）

2010年7月30日，北川羌族自治县陈家坝乡小河村村委会设置因灾失地农户安置点公示栏　　（彭寰　摄）

城镇恢复重建

在灾区城镇恢复重建中，援建省市与灾区各级政府按照“恢复完善功能、统筹安排的要求，优化城镇空间布局、增强防灾减灾能力、改善人居环境、推进城乡一体化、为城镇可持续发展奠定坚实基础”的方针，统筹编制城乡重建规划，充分利用城乡资源市场化手段，以城乡公共服务均等化为目标，建设具有现代田园理念的城镇集群体，使汶川县、北川羌族自治县、青川县及绵竹市汉旺镇、宁强县青木川明清古镇等城镇风貌与建筑风格具有当地民族特色，实现“精心规划、精心组织、精心实施，又好又快地重建家园”的目标。

城镇建筑恢复重建

汶川特大地震灾区城镇恢复重建，按照《国家汶川地震灾后重建规划——城镇体系规划之空间结构规划图》，并结合灾区当地经济发展与地形地貌、文化民俗相协调的原则，实施损毁房屋、基础设施、公共设施、生产设施、城镇体系、生态环境的重建，努力增进城镇辐射带动功能。

汶川县城恢复重建

汶川县把农房重建作为灾后恢复重建的首要任务。广东省承担对口援建任务，共对口援建702个项目，包括住宅、医院、水厂、学校、体育馆、岷江大桥、县城中轴线广场、锅庄广场、博物馆等，使汶川县恢复重建见到实效。广东省还协助汶川县城威州镇修复加固住房51万平方米、5074户，新建和改建安置房30万平方米、3086套。经对口援建，威州镇镇域面积由震前的2平方公里扩大到4平方公里。

广东省对口援建的汶川县县城威州镇。2010年9月12日拍摄

（班翔　摄）

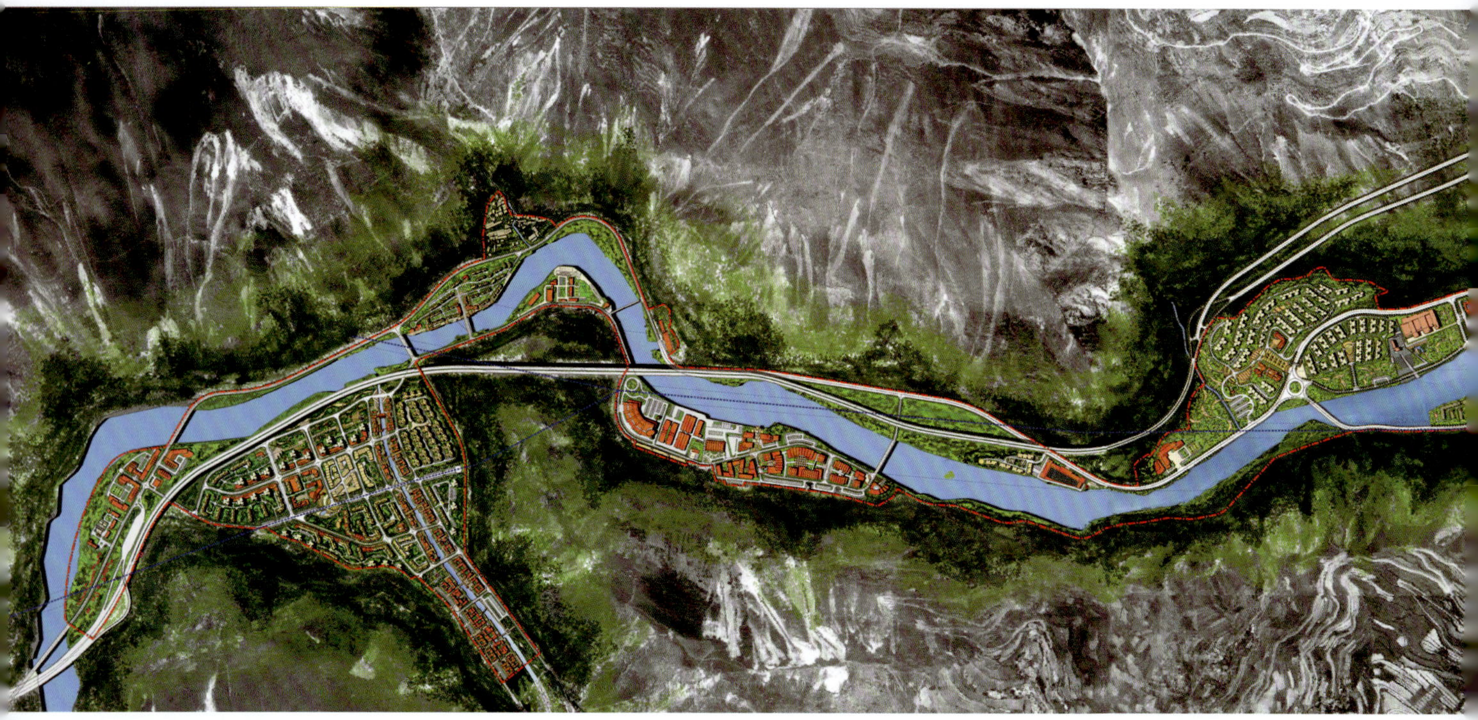

2009年11月，汶川县规划管理局通过设计竞赛方式确定委托北京清华城市规划设计研究院编制《汶川县城修建性详细规划》。图为该详细规划草案中的总平面图

（中国汶川网　提供）

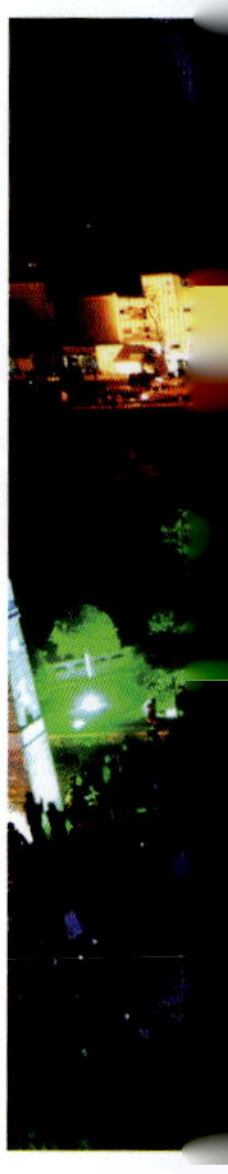

汶川县县城的岷江大桥。2010年11月26日拍摄

（中新社　提供）

汶川县县城锅庄文化广场。2009年12月2日拍摄

（广东省外宣办　提供）

汶川县汶川体育馆前占地面积2万平方米的避灾广场。2010年5月5日拍摄

（江宏景　摄）

汶川县县城锅庄广场上的羌族特色建筑。2010年11月26日拍摄　　（滨海之光　摄）

汶川县县城西羌文化街。2010年1月25日拍摄　　（赵溪　摄）

汶川县县城国道213线入口处的大禹雕像。2010年11月26日拍摄　　（中新社　提供）

岷江两岸重建的汶川县县城。2010年8月11日拍摄　　（袁蓉荪　摄）

汶川县映秀镇恢复重建

汶川县映秀镇位于汶川地震震中，在地震中被夷为平地。新映秀镇在原址重建，规划面积0.74平方公里，定位为旅游温情小镇、防震减灾示范区和汶川特大地震震中纪念地。工程建设采用国家地震灾区建筑最新规范和世界防震减灾领域新结构、新材料及成熟工艺和技术，由国内外建筑大师和抗震设防专家参与设计。广东省对口援建项目55个，包括安居房、卫生院、市政道路、桥梁、自来水厂、河堤、市场、震中纪念地、公园和广场等。2010年10月10日，重建工程竣工交付使用。

广东省对口援建的汶川县映秀镇新城。2011年4月9日拍摄　　（广东省委外宣办　提供）

汶川县映秀镇中心镇区修建性详细规划设计图
（阿坝藏族羌族自治州人民政府网 提供）

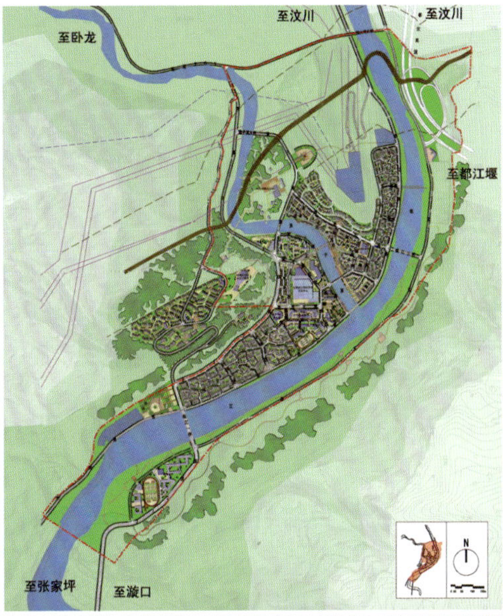

汶川县映秀镇的安居房。2010年9月10日拍摄

（司京陵　摄）

汶川县映秀镇的休闲公园。2011年5月11日拍摄

（CFP　提供）

汶川县映秀镇综合服务中心。2011年5月11日拍摄　（CFP　提供）

汶川县水磨镇恢复重建

汶川县水磨镇地处县域南部岷江支流寿溪河畔，震前为保存完好的古镇。广东省对口援建78个项目，涉及教育、卫生、文化、公共服务领域。新水磨镇分为“禅寿老街、寿西湖、羌城”三大区，汇集古今历史文化，结合川西、岭南发展理念，荟萃藏族、羌族人文风情，被誉为汶川地震灾后重建第一镇。

汶川县水磨镇城市设计总平面图（广东省委外宣办 提供）

汶川县水磨镇水磨羌城。2010年9月12日拍摄（班翔 摄）

汶川县水磨镇禅寿老街的春风阁。2009年10月11日拍摄 （司京陵 摄）

汶川县水磨镇禅寿老街的万年台。2010年9月10日拍摄 （司京陵 摄）

汶川县水磨镇的禅寿老街街景。2011年5月18日拍摄　　（陈建　摄）

汶川县水磨镇的水磨羌城街景。2010年8月11日拍摄　　（新华社　提供）

北川县城恢复重建

北川羌族自治县由山东省对口援建，新县城布局为“一廊一环一带一轴”，即安昌河河谷生态廊道，沿新北川大道和新川路城市公共服务设施环，永昌河城市景观带，包括羌族特色商业街、抗震纪念园和文化中心等设施的城市空间轴线。2010年9月25日，北川新县城建设基本完成，山东省将援建项目整体移交北川羌族自治县政府。

北川羌族自治县新县城航拍图。2011年3月28日拍摄　　（莫定友　摄）

北川新县城空间结构规划图

（绵阳政务网 http://www.mianyang.gov.cn/ 提供）

2010年9月25日，由山东省对口援建的北川新县城交付使用。2010年10月1日拍摄　　（邓海燕　摄）

北川新县城安居小区

（吴和政　摄）

北川新县城新北川宾馆。2010年8月23日拍摄

（邓海燕　摄）

北川新县城永昌河休闲区。2010年8月23日（邓海燕　摄）

北川新县城跨越安昌河的禹王桥。2010年11月20日拍摄（邓海燕　摄）

北川新县城抗震纪念园内的主题雕塑。2010年8月23日拍摄（邓海燕　摄）

青川县城恢复重建

青川县由浙江省对口援建，根据论证和规划，援建选在原址乔庄镇进行重建，新城区规划居住人口1.6万人，用地1.1平方公里。援建分8类547个项目，其中包括青川县城新区乔庄高级中学、小坝安居小区、东山安居小区、滨河广场等。

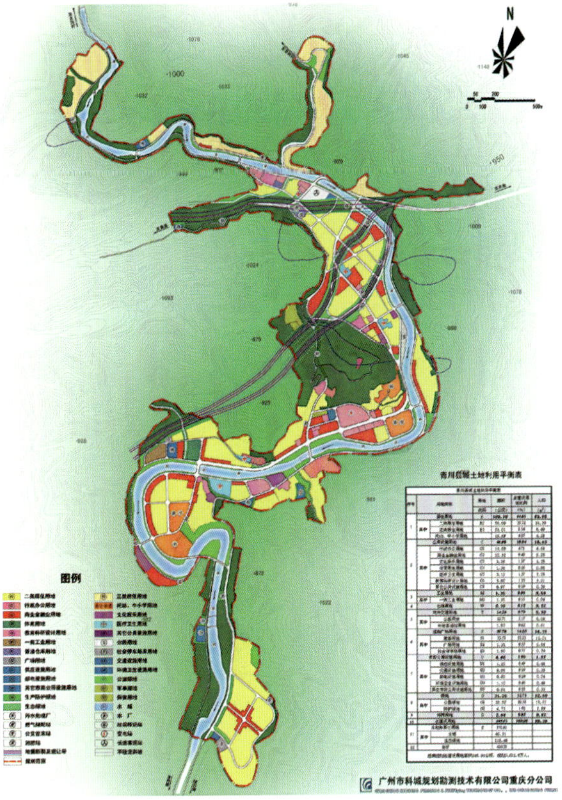

青川县城总体规划（2010—2020）
——县城用地布局规划图

由浙江省对口援建的青川县城乔庄镇航拍图。2011年4月10日拍摄　　（陈燮　摄）

2010年9月7日，青川县城新区乔庄高级中学投入使用
（浙江省委宣传部　提供）

青川县城东山安居小区打乒乓球的孩子们。2010年5月11日拍摄
（CFP　提供）

青川县城东山安居小区　　（浙江省委宣传部　提供）

青川县城安居小区。2010年5月11日拍摄　　　　（CFP　提供）

青川县城兼有避险功能的滨河广场。2010年4月30日拍摄　　　（江宏景　摄影）

绵竹市汉旺镇恢复重建

绵竹市汉旺镇由江苏省对口援建，经选址和地质灾害危险性评估，最终确定原地移址重建。新汉旺镇占地面积3.75平方公里，容纳人口5万人，房屋面积31.6万平方米，道路16.2公里，项目包括文化活动广场、自来水厂、中小学校、幼儿园、卫生院、综合服务中心、商业中心及50万平方米的绿化带。2010年9月13日，对口援建项目竣工。

绵竹市汉旺新镇航拍图。2010年8月18日拍摄　　（新华社　提供）

2010年9月13日，江苏省对口援建绵竹市全部项目竣工暨汉旺新镇落成典礼在汉旺新镇举行

（陈燮　摄）

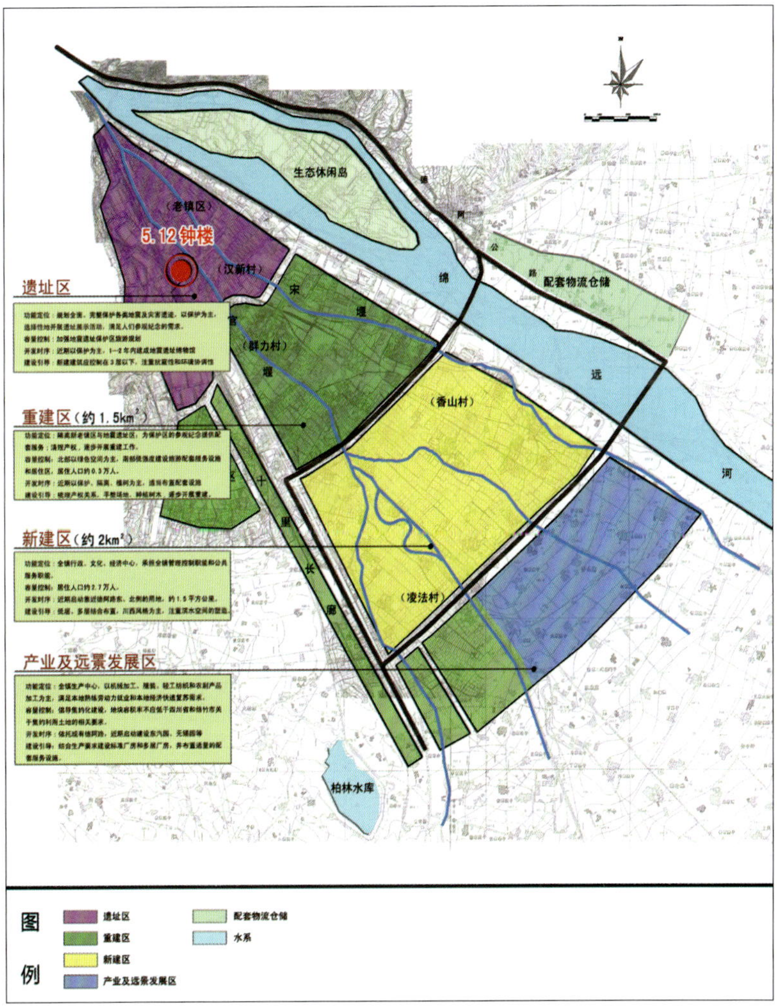

绵竹市汉旺镇总体规划（2008—2020）
——新老镇区建设引导图

绵竹市汉旺新镇汉锡花苑安居小区。2010年5月12日拍摄 （陈燮　摄）

绵竹市汉旺新镇。2010年8月18日拍摄 （新华社　提供）

其他城镇恢复重建

在恢复重建中，各援建省市把城乡居民住房、学校、医院重建放在优先位置，统筹兼顾生产与生活、物质与精神、当前与长远的关系，四川省、甘肃省、陕西省的城镇恢复重建进展顺利。

广东省对口援建的汶川县漩口镇。2010年9月13日拍摄 （班翔 摄）

北京市对口援建的什邡市蓥华镇航拍图。2010年9月7日拍摄

（胡金喜 摄）

江苏省对口援建的绵竹市孝德镇孝德新城　　（江苏省新闻办　提供）

浙江省对口援建的青川县竹园镇智慧岛教育园区
（钱璐斌　摄）

辽宁省对口援建的安县晓坝镇　　　　（辽宁省驻安县对口支援指挥部　提供）

山西省对口援建的茂县县城　（山西省援建办　提供）

灾后重建的都江堰市居民安置房片区。2011年4月23日拍摄

（四川省委宣传部　提供）

湖北省对口支援汉源县在萝卜岗异地重建的新县城　　（湖北省援建办　提供）

河北省对口援建的平武县平通镇。2010年4月17日拍摄

（大公报　提供）

修旧如旧的宁强县青木川古镇。2011年4月15日拍摄

（刘潇　摄）

市政公用设施恢复重建

灾后恢复重建将城镇配套设施建设作为重建的重要目标，按照居住小区标准，配套建设与居住人口规模相适应的公共服务设施、基础设施和公共绿地，以满足居民生活居住功能要求。恢复重建后，灾区道路四通八达、桥梁坚固，供水设施齐全，污水、垃圾处理规范管理，新建、扩建了避灾广场和公共休闲设施，实现“设施有提高，交通、通信、能源、水利等基础设施的功能全面恢复，保障能力达到或超过灾前水平”的重建目标。

道路桥梁

山东省对口援建北川新县城市政道路安装的LED节能灯。2010年8月20日拍摄
（田培军　摄）

浙江省对口援建的青川县竹园镇浙川大道滨江路栈道。2010年5月4日拍摄
（浙江省委宣传部　提供）

江西省对口援建的小金县城城市景观大道“江西路”
（大公报社提供）

山东省对口援建的北川新县城西羌南桥。2010年8月23日拍摄　　（邓海燕　摄）

加固维修后的汶川县城横跨岷江和杂谷脑河人行吊桥——“红军桥”。2010年11月26日拍摄　　（滨海之光　摄）

安徽省对口援建的松潘县新城人行廊桥。2010年12月5日拍摄　　（刘朝祥　摄）

供　水

北京市对口援建的什邡市洛水镇供水厂。2010年6月29日拍摄

（周斌　摄）

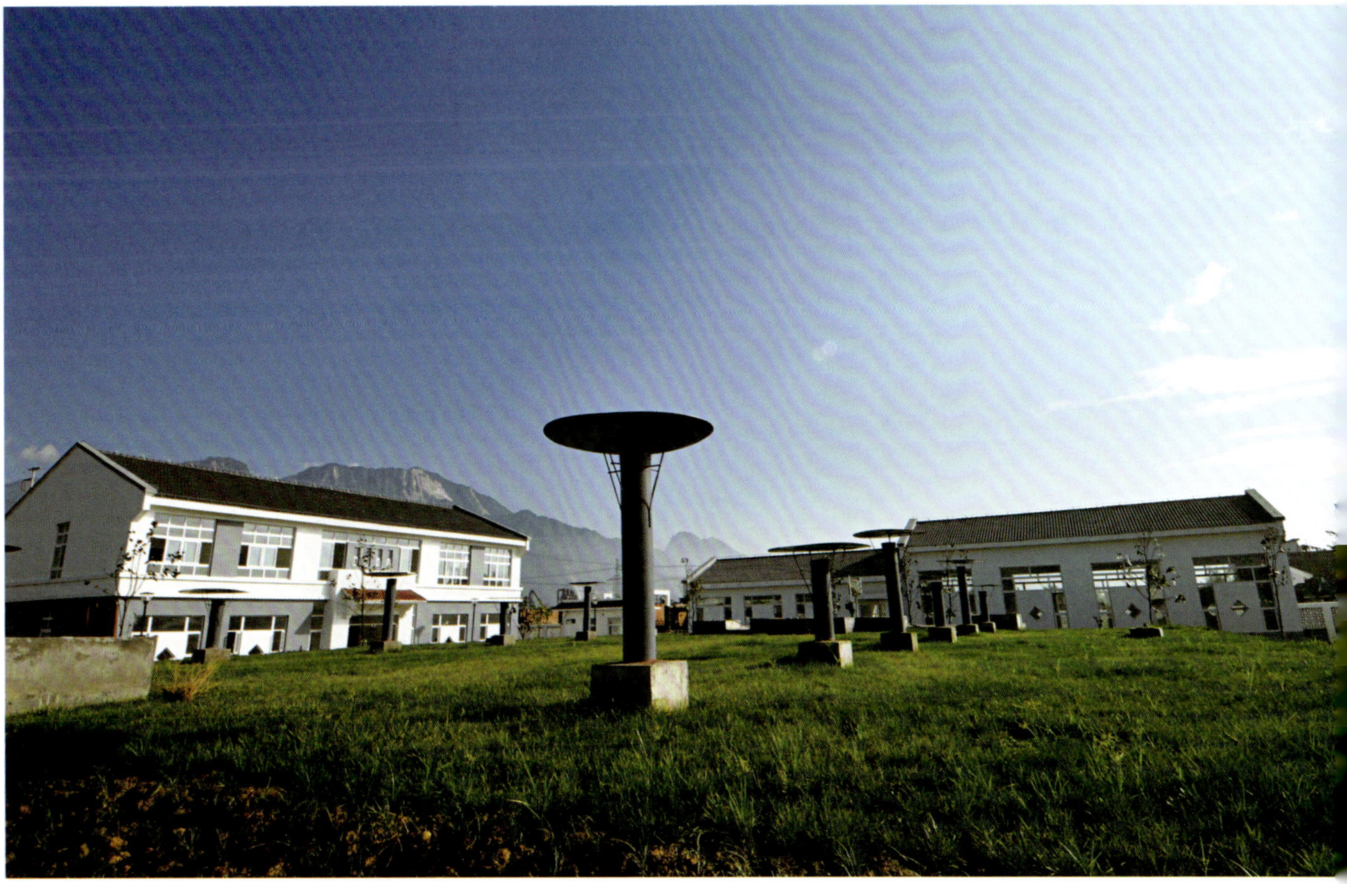

江苏省对口援建的绵竹市汉旺镇水厂。2009年8月27日拍摄

（德阳市地方志办公室　提供）

上海市对口援建的都江堰市西区自来水厂　　（廖瑞福　摄）

黑龙江省对口援建的剑阁县剑门关供水站。2009年4月16日拍摄

（苑维春　摄）

污水和垃圾处理

浙江省对口援建的青川县马鹿乡污水生物处理站。2010年5月28日拍摄
（浙江省委宣传部　提供）

上海市对口援建的都江堰市青城山污水处理厂二沉池。2010年5月28日拍摄
（上海市外宣办　提供）

重庆市对口援建的崇州市街子镇污水处理厂　（崇州市援建办　提供）

山东省对口援建的北川新县城垃圾处理厂。2010年8月20日拍摄　（刘延民　摄）

避灾广场和公共休闲设施

山东省对口援建的北川羌族自治县香泉乡场镇广场。2009年1月14日拍摄　　（朱峥　摄）

绵竹市东北镇卫生院前休闲广场。2010年4月11日拍摄　　（陈燮　摄）

河北省对口援建的平武县平通镇纪念广场　　（大公报　提供）

辽宁省对口援建的安县文化广场李调元雕塑。2010年5月2日拍摄
（辽宁省驻安县对口支援指挥部　提供）

山东省对口援建的北川新县城中心公园。2010年8月23日拍摄　（邓海燕　摄）

江西省对口援建的小金县防灾综合广场。2010年10月19日拍摄
（喻林斌　摄）

江苏省对口援建的绵竹市孝德镇“水街”岸边用木板铺成的步道。2010年5月6日拍摄　　（姜帆　摄）

辽宁省对口援建的安县晓坝镇休闲广场。2011年3月30日拍摄　　（刘嵘　摄）

乡村恢复重建

汶川特大地震灾区乡村恢复重建，坚持统筹城乡的思路，在全力推进乡村住房重建的同时，兼顾城乡体制机制建设，城乡基础设施配套，城乡公共服务配套，城乡产业协调，在农村建设中首次大面积引入规划指导，适度超前建设社会主义新农村。四川省按照“安全、经济、实用、省地”和发展性、多样性、相融性、共享性的要求，向国内外征集设计方案，完成农村灾后重建概念性规划和重建点位及住房规划设计，为提升重建质量和水平奠定坚实的基础，并结合乡村重建，铺开覆盖城乡公共服务网络，推动农村城市化发展进程。

乡村建筑恢复重建

汶川特大地震灾区乡村恢复重建，按照“产业发展性、建筑风貌多样性、环境相融性和配套设施共享性”的规划，将重建资源合理分配和重建地区可持续发展相结合，探索新型乡村建设形态。汶川县漩口镇震源新村、北川羌族自治县擂鼓镇猫儿石村吉娜羌寨、绵竹市金花镇玄郎村、什邡市马祖镇马祖村、都江堰市天马镇金陵村等、徽县江洛镇龙头村、宁强县燕子砭镇东丽村、略阳县白水江镇权力村等，依据规划设计，或依山而建，或错落有致，形成灾后恢复重建的美丽田园乡村。

广东省对口援建的汶川县漩口镇震源新村。2010年9月12日拍摄　　（司京陵　摄）

江苏省对口援建的绵竹市土门镇罗荣村集中居住点。居住点占地面积32667平方米，建筑面积10000平方米。2009年6月23日拍摄　　（德阳市地方志办公室　提供）

12月25日，山东省对口援建的北川羌族自治县擂鼓镇猫儿石村吉娜羌寨竣工。吉娜羌寨的重建于7月6日正式开工，是北川“开工最早、建设最快、入住最早”的农房重建示范点。2008年9月22日拍摄

（田培军　摄）

江苏省对口援建的绵竹市金花镇玄郎村。玄郎村是绵竹市最大农房异地重建点，入住灾区村民352户。2010年3月17日拍摄　　（德阳市地方志办公室　提供）

北京市对口援建的什邡市马祖镇马祖村。2010年9月7日拍摄　　（胡金喜　摄）

浙江省对口援建的青川县瓦砾乡柴王新村
（浙江省委宣传部　提供）

北京市对口援建的什邡市洛水镇渔江村。2011年3月28日拍摄

（胡金喜　摄）

山西省对口援建的茂县南新镇攀川村

（山西省对口援建办　提供）

灾后重建的都江堰市天马镇金陵村。2011年3月28日拍摄

（朱建国　摄）

河北省对口援建的平武县白马藏族乡稿史脑寨。2009年5月28日拍摄　　（大公报　提供）

河北省对口援建的平武县平通镇牛飞村　　（河北省新闻办　提供）

彭州市小鱼洞镇新建的农房安置点。2011年4月23日拍摄　　（华西都市报　提供）

重庆市对口援建的崇州市文井江镇大坪村石柱子小区。2010年1月8日拍摄　（程志立　摄）

安徽省对口援建的松潘县山巴乡上磨村。2010年7月5日拍摄
（李鹏 摄）

深圳市对口援建的康县阳坝镇龙潭重建点。原来居住偏僻、分散的53户村民从山上迁到山下，集中安置于此。2009年9月20日拍摄
（陈永生 摄）

灾后重建的徽县江洛镇龙头村。2009年7月16日拍摄
（陇南市外宣办　提供）

宁强县燕子砭镇东丽村受灾群众集中安置点。这里安置了附近166户近700名村民。2010年3月28日拍摄
（黎德华　摄）

天津市对口援建的略阳县白水江镇权力村走马湾永久安置点。此安置点可入住灾区村民51户。2009年5月8日拍摄　　（陕西省委外宣办　提供）

农村基础设施恢复重建

汶川特大地震灾区农村恢复重建加快了农村基础设施发展进程。恢复重建后，农村道路总长大幅度增加，实现了村村通公路，方便了村民出行；在农村开展安全饮水工程建设，村民用上了自来水；四川省、甘肃省、陕西省扩大能源项目建设，为村民新建沼气池（灶）、配备太阳灶、太阳能热水器等，使灾区农村成为绿色、环保、美丽的新农村。

道　路

广东省对口援建的汶川县威州镇秉里村通村道路。道路按山岭重丘四级公路标准建设，面宽3.5米，水泥面层，设计时速20公里/小时。2009年11月10日拍摄

（司京陵　摄）

2009年6月29日，汶川县地震后首条援建与自建相结合建成的乡村公路——水磨镇连山坡村公路通车。道路由广东省佛山市出资金出技术、村民自己管理并当义工修筑而成　　（刘海　摄）

浙江省对口援建的青川县一处漫水桥，方便附近村民出行

（浙江省委宣传部　提供）

吉林省对口援建的黑水县通村水泥路。道路总长500公里，覆盖全县17个乡（镇）80个村庄。2010年4月21日拍摄

（王继刚　摄）

供 水

2008年9月18日，山东省对口援建的北川羌族自治县人畜饮水“村村通”项目——禹里乡管道铺设施工现场 （田培军 摄）

2009年4月26日，广东省援建汶川县雁门乡萝卜寨村的供水工程顺利通水，当地村民第一次用上了自来水

（广东省援建办 提供）

能　源

灾后重建的绵竹市孝德镇年画村。重建过程中，孝德镇有7个村实行沼气物业管理，由技术人员负责沼气设施维修。2011年3月29日拍摄　　　　　　　（陈建　摄）

2009年5月6日，康县豆坪乡豆坪村灾区村民在新居修建沼气池

（崔定强　摄）

灾后重建的成县店村镇大寨村，一位村民正在用新居配备的太阳能灶烧水。2009年11月4日拍摄

（陇南市外宣办　提供）

城乡住房恢复重建

城乡住房恢复重建本着“以人为本、民生优先”的理念，针对城乡居民住房建设和消费的不同特点，制定相应的政府补助支持政策。对经修复可确保安全的住房，查验鉴定，抓紧维修加固，一般不推倒重建；对需要重建的住房，科学选址、集约用地，合理确定并严格执行抗震设防标准，尽快组织实施。通过恢复重建，实现家家有房住，基本完成城镇和农村居民点援建，使灾区群众住上安全、经济、实用、省地的住房。

农村居民住房恢复重建

在恢复重建中，灾区各级政府组织规划设计力量，为农村居民免费提供多样化的住房设计样式和施工技术指导。农村居民住房恢复重建，与新农村建设相结合，尊重农民意愿，实行“农户自建、政府补助、对口支援、社会帮扶”相结合，激发群众重建住房的积极性。各省市对口援建农村居民住房，深得灾区广大农民欢迎。援建的农民新居体现出农房的新风貌，灾区村民喜迁新居，开始新的生活。

农房建设

6月16日，舟曲县峰迭乡嘴上村群众互助建造新居　　（宋常青　摄）

9月9日，文县石鸡坝乡古家沟村群众自己建造新居　　（屠国玺　摄）

9月10日，绵竹市西南镇，工匠为在建新居调整房梁

（陈燮　摄）

9月22日，山东省援建人员在北川羌族自治县举办农村永久性住房建设技术培训班

（田培军　摄）

10月1日，甘肃建工集团工人在康县豆坪乡豆坪村重建安置房施工点实施新居顶部浇筑水泥作业

（张锰　摄）

10月11日，勉县群众搬运建材重建新居　　（徐林　摄）

2009年1月6日，北川羌族自治县擂鼓镇猫儿石村村民加紧施工迎接春节

（郭国权　摄）

2009年4月29日，汶川县漩口镇集中村村民在废墟上重建面积100多平方米的新居

（罗仰明　摄）

2010年7月20日，汶川县羌族村民背运石块修缮古民居　（李舸　摄）

农房新貌

广东省对口援建的汶川县三江乡农村新居。2010年9月25日拍摄　　　（李作描　摄）

山东省对口援建的北川羌族自治县马槽乡坪地村银杏羌寨　　　（大公报　提供）

江苏省对口援建的绵竹市孝德镇年画村新民居。
2009年7月21日拍摄 （陈燮　摄）

山西省对口援建的茂县南新镇牟托村成为集旅游、观光、餐饮于一体的羌族特色村

（山西省对口援建办　提供）

河北省对口援建的平武县平通镇民居。灾后，平通镇需重建住宅的2086户农民、711户居民全部入住新居。2010年9月4日拍摄　　　　（河北省新闻办　提供）

由科技部、中华仁人家园协会投入补助费62.3万元援建的彭州市小鱼洞镇太子新村，是川西民居低成本抗震木结构房科技示范项目。2010年4月20日拍摄

（吴寿华　摄）

湖南省对口援建的理县甘堡乡甘堡藏寨。2010年8月3日拍摄　　（大公报　提供）

河南省提供每户3000元补助重建的江油市青莲镇裕光村民房。2010年5月8日拍摄
（河南省新闻办　提供）

重庆市对口援建崇州市街子镇会元村高墩安置点。2010年1月8日拍摄　　（程志立　摄）

安徽省对口援建的松潘县大姓乡云昌村安置点牧民新居。2010年11月15日拍摄

（杨开军　摄）

重建后的两当县杨店乡豆坪村农民新居，全村重建90户、维修60户。2009年8月20日拍摄

（陇南市外宣办　提供）

喜迁新居

12月22日，都江堰市大观镇茶坪村受灾村民王正良（右）和成都市民邓小林（左）同时领取地震灾区农房联建第一张“集体土地使用证”。6月，王正良与邓小林达成协议，两人联合修建村民住房（刘海 摄）

12月26日，北川羌族自治县禹里乡受灾村民在新居开始新生活（江毅 摄）

搬入云南省水富县新建“博爱新村”新家的地震灾区儿童。2009年1月10日拍摄

（陈海宁　摄）

2009年1月18日，绵竹市兴隆镇安仁村15组332名受灾村民摆开“坝坝宴”，庆祝即将搬入新居

（陈燮　摄）

2009年1月23日，陇南市武都区马街镇感恩村一户村民在贴窗花，全村69户受灾村民准备在新居过年

（高檣　摄）

2009年1月25日（农历除夕），略阳县郭镇镇街村庄子坝受灾群众安置点孙德珍（左五）家的新居团圆饭。街村庄子坝受灾群众安置点于2008年11月落成，共安置15户村民

（邢广利　摄）

2009年4月21日，文县碧口镇联丰村受灾村民董文英在新居悬挂儿子和儿媳妇的结婚照

（聂建江　摄）

2009年5月11日，在青川县关庄镇高坝村，全国首家落成的“侨爱家园”项目资助农民新居举行挂牌仪式。“侨爱家园”项目由国侨办主办，每个受助农户可获补助建房资金1万元

（李紫恒　摄）

2009年10月1日，汶川县威州镇布瓦村受灾羌族村民在新居收看国庆阅兵电视直播

（李萍　摄）

安县乐兴镇青龙村受灾村民重建的新居。2010年4月5日拍摄

（钟欢　摄）

2010年1月26日，汶川县雁门乡萝卜寨羌族村民王俊（左）和朋友在自家新居看电视。萝卜寨重建工程在农历春节前竣工，先后得到“特殊党费”107万元和港澳同胞、海外侨胞222万元资助　（陈燮　摄）

江油市太平镇清华村村民入住安居房。清华村村民安居房由河南省对口援建

（河南省新闻办　提供）

城镇居民住房恢复重建

援建省市及地震灾区各级政府在城镇居民住房恢复重建中，按照“政府引导、市场运作、政策支持”的原则，依据“城镇总体规划和近期建设规划，实行维修加固、原址重建和异址新建相结合”的规划要求，灾区城镇居民安居房建设工程迅速展开。各省市对口援建的城镇居民住房施工建设，优化城镇空间布局，改善人居环境，新建的汶川县城威州镇阳光家园安居房、北川新县城尔玛小区、绵竹市孝德镇安居小区、什邡市洛水镇廉租房项目等融合了江南、川西风格。恢复重建后，城镇居民喜迁新居，住房条件有了明显改善和提高。

安居房建设

2009年5月16日，都江堰市灾后最大规模的联建房项目——聚源镇A区灾后联建房奠基仪式举行

（刘海　摄）

2009年5月9日，施工中的浙江省对口援建青川县乔庄镇"东山小区"廉租房项目
（李紫恒　摄）

2010年1月25日，施工中的广东省对口援建汶川县威州镇居民小区项目
（赵溪　摄）

2010年8月23日，什邡市洛水镇永久安置房进入内装修阶段
（张风　摄）

安居房新貌

广东省对口援建的汶川县城威州镇阳光家园安居房一、二期小区。2010年9月9日拍摄

（司京陵　摄）

山东省对口援建的北川新县城安置房项目——尔玛小区。2011年4月21日拍摄

（廖世龙　摄）

江苏省对口援建的绵竹市孝德镇安居小区。小区建筑融合了江南风情和川西风格。2010年5月6日拍摄

（姜帆　摄）

北京市对口援建的什邡市洛水镇廉租房项目。项目建筑面积3.6万平方米，拥有廉租房800套，2010年4月竣工。2010年6月29日拍摄　（孙征　摄）

位于白龙湖畔的浙江省对口援建青川县沙州镇地震灾区居民永久安置房。2011年5月4日拍摄　（CFP　提供）

山西省对口援建的茂县县城晋茂新园地震灾区居民安置小区。2010年11月14日拍摄

（山西省对口援建办　提供）

上海市对口援建的都江堰市壹街区安置房项目。该项目总体规划500万平方米，建筑面积29.8万平方米，可入住灾区居民2952户，2010年8月交付使用

（上海市援建办　提供）

彭州市龙门山镇山水人家安置小区。2011年4月17日拍摄

（刘应华　摄）

河南省对口援建的江油市中原爱心小区（二期）。小区建筑面积3.2万平方米，拥有永久性安置房576套

（河南省新闻办　提供）

新家新生活

2009年4月18日，都江堰市灾后重建的铁路职工住宅交付使用　　　　（曹宁　摄）

2010年2月5日，绵竹市灾区居民入住“金陵雅居”集中安置点。“金陵雅居”由江苏省对口援建，占地面积210亩，建筑面积23.2万平方米，入住居民1706户

（刘海　摄）

江油市灾区居民入住中原爱心小区安居房。小区由河南省对口援建
（河南省新闻办　提供）

2010年5月8日，刚刚竣工的上海市对口援建都江堰市安居楼群
（郑悦　摄）

公共服务设施恢复重建

在恢复重建中，公共服务设施建设提升显著。援建省市及灾区各级政府严格执行抗震设防标准，将学校、医院、文化体育等设施建成安全、牢固、放心的场所。

灾区幼儿园、小学、中学的教学用房及学生宿舍、食堂抗震设防标准由丙类提高到乙类，经过灾后学校恢复重建，四川、甘肃、陕西灾区基础教育办学条件实现跨越式发展。

灾区医疗卫生系统恢复重建成效显著，以“县级医疗卫生机构为核心，乡镇卫生院为中坚，村卫生室为基础”的三级医疗卫生服务网络日趋完善，在对口支援省市的帮助下，灾区医疗机构开设新科室、引进新项目、开展新手术，不断拓展服务领域，完善服务功能。灾区整体医疗卫生服务水平大幅提升，医疗卫生服务质量明显改善，医疗服务能力达到或超过灾前水平。

地震灾区公共文化设施、体育基础设施重建项目进展顺利，公共文化设施、体育基础设施得到根本性改善，实现“再生性”跨越。灾区各级政府重视文物保护单位、非物质文化遗产承载设施恢复重建。灾区各级管理部门将就业工作纳入灾区重建计划，开发废墟清理、维护治安、社区管理、卫生防疫等公益性就业岗位，安置灾区困难群众就业。灾区公共服务设施建设标准更高，功能配套更全，服务能力更强。一批社会福利院、社区服务中心相继落成，使城镇公共服务向农村延伸和覆盖，实现公共服务均衡化，灾区综合保障能力比震前有所提升。

学校、幼儿园

在学校、幼儿园恢复重建中，援建省市及地方政府遵照“农村普通中小学校的建设必须确保师生安全，在抗御重大意外灾害时，学校可作为周边地区的紧急避难疏散场所”等要求进行重建。汶川县第二小学、都江堰市七一聚源中学、文县石坊乡东峪小学等崭新的学校拔地而起。北川羌族自治县曲山镇小学、安县沙汀实验中学、陇南市武都区武都八一中学等的现代化教学楼矗立于校园中。什邡市蓥华八一学校及中等专业学校、宁强县天津高级中学、宝鸡市陈仓区职教中心等设施齐全。北川羌族自治县擂鼓镇幼儿园、什邡市师古镇幼儿园、彭州市红岩镇博爱幼儿园等，为孩子们提供了漂亮、安全、舒适的环境。灾区重建的学校、幼儿园处处充满生机和活力。

学　校

广东省对口援建的汶川县第二小学。学校占地面积1.12万平方米、建筑面积1.33万平方米，是面向残疾儿童的特殊教育学校。2010年11月26日拍摄

（滨海之光　摄）

山东省对口援建的北川羌族自治县中科院青年北川希望小学，学校建筑面积3904平方米。2010年8月19日拍摄

（邓海燕　摄）

江苏省对口援建的绵竹市土门镇文教新区。新区占地面积9.33万平方米、建筑面积3.8万平方米，包括土门中学、小学、幼儿园和卫生院。2010年3月17日拍摄

（德阳市地方志办公室　提供）

北川中学学生在异地重建的新学校阶梯教室上课。学校由中国侨联援建，位于北川新县城内，占地面积15万平方米，建筑面积7.2万平方米，2010年8月17日竣工。2010年9月15日拍摄　（李晓果　摄）

绵竹市绵竹中学篮球体育馆。学校建筑面积5.21万平方米，由江苏省对口援建，并得到中央“特殊党费”资助。2010年2月23日拍摄　（王平　摄）

海军异地援建的绵竹市东汽八一中学新校园。新校园占地面积6.66万平方米、建筑面积2.8万平方米。学校前身绵竹市汉旺镇东汽中学被地震损毁。2010年9月16日拍摄　（李晓果　摄）

台湾慈济会捐资援建的什邡市洛水慈济中学。学校占地面积4.36万平方米、建筑面积1.67万平方米。2010年9月3日拍摄　（甘和林　摄）

2009年9月2日，全国妇联捐资建造的什邡市南泉中学新教学楼竣工并启用

（李明放　摄）

什邡市马井中心学校学生在新教室玩耍。学校为“九年一贯制”学校，由北京市对口援建，建筑面积1.29万平方米，2009年7月竣工　（周斌　摄）

北京市对口援建的什邡市中等职业技术学校。学校占地面积13.87万平方米、建筑面积6.06万平方米。2010年9月7日拍摄 （胡金喜 摄）

空军援建的什邡市蓥华八一学校。学校为“九年一贯制”学校，占地面积3.17万平方米、建筑面积1.73万平方米 （德阳市地方志办公室 提供）

青川县马鹿中学学生在田径场上玩耍。学校由浙江省对口援建，占地面积4.53万平方米，建筑面积0.95万平方米　　（浙江省委宣传部　提供）

2009年9月9日，山西省对口援建的茂县东关小学举行秋季学期开学典礼

（山西省对口援建办　提供）

安县沙汀实验中学的计算机教室。该学校由辽宁省对口援建，占地面积4.13万平方米，建筑面积约1.82万平方米。2010年5月4日拍摄　　（辽宁省援建办　提供）

成都军区援建的都江堰市八一聚源高级中学。学校占地面积7.73万平方米、建筑面积3.5万平方米。2010年1月25日拍摄 （李莉娟　摄）

在“特殊党费”中列支、由上海市承建的都江堰市七一聚源中学。学校占地面积5.33万平方米、建筑面积2.56万平方米

（苏碧群　摄）

2009年9月1日，上海市对口援建的都江堰市虹口小学举行开学典礼　　（姚远　摄）

河北省对口援建的平武县平武中学。学校建筑面积2752平方米。2010年10月17日拍摄

（河北省新闻办　提供）

湖南省对口援建的理县朴头乡小学。2010年9月26日拍摄

（湖南省新闻办　提供）

福建省对口援建的彭州市成都石室白马中学。学校占地面积11.4万平方米、建筑面积3.86万平方米。2010年1月24日拍摄（李明放　摄）

河南省对口援建的江油市中原爱心学校进行计算机教学。学校为“九年一贯制”学校，建筑面积1.6万平方米。2010年5月5日拍摄（河南省新闻办　提供）

2010年4月26日，广元市利州区建平可口可乐希望学校的学生在做课间活动。学校由可口可乐公司捐资修建（陈建力　摄）

江西省对口援建的小金县城关第二小学。学校占地面积3.36万平方米、建筑面积6398.88平方米。2010年4月18日拍摄

（四川省委宣传部　提供）

黑水县中学的学生宿舍楼。学校由吉林省对口援建，占地面积32100平方米，总建筑面积12009.94平方米，2010年4月23日竣工移交（吉林省援建指挥部　提供）

2009年6月29日，黑龙江省对口援建的剑阁县特殊教育学校举行教学综合楼落成典礼（黑龙江省外宣办　提供）

汉源县第二中学学生在教学楼前打羽毛球。学校由湖北省对口援建，占地面积19.2万平方米，建筑面积6.98万平方米。2010年4月8日拍摄（新华社　提供）

文县石坊乡东峪小学的学生完成一天的学业放学回家。学校由深圳市对口援建。2010年6月7日拍摄

（梁新勇　摄）

天津市对口援建的宁强县天津高级中学。学校占地面积13.2万平方米，建筑面积5.7万平方米，2009年9月5日竣工。2010年1月28日拍摄

（天津市政府新闻办　提供）

兰州军区援建的陇南市武都区武都八一中学。学校占地面积3.4万平方米、建筑面积2.91万平方米。2010年5月17日拍摄

（陇南市外宣办　提供）

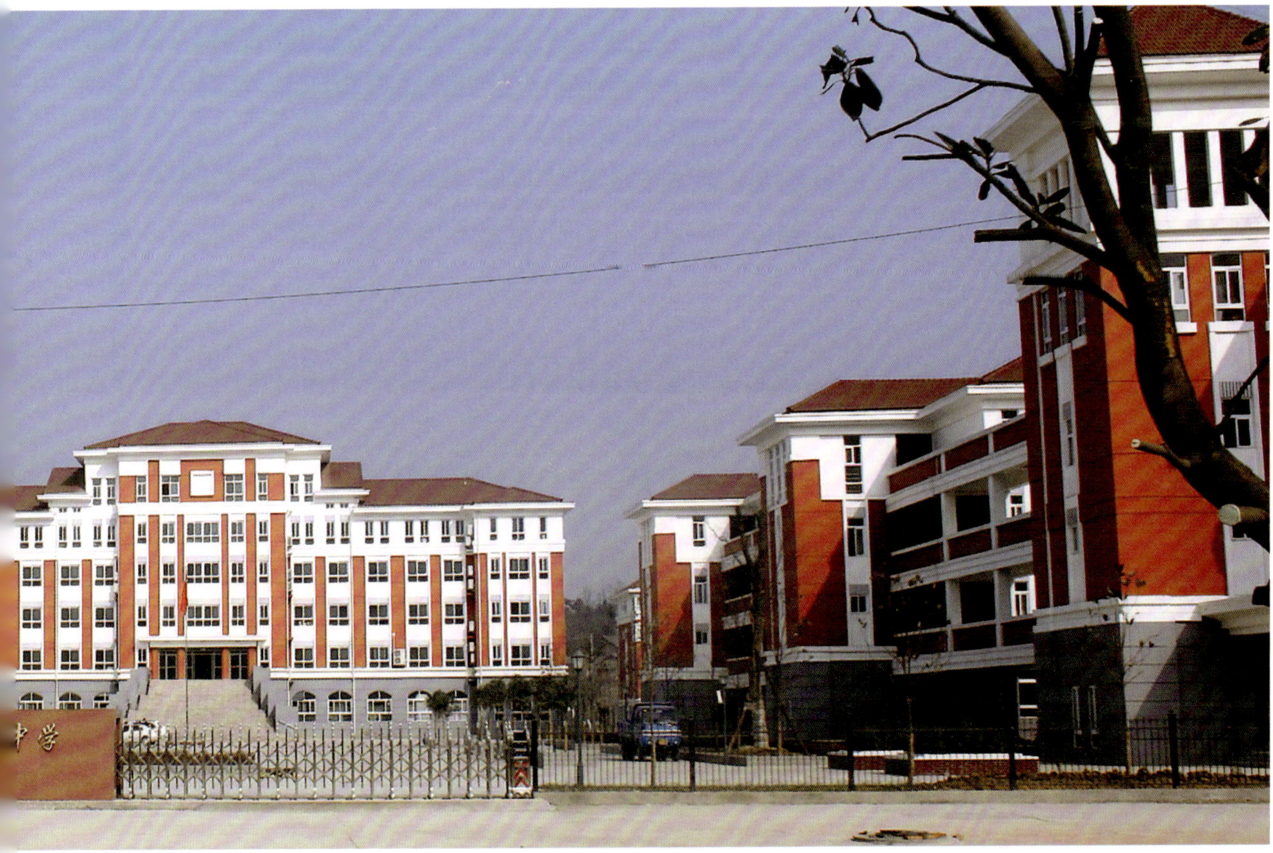

什邡市师古镇幼儿园的小朋友在上课。幼儿园由北京市对口援建，建筑面积2000平方米。2010年8月23日拍摄　　　　（王文扬　摄）

北川羌族自治县擂鼓镇幼儿园的室外活动课。幼儿园由山东省对口援建，占地面积7500平方米，建筑面积3489平方米。2010年8月19日拍摄

（邓海燕　摄）

茂县同心幼儿园的儿童寝室。幼儿园由山西省对口援建。2010年11月12日拍摄

（山西省对口援建办公室　提供）

彭州市红岩镇博爱幼儿园的室外游乐场。幼儿园由福建省对口援建。2010年4月21日拍摄

（吴寿华　摄）

崇州市崇阳镇实验幼儿园的室外活动场。幼儿园由重庆市对口援建。2010年11月9日拍摄

（柳明琦　摄）

医疗卫生设施

医疗卫生设施是政府公共服务的重要组成部分，在灾后恢复重建中得到优先保障。在恢复重建中，对灾区医院、乡镇卫生院、村卫生站及康复中心等医疗设施建设，优先安排，加大投入。汶川县人民医院、茂县中医院、崇州市人民医院及妇幼保健院、汉源县医院、宁强县天津医院等按二级或三级甲等综合医院标准进行建设。青川县乐安寺乡卫生院、安县晓坝镇卫生院、康县碾坝乡卫生院及剑阁县北庙乡五星村卫生站等，在重建后为群众提供门诊、康复治疗、接种疫苗、针灸治疗等服务。援建单位注重康复中心等设施建设，四川省八一康复中心为患者提供无障碍浴缸、运动疗法室等设备，并进行假肢制作及配置服务。

医　院

广东省对口援建的汶川县人民医院。医院占地面积2万平方米，按二级甲等综合医院标准建设。2009年12月31日拍摄　　　　（司京陵　摄）

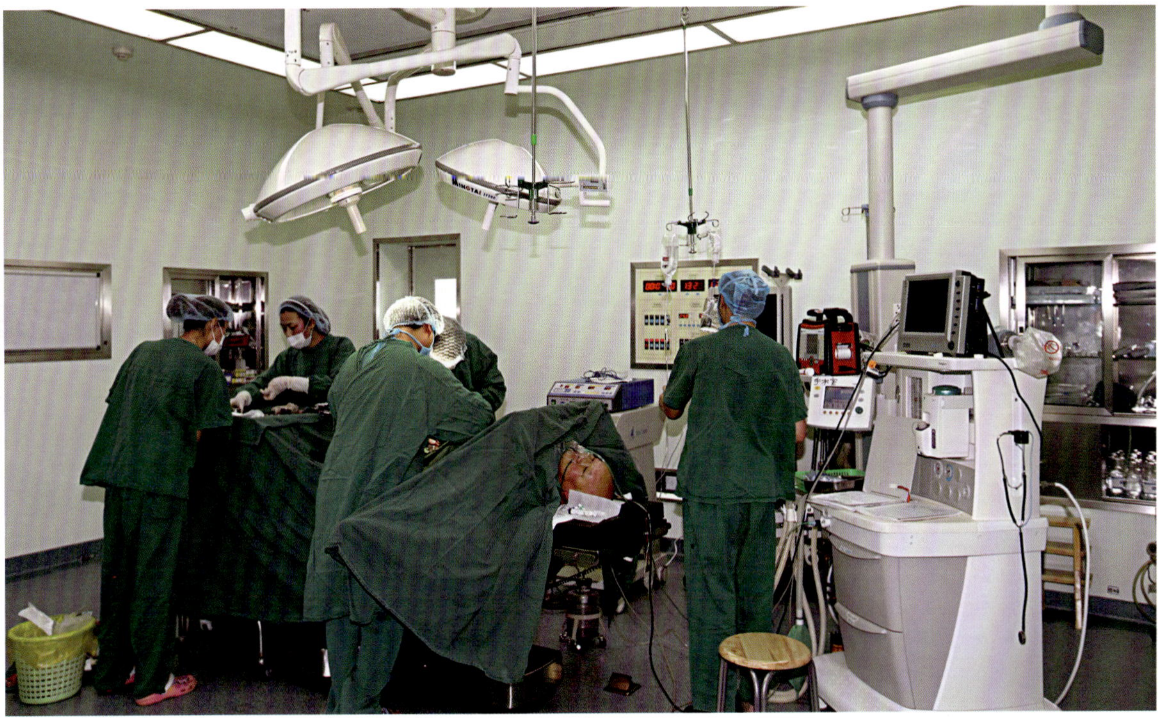

北川羌族自治县人民医院的无菌手术室。医院由山东省对口援建，占地面积2.65万平方米，建筑面积2.4万平方米，按二级甲等综合医院标准建设。2011年4月25日拍摄

（王大力　摄）

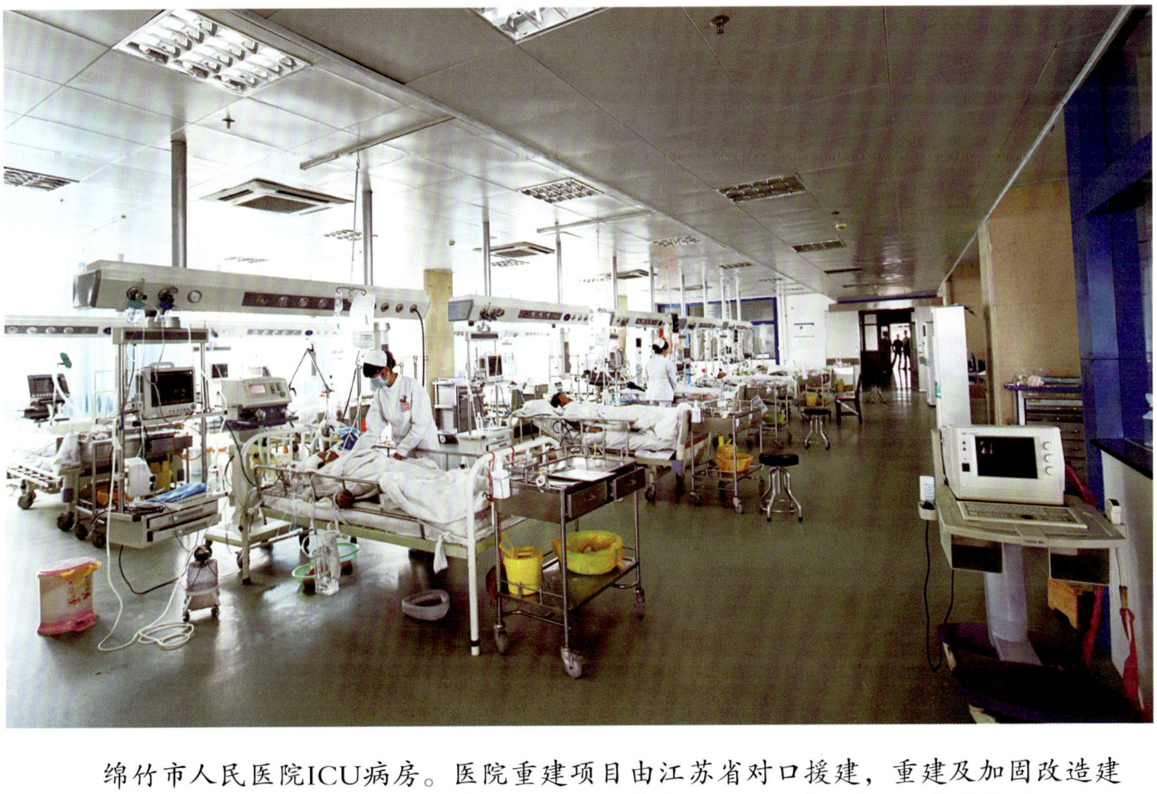

绵竹市人民医院ICU病房。医院重建项目由江苏省对口援建，重建及加固改造建筑面积4.6万余平方米，按二级甲等综合医院标准建设，2010年2月27日交付使用。2011年4月23日拍摄

（王大力　摄）

什邡市人民医院门诊楼大厅。医院由北京市对口援建，建筑面积5.5万平方米，按二级甲等综合医院标准建设，2010年9月竣工。2011年4月24日拍摄

（王大力　摄）

茂县中医院门诊住院楼。门诊住院楼由山西省对口援建，占地面积1.6万平方米、建筑面积6230平方米。2010年11月12日拍摄

（山西省对口援建办提供）

都江堰市医疗中心医技楼大厅。医疗中心由上海市对口援建，占地面积6.67万平方米，2010年5月4日交付使用，为三级乙等综合医院。2011年4月23日拍摄

（丛岭滋　摄）

福建省对口援建的彭州市妇幼保健院。保健院占地面积1.93万平方米、建筑面积1.9万平方米，2010年6月20日竣工。2011年4月22日拍摄

（丛岭滋　摄）

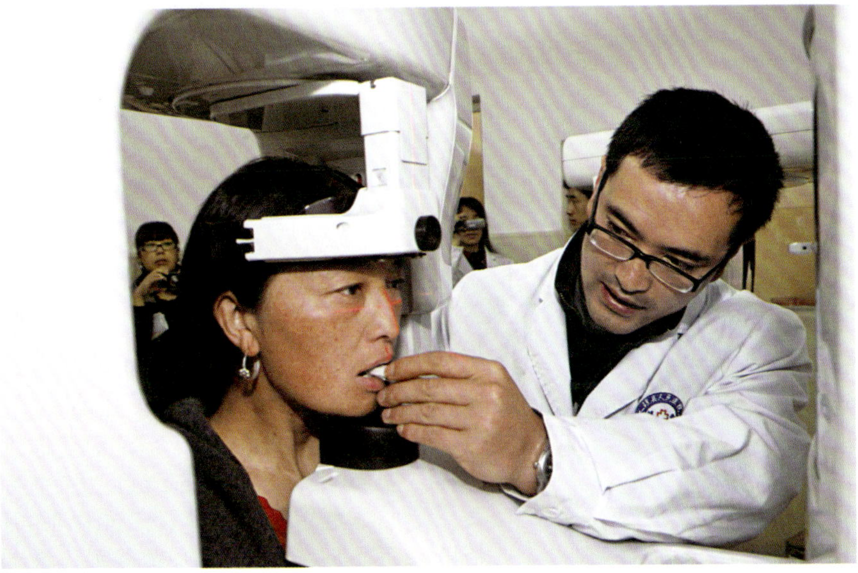

理县人民医院牙科医生用曲面成像机给患者做检查。医院由湖南省对口援建，总建筑面积近2万平方米，按二级甲等综合医院标准建造，2010年4月7日交付使用。2011年4月25日拍摄

（丛岭滋　摄）

河南省对口援建的江油市人民医院门诊楼。门诊楼建筑面积1.8万平方米，按二级甲等综合医院标准建造。2010年8月29日拍摄

（河南省新闻办　提供）

吉林省对口援建的黑水县人民医院。医院建筑面积1.33万平方米，按二级甲等综合医院标准建设，2010年9月6日竣工投入使用

（吉林省援建办　提供）

德阳市旌阳区疾病预防控制中心。疾控中心建筑面积5940平方米，2010年11月1日竣工验收。2011年4月22日拍摄

（王大力　摄）

重庆市对口援建的崇州市人民医院及妇幼保健院。人民医院建筑面积4.6万平方米，按二级甲等综合医院标准建设；妇幼保健院建筑面积1.2万平方米，按照二级甲等标准建设。2010年9月拍摄

（程志立　摄）

湖北省对口援建的汉源县医院。医院占地面积4万平方米、建筑面积2.3万平方米

（湖北省援建办　提供）

天津市对口援建的宁强县天津医院。医院建筑面积3.4万平方米，按二级甲等综合医院标准建设。2010年1月27日拍摄

（天津市政府新闻办　提供）

乡镇卫生院、村卫生站

浙江省对口援建的青川县乐安寺乡卫生院。卫生院占地面积3017平方米、建筑面积1248平方米　　（浙江省委宣传部　提供）

辽宁省对口援建的安县晓坝镇卫生院。2011年3月30日拍摄　　（刘嵘　摄）

河北省对口援建的平武县平通镇卫生院。卫生院建筑面积2900平方米。2010年6月16日拍摄　　（河北省新闻办　提供）

江西省援建的小金县日隆镇中心卫生院。2011年4月24日拍摄　　（丛岭滋　摄）

黑龙江省援建的剑阁县北庙乡五星村卫生站。2010年8月5日拍摄

（黑龙江省外宣办　提供）

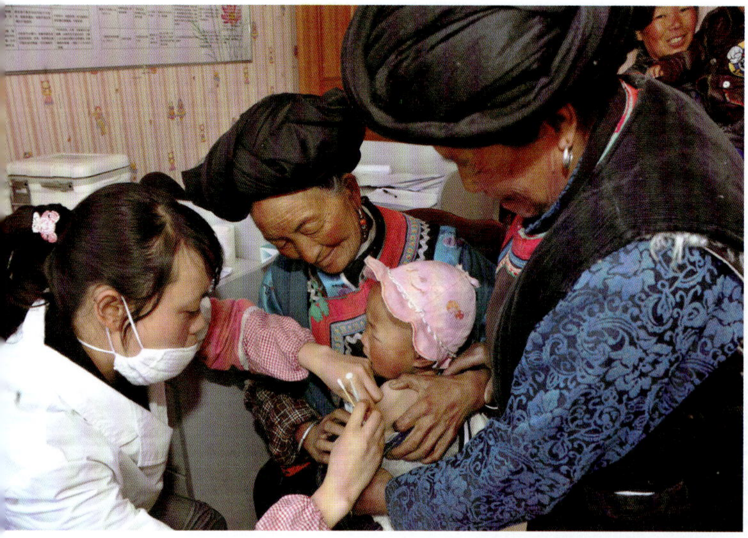

松潘县镇坪乡卫生院医生为孩子接种疫苗。2011年4月27日拍摄

（丛岭滋　摄）

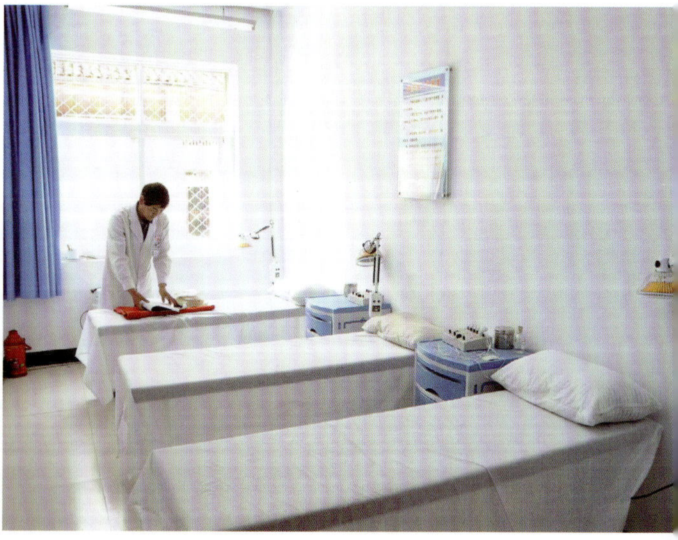

灾后重建的康县碾坝乡卫生院中医针灸室。2011年5月10日拍摄

（苏鹰　摄）

康复中心

四川省八一康复中心运动疗法室。康复中心由中央军委援建，占地面积12.33万平方米，建筑面积5万平方米，为三级甲等康复医院，2010年6月9日投入运营。2010年5月16日拍摄 （江宏景　摄）

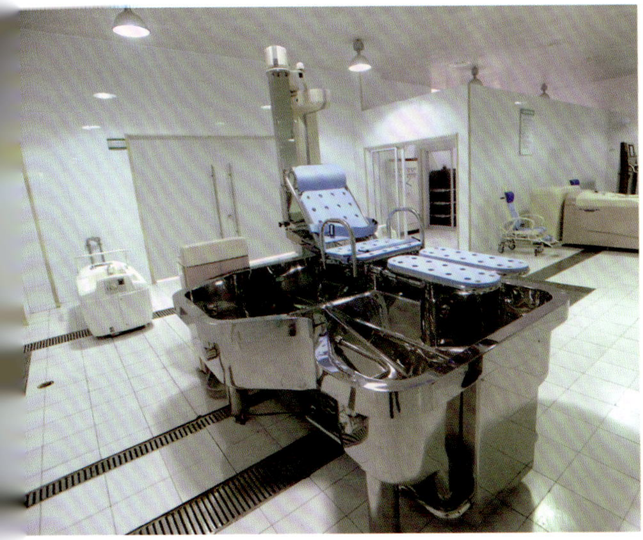

四川省八一康复中心无障碍浴缸等水疗设备 （江宏景　摄）

2009年1月6日，德阳市假肢与康复中心，香港假肢制作师在工作。该中心由香港红十字会、德阳市红十字会联合创办 （陈建　摄）

文化体育设施

灾后恢复重建文化体育设施着力于公益性文化体育基础设施、公共文化体育服务体系完善，培育全新公共文化体育事业。援建省市与灾区政府加快建立城乡公共文化体育服务体系，将文化体育资源和文化体育服务向农村和欠发达地区倾斜，加快图书馆、文化馆、体育场所、村文化活动室与社区文化体育活动中心等惠民工程建设，形成灾区体育设施新地标建筑，为群众提供丰富多彩的文化体育活动设施及场所。

文化设施

汶川县银杏乡文化活动中心。2010年11月26日拍摄　　（滨海之光　摄）

山东省对口援建的北川新县城老年活动中心，中心建筑面积3442平方米。2010年8月23日拍摄 （邓海燕　摄）

江苏省对口援建的绵竹市广济镇文化中心。2010年5月15日拍摄 （江苏省新闻办　提供）

北京市对口援建的什邡市图书馆。2011年3月28日拍摄 （陈建　摄）

浙江省对口援建的青川县文化中心。中心占地面积9144平方米、建筑面积1.23万平方米，包括图书馆、文化馆和影剧院

（浙江省委宣传部　提供）

山西省对口援建的茂县广播电视大楼。2010年11月12日拍摄

（山西省对口援建办　提供）

上海市对口援建的都江堰市图书馆。图书馆占地面积7667平方米、建筑面积5928平方米，藏书16万册，2010年11月15日开馆。2011年5月7日拍摄

（张帆　摄）

河北省对口援建的平武县平通镇文化站。2010年5月4日拍摄

（河北省新闻办　提供）

2010年10月10日，由湖南省对口援建的理县文体中心交付使用。中心建筑面积3.2万平方米，包括体育馆、科技馆和文化馆等10项文化设施　　（李仕铭　摄）

黑龙江省对口援建的剑阁县广播电视台直播室　　（张宝武　摄）

陇南市武都区三河镇文化站开放阅览室。2010年3月13日拍摄　　（田银平　摄）

体育设施

山东省对口援建的北川新县城体育场，体育场建筑面积1.4万平方米。2010年8月23日拍摄
（邓海燕　摄）

江苏省对口援建的绵竹市体育中心。中心占地面积15.47万平方米，包括3000平方米全民健身中心场所，2010年9月10日交付使用。2010年9月1日拍摄
（黄建培　摄）

吉林省对口援建的黑水县新文体广场篮球场。文体广场占地面积2.7万平方米，包括体育、文化和休闲三部分设施，2010年4月23日交付使用。2010年10月21日拍摄

（茸旭东　摄）

深圳市对口援建的西和县体育场。2010年5月26日拍摄

（梁新勇　摄）

群众在广东省对口援建的汶川县城避灾广场健身设施上锻炼身体。2010年1月25日拍摄　（赵溪　摄）

文化遗产保护修复

地震灾区历史悠久，文化积淀丰厚。四川省将保持羌族原有建筑风貌、民风习俗、祭祀礼仪，体现羌族文化原生态环境和地质结构特点列为恢复重建的重要内容，汶川县威州镇布瓦寨及雁门乡萝卜寨修复“黄泥夯筑羌族民居”和“中国第一羌寨”、理县桃坪羌寨抢救保护工程等是灾区羌族文化遗产保护的重点工程。在恢复重建中，还对都江堰市离堆公园伏龙观景区文物、都江堰二王庙古建筑、彭州市白鹿镇领报修院等文化遗产进行抢救保护。四川省重视对非物质文化遗产承载设施修复工作，建设绵竹市年画博物馆、汶川博物馆等。

文物保护单位

6月30日，都江堰市离堆公园伏龙观景区文物抢救保护工程开工　　　　（陈铎　摄）

2010年1月22日，都江堰市二王庙古建筑抢救保护工程涂饰彩漆作业
（陈燮　摄）

2010年8月5日，国家文物局主持的理县桃坪羌寨抢救保护工程施工现场
（韩世祺　摄）

2010年10月6日，彭州市白鹿镇领报修院抢救保护施工现场　（李桥桥　摄）

汶川县威州镇布瓦寨灾后修复的“黄泥夯筑羌族民居”接待参观游客。2010年1月22日拍摄　　（赵溪　摄）

河南省对口援建的江油市李白故居粉竹楼修复工程竣工　　（河南省新闻办　提供）

完成灾后重建的汶川县雁门乡萝卜寨村。2009年11月7日拍摄　　（司京陵　摄）

2009年3月16日，略阳县紫云宫古建筑群保护维修工程木刻修复作业

（王伟　摄）

2011年5月6日，四川省博物馆举办汶川地震灾后文物抢救保护成果展，展出灾区各地百余件陶瓷、青铜器等修复文物

（张浪　摄）

非物质文化遗产承载设施

广东省对口援建的汶川博物馆。博物馆占地面积4000平方米，是禹羌文化历史研究、收藏保护和展示宣传场所。2011年4月6日拍摄　　　　　　　　　　　　（刘嘉琪　摄）

2010年12月22日，四川剑南春集团投资兴建的明清建筑风格的绵竹市剑南老街落成。图为剑南老街川酒会馆。2011年3月29日拍摄

（陈建　摄）

江苏省对口援建的绵竹市遵道镇棚花村年画传习所。2009年8月6日拍摄

（德阳市地方志办公室　提供）

2011年3月29日，灾后重建的绵竹市年画博物馆举办中国木版年画展览。原博物馆被地震损毁，新博物馆由江苏省对口援建，建筑面积4000平方米

（万全　摄）

就业援助与社会保障服务设施

在恢复重建中，财政部、人力资源社会保障部按照国务院确定的对口支援方案，根据“一省帮一重灾县”的原则，组织8个省（市）作为劳务输出对接主要输入地区，确定19个省（市）向四川省18个县（市）及甘肃、陕西受灾严重地区提供劳务帮扶，确保了灾区就业形势的基本稳定。全国总工会组织“全国工会就业帮扶爱心行动”，全国妇联、四川省妇联开展“四川妇女创业就业培训计划项目”，绵竹市劳动社会保障局举办“情系灾区”就业援助专场招聘会等，为灾区群众提供就业援助。灾区积极开展社会保障服务设施建设，建成汶川县劳动保障培训中心、北川新县城敬老院和未成年人保护中心、安县社会福利中心、双流县孤困儿童安康家园及舟曲县峰迭乡“三孤”人员供养点等。

就业援助

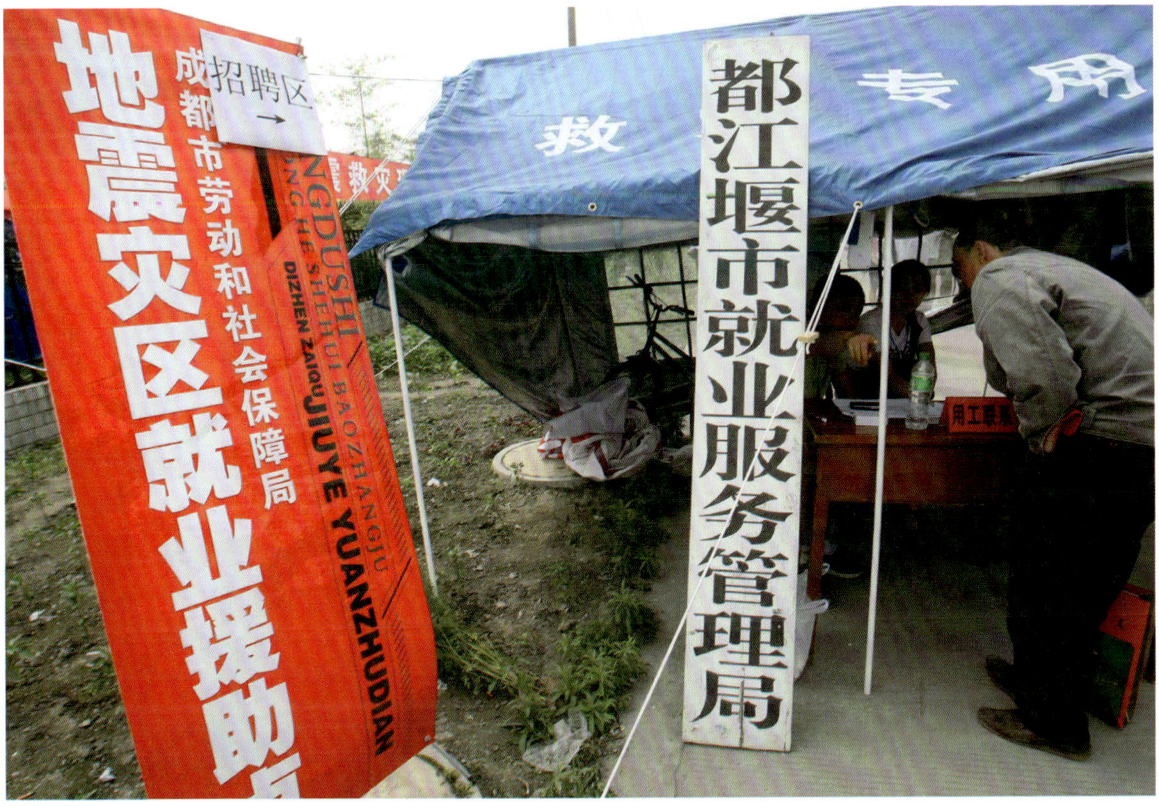

5月23日，都江堰市就业服务管理局设立就业援助点，帮助指导受灾群众就业
（谢明刚　摄）

5月27日，绵竹市劳动和社会保障局举办“情系灾区”就业援助专场招聘会，四川省、广东省和甘肃省10家企业共提供1100个就业岗位

（任勇　摄）

8月7日，安徽省劳动和社会保障厅、四川省劳动和社会保障厅在松潘举办“川皖手牵手送岗到松潘”专项活动

（王华　摄）

6月29日，全国总工会“全国工会就业帮扶爱心行动”在绵阳启动，天津市、江苏省、浙江省、福建省、广东省800家企业提供就业岗位8万个 （成潮生 摄）

2009年4月22日，福建省在彭州市职业中学举办2009年对口支援招聘会，80家企业提供就业岗位1万个
（柳涛 摄）

2009年5月7日，全国妇联、四川省妇联“四川妇女创业就业培训计划项目”在绵阳启动
（李明放 摄）

社会保障服务设施

广东省对口援建的汶川县劳动保障培训中心。2009年12月31日拍摄

（广东省外宣办　提供）

广东省对口援建的汶川县绵虒镇养老院寝室。2010年1月25日拍摄

（赵溪　摄）

山东省对口援建的北川新县城敬老院和未成年人保护中心。2010年8月23日拍摄
（邓海燕　摄）

在北京市对口援建的什邡市社会福利院内，老年餐厅正供应晚餐。2011年3月28日拍摄　（陈建　摄）

辽宁省对口援建的安县社会福利中心。2010年4月27日拍摄　（四川省委宣传部　提供）

安置地震灾区672名孤困儿童的双流县孤困儿童安康家园。2010年5月7日拍摄
（江宏景　摄）

河南省对口援建的江油市社会福利院。2010年3月25日拍摄　　（河南省新闻办　提供）

深圳市对口援建的舟曲县峰迭乡“三孤”人员供养点。2009年4月22日拍摄　　（全旦交　摄）

天津市对口援建的略阳县接官亭敬老院。2009年12月22日拍摄

（天津市政府新闻办　提供）

社会管理设施

在恢复重建中，援建省市及灾区政府加强基层群众性自治组织和城乡社区建设，坚持政府引导与群众自治相结合，通过强化基础保障、完善组织架构、搭建参与平台等方式，实践由“政府建设、全面托管”到“政府引导、群众自治”转变的社区化管理模式。至2009年9月30日，开工社会管理项目565个，占重建项目总数的67.75%。建成后的汶川县公安局办公楼、彭州市通济镇消防中心、北川新县城工业园服务中心及略阳县九中金乡中川坝村级组织活动中心等，在为群众提供社会服务中发挥着重要作用。

灾后重建的汶川县公安局办公楼。2010年11月26日拍摄

（中新社　提供）

福建省对口援建的彭州市通济镇消防中心。2010年4月20日拍摄

（吴寿华　摄）

山东省对口援建的北川新县城工业园服务中心。2010年8月20日拍摄　（田培军　摄）

得到"特殊党费"资助的汶川县雁门乡萝卜寨村村民活动中心
（广东省援建办　提供）

得到"特殊党费"资助的德阳市旌阳区黄许镇绵河村村委会办公楼。2010年3月26日拍摄
（德阳市地方志办公室　提供）

灾后重建的略阳县九中金乡中川坝村村级组织活动中心。2010年11月拍摄
（杨晓波　摄）

基础设施恢复重建

汶川特大地震灾区抓住灾后重建机遇，大力推进基础设施恢复重建，一批关系长远的重大项目相继开工建设，使灾区基础设施得到极大改善。四川省水利恢复重建以规划为蓝本，以水库、供水设施、农村水电、大中小型灌区水利设施恢复为主，全力推进水利灾后恢复重建。四川电力公司电网提前恢复到震前水平，局部地区电网结构设施水平超过震前水平，为灾区群众生产生活提供保障。四川省政府及时规划，增加交通基础设施投入，全面建设灾区公路、铁路、水路、民航交通网络，使灾区交通条件得到极大改善，满足灾区物资运输、群众出行和加快经济社会发展的需要。四川省提出“立足四川、服务西部、拓展全国，努力建设西部最强、最优通信和信息服务业”的发展目标。在通信用地、用电费用优惠政策、农村电力引入、通信建设赔偿补偿政策、通信业发展保护等方面给予充分保障，推进农村信息化建设，实现“村通电话、乡通宽带”的服务目标。

水利设施恢复重建

四川地震灾区水利设施灾后恢复重建分为抢险抢修和灾后恢复重建两个阶段，灾后水利设施重建包括防洪减灾、供水保障、农村水利、水土保持等水利基础设施的恢复重建。汉源县流沙河唐家乡段防洪堤、青川县马鹿乡防洪堤、黑水县红军湖水利工程、礼县崖城乡护村河堤、文县苗家坝水电站大坝白龙江截流工程、陇南市武都区重建蓄水设施等水利设施的恢复重建，为灾区群众生产生活提供了可靠保障。

湖北省对口援建的汉源县流沙河唐家乡段防洪堤　　（湖北省援建办　提供）

浙江省对口援建的青川县马鹿乡防洪堤　　（浙江省委宣传部　提供）

修复后的都江堰市紫坪铺水库大坝混凝土面板。2008年9月30日拍摄
（水利部　提供）

修补后的都江堰分流堤“鱼嘴”。2009年10月拍摄
（林京　摄）

施工中的江油市武都引水工程(二期) 重点项目武都水库。2010年12月29日拍摄

（杨攀　摄）

2010年4月23日，吉林省对口援建的黑水县红军湖水利工程交付使用

（吉林省援建办　提供）

湖北省对口援建汉源县河西乡前进堰施工现场。2008年11月1日拍摄

（湖北省援建办　提供）

12月28日，文县苗家坝水电站大坝实现白龙江截流　（沈茂晓　摄）

陇南市武都区灾后重建中的蓄水设施

（中国水利水电出版社 提供）

施工中的礼县永兴乡野莱湾灾后重建渠道。2009年3月20日拍摄

（陇南市外宣办 提供）

灾后重建的礼县崖城乡护村河堤。2009年7月拍摄 （晨钟 摄）

电力设施恢复重建

国家电网推进灾区电网恢复重建，快速恢复灾区电力供应，为灾区抢险救灾、生产生活用电提供了可靠保障。国家电网映电总厂、中国华能汶川县太平驿水电站、中国大唐汶川县桂冠天龙湖水电站、文县汉坪嘴水电站等重建工程，为灾区提供了充足的电力供应。一些变电站、电网线路恢复、输电铁塔抢修工程也同时进行，加快了灾区电力设施恢复重建的速度。

国家电网映电总厂映秀湾水电站尾水桥抢修现场。2008年8月拍摄　　（王志奇　摄）

中国华能汶川县华能太平驿水电站地下厂房3号机组检修作业。2008年10月拍摄
（刘小蓉　摄）

5月24日，茂县中国大唐桂冠天龙湖水电站并网发电
（潘翔振　摄）

9月1日，国家电网绵阳电网丰谷220千伏变电站110千伏间隔扩建施工作业现场

（陈浩　摄）

灾后重建的文县汉坪嘴水电站。2008年6月24日拍摄　　（梁新勇　摄）

交通设施恢复重建

通过实施灾后交通恢复重建项目，四川重灾地区公路建成“一环、三纵、三横、七联”的“生命网”，一条条崭新的道路在灾区的高山峡谷中蜿蜒挺进。彭州市彭白公路小鱼洞公路大桥、都江堰至汶川县映秀镇高速公路大桥、江油市中原江油连心桥等均为公路恢复建设中的重要项目。5月，铁道部与成都市签署协议，共同出资修建成都至都江堰铁路。2010年5月12日，成都至都江堰铁路全线贯通并投入运营。10月1日，绵阳火车站投入使用，这是四川省恢复重建4个火车站中的第一个。徽县境内的宝成铁路改线新建109隧道通车，陇南市武都区桔柑乡赵家坝隧道贯通，中国铁路“和谐型”大功率交流传动货运电力机车在宝成铁路投入使用，使灾区群众生产生活更加方便快捷。

公　路

2009年5月12日，都江堰市至汶川县映秀镇高速公路建成通车　　（李颖　摄）

灾后重建的北川羌族自治县安北公路。2011年3月1日拍摄

（杨卫华　摄）

2010年3月29日，四川省灾后重建项目绵竹市区通往汉旺镇公路半幅施工现场

（陈燮　摄）

北京市对口援建的什邡市广青路二期工程烂柴湾京安大桥。2010年9月7日拍摄

（胡金喜　摄）

2010年4月23日，浙江省对口援建的青川县井田坝大桥建成通车

（浙江省委宣传部　提供）

山西省对口援建的茂县境内安乡路。2010年11月12日拍摄

（山西省对口援建办　提供）

福建省对口援建的彭州市彭白公路小鱼洞公路大桥（上方）。图中下方是在地震中垮塌的小鱼洞旧桥。2009年5月9日拍摄　（闵忠　摄）

安徽省对口援建的松潘县川主寺镇兴川友谊大桥。2010年7月22日拍摄
（安徽省援建办　提供）

安徽省对口援建的松潘县境内川主寺镇通往黄龙景区的旅游公路。2010年11月3日拍摄　（刘朝祥　摄）

2009年9月20日，甘肃省灾后重建项目国道212线甘川交界处路段建成通车
（陈勇　摄）

铁　路

2010年5月12日，铁路灾后重建重点工程成都至都江堰铁路投入运营　　（曹宁　摄）

11月12日下午，徽县境内宝成铁路改线新建109隧道竣工通车　　（丁海涛　摄）

2010年3月20日，兰渝铁路陇南市武都区桔柑乡赵家坝隧道贯通

（田银平　摄）

2009年4月22日，铁路灾后重建重点工程成都至都江堰铁路首孔32米箱梁架设施工现场

（张长明　摄）

2010年10月1日，宝成铁路灾后重建项目绵阳车站投入使用。2010年10月2日拍摄

（曹宁　摄）

2010年1月26日，铁路灾后重建重点工程成都至都江堰铁路青城山车站铺设全线最后一根铁轨　　（陈凯　摄）

2009年12月23日，铁路灾后重建重点工程成都至都江堰铁路郫县特大桥铺轨作业　　（曹宁　摄）

通信邮政设施恢复重建

在灾后恢复重建中，工业和信息化部、灾区政府要求在城乡规划、土地征用、电力引入、资源共享方面对通信、邮政基础设施重建予以支持。四川省通信类重点重建项目中国西部信息中心等恢复重建项目的完成，使地震灾区通信网的覆盖广度和深度得到全面提升。灾后恢复重建中，全面完成灾区行政村村村通工程，灾区乡镇宽带通达率99.4%、较灾前提升5%，无线网络的覆盖能力提升20%。

6月7日，绵竹市至汉旺镇通信主干线重建施工现场，第二炮兵工程技术总队官兵实施光缆接头作业（刘忠俊　摄）

四川省灾后重建通信类重点项目——中国西部信息中心的现代化机房。2011年1月14日拍摄

（四川省委宣传部　提供）

中国电信安县晓坝镇异地迁建的营业厅。2011年3月30日拍摄

（刘嵘　摄）

陇南市武都区灾后迁址重建的马街邮政所"三农"服务中心。2009年8月1日拍摄

（哈学贤　摄）

产业恢复重建

灾后产业重建是发展灾区经济、扩大灾区就业、维护灾区稳定的根本出路。灾区各级政府、企事业单位积极创造条件，全力组织灾区工业、农业和商贸服务业企业尽快恢复生产。

地震灾区政府抓好农业生产，搞好抢收抢种，调运农业生产资料，抢修受损农田基础设施、农机具和农机提灌站，尽快恢复灾区农业生产能力。

在扩大内需、灾后恢复重建的推动下，灾区工业生产很快进入“止滑回升、较快增长”的运行轨道，各大型骨干企业在2008年12月前基本达到灾前生产经营水平，在产业中发挥了领军和支撑力作用；灾区产业聚集区、重工业、轻工业等在对口大力支援、引进资金和建立工业园区等的促进下，得到全面恢复与发展。

在旅游、商贸、金融、文化产业恢复重建中，灾区政府调整产业布局、充分利用历史文化和自然风景的优势，使灾区产业快速恢复重建，增加灾区抗震救灾后劲，促进灾区劳动力就业，有力地维护和促进了灾区的社会稳定。

农业

地震灾区农业恢复重建，立足于优化农业生产力布局，重建农技服务设施，提高农业综合生产能力，发展现代农业。四川灾区利用灾后恢复重建和扩大内需等机遇，使农村经济呈现出恢复性增长的势头。灾区畜牧业、水产业、养殖业恢复重建势头强劲，各种养殖场迅速恢复生产，建成青川县建峰乡竹园富民种猪扩繁场、绵竹江苏高效农业示范园生态养殖场、江油市义新乡茅庵村水产养殖场等。

种植业

安县永安镇跃进村村民在被震毁房舍旁插秧。2008年5月22日拍摄　　（张风　摄）

文县城关镇元茨头村受灾村民在临时安置点帐篷旁育苗。2008年6月9日拍摄

（聂建江　摄）

徽县江洛镇马湾村村民收割“游龙贡米”。汶川地震后徽县扩大“游龙贡米”种植面积3000亩。2009年10月7日拍摄　（李旭春　摄）

两当县金洞乡大滩村受灾村民晾晒玉米。2009年10月28日拍摄　（马卫东　摄）

理县朴头乡村民装车外运大白菜，力争减少地震灾害损失。2008年6月7日拍摄

（武巍　摄）

略阳县徐家坪镇农民在蔬菜大棚除草。此前县政府为所属4个地震重灾乡1000户受灾农民免费搭建蔬菜大棚。2010年2月22日拍摄　（王伟　摄）

浙江省对口援建青川县马鹿乡占地90亩的钢管大棚蔬菜产业基地

（浙江省委宣传部　提供）

陇南市武都区城郊乡渭子沟村地震灾区瓜农利用当地光热资源种植无公害露地早熟西瓜，生产自救。2009年6月3日拍摄

（李旭春　摄）

国家规划投资3970.9万元支持建设的小金县万亩葡萄种植基地。2009年8月7日拍摄

（张正英　摄）

在江苏省对口援建的绵竹江苏高效农业示范园，江苏省农业专家（右）传授草莓种植技术。2009年11月16日拍摄　（李晓果　摄）

文县碧口镇马家山村受灾村民采摘春茶恢复生产。2009年4月20日拍摄 （聂建江 摄）

陇南市武都区桔柑乡贺家坪村受灾农民在新居房顶晾晒花椒，恢复生产。2009年8月15日拍摄 （李小鹏 摄）

安县千佛镇千佛村受灾村民整理收获的中药材黄柏。千佛村在灾后重建中大力发展山林药材种植业。2009年4月21日拍摄 （何俊昌 摄）

青川县三锅乡受灾村民装车外运香菇。在浙江省对口支援下，青川县所属9个乡（镇）建立食用菌生产基地，2010年实现总产值2.6亿元。2011年4月24日拍摄 （何俊昌 摄）

绵竹市新市镇火石村兰花协会会长向客户介绍情况。震后，火石村灾区农户恢复精品兰室140个，兰花总资产达到600万元。2011年2月22日拍摄

（王平　摄）

上海市对口援建的都江堰现代农业高科技示范园实验室。2010年5月6日拍摄

（卢祥龙　摄）

畜牧、水产、养殖业

浙江省对口援建的青川县建峰乡竹园富民种猪扩繁养殖场，建有标准化猪舍、管理房3000平方米。2010年1月27日拍摄 （刘仁　摄）

江苏省对口援建的绵竹江苏高效农业示范园生态养殖场。2009年11月16日拍摄 （李晓果　摄）

青川县灾后重建利用优质水源养殖高附加值鱼类，仅白龙湖万亩水产养殖基地即实现年产值2亿元

（浙江省委宣传部　提供）

2009年6月11日，江油市义新乡茅庵村水产养殖场渔民捕捞苗种。在灾后重建中，义新乡10个渔业基地1300个农户发展无公害水产养殖

（新华社　提供）

工业

在扩大内需、灾后恢复重建的促进作用下，灾区工业生产快速进入“止滑回升、较快增长”的运行轨道。通过3年努力，基本完成工业灾后重建主要任务，使规划区内工业生产力布局和产业结构得到优化，为“十二五”工业发展打下坚实的基础。中央企业四川受灾企业落实恢复重建部署，抓紧恢复生产，位于德阳高新技术产业园区的东汽克服困难使重点产品正常生产。至5月31日，大部分受灾中央企业开始生产恢复。在产业聚集区的恢复建设中，四川省搬迁不适宜原地重建企业，在成都、德阳、绵阳、广元等地将企业相对集中，形成资源集约利用、土地节约使用、环境综合治理、功能有效发挥的产业集中区。地震后，灾区工业恢复重建的帮扶重点放在短时间内可恢复生产的大型企业，其中华蓥市广能蓥峰水泥厂、阿坝藏族羌族自治州阿坝铝厂等产能恢复迅速。至11月，四川省因灾受损4812个规模以上工业企业96.4%恢复生产。地震灾区轻工业恢复较快，绵竹市剑南春集团重建后的灌装生产线迅速投入生产，青川县大宗茶叶自动生产线投产，崇州市怀远镇竹木藤器生产、北川羌族自治县擂鼓镇的山核桃雕刻工艺生产、陇南市武都区田园油橄榄科技开发公司的橄榄油生产等，拉动了工业较快回升。

产业聚集区

德阳经济开发区。2009年9月22日拍摄　　（德阳市委宣传部　提供）

辽宁省对口援建的安县辽安工业园　　（辽宁省驻安县对口支援指挥部　提供）

河南省对口援建的江油市河南工业园区　　（河南省新闻办　提供）

2010年7月，黑龙江省对口援建的剑阁县剑门工业园区厂房二期二标段标准厂房完工

（张宝武　摄）

重工业

广能蓥峰水泥厂 华蓥市广能蓥峰水泥厂新型干法水泥技改项目是灾后重建重点扶持建设项目，于9月6日开工建设，2009年11月12日竣工投产，一期工程总投资7.5亿元，年产200万吨水泥，为地震灾区重建提供了优质的建筑原材料保障。

12月16日，华蓥市广能蓥峰水泥厂新型干法水泥技改项目10吨水泥熟料库架设钢筋作业

（邱海鹰 摄）

2009年3月3日，华蓥市广能蓥峰水泥厂新型干法水泥技改项目窑尾预热设备制作

（邱海鹰 摄）

2009年6月11日，华蓥市广能蓥峰水泥厂新型干法水泥技改项目回转窑安装合龙
（邱海鹰　摄）

2009年9月12日，华蓥市广能蓥峰水泥厂新型干法水泥技改项目旋窑投入试运行（杨天军　摄）

2009年11月12日，华蓥市广能蓥峰水泥厂新型干法水泥技改项目正式投产
（邱海鹰　摄）

东方汽轮机厂 地震使东汽汉旺生产基地遭受重创，东汽人发扬“不怕牺牲、敢于胜利，坚忍不拔、艰苦创业，自主创新、勇攀高峰”的精神，8月1日，东汽新基地在德阳开工建设，逐步在旌阳区八角井镇2600亩土地上建起具备国际一流水平的新东汽，全面恢复生产能力。新东汽占地约174万平方米，拥有19座生产厂房及配套设施，总建筑面积60.4万平方米，安装设备3056台。2010年5月10日，灾后重建的东汽新基地全面建成投产。震后两年，东汽人在一边建设、一边搬迁、一边继续生产的情况下，2009年完成发电设备产量3133万千瓦，实现销售收入374.1亿元。同时，“东汽馨苑”“东汽竹苑”等5305套住房陆续交付使用，大多数职工在永久性住房中度过2010年春节。

12月20日，东汽德阳市基地第1000台1.5兆瓦风力发电机组吊装下线　　（陈燮　摄）

2009年12月31日，东汽完成绵竹市汉旺镇老厂区向德阳市旌阳区八角井镇新基地的整体搬迁

（陈燮　摄）

2009年12月31日，东汽德阳市旌阳区八角井镇新基地风电事业部厂房投入使用

（刘岗　摄）

2010年5月10日，东汽在德阳市旌阳区八角井镇新基地召开竣工投产大会

（刘岗　摄）

6月15日，安县银河建化集团崴尼达公司维生素k3生产线过滤工段工人操作过滤器
（陈海宁　摄）

德阳昊华清平磷矿工人下井工作。11月22日，清平磷矿恢复生产。2009年4月18日拍摄
（何俊昌　摄）

绵阳高新区华晨汽车南方基地生产车间。10月23日，绵阳华瑞汽车灾后重建项目暨华晨汽车南方基地正式投产
（远舟　摄）

2010年2月2日，山东省对口援建的重点项目中国重汽集团北川专用车辆厂生产出第一批改装车 （范长国　摄）

2010年3月21日，甘肃祁连山水泥集团成县年产120万吨新型干法水泥生产线竣工投产 （燕海潮　摄）

轻工业

绵竹市剑南春集团灾后重建的灌装线车间。2008年8月28日拍摄

（王编　摄）

绵竹经济开发区江苏工业园内的四川绵晟药业有限公司药品专用库房。2010年9月11日拍摄

（李晓果　摄）

青川县川浙合作产业园内的浙江娃哈哈集团利乐包液体饮料生产线投产
（浙江省委宣传部　提供）

浙江省对口援建青川县的大宗茶叶自动生产线。2009年8月18日拍摄　　（刘仁　摄）

青川县川珍实业有限公司黑木耳包装车间生产。2009年7月23日拍摄

（陈燮　摄）

什邡市红白镇“但氏豆腐”生产企业员工切割豆腐干。2008年7月16日拍摄

（叶建平　摄）

北川羌族自治县擂鼓镇胜利村村民给山核桃雕刻工艺品着色。2010年2月5日拍摄

（范长国　摄）

成县小川镇华龙恒业农产品有限公司加工处理核桃车间　　　　（张帆　摄）

崇州市怀远镇成都茂祥竹木藤器工艺有限公司员工制作竹藤编椅。2010年1月28日拍摄　　　　（鲁鹏　摄）

旅游

四川省生态旅游实现快速恢复，政府制定政策措施，实施旅游招大引强、旅游线路统筹、游客信心重树、乡村旅游提升和质量强旅行动，强化旅游产业在灾后重建和拉动内需中的重要作用。灾区政府依据文化遗产和自然风光，开展特色旅游村镇、乡村旅游等活动，重新整合、创新生态旅游景区布局，以生态引领旅游品牌，走向国际化开发，使旅游产品再上档次，获得重生。

国际文化旅游节

2011年4月19日，中国四川国际文化旅游节在汶川县水磨镇开幕　　（江宏景　摄）

2011年4月19日，中国四川国际文化旅游节上，世界旅游组织嘉宾在马尔康县旅游展示窗口品尝酥油茶　（江宏景　摄）

2011年4月19日，在汶川县水磨镇举行的中国四川国际文化旅游节上，外国嘉宾和羌族“释比”（羌族的智者）合影留念　（江宏景　摄）

景区景点及特色旅游村镇

6月20日，四川省旅游部门举办“四川人游四川”活动。图为都江堰市青城山景区游人
（谢环驰　摄）

2009年12月22日，汶川县恢复重建的三江生态旅游风景区通过国家AAAA级旅游景区检查评定
（广东省外宣办　提供）

2009年10月6日，游人在国家历史文化名城——四川省阆中古城参观游览　（邱海鹰　摄）

2010年3月27日，灾后重建的北川羌族自治县药王谷景区辛夷花盛开

（钟欢　摄）

2011年4月20日，在绵竹市年画迎春巡游活动中，国内外嘉宾参加“鞭打”春牛民俗活动　（李晓果　摄）

北京市对口援建的什邡市“婚庆民俗文化特色村”——红豆村。2010年9月17日拍摄

（李晓果　摄）

乡村旅游

2009年4月8日，都江堰市在安龙镇徐家林盘举办“2009相约都江堰·首届乡村旅游节”活动 （刘海 摄）

汶川县漩口镇集中村村民陈茂云开办的“农家乐”。2010年1月24日拍摄

（李莉娟 摄）

浙江省温州市对口援建的青川县阴平村“农家乐”新房。2010年1月26日拍摄

（陈树根 摄）

2010年1月28日，崇州市街子镇高墩旅游村“农家乐”庭院接待游人　（汪永基　摄）

浙江省对口援建的青川县乔庄镇农家乐示范户——明镜山庄

（浙江省委宣传部　提供）

商贸

随着灾后重建的快速推进，灾区商业、服务业迎来发展契机，增速明显提高，对经济增长贡献日益突出。四川省商贸市场迅速恢复，北川新县城巴拿恰步行街、绵竹市汉旺镇商城、什邡市红白镇群众办的感恩超市等纷纷开业，使灾区商品供应充足、市场繁荣，极大地方便了灾区群众的生活。

6月8日，绵竹市回澜街市场拥有商户200个，经营上千个品种食品

（杨俊江　摄）

2010年1月28日，崇州市街子镇出售辣酱的店铺

（鲁鹏　摄）

2010年2月2日，陇南市武都区柏林乡浩家沟村村民自办的农家超市　　（杨建辉　摄）

2010年10月17日，河北省对口援建的平武县南坝镇龙州中路商业步行街　（马兴建　摄）

2011年1月20日，绵竹市汉旺镇汉兴商城举行开业仪式　　（四川省委宣传部　提供）

2011年3月30日，北川羌族自治县吉娜羌寨的农家土产超市

（刘嵘　摄）

2011年4月22日，什邡市红白镇街头，灾区群众开办的感恩便民超市

（刘忠俊　摄）

2011年5月8日，广东省对口援建的汶川县映秀镇农贸菜市场　　　　（远舟　摄）

2011年5月8日，汶川县映秀镇旅游纪念品商店

（远舟　摄）

金融

在恢复各项金融服务中，银行业金融机构履行社会责任，确保持续的金融服务，配合灾区政府开展抗震救灾和灾后重建，配合有关部门开展灾后次生灾害的应急处理，帮助受灾群众和受灾企业排忧解难。至5月25日14时，四川省17个重灾县（市、区）全部恢复邮政业务和金融业务联网运行。至2011年9月底，四川省银行业、金融机构网点累计向灾区发放抗震救灾及灾后重建贷款4449.11亿元，陕西省重灾区4个重灾县（区）银行业、金融机构向3.46万户农户累计发放农房重建贷款7.25亿元。

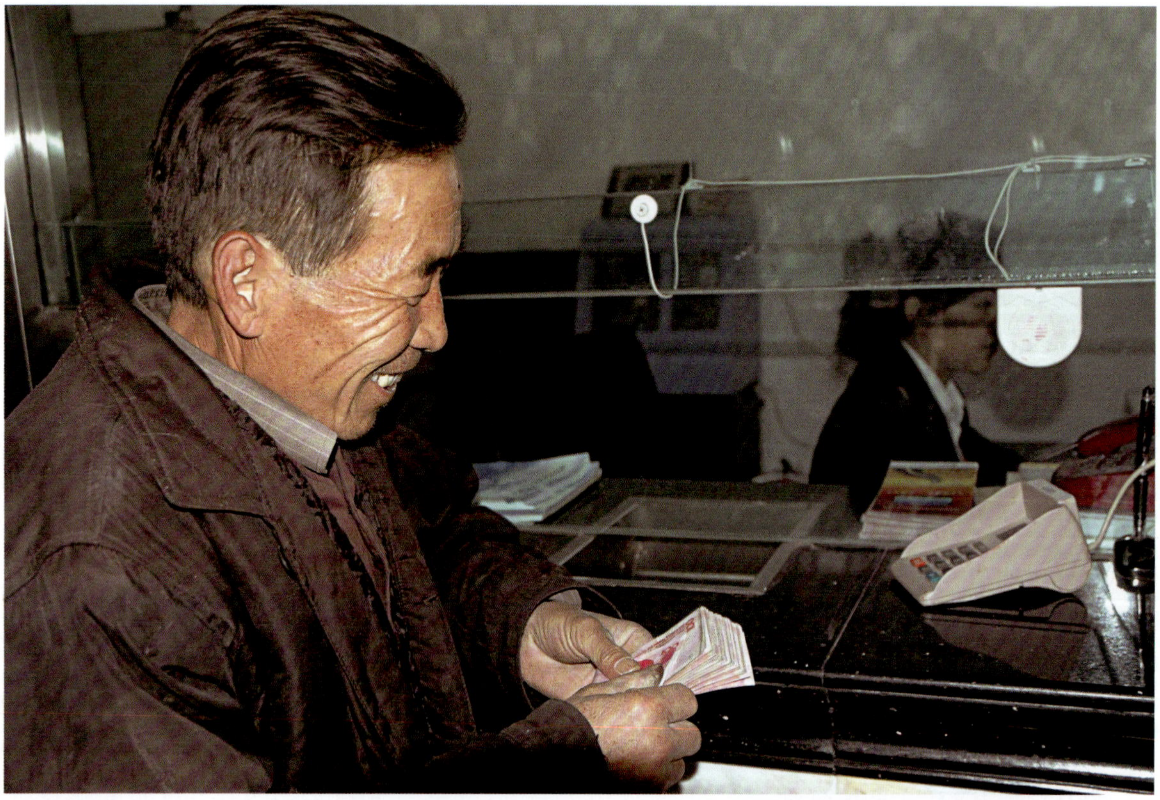

11月15日，甘肃省农村信用联社陇南办事处，地震灾区群众正在清点贷款。汶川地震后，办事处向受灾群众发放各种救灾资金，支援灾后重建　　（王志恒　摄）

12月29日，都江堰市金都村镇银行获得“金融许可证”，开始营业。这是继9月彭州民生村镇银行开业后，四川重灾区又一家开业的村镇银行。除银行基本存贷款业务外，针对灾后重建，金都村镇银行特别推出“灾后重建项目贷款”　　（刘海　摄）

中国建设银行绵竹市支行春溢街储蓄所。2011年3月29日拍摄　（陈建　摄）

汶川县映秀镇中国农业银行柜员机。2009年1月1日拍摄　（郭国权　摄）

文化产业

四川省共有文化产业和艺术教育培训恢复重建项目79个，文化市场网点恢复重建项目2259个，完成灾区文化市场服务网点恢复重建任务并提供服务。2009年12月26日，广元市太平洋电影城开业，这是四川省灾后恢复重建中第一个竣工投入使用的电影城。四川省各种文化产业蓬勃发展，绵竹市孝德镇年画等具有民族特色的文化产业发展迅速，产品深受海内外游客欢迎。

江苏省对口援建的绵竹市孝德镇射箭台年画村年画作坊内，艺人们正在创作。2010年9月11日拍摄

（李晓果　摄）

绵竹市孝德镇年画村个体年画作坊。2011年1月25日拍摄　　（李晓果　摄）

绵竹市剑南老街年画作坊等待出售的作品。2011年1月25日拍摄

（王平　摄）

绵竹市年画艺人运用鼻烟壶技艺制作的水晶球年画作品。2011年1月25日拍摄　　（李晓果　摄）

防灾减灾与生态修复

在灾后恢复重建中，灾区各级政府加大防灾减灾资金投入力度，及时开展科学排危除险行动，对具有风险性的地质灾害隐患点进行紧急处置和综合整治，提高了灾区灾害防治能力。

2009年1月2日，国务院决定，自2009年起，将5月12日定为全国“防灾减灾日”，并逐年开展防灾减灾宣传周活动，提高全民防灾减灾意识。在灾后恢复重建中，各援建省市、地震灾区各级政府坚持“尊重自然、尊重规律、尊重科学”，建立完善防灾减灾体系，地质灾害隐患点得到整治和看护，促进人口、资源、环境协调发展。

灾后恢复重建使灾区生态建设得到基本恢复，政府部门投入大量资金，落实生态修复项目，加强生态保护和环境治理，大力开展绿化活动，使灾区生态修复进程不断加快。

灾害防治

汶川特大地震灾区将加强灾害防治列入恢复重建的重要议程。在国务院设立第一个“防灾减灾日”后，又相继开展了“全国防灾减灾志愿服务周”主题活动、全国首届“防灾减灾日”科普活动等，使全民防灾减灾意识得到不断提高。灾区因地震损毁的家园得到及时恢复重建，各地质灾害隐患点得到整治和看护，地质灾害治理项目实施和地震形变前兆设备的设置，大大提高了灾区的灾害防治能力。

2009年5月10日，北川羌族自治县唐家山堰塞体整治一期明渠段工程基本完工

（杨攀 摄）

建设中的汶川县映秀镇红椿沟特大泥石流应急治理主体工程。2011年4月29日拍摄
（杨建　摄）

北川老县城防泥石流拦挡坝工程。2011年3月30日拍摄
（刘嵘　摄）

2010年4月23日，北京市对口援建的什邡市广汉至青牛沱公路烂柴湾路段泥石流防护工程竣工　　　　　　　　（廖文飞　摄）

山西省对口援建工人在茂县公路两侧实施地质灾害隐患排除作业

（山西省对口援建办　提供）

辽宁省援建工人在都江堰二王庙古建筑群所处山体治理地质灾害。2009年2月11日拍摄　（余坪　摄）

文县县城南山康家崖滑坡治理项目主体工程竣工。2010年6月12日拍摄　（刘二银　摄）

宁强县地震局工作人员查看汉源镇滴水铺村的地震形变前兆设备。2010年11月8日拍摄　（黎德华　摄）

2009年5月12日，重庆市巴蜀中学，重庆市政府在此举行纪念汶川地震一周年防震减灾应急疏散演练（东方IC 提供）

2010年5月10日，南京市长阳小学组织学生开展"学防灾、讲安全"活动。学生们通过参加火灾逃生和遇震避灾演练，学习防灾减灾的基本技能和自救应急常识（CFP 提供）

2010年5月12日，第二个全国"防灾减灾日"。当日，安徽省亳州市幼儿师范学校举行防震减灾应急疏散演练，26个班级的1300多名学生参加演练（CFP 提供）

生态修复

生态修复是地震灾区长期而又艰巨的重要工程。四川省政府加强灾后生态修复，先后落实生态修复项目222个，概算总投资135.64亿元，下大气力进行灾区的生态恢复。汶川县三江乡生态旅游区、威州镇布瓦村的生态环境随着灾后重建的进程基本得到恢复，康县岸门口镇青岗坝村组织村民大力开展绿化家园活动，使灾区生态恢复进程不断加快。

广东省对口援建的汶川县三江乡三江生态旅游区，生态环境基本恢复。2009年9月4日拍摄 （肖洪波 摄）

广东省对口援建的汶川县威州镇布瓦村，生态环境基本恢复。2010年9月9日拍摄
（班翔　摄）

2010年6月27日，由北京市出资、什邡市建设的什邡市北京大道沿线环境综合治理工程初具规模　　（周斌　摄）

2010年10月10日，康县岸门口镇青岗坝村开展种树绿化家园活动　　（高健钧　摄）

精神家园重建

中共中央、国务院将灾区群众精神家园恢复纳入重建规划中，要求“在重建生活家园的同时，注重精神家园建设”，并对四川省人大常委会审议通过的《汶川特大地震中有成员伤亡家庭再生育的决定》予以重视，指示做好“特殊的民生工程”。

在精神家园恢复重建中，加强心理疏导，体现人文关怀，重塑积极乐观向上的精神面貌，坚定自力更生、艰苦奋斗的信心，弘扬伟大抗震救灾精神和中华民族优秀传统文化。注重心理康复工程建设，组织开展广泛的心理健康宣传教育，对灾区群众进行心理干预和心灵抚慰，心理康复活动在灾区精神家园重建中发挥了重要作用。

四川省组织高科技流动文化服务车，开展丰富多彩的文化活动，深入重灾地区启动重建精神家园系统工程；鼓励群众组成“重建家庭”，实施再生育计划，再生育宝宝给破碎的家庭带来生活的希望。组织开展精神激励和文化抚慰，积极抢救保护羌族等民族文化，不断完善民族文化生态实验区建设，抢救非物质文化遗产，大力传承民族文化。

12月27日，中共中央总书记、国家主席、中央军委主席胡锦涛在平武县平通镇牛飞村考察，同羌族村民们围坐在火塘边亲切拉家常，了解他们灾后生产生活情况

（鞠鹏　摄）

心理康复

在灾区群众精神家园重建中，重点实施心理康复工程，对受灾群众进行心理干预和心灵抚慰。卫生部、四川省卫生厅举办“绿丝带爱心使者”行动，组织开展灾后心理干预培训计划，邀请国内精神病学和心理学专家对地震灾区600名专业医护人员进行心理干预培训，并组织专家编写了一批灾后心理救助类书籍。灾后志愿者实施心理康复、文化抚慰工程，在灾区社会与居民社区中开花结果。灾区普遍建立群众安置点心理救援站。所有灾区县（市、区）均开通灾后心理援助热线电话。至12月30日，四川省各级医疗机构为20万人（次）灾区群众实施心理干预和医学心理咨询服务。

5月26日，安徽省出版集团和安徽人民出版社编写的《灾后心理自助手册》正式出版

（王雷 摄）

2009年5月3日，中科院心理研究所绵竹工作站指导心理教师正确使用移动心理服务系统

（李晓果 摄）

2009年5月10日，四川音乐学院志愿者在青川县马鹿乡板房小学组建竖笛吹奏乐队，实施音乐心理辅导

（李紫恒 摄）

2009年5月4日，绵竹市清平学校心理辅导教师在“心联小屋”给学生做心理辅导

（秦晴 摄）

2009年12月12日，绵竹市紫岩小学学生在“青少年心理活动中心”做游戏。中心由四川省精神文明建设办公室、中国君仁爱心工程协会共同组建

（新华社 提供）

生活重建

灾区群众生活重建迅速恢复，地震灾区各“重组家庭”喜结良缘。2009年4月26日，北川羌族自治县政府在擂鼓镇吉娜羌寨为20对新人举办“重组家庭”集体婚礼；7月12日，中国红十字会在北京为四川地震灾区15对新人举办“重组家庭”集体婚礼。为满足有子女伤亡受灾家庭再生育的迫切愿望，落实中共中央、国务院的部署，根据有关法律法规，2008年7月25日，四川省人大常委会审议通过《汶川特大地震中有成员伤亡家庭再生育的决定》。7月30日，国家人口计生委在成都启动“再生育全程服务行动项目”。四川省数以万计在地震中失去孩子或有子女伤残的父母都可以生育新的生命，为灾区破碎的家庭带来生活希望。2009年2月14日6时50分，崇州市首个再生育宝宝出生；7月29日，什邡市第100个再生育宝宝出生；12月18日15时8分，四川省首例再生育试管婴儿在绵阳市计划生育指导所产房内出生。灾区各级政府重视残疾孩子的教育，都江堰市友爱学校帮助残疾孩子克服伤痛，学校组织学生参加赛跑、晨练、排练舞蹈、进行康复训练等，锻炼残疾孩子的生活能力，树立生活目标。在恢复重建中，灾区自强不息的典型人物层出不穷，鼓舞着灾区群众为重建家园而努力拼搏。

重组家庭

2009年4月23日，安县高川乡甘沟村村民林兴聪（右）、妻子李芸香（左）和岳母（中）在一起用餐。地震使李芸香丈夫、林兴聪妻子遇难，两个人重组家庭，共同赡养双方5位老人、3个孩子　　（何俊昌　摄）

2009年4月26日，北川羌族自治县政府在擂鼓镇吉娜羌寨为20对新人举办“重组家庭”集体婚礼

（江宏景　摄）

2009年7月12日，中国红十字基金会在北京举办四川地震灾区重组家庭集体婚礼，15对重组家庭新人参加婚礼

（汪永基　摄）

再生育计划

2009年4月26日，都江堰市向峨乡龙竹村村民、39岁的贯学芬怀抱震后再生育、刚刚满月的小女儿

（高学余　摄）

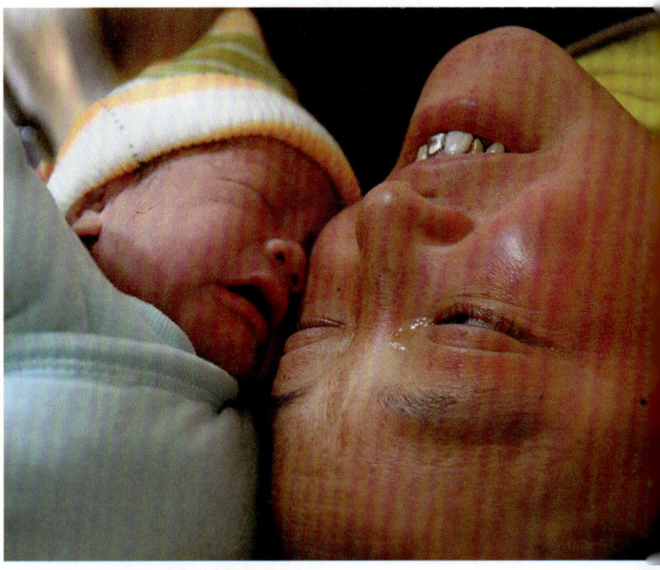

2009年12月18日15时8分，首例震后再生育试管婴儿在绵阳市降生。43岁的羌族妇女刘洪英在汶川地震中失去19岁的儿子，根据国家对极重灾区因灾失去子女家庭的再生育政策，她享受国家免费试管手术并成功怀孕

（杨卫华　摄）

2010年9月10日，绵竹市玉泉镇玉江村7组村民、40岁的吴江琼和她震后再生育的龙凤胎孩子

（李晓果　摄）

友爱学校

2010年5月7日，就读于都江堰市友爱学校的几位地震受伤致残学生在赛跑。学校由中国残疾人福利基金会发起，上海市政府援建 （郑悦　摄）

2011年4月25日，都江堰市友爱学校地震受伤儿童正上肢体康复训练课 （郑焕松　摄）

2011年4月27日，都江堰市友爱学校体育教师带领肢残学生晨练 （王建华　摄）

自强不息

9月6日，在地震中失去左腿的11岁女孩李月在北京2008年残奥会开幕式上表演舞蹈《永不停跳的舞步》（李文　摄）

2009年5月9日，绵竹市汉旺镇汉旺广场，已故东汽中学教师谭千秋的妻子张关容和小女儿仙子在做游戏
（王建华　摄）

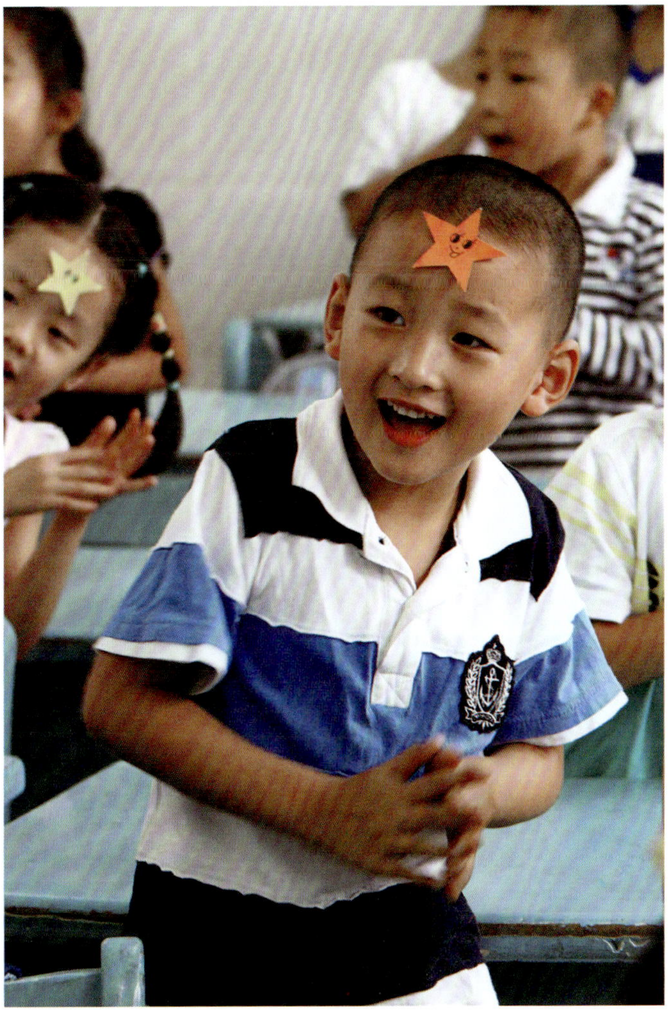

2010年9月1日，在绵阳市东辰国际学校学前班学习的“敬礼娃娃”郎铮
（杨卫华　摄）

2009年10月27日，成都市金苹果幼儿园，依靠假肢重新站起来的“总理让路娃娃”宋馨懿　（陈燮　摄）

2010年12月13日，在地震中失去左小腿的中国女子坐式排球队队员唐雪梅（右）在广州2010年亚洲残疾人运动会上为队友加油

（江宏景　摄）

2011年4月25日，成都，四川省游泳馆内，被地震夺去双腿的代国宏为备战伦敦残奥会加紧训练

（李晓果　摄）

2009年5月7日，完成救援任务归队的上海消防特勤支队彭浦中队抢险班战士蒋雨航（前）。2008年5月17日17时12分，蒋雨航在被地震废墟掩埋124小时后，被上海消防特勤支队营救得以生还。2008年12月12日，蒋雨航光荣入伍，成为上海消防特勤支队的一名武警战士

（新华社　提供）

2011年4月16日，绵竹市天池乡大天池村村民刘刚（被地震夺去右小腿和亲生儿子）、妻子高永兰（抱着外甥）勤奋经营着与残疾朋友共办的“梦想起飞”食品店

（陈启松　摄）

2009年5月9日，青川县枣树村早年失去右手的石光武和先天聋哑的妻子张正芳在自家副食店门贴出“自强不息”春联。石光武原来的住房和副食店在地震中全部倒塌，他们依靠自己的力量重建了家园　　（李紫恒　摄）

民族文化传承

四川省通过重建羌碉与重振羌绣等方式传承和保护羌族文化。羌绣的构图、配色、针法具有显著民族特色，是羌族文化的瑰宝。汶川县、茂县、理县通过举办羌绣展览，展示羌绣技艺；组织羌族传统舞蹈、羌笛演奏、“古羌文化节”等活动，努力传承民族文化；宁强县举办羌文化保护与传承研讨会，宣传羌族文化保护的意义及传承的重要性。

2010年5月10日，理县蒲溪乡休溪村羌族艺人排练羊皮鼓舞。2008年6月7日，羊皮鼓舞被列入国家级非物质文化遗产名录　（何俊昌　摄）

2009年1月29日（农历正月初四），茂县曲谷乡河坝村羌族男女青年做起古老的转圈游戏欢度春节　（刘杰　摄）

2009年5月16日，汶川县绵虒镇三官庙村“中国·汶川第二届古羌文化节”开幕式上，释比（羌族的智者）主持传统祭祀仪式　　（江宏景　摄）

2009年6月27日，茂县羌族妇女在庆祝瓦尔俄足节活动中展演羌族传统歌舞。2006年5月20日，羌族瓦尔俄足节被列入第一批国家级非物质文化遗产名录

（江宏景　摄）

2011年2月11日，宝兴县硗碛藏族乡藏族群众在“上九节”演唱硗碛原生态多声部民歌。2008年6月7日，硗碛多声部民歌被列入第一批国家级非物质文化遗产扩展名录　（江宏景　摄）

2010年5月10日，理县蒲溪乡休溪村羌文化继承人孟龙刚演奏羌笛。2006年5月20日，羌笛演奏及制作技艺被列入第一批国家级非物质文化遗产名录

（何俊昌　摄）

2011年4月15日，理县木卡乡木卡村羌族老大妈讲解羌绣刺法技艺。2008年6月7日，羌绣工艺被列入国家级非物质文化遗产名录

（何俊昌　摄）

2009年4月22日，宁强县举办“羌文化生态保护实验区”揭牌仪式和宁强羌文化保护与传承研讨会（黎德华　摄）

2008年5月12日14时28分，我国发生了以四川汶川为震中的特大地震。这是新中国成立
以来破坏性最强、波及范围最广、救灾难度最大的一次地震，震级达里氏8级，造成巨大人员
伤亡和财产损失。
地震发生后，在以胡锦涛同志为总书记的党中央坚强领导下，全党全军全国各族人民
万众一心、众志成城，迅速展开气壮山河的抗震救灾工作。抗震救灾期间，香港同胞、澳门
同胞、台湾同胞以及海外华侨华人踊跃为灾区提供援助，许多国家和国际组织以各种方式
给予宝贵支持。
沧海横流，方显英雄本色。中国人民以无所畏惧的英雄气概、团结一致的强大力量、
可歌可泣的伟大壮举，夺取了抗震救灾斗争的重大胜利，谱写了中华民族发展史上新的
壮丽诗篇！

表彰纪念

汶川特大地震抗震救灾展现出中国人民坚忍不拔、不屈不挠、勇于压倒一切困难的民族气概，涌现出许多英雄模范，谱写出感天动地的凯歌。中共中央、国务院、中央军委联合作出表彰决定，并举行全国抗震救灾总结表彰大会，胡锦涛出席并作重要讲话。中组部、中宣部、解放军总政治部和四川省委联合组织抗震救灾英模事迹报告团，在全国进行巡回报告。全国各地、各行各业，特别是地震灾区也对本地区、本部门的抗震救灾先进集体和先进个人进行了表彰。

中共中央、国务院组织各种形式的遇难者祭奠活动。2009年5月12日下午，胡锦涛参加在汶川县映秀镇举行的汶川特大地震一周年纪念活动。地震灾区群众也以不同方式祭奠遇难者、寄托哀思。全国各地纷纷组织各种展览，展示地震灾情及抗震救灾英模事迹；组织发行多种出版物，宣传抗震救灾精神。

四川省政府为保存汶川地震灾害现场，审定通过有关保护规定及地震纪念馆规划等，提出保护地震遗址、遗迹及少数民族文化遗产的规范，为地震遗址及地震博物馆保护、建设提供了重要依据。

总结表彰活动

在汶川特大地震抗震救灾斗争中，涌现出大量可歌可泣的先进事迹，生动展现了中华民族坚忍不拔、勇往直前的民族精神。5月22日，中组部作出对抗震救灾先进基层党组织、优秀党员，对在抗震救灾中因抢救人民生命财产而英勇献身的党员进行表彰的决定。

8月20日，中共中央办公厅、国务院办公厅、中央军委办公厅联合发出《关于做好全国抗震救灾英雄集体和抗震救灾模范推荐评选工作的通知》，决定以中共中央、国务院、中央军委的名义表彰全国抗震救灾先进集体和先进个人，分别授予“全国抗震救灾英雄集体”和“全国抗震救灾模范”的荣誉称号。10月7日，中共中央、国务院、中央军委发布《关于表彰全国抗震救灾英雄集体和抗震救灾模范的决定》，授予320个集体“全国抗震救灾英雄集体”荣誉称号，授予517人“全国抗震救灾模范”荣誉称号，追授5人“全国抗震救灾模范”荣誉称号，并隆重召开表彰大会。

为广泛宣传英模事迹，中组部、中宣部、解放军总政治部和四川省委组织英模事迹报告团，在全国31个省（区、市）进行巡回报告。抗震救灾英模事迹感人至深，催人奋进，使广大观众深受感动。

总结表彰

6月30日，中共中央召开抗震救灾先进基层党组织和优秀共产党员代表座谈会。10月8日，中共中央、国务院、中央军委在人民大会堂隆重举行全国抗震救灾总结表彰大会。胡锦涛在会上发表重要讲话，与会领导向全国抗震救灾英雄集体和模范颁发奖牌和奖章。同日，全军抗震救灾总结大会在北京召开，胡锦涛及中央军委主要领导接见了会议代表，并合影留念。

10月8日，中共中央、国务院、中央军委在北京人民大会堂举行全国抗震救灾总结表彰大会。中共中央总书记、国家主席、中央军委主席胡锦涛在会上发表重要讲话

（高洁　摄）

10月8日，胡锦涛在北京亲切接见全军抗震救灾总结大会代表　（王建民　摄）

10月8日，全国抗震救灾总结表彰大会在北京人民大会堂举行

（高洁　摄）

“全国抗震救灾模范”荣誉奖章

（郑声安　摄）

10月8日，全国抗震救灾总结表彰大会在北京人民大会堂举行，受表彰的抗震救灾英雄集体代表和模范参加大会

（高洁　摄）

英模事迹报告

6月11日，中宣部、中组部、解放军总政治部、中直机关工委、中央国家机关工委、北京市委和四川省委在北京人民大会堂举办抗震救灾英模报告团首场报告会，7名抗震救灾一线英模分别讲述在抗震救灾斗争中的亲身经历和真切感受。报告团在北京举办专题报告会19场，现场观众达2万人。6月16日至7月3日，报告团分为6个分团，赴全国31个省（区、市）进行巡回报告31场，现场观众达7万人。

6月11日上午，北京人民大会堂，由中宣部、中组部、解放军总政治部等联合主办的首场抗震救灾英模事迹报告会现场 （李涛　摄）

6月11日上午，由中宣部、中组部、解放军总政治部等联合主办的抗震救灾英模事迹报告会，在北京人民大会堂举行首场报告

（李涛　摄）

6月11日上午，各界群众在北京人民大会堂听取抗震救灾英模事迹报告会首场报告

（李涛　摄）

抗震救灾纪念

2009年5月12日，中共中央、国务院、中央军委在汶川县映秀镇举行汶川特大地震一周年纪念活动，胡锦涛参加纪念活动。在地震后的第一个清明节和地震一周年纪念日，灾区群众以不同形式自发组织祭奠遇难者活动，寄托哀思。

为弘扬伟大的抗震救灾精神，中宣部、国务院新闻办、广电总局、新闻出版总署、解放军总政治部、新华社等以共同主办抗震救灾大型图片展、发行出版物等形式，宣传抗震救灾精神；全国各地特别是地震灾区，也以不同形式组织各种反映抗震救灾的图片展，深受社会各界的广泛关注，使展览成为宣讲抗震救灾精神的生动课堂。

为传承汶川地震中展现出来的“万众一心、众志成城，不畏艰险、百折不挠，以人为本、尊重科学”的伟大抗震救灾精神，四川省政府通过了《北川羌族自治县县城地震灾害现场及同类灾害现场清理保护规定》《北川5·12特大地震国家级遗址博物馆及震灾纪念地规划》，地震遗址及地震博物馆保护、建设工作逐步展开。

汶川特大地震周年纪念活动

在汶川特大地震周年纪念日，中共中央、国务院、中央军委及全国各族人民举行各种纪念活动，深切缅怀遇难同胞及抗震救灾烈士。2009年5月11日，中央人民广播电台、四川人民广播电台及18家全国对口援建省（市）电台联合推出《坚强四川　感恩中国》大型直播节目。12日下午，中共中央、国务院、中央军委汶川特大地震周年纪念活动在汶川县映秀镇隆重举行。胡锦涛发表讲话，并向在地震灾害中的遇难者、向为夺取抗震救灾斗争胜利而英勇献身的烈士们献花。乐队小号手吹响《献花曲》，20名礼兵抬着花篮正步走向纪念表盘，全场肃立默哀，整个纪念活动庄严肃穆。汶川特大地震一周年，国际社会、国际舆论高度评价中国人民在中国共产党和中国政府的领导下，战胜灾难，取得抗震救灾的重大胜利，抗震救灾成果赢得国际社会的赞誉。

2009年5月12日，汶川县映秀镇，纪念汶川特大地震一周年活动现场——汶川特大地震纪念表盘　（饶爱民　摄）

2009年5月12日，纪念汶川特大地震一周年活动在汶川县映秀镇隆重举行。中共中央总书记、国家主席、中央军委主席胡锦涛在纪念活动上发表重要讲话

（新华社　提供）

2009年5月12日，汶川县映秀镇，纪念汶川特大地震一周年活动现场。伴随着《献花曲》，20名礼兵抬着花篮正步走向汶川特大地震纪念表盘

（丁林社　摄）

2009年5月12日，汶川县映秀镇，纪念汶川特大地震一周年活动现场。乐队小号手在吹奏《献花曲》

（丁林　摄）

2009年5月12日，汶川县映秀镇，纪念汶川特大地震一周年活动现场。全场肃立，向在地震中不幸遇难的同胞和在抗震救灾中献身的烈士默哀　（饶爱民　摄）

2009年5月12日，纪念四川汶川特大地震一周年活动在汶川县映秀镇隆重举行，胡锦涛出席纪念活动。这是胡锦涛俯身将一枝洁白的菊花敬献在四川汶川特大地震记事墙前，悼念在地震中不幸罹难的同胞和在抗震救灾中英勇献身的烈士

（李学仁　摄）

2009年5月12日，汶川县映秀镇，纪念汶川特大地震一周年活动现场。出席活动的当地群众代表在地震记事墙前献花，表达对遇难者的哀思　　　　（李学仁　摄）

2009年5月12日，出席汶川特大地震一周年纪念活动的部分国家驻华使节和国际组织代表在都江堰市向峨乡石碑新村参观，了解地震灾区灾后重建情况

（谢环驰　摄）

民间纪念活动

汶川特大地震造成重大人员伤亡，失去亲人的灾区群众处于极度悲伤中，在汶川县映秀镇、北川老县城等地，灾区群众用各种方式祭奠逝去亡灵，缅怀遇难亲人。5月19日全国哀悼日后，按照羌族群众的传统习俗悼念遇难者，8月19日，北川老县城迎来2万名北川人为亲人举行的百日大祭。2009年4月1—4日、5月10—20日，汶川地震后的第一个清明节和地震一周年期间，北川老县城再次迎来上万名回家的北川人。2009年4月4日，四川省委、省政府领导到震中汶川县映秀镇，祭奠在地震中罹难的同胞。2010年5月12日14时28分，汶川特大地震两周年公祭仪式在北川老县城举行，上万名老北川人再次进入北川老县城悼念亲人。

2009年4月3日，清明节期间，北川老县城外悼念遇难者的花朵　（唐涛　摄）

2009年4月1日，清明节前，绵阳市及北川羌族自治县邮政局职工哀悼大地震遇难同仁

（李崇宪　摄）

2009年4月4日，清明节，汶川县映秀镇万人公墓内，映秀小学学生悼念逝去的老师、同学

（唐俊峰　摄）

2009年4月3日，都江堰市在该市烈士陵园为抗震救灾英雄武文斌烈士塑像揭碑，众多群众前来瞻仰、祭奠　　（江宏景　摄）

2009年4月5日，由中国残疾人福利基金会和北京兰亭艺术中心联合主办的“纪念汶川地震一周年感恩书法长卷创作捐赠活动”在北京008艺术园区举行。百余名当代著名书法家现场创作51.2米感恩书法长卷，并当场捐献给中国残疾人福利基金会，通过拍卖所得善款，全部用于汶川地震致残者的康复医疗救助

（CFP　提供）

2009年5月12日14时28分，汶川地震一周年纪念日，首都各界群众自发到天安门广场举行纪念活动，悼念地震遇难者 （唐召明 摄）

2009年5月12日傍晚，近200位绵阳市民自发在涪江边的观光堤上用放河灯和许愿灯的形式，纪念汶川地震中的遇难的同胞 （CFP 提供）

2009年5月12日，“5·12”中国精神抗震救灾周年特别节目演出现场

（朱大勇 摄）

举办图片展

汶川特大地震发生后，全国各地、香港和澳门特区以举办图片展等形式，展示抗震救灾场面及伟大的抗震救灾精神。6月10日，中宣部、国务院新闻办、广电总局、新闻出版总署、解放军总政治部、新华社在中国人民革命军事博物馆共同主办“抗震救灾 众志成城——2008中国抗震救灾大型新闻图片展”，这是地震后举办的第一个大型图片展览。9月20日至11月20日，中宣部、发展改革委、解放军总政治部在军事博物馆联合举办《万众一心 众志成城——抗震救灾主题展览》。在北京的中华世纪坛、首都博物馆及四川地震灾区等地，各级政府和群众也纷纷举办各种展览。许多国家和地区在国会大楼、市政厅、博物馆等地举办多种形式的中国汶川地震图片展，介绍中国人民抗震救灾、重建家园的伟大壮举。

10月7日，中共中央总书记、国家主席、中央军委主席胡锦涛在北京中国人民革命军事博物馆参观“万众一心、众志成城——抗震救灾主题展览” （鞠鹏　摄）

9月30日，中国人民革命军事博物馆，群众观看“万众一心 众志成城——抗震救灾主题展览”（李启华　摄）

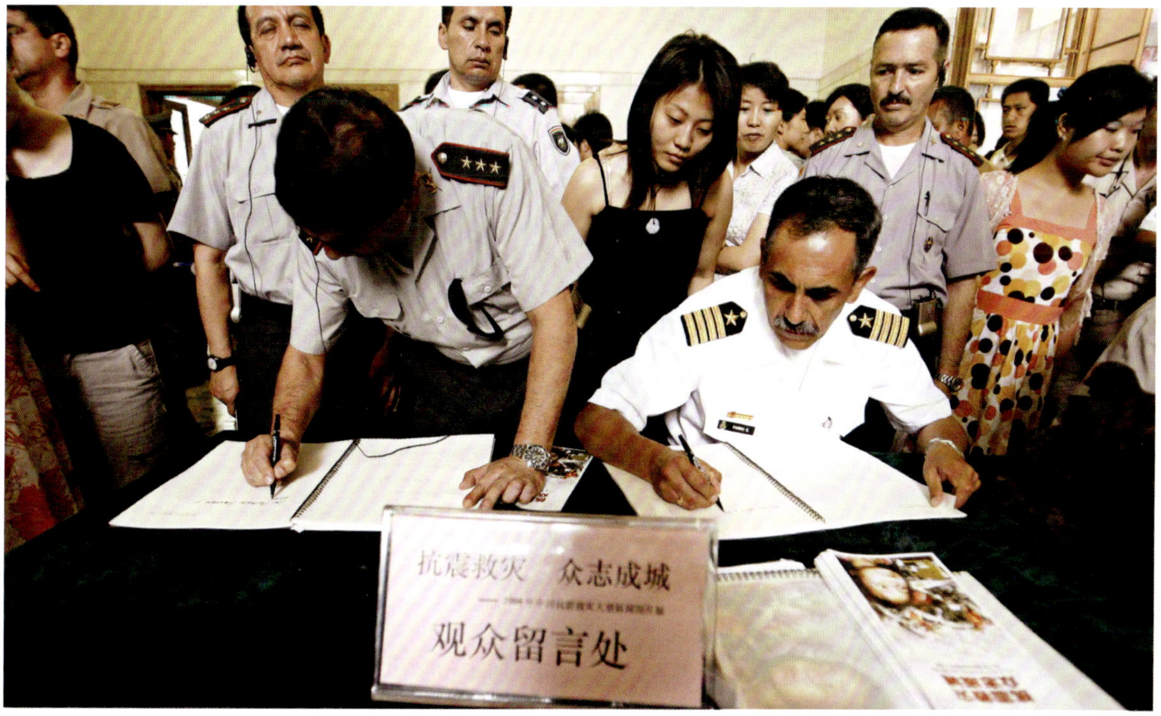

6月13日，中国人民解放军国防大学的部分外籍学员在中国人民革命军事博物馆参观“抗震救灾 众志成城——2008中国抗震救灾大型新闻图片展”，并留言　（鲁金博　摄）

5月31日至6月10日，由中国外文局主办、人民画报社承办的大型图片展“一切为了生命——抗震救灾 众志成城”在北京中华世纪坛举办　　　　　　　　　　（段崴　摄）

2009年5月11日，“四川地震一周年　我们在一起”图片展在香港揭幕
（周磊　摄）

7月5日，几名澳门小学生参观“大爱无疆——汶川大地震抗震救灾图片展”后，在纸片上写下对四川地震灾区的祝福，挂在展厅里的心愿树上　　　　（何自力　摄）

2009年5月11日，四川省“5·12”周年大型图片展在四川省科技馆举行
（江维平　摄）

2009年5月6—31日，“重生——什邡5·12地震周年纪念展”在北京首都博物馆举办

（蒋文戈　摄）

2011年5月11日，大邑县安仁镇的“5·12”抗震救灾纪念馆内，学生们正在参观救援“敬礼娃娃”郎铮现场雕塑

（成都商报/东方IC　提供）

6月10日，泰国最大的民间慈善基金会——泰国华侨报德善堂在首都曼谷举办“同胞爱 手足情”中国四川汶川抗震救灾摄影纪实图片展

（凌朔　摄）

7月23日，在澳大利亚首都堪培拉的城市博物馆，中国驻澳大使在“抗震救灾 众志成城——2008中国抗震救灾大型新闻图片展”暨答谢会上致辞。澳大利亚各界代表、华人华侨和各国驻澳外交使团近百人出席（江亚平 摄）

7月24日，“抗震救灾 众志成城——中国抗震救灾新闻图片展”在巴西首都巴西利亚国会大楼展出，受到工作人员和数百名游客的关注（徐涛 摄）

7月30日，约旦首都安曼，“抗震救灾 众志成城——2008中国抗震救灾新闻图片展”在中国驻约旦大使馆开幕，来自约旦各界的数百名人士参观了图片展

（于晓华　摄）

8月14日，墨西哥首都墨西哥城，中国大使馆领事部，一名等待办理签证的墨西哥人观看中国抗震救灾图片展

（马国强　摄）

7月29日，在俄罗斯首都莫斯科举行的中国抗震救灾图片展上，俄紧急情况部第一副部长察利科夫（左三）向中国驻俄罗斯大使介绍中国四川地震灾区儿童赠送给俄救援人员的绘画作品 （沈伯韩 摄）

2009年5月12日，中国四川汶川大地震一周年纪念日，由日本日中友好协会主办的“四川 加油！”图片展在东京开幕。图片展上也展出了日本神户市小学生绘制的画作

（任正来 摄）

2009年5月15日，在英国城市谢菲尔德，主题为“齐心重建美好家园，教育创造辉煌明天”的中国四川汶川特大地震重建图片展在市政厅举行。市长简·伯德（左三）在观看图片展时与志愿者合影 （赵亮 摄）

图书出版

汶川特大地震发生后，记述伟大抗震救灾精神的图书大量出版发行。5月23日，《我们在一起——四川汶川大地震纪实》《众爱移山——“5·12”汶川大地震感动世界的那些瞬间》等一批图书率先出版发行。各种出版物记录了抗震救灾、灾后重建、可歌可泣的人间大爱等抗震救灾内容，收录了大量感人肺腑的文字资料、理论评析和优秀新闻作品等，如实记述了汶川地震的情况。

7月，新世界出版社出版的《抗震精神：网络真情实录》记录了汶川大地震中的一些感人片断。该书荣获第二届中华优秀出版物抗震救灾特别奖（图书）

（新世界出版社 提供）

5月，新世界出版社出版的《大爱无疆：我们和汶川在一起》。此书义卖所得全部捐献给灾区
（新世界出版社　提供）

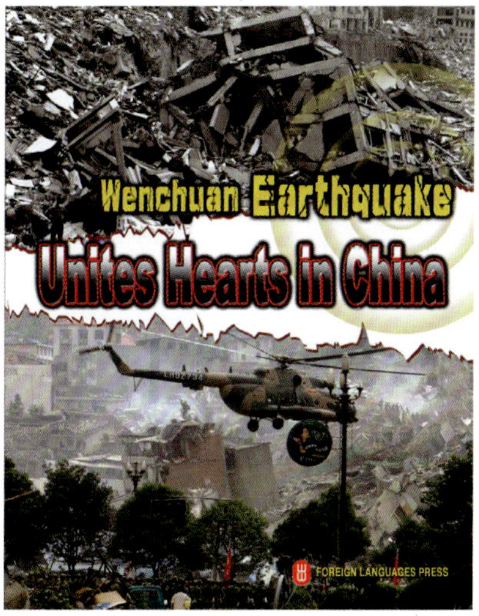

5月，外文出版社出版 *Wenchuan Earthquake Unites Hearts in China*
（外文出版社　提供）

5月，四川人民出版社出版《众爱移山——“5·12”汶川大地震感动世界的那些瞬间》
（四川人民出版社　提供）

6月，四川人民出版社出版的《重兵汶川》，反映了成都军区部队在此次抗震救灾中的英雄壮举
（四川人民出版社　提供）

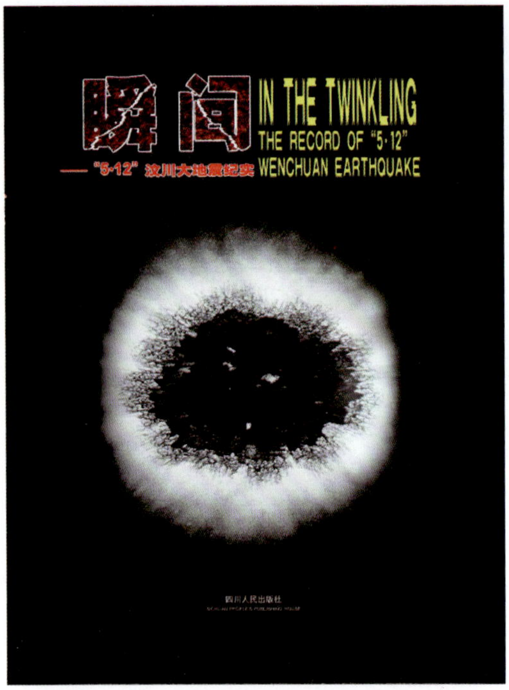

7月，四川人民出版社出版画册《瞬间——5·12汶川大地震纪实》

（四川人民出版社　提供）

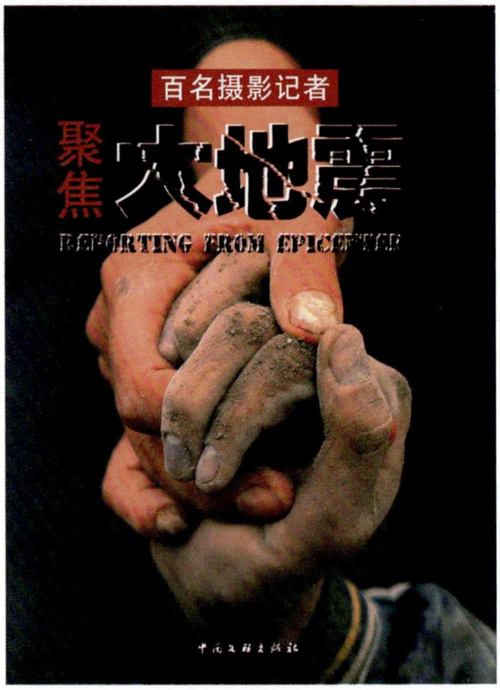

7月，中国日报社编辑、中国文联出版社出版大型摄影画册《百名摄影记者聚焦大地震》

（中国日报社　提供）

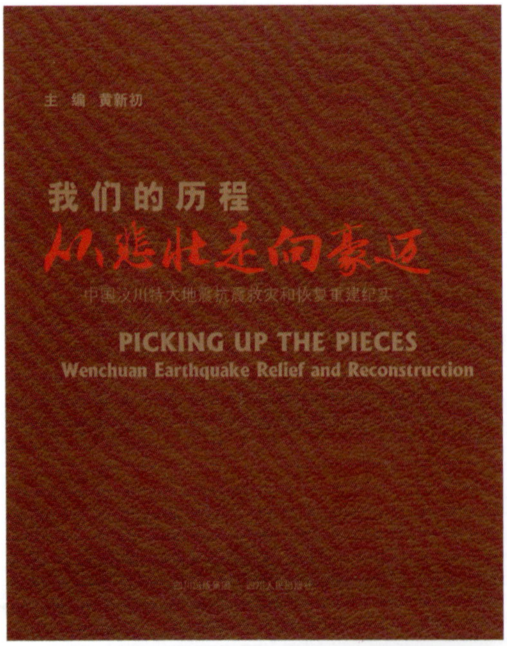

2011年4月，四川人民出版社出版《我们的历程：从悲壮走向豪迈——中国汶川特大地震抗震救灾和恢复重建纪实》

（四川省委宣传部外宣办　提供）

9月，科学出版社出版《汶川地震灾害遥感图集》

（科学出版社　提供）

地震遗址保护

为记述地震灾情，弘扬伟大的抗震救灾精神。9月16日，中国地震局、国家文物局专家组审议通过四川省政府《“5·12”汶川地震遗址、遗迹保护及地震博物馆规划建设方案》，决定在北川老县城、汶川县映秀镇、绵竹市东汽汉旺厂区和都江堰市虹口乡深溪沟设立4处典型遗址遗迹保护区，作为重点建设项目纳入建设规划，即地震遗址博物馆（北川）、汶川地震震中纪念地（汶川）、工业遗址纪念地（汉旺）和地震遗迹纪念地（虹口）。四川省其他地区也相应建设地震博物馆、纪念馆等，对地震遗址进行保护。

汶川县映秀镇牛圈沟汶川地震震中附近的“5·12”纪念碑。2009年5月11日拍摄

（何海洋　摄）

汶川县映秀镇大爱磐石。该石为地震时从山上滚落的巨石。2009年1月12日拍摄　　（汶川县新闻中心　提供）

汶川县漩口中学遗址。2009年10月12日拍摄　　（汶川县新闻中心　提供）

北川羌族自治县老县城遗址。2009年4月4日拍摄

（陈建　摄）

绵竹市汉旺镇钟楼，时钟定格在地震那一刻。2009年5月12日拍摄

（陈建　摄）

绵竹市汉旺镇，东方电气集团在汶川大地震中震毁的厂房遗址。2009年3月26日拍摄

（刘嵘　摄）

青川县东河口地震遗址公园是汶川地震第一个地震遗址保护纪念地。2009年4月24日拍摄

（董思雨　摄）

彭州市小鱼洞大桥地震遗址。2009年7月31日拍摄

（桑清　摄）

绵竹市汉旺镇汉旺广场附近新建成的“5·12”汶川特大地震汉旺抗震救灾和灾后重建陈列室数字博物馆，在汶川地震3周年之际开放。2011年5月6日拍摄

（王平分　摄）

青川县青川地震博物馆首次开放。2011年5月12日拍摄

（梁永强　摄）

汶川县映秀镇汶川特大地震震中纪念馆。2010年10月10日拍摄

（江宏景　摄）

大邑县安仁古镇汶川大地震博物馆。2009年5月11日拍摄　　（郝同前　摄）

2011年4月28日，“5·12地震诗歌墙”在什邡市穿心店“四川什邡地震遗址纪念园”落成揭幕。“四川开满鲜花”大型诗歌朗诵会在落成仪式上同时举行

（江宏景　摄）

什邡市抗震救灾纪念广场上的抗震救灾纪念碑，上刻“任何困难都难不倒英雄的中国人民”。2008年5月18日，中共中央总书记、国家主席、中央军委主席胡锦涛在此向全国人民发出“任何困难都难不倒英雄的中国人民”的声音。2011年7月29日拍摄

（四川省委宣传部外宣办　提供）

编纂始末

《图志》是《汶川特大地震抗震救灾志》11卷中的第三卷，收录图照1924张，文字16万余字，以图文并茂、文图相衔的独特形式，再现了汶川特大地震的真实场景，承载着抗震救灾的伟大精神。《图志》的编排结构、选取要求、表述功能都不同于传统志书，在实践和理论等方面实现了创新与突破。

2009年1月，根据经国务院批准的《〈汶川特大地震抗震救灾志〉编纂工作实施方案》，国务院新闻办公室牵头负责并直接领导《图志》编纂工作。同时，《图志》编纂委员会成立，国新办主任王晨任编委会主任兼主编，国新办副主任王国庆任编委会副主任兼副主编。编委会委员由中宣部、发展改革委、民政部、人力资源社会保障部、环境保护部、铁道部、水利部、卫生部、国新办、地震局、总政宣传部、武警部队政治部、四川省委外宣办、甘肃省委外宣办、陕西省委外宣办、新华社、中央电视台、中国外文局、中国日报、中国新闻社、解放军报社等单位相关负责同志组成。编委会下设编纂办公室，编纂办公室设在中国外文局，承担日常编纂工作。

2009年1月9日，《图志》编委会召开了第一次全体会议，王晨强调《图志》编纂要“纵求其渊，把握好纵向时空感；横求其博，注意横向全面和平衡”，务求真实记录、全景展现震前风貌、地震破坏、部署指挥、抢险救援、八方捐助和恢复重建的全过程，将伟大的抗震救灾精神“弘扬于当代、传承于后人”。3月，编委会召开第二次全体会议，王国庆在讲话中要求，要充分认识《图志》编纂工作的现实意义和历史意义，站在国家和历史的高度编修志书；要充分认识篇目修订的重要性，突出“以图制胜，记述历史”的特点，把握住编纂核心，编制出全面、严谨的篇目。

《图志》编纂室秉承对历史负责、传承抗震救灾精神的信念，精心编排、潜心编纂。国新办一局局长郭卫民、中国外文局总编室主任（时任）陈实担任编纂室主任，国新办一局副局长（时任）华清、人民画报社副总编辑李莉娟担任副主任，承担编纂室管理及编纂中的审阅、统稿等工作。国新办一局积极做好协调和各项保障工作，专项处张海峰、王凤娟承担编纂室与中央、国务院各部门及各省（区、市）等相关部门的沟通联络工作。中国外文局、人民画报社抽调黄丽巍、刘嵘、胡琴、孙安坚、陈希、施志君、高雪华等业务骨干参加编写工作，黄丽巍、刘嵘担任图片总监，为《图志》编纂工作提供了重要支持。

为保证志书质量，《图志》编委会对编纂人员进行了业务培训。2009年5月，编委会组织第一次培训，邀请方志专家介绍方志编纂基础知识，并对各承编单位的任务进行具体分工。2010年

3月，编委会召开联络员会议暨第二次编纂培训。8月，编纂室特邀专家就资料长编内容和形式进行指导，确定了《图志》资料长编的基本格式。编纂室通过请教专家、查阅资料，不断总结经验，在上万张图照资料中认真核实、精心筛选，并探索出一套数码图照资料存档方法。

为全面征集图照，开展资料长编编写工作，编委会相继召开了两次承编单位会议，编纂室组织了10余次专题会议并征求全志编委会办公室（以下简称全志办）、专家及各参编单位的意见，制定出科学、合理的资料长编篇目。《图志》资料长编按照“征集资料篇目全面、系统”的工作原则，采用了“按篇目整理、编排图照，每张图照分别撰写、整理图注，图与文各自独立，又相对应”的编写形式。编纂室除向21家承编单位、20个灾后援建的省（区、市）征集图照外，还向全国人大办公厅、国务院办公厅、全国政协办公厅、高等法院、高等检察院、公安部、全国总工会、共青团中央、民盟中央、民建中央等单位定向征集图照资料；同时，广泛征集抗震救灾展览和画册中的优秀摄影作品。编纂室通过多种方式共征集了2万余张图照，基本涵盖了汶川特大地震涉及的重要事件、地域、部门、行业、人物等方面，为《图志》编写提供了丰富资料。10月初，《图志》资料长编编写工作基本完成，选用1.1万余张图照。2011年3月，随着灾后重建工作的完成，又补充了900余张灾后重建图照，《图志》资料长编完成。

为保证入志图照的全面性、真实性、准确性、权威性和感染力，编纂室多次组织召开选片会、审片会，广泛征求编委会、出版社及图片摄影师、志书专家的意见和建议。2011年1月21—22日，编委会召开非灾后重建篇选片会，对拟入志图照进行初步筛选，明确了相应篇目入选图照的要求；3月10日，召开灾后重建篇审片会，邀请相关专家参加；3月28—30日，在成都召开了编委会第四次会议暨通审工作会，审阅了《图志》（通审稿），并对下一步编纂工作进行了安排。

2011年4月，编纂室聘请方志专家孟祥辉对文字进行统稿。由于图照数量多、来源广，核实图照信息工作难度大，任务重。编纂室遵循存真求实的原则，不厌其烦地对每张图照的信息逐项进行核实，确保了图照的真实性、准确性。在图照选编过程中，编纂室按照“横不缺要项，纵不断主线”的标准进行选图和编辑，并对一些影响重大、存史价值高的事件采用专题记述的方式。编纂室主任、副主任对整部志书的图照、文字进行了全面统稿、审稿，并组织编辑人员对重点章节进行调整，于2011年6月底完成资料核实及初稿撰写工作。

2011年7月28—29日，编委会召开《图志》初审会，初审工作小组成员、编委会委员、联络员及编纂室人员参加会议。经现场评议、集体讨论、民主表决，初审工作小组一致同意《图志》通过初审，认为《图志》（初审稿）观点正确，篇目结构合理，资料丰富翔实，图文相得益彰，整体质量较高，具备了良好的成书基础。

《图志》初审会后，按照全志办的要求及专家意见，编纂室聘请志书专家王国庆（女）负责编纂志稿文字内容。编纂室与专家根据初审会意见对《图志》（初审稿）进行了修改和完善，文字表述更加凝练、准确，志稿篇目更加合理，图片归类及排序也相应进行了优化，文、图相衔的关系更加明确，突出了以图为主的编纂特点。为确保入志资料的准确性、权威性，编纂室请各承编单位审读、核准有关内容和重要史实；涉及党和国家领导人的图片经新闻出版总署报请中办审定；涉及外交、港澳台、华人华侨等的重要内容，函请外交部、港澳办、侨办、台办等予以审核；征求意见后，根据反馈建议对志稿进行了完善，为复审工作奠定了良好基础。2012年3月中旬至6月底，经全志办同意，《图志》编纂室配合方志出版社设计和制作《图志》版式。

2012年7月20日，《图志》复审会在国新办召开。复审工作小组成员在认真研讨的基础上，一致同意《图志》通过复审，认为志稿指导思想正确，政治观点准确，特点突出，表述平实；篇目设计合理，资料丰富翔实，能够全面覆盖、全景展示、真实再现地震灾害、抗震救灾及灾后重建的主要场景；体例把握得当，记述脉络清晰，图文相得益彰，版式编排合理，语言凝练流畅，实现了图片艺术性和史实资料真实性的有机结合。复审工作小组就图片文字说明和内容版式提出了一些建议。编纂室根据复审意见，再次修订并重点规范了部分图照的文字说明，对版式设计进行了微调。

2012年9月2—20日，全志办组织《汶川特大地震抗震救灾志》统稿会，编纂室将《图志》卷与其他文字卷进行认真比对、核实，找出与各卷重复图照，较好地解决了全志各卷图照选用中的交叉重复问题。同时，编纂室再次进行统稿，与其他文字卷统一了重要数据，规范了部分用词、用语。2012年12月至2013年2月，配合方志出版社对《图志》进行审稿、校对及版式的规范与调整。

《图志》是在国新办直接领导下，在中国外文局精心指导下，在全志办及志书专家的热情帮助下，在各承编单位的鼎力支持下编纂完成的。中国外文局局长周明伟、副局长黄友义参与志稿的研究审阅等工作；人民画报社原社长王景堂、社长（时任）徐步、代社长于涛、副社长赵珺（时任）细心指导编辑工作；全志办副主任邱新立帮助《图志》修改文稿和图注，就修志业务问题提出指导性意见；全志办专家赵庚奇、陈泽泓、谭烈飞、齐家璐、李云等多次参与审稿；他们对《图志》编纂工作给予了重要帮助。《图志》编纂还得到各承编单位、相关部委、省（区、市）外宣办和援建办及新闻媒体等单位的大力协助和全力支持，在此一并表示由衷的感谢。

《汶川特大地震抗震救灾志·图志》是众手成志的丰硕成果，以其独特的表现形式忠实记录下汶川特大地震，并与其他分卷一起，成为汶川特大地震的一份永久纪念。

《汶川特大地震抗震救灾志·图志》
编纂委员会办公室
二〇一三年二月

汶川特大地震抗震救灾志　卷三　图志（上、下）

编　　者：《汶川特大地震抗震救灾志》编纂委员会
责任编辑：李　红

出 版 人：冀祥德
出 版 者：方志出版社
地址　北京市朝阳区潘家园东里９号（国家方志馆4层）
邮编　100021
网址　http://www.fzph.org
发　　行：方志出版社发行中心
电话　（010）67110500
经　　销：各地新华书店
设　　计：北京古润文化艺术传播有限公司
排　　版：北京大盟文化艺术有限公司
印　　刷：北京华联印刷有限公司

开　　本：889×1194　　1/16
印　　张：58.125
字　　数：741千字
版　　次：2015年8月第1版　2015年8月第1次印刷
印　　数：0001～5000册

ISBN　978-7-5144-1190-4　　　　**定价**：998.00元
审 图 号：川S（2015）13号